# 마스터링
# 스프링
# 클라우드

**스프링 클라우드를 활용한
마이크로서비스 아키텍처 기반
클라우드 네이티브 시스템 구축**

# 마스터링 스프링 클라우드

스프링 클라우드를 활용한
마이크로서비스 아키텍처 기반 클라우드 네이티브 시스템 구축

지은이 피오트르 민코프스키
옮긴이 김민석
펴낸이 박찬규   엮은이 전이주   디자인 북누리   표지디자인 Arowa & Arowana

펴낸곳 위키북스   전화 031-955-3658, 3659   팩스 031-955-3660
주소 경기도 파주시 문발로 115, 311호 (파주출판도시, 세종출판벤처타운)

가격 27,000   페이지 404   책규격 188 x 240mm

초판 발행 2018년 11월 07일
ISBN 979-11-5839-121-8 (93500)

등록번호 제406-2006-000036호   등록일자 2006년 05월 19일
홈페이지 wikibook.co.kr   전자우편 wikibook@wikibook.co.kr

이 도서의 국립중앙도서관 출판시도서목록(CIP)은
서지정보유통지원시스템 홈페이지(http://seoji.nl.go.kr)와
국가자료공동목록시스템(http://www.nl.go.kr/kolisnet)에서 이용하실 수 있습니다.
CIP제어번호 CIP2018033934

# 마스터링
# 스프링
# 클라우드

스프링 클라우드를 활용한
마이크로서비스 아키텍처 기반
클라우드 네이티브 시스템 구축

피요트르 민코프스키 지음
/
김민석 옮김

Packt>    위키북스

## 저자 소개

**피요트르 민코프스키(Piotr Mińkowski)**

피요트르 민코프스키는 금융과 통신 분야에서 개발자와 아키텍트로 10년 이상의 경력을 쌓았다. 그는 자바를 비롯한 관련 기술과 도구, 프레임워크 전문가다. 현재 폴란드의 모바일 운영회사인 Play에서 정보통신 시스템 아키텍트로 일한다. 아울러 일체형 애플리케이션/SOA를 마이크로서비스 기반 아키텍처로 전환하는 것과 완전한 지속 통합 및 전달 환경을 구축하는 것을 돕고 있다.

또한 개발과 관련된 J2EE와 프레임워크에 관해 컨설팅하고 CI/CD같은 소프트웨어 라이프사이클 전반 기술을 실무에 적용하고 있다. 이러한 경험과 실무 노하우는 그가 직접 운영 중인 블로그(https://piotrminkowski.wordpress.com/)에서 공유 중이다.

## 역자 소개

### 김민석

IT 기업에서 개발자로 시작해 소프트웨어 아키텍트, 엔지니어로 17년 이상 일했다. 다수의 SI 프로젝트에서 소프트웨어 생명주기와 관련된 개발 방법론과 소프트웨어 아키텍팅 기법을 적용했고 소프트웨어 품질 개선을 위한 시스템 테스트 자동화, 시스템 성능 테스팅을 수행했다. 또한 인터넷 포털 기업에서 대규모 분산 캐시 시스템을 비즈니스에 적용하는 것을 도왔으며 빅데이터 전문 기업에서 대규모 데이터를 다루는 시스템을 만들기도 했다. 현재는 피보탈 (Pivotal)에서 플랫폼 아키텍트(Platform Architect)로 근무하며 고객이 클라우드를 잘 활용해 비즈니스 가치를 얻을 수 있도록 돕고 있다.

## 역자 서문

2000년대 이후 IT 세계에서 어떤 형태로든 오픈 소스를 다뤄 본 사람은 최근 10년간 오픈 소스가 가져온 변화의 물결에 놀라지 않을 수 없을 것이다. 풍부한 오픈 소스 생태계는 수많은 스타트업을 시작하게 해주었고 소프트웨어 비즈니스 모델을 바꿔 놓았다. 그중 가장 혁명적인 오픈 소스 프로젝트를 꼽는다면 하둡과 같은 대규모 분산 데이터 처리 플랫폼 프로젝트와 클라우드 파운드리와 같은 클라우드 플랫폼 프로젝트일 것이다. 또한 자바 기반 애플리케이션 프레임워크 영역에서는 단연코 스프링 프레임워크 프로젝트를 꼽을 수 있다. 긍정적인 점은 오픈 소스의 혜택을 누려온 개발자와 엔지니어가 점차 오픈 소스를 소비하는 패턴에서 오픈 소스에 공헌하는 방향으로 변화하고 있다는 점이다.

최근 이러한 오픈 소스 변화의 속도가 점점 더 빨라지고 있는데, 과연 그 중심에는 무엇이 있을까? 코드 기반의 협업 모델이 있다는 게 개인적인 생각이다. 개발자들은 소스 코드로 이야기할 때 쉽게 협업하는데, 소스 코드 공유 체계인 깃(git)이 등장하면서 소스 코드의 복제와 공유가 획기적으로 쉬워졌다. 게다가 아마존 웹서비스가 IaaS를 표방하며 인프라 생성을 코드와 API로 다룰 수 있게 해주고 최근 화제가 되고 있는 도커 기술이 코드 기반으로 컨테이너를 쉽게 복제하고 공유하게 해줬다. 이를 기반으로 개발자는 애플리케이션의 빌드/배포 라이프 사이클을 코드로 구현해 별도의 조작 없이 완전히 자동화해 운영할 수 있게 됐다. 즉, 이러한 코드 기반의 공유 기술이 개발자의 생산성과 운영 효율성을 획기적으로 향상시켰고 더 적은 시간과 노력으로 비즈니스의 변화에 대응할 수 있게 해줬다.

이제 남은 것은 창의성을 일깨워주는 왜(why)라는 질문을 반복하면서 코드 기반의 협업 기술과 효율적인 애플리케이션 프레임워크를 사용해 빠르게 서비스를 만들어보고 피드백을 반영해 지속적으로 개선하는 것이다. 이러한 흐름을 반영해 스프링 프레임워크는 스프링 부트 프로젝트와 스프링 클라우드 프로젝트를 탄생시켰다. 즉, 스프링 부트 프로젝트와 스프링 클라우드를 사용하면 반복적인 작업을 피하고 고품질의 안정적인 마이크로서비스 기반 분산 시스템을 빠르게 구축하고 적은 시간과 노력으로 시스템을 지속적으로 변화시킬 수 있다. 또한 이 책에 소개되지는 않았지만 마이크로소프트 닷넷 기반 마이크로서비스를 구축할 때 피보탈의 오픈 소스 steeltoe 프로젝트(https://steeltoe.io)를 활용하면 닷넷 환경에서 스프링 클라우드 프로젝트를 쉽게 활용할 수 있다.

이 책은 클라우드 네이티브 애플리케이션 프레임워크 관점에서 시작해 애플리케이션이 사용하는 백엔드 서비스와 피보탈 클라우드 파운드리와 같은 클라우드 네이티브 플랫폼과의 통합에 대해 예제 중심으로 다룬다. 따라서 이 책은 스프링 클라우드 기반으로 프로젝트를 시작하는 사람이 클라우드 네이티브 시스템으로 갈 수 있게 든든한 디딤돌이 되어줄 것이다.

마지막으로 번역 지도를 해주신 위키북스와 세세한 감수를 해주신 전이주님께 감사드리고, 무더운 여름에 휴가도 잊은 채 번역하는 나를 도와준 아내 김경희와 김형찬, 김채현에게 사랑의 마음을 전한다.

**05**

**스프링 클라우드
컨피그를 사용한
분산 컨피규레이션**

**06**

**마이크로서비스 간의
커뮤니케이션**

**15**

**클라우드 플랫폼상의
스프링 마이크로서비스**

## 서문

클라우드에서 애플리케이션을 개발하고 배포하고 운영하는 것은 로컬 애플리케이션을 개발하는 것만큼 쉬워야 한다. 이는 모든 클라우드 플랫폼과 라이브러리, 도구를 아우르는 원리다. 스프링 클라우드(Spring Cloud)는 클라우드를 위한 JVM 애플리케이션 개발을 쉽게 만들어준다. 이 책은 스프링 클라우드를 소개하고 그 기능에 숙달하도록 도와준다.

이 책에서는 서비스를 등록하고 찾기 위해 스프링 컨피그 서버를 구성하고 유레카 서버를 실행하는 것을 배운다. 또한 부하 분산과 서킷 브레이킹, 페인(Feign) 클라이언트의 모든 기능을 사용하는 기술을 배운다. 그리고 고급 주제로 넘어가서 스프링 클라우드에서 분산 추적 솔루션을 구현하고 메시지 기반 마이크로서비스 아키텍처를 구축하는 것을 알아본다.

## 이 책의 대상

이 책은 개발자가 빠르게 분산 시스템을 개발하는 것을 도와주는 오픈 소스 라이브러리인 스프링 클라우드를 활용하고자 하는 개발자를 대상으로 한다. 자바와 스프링 프레임워크에 관한 지식이 있으면 도움이 되겠지만, 스프링 클라우드에 대한 경험은 필요 없다.

## 이 책의 내용

1장 **마이크로서비스 소개**에서는 마이크로서비스 아키텍처와 클라우드 환경을 소개한다. 마이크로서비스 기반 애플리케이션과 일체형(monolithic) 애플리케이션의 차이점을 배우고 마이크로서비스 애플리케이션으로 이전하는 방법을 배운다.

2장 **마이크로서비스를 위한 스프링**에서는 스프링 부트 프레임워크를 소개한다. 마이크로서비스 애플리케이션을 생성할 때 효과적으로 사용하는 방법을 배운다. 스프링 MVC 애노테이션을 사용해 REST API를 생성하거나 스웨거2(Swagger2)를 사용해 API 문서를 제공하고 스프링 부트 액추에이터(Spring boot actuator) 종단점(RESTful API- 옮긴이)을 사용해 상태를 점검하고 메트릭을 노출하는 방법을 알아본다.

3장 **스프링 클라우드 개요**에서는 스프링 클라우드의 주요 프로젝트를 간단히 살펴본다. 스프링 클라우드가 구현하는 주요 패턴을 알아보고 특정 프로젝트에 적용해 본다.

4장 **서비스 디스커버리**에서는 스프링 클라우드 넷플릭스 유레카를 사용한 서비스 디스커버리 패턴을 설명한다. 독립 실행 모드에서 유레카 서버를 실행하는 방법과 점대점(point-to-point) 복제를 사용해 여러 서비스 인스턴스를 실행하는 방법을 배운다. 클라이언트 측에서 디스커버리를 활성화하고 다른 존(zone)에 있는 클라이언트를 등록하는 방법을 배운다.

5장 **스프링 클라우드 컨피그를 사용한 분산 컨피규레이션**에서는 애플리케이션에서 스프링 클라우드 컨피그를 사용해 분산 컨피규레이션을 어떻게 사용하는지 설명할 것이다. 속성 소스 용도로 다양한 백엔드 저장소를 사용하는 방법과 스프링 클라우드 버스를 사용해서 변경에 대한 알림을 푸시하는 방법을 배운다. 디스커버리 서비스와 컨피규레이션 서버 간 통합을 설명하기 위해 디스커버리 우선 부트스트랩과 컨피그 우선 부트스트랩 방식을 비교할 것이다.

6장 **마이크로서비스 간의 커뮤니케이션**에서는 서비스 간 통신에 관여하는 가장 중요한 요소인 HTTP 클라이언트와 부하 분산기에 관해 설명할 것이다. 스프링 RestTemplate과 리본(ribbon), 페인(Feign) 클라이언트를 서비스 디스커버리와 함께, 또는 서비스 디스커버리 없이 사용하는 방법을 배운다.

7장 **고급 부하 분산 및 서킷 브레이커**에서는 마이크로서비스 간 서비스의 통신과 관련된 좀 더 진보된 주제를 설명한다. 리본(ribbon) 클라이언트를 사용한 다양한 부하 분산 알고리즘을 구현하고 히스트릭스(Hystrix)를 사용해 서킷 브레이커 패턴을 사용하고 통신 통계를 모니터링하기 위해 히스트릭스 대시보드를 사용하는 방법을 배운다.

8장 **API 게이트웨이를 사용한 라우팅과 필터링**에서는 스프링 클라우드 애플리케이션에서 API 게이트웨이와 프록시로 사용된 두 개의 프로젝트인 스프링 클라우드 넷플릭스 주울(Netflix Zuul)과 스프링 클라우드 게이트웨이(gateway)를 비교한다. 이들을 서비스 디스커버리와 통합하고 간단하고 좀 더 진보적인 라우팅과 필터링 규칙을 생성하는 방법도 배운다.

9장 **분산 로깅과 추적**에서는 마이크로서비스가 생성하는 로그를 수집하고 분석하고 정보를 추적하는 몇 가지 인기 있는 도구를 소개한다. 스프링 클라우드 슬루스(Sleuth)를 사용해 추적 정보를 추가하고 메시지를 연관 짓는 방법을 배운다. 예제 애플리케이션과 엘라스틱 스택(Elastic Stack)을 통합해 로그 메시지를 보내고 추적 정보를 수집하기 위해 애플리케이션에 집킨(Zipkin)을 통합해 실행할 것이다.

10장 **추가 컨피규레이션 및 디스커버리 기능**에서는 서비스 디스커버리와 분산 컨피규레이션에 사용되는 두 개의 인기 있는 제품인 컨설(Consul)과 주키퍼(Zookeeper)를 소개한다. 로컬에서 이 도구를 실행하는 방법과 스프링 클라우드 애플리케이션에 통합하는 방법을 배운다.

11장 **메시지 주도 마이크로서비스**에서는 마이크로서비스 간에 비동기, 메시지 주도 커뮤니케이션을 제공하는 방법을 안내한다. 비동기 일대일(one-to-one) 통신과 게시/구독(publish/subscribe) 통신 스타일의 사용을 위해 스프링 클라우드 애플리케이션과 래빗엠큐(RabbitMQ), 아파치 카프카(Apache Kafka) 메시지 브로커를 통합하는 방법을 배운다.

12장 **API 보안 강화하기**에서는 마이크로서비스를 안전하게 하는 다양한 방법을 설명할 것이다. SSL 상에서 서로 통신하는 앞에서 설명한 모든 요소로 구성된 시스템을 구현할 것이다. API로 들어오는 요청에 대해 권한을 부여하기 위해 OAuth2와 JWT 토큰을 사용하는 방법을 배운다.

13장 **자바 마이크로서비스 테스팅**에서는 마이크로서비스 테스팅의 다양한 전략에 관해 설명할 것이다. 마이크로서비스 기반 환경에서 특히 유용한 컨슈머 주도 컨트랙트(Consumer-driven contract) 테스트를 보여주는 데 집중할 것이다. 다양한 유형의 테스트 자동화를 구현하기 위한 호버플라이(Hoverfly), 팩트(Pact), 스프링 클라우드 컨트랙트(Spring Cloud Contract), 개틀링(Gatling) 같은 프레임워크를 사용하는 방법을 배운다.

14장 **도커 지원**에서는 도커(Docker)를 간단하게 소개한다. 컨테이너 환경에서 마이크로서비스를 실행하고 모니터링하는 데 가장 많이 사용되는 도커 명령을 집중적으로 설명한다. 유명한 지속 통합 서버인 젠킨스(Jenkins)를 사용해 컨테이너를 빌드하고 실행해 이를 쿠버네티스(Kubernetes) 플랫폼에 배포하는 방법을 배운다.

15장 **클라우드 플랫폼상의 스프링 마이크로서비스**에서는 자바 애플리케이션을 지원하는 두 개의 유명한 클라우드 플랫폼인 피보탈 클라우드 파운드리(Pivotal Cloud Foundry)와 히로쿠(Heroku)를 소개한다. 커맨드라인 도구와 웹 콘솔을 사용해 이런 플랫폼에 애플리케이션을 배포하고 확장하고 모니터링하는 방법을 알아본다.

## 이 책을 읽기 전에 준비할 사항

이 책을 읽고 모든 코드 예제를 연습해 보려면 다음 요건을 충족해야 한다.

- 인터넷 연결

- 자바8+

- 도커(Docker)

- 메이븐(Maven)

- 깃 클라이언트(Git client)

## 예제 파일 내려받기

이 책의 예제 코드 파일은 www.packtpub.com에서 내려받을 수 있다. 다른 곳에서 이 책을 구입했다면 www.packtpub.com/support에 방문해 등록하면 파일이 담긴 메일을 받을 수 있다.

다음 순서로 코드 파일을 내려받을 수 있다.

1. www.packtpub.com에 로그인하거나 등록

2. SUPPORT 탭 선택

3. Code Download & Errata 클릭

4. Search 박스에서 책 제목을 선택하고 화면에 나오는 지시를 따른다.

또한 아래 위키북스 홈페이지에서도 예제 코드를 내려받을 수 있다.

http://wikibook.co.kr/mastering-spring-cloud/

일단 파일을 내려받으면 최신 버전의 Zip을 사용해 압축을 해제한다.

1. 윈도우의 경우: WinRAR/7-Zip

2. 맥의 경우: Zipeg/iZip/UnRarX

3. 리눅스의 경우: 7-Zip/PeaZip

또한 깃허브 https://github.com/PacktPublishing/Mastering-Spring-Cloud에서도 코드를 받을 수 있다. 그 외의 다양한 책과 동영상 목록에 관련된 코드 번들은 https://github.com/PacktPublishing을 참조하자.

## 이 책에 사용된 표기법

이 책에 사용된 표기법은 다음과 같다.

본문 안의 코드: 본문 안에 코드와 데이터베이스 테이블 이름, 폴더 이름, 파일 이름, 파일 확장자, 경로, 더미 URL, 사용자 입력, 트위터 핸들 등이 포함돼 있다. 다음은 그 대표적인 예다.

"HTTP API 종단점의 마지막 버전인 http://localhost:8889/client-service-zone3.yml을 호출하면 다음과 같이 동일한 입력 파일을 반환한다."

코드 블록은 다음과 같이 설정한다.

```
<dependency>
    <groupId>org.springframework.cloud</groupId>
    <artifactId>spring-cloud-config-server</artifactId>
</dependency>
```

코드 블록에서 특정 부분에 주의를 끌 필요가 있는 경우, 관련 줄이나 항목을 굵은 글꼴로 설정한다.

```
spring:
  rabbitmq:
    host: 192.168.99.100
    port: 5672
```

모든 명령줄 입력 또는 출력은 다음과 같이 작성했다.

```
$ curl -H "X-Vault-Token: client" -X GET
http://192.168.99.100:8200/v1/secret/client-service
```

**굵은 글꼴:** 새로운 용어, 중요한 단어, 화면에 보이는 단어 등을 가리킨다. 예를 들면 메뉴 또는 대화상자에 보이는 단어 등이다. 여기 예제가 있다.

"구글 크롬에서 다음 섹션으로 이동해 PKCS12 keystore를 임포트할 수 있다.

**Settings | Show advanced settings... | HTTPS/SSL | Manage certificates.**"

경고 또는 중요한 알림을 표시

 팁 또는 트릭을 표시

## 연락하기

독자의 피드백은 언제나 환영합니다.

**일반적인 피드백:** feedback@packtpub.com으로 메일을 보내고 메시지 제목에 책 제목을 언급합니다. 이 책과 관련된 질문은 questions@packtpub.com으로 이메일을 보내주세요.

**오탈자:** 내용의 정확성을 유지을 위해 노력했지만 오류가 있을 수 있습니다. 이 책에서 오류를 발견했을 때 우리에게 알려주면 고맙겠습니다. www.packtpub.com/submit-errata에 방문해 해당 도서를 선택하고 Errata Submission Form 링크를 클릭해 상세내용을 입력해주세요.

**불법유통(Piracy):** 인터넷상에서 어떤 형태로든 불법 복제본을 발견한 경우, 위치 주소나 웹사이트의 이름을 알려주면 감사하겠습니다. copyright@packtpub.com에 링크와 자료를 첨부해주세요.

**저자가 되고 싶다면:** 자신의 전문분야에 관해 책을 쓰거나 공헌하는 데 관심이 있다면 authors.packtpub.com을 방문해주세요.

## 감상평

책을 읽고 감상평을 남겨주세요. 이 책을 읽고 구매 사이트에 감상평을 남겨주세요. 잠재적 구매자가 그 내용을 보고 구매에 참고해 중립적으로 결정할 수 있습니다. 아울러 출판사는 독자가 제품에 대해 어떤 생각을 하는지 이해하고 저자는 책에 대한 피드백을 얻을 수 있습니다.

출판사에 대한 더 많은 정보는 packtpub.com에서 확인하세요.

# 01

# 마이크로서비스
# 소개

마이크로서비스는 지난 몇 년 동안 정보통신 분야에서 뜨겁게 부상하고 있는 분야의 하나다. 그 인기가 높아지는 이유는 쉽게 찾을 수 있는데 마이크로서비스의 장단점이 잘 알려진 데다 단점을 적절한 도구로 쉽게 해결할 수 있기 때문이다. 또한 마이크로서비스가 제공하는 확장성, 유연성, 독립적 배포성과 같은 장점도 급속하게 그 인기가 높아지는 이유다. 이러한 마이크로서비스의 인기에 영향을 미친 몇 가지 추세가 있는데, 개인적으로는 보편적인 클라우드 기반 환경 사용과 관계형 데이터베이스에서 NoSQL로의 이전이 그러한 추세에 해당한다고 생각한다.

이번 장에서 다룰 주제를 살펴보자.

- 스프링 클라우드 기반의 클라우드 네이티브 개발
- 마이크로서비스 기반 아키텍처에서 가장 중요한 요소
- 서비스 간의 통신 모델
- 서킷 브레이커(circuit breakers) 및 폴백(fallback) 패턴 소개

## 마이크로서비스의 장점

마이크로서비스는 IT 시스템 아키텍처 접근 방식 중 하나로, 비즈니스 요구사항을 구현한 하나의 애플리케이션을 느슨하게 연결된 여러 애플리케이션으로 쪼개는 것을 말한다. 이것은 **서비스 기반 아키텍처(service-oriented architecture, SOA)** 개념의 다른 형태다. 마이크로서비스 기반 아키텍처로 이전하는 가장 중요한 혜택 중 하나는 대규모의 복잡한 애플리케이션을 지속해서 배포하는 능력이다.

마이크로서비스에 관한 책이나 기사를 읽어본 적이 있을 것이다. 대부분 마이크로서비스의 장단점에 대해 자세하게 설명했을 것이다. 마이크로서비스에는 많은 장점이 있다. 첫 번째는 마이크로서비스의 소스 코드 규모가 상대적으로 작아서 프로젝트에 새로 참여하는 개발자가 이해하기 쉽다는 것이다. 보통은 한 곳에서 코드를 변경해도 애플리케이션의 다른 모듈에 영향을 주지 않기를 원한다. 일체형 애플리케이션에서 종종 상관없는 기능이 같이 묶여있는 것과 달리 마이크로서비스에서는 하나의 비즈니스 영역만 구현하기 때문에 그런 면에서 좀 더 확신을 가질 수 있다. 그뿐만 아니라 많은 개발자가 변경하는 거대한 일체형보다는 작은 마이크로서비스가 코드의 품질을 유지하기 쉽다는 사실도 밝혀졌다.

마이크로서비스의 두 번째 장점은 분리에 관한 것이다. 복잡한 엔터프라이즈 시스템을 다룰 때 서브 시스템에 따라 시스템을 나누는 것을 자주 봤다. 예를 들어 통신 관련 조직에는 항상 청구 시스템이 존재한다. 이런 경우, 청구의 복잡성을 감추면서 API를 제공하는 서브 시스템을 만든다. 이때 청구 시스템의 사용자 정의가 어렵기 때문에 필요한 데이터를 저장하기 어렵다는 것을 알게 된다. 그 결과 다른 하위 시스템을 만들고 이해하기 어려운 복잡한 서브 시스템을 만들게 된다. 게다가 작업자가 조직에 새로 들어온 직원인 경우에는 더욱 그렇다. 마이크로서비스에서는 이러한 문제가 없다. 잘 설계됐다면 모든 마이크로서비스가 선택된 영역에 대해 책임 진다. 마이크로서비스가 담당하는 영역이 조직의 활성화 영역과 상관없이 유사한 경우도 있다.

## 스프링 프레임워크로 마이크로서비스 만들기

수년 동안 마이크로서비스 개념이 중요한 주제였음에도 불구하고 완전한 마이크로서비스 환경을 지원하는 안정적인 프레임워크는 많지 않았다. 개인적으로 마이크로서비스 작업을 시작한 이후로 항상 최신 프레임워크를 유지하려고 노력했고 마이크로서비스에 필요한 기능을 찾아왔다. 버텍스(Vert.X)나 아파치 카멜(Apache Camel)과 같은 흥미로운 솔루션이 있었지만, 스프링 프레임워크만 못했다.

스프링 클라우드는 서비스 레지스트리(service registry)와 컨피규레이션 서버(configuration server), 서킷 브레이커(circuit breaker), 클라우드 버스(cloud bus), OAuth2 패턴, API 게이트웨이와 같은 마이크로서비스 기반 아키텍처에서 사용되는 모든 검증된 패턴을 구현한다. 강력한 커뮤니티를 기반으로 해 새로운 기능을 매우 자주 내놓는다. 이는 전 세계 수백만 명의 자바 개발자가 사용하는 개방형 프로그래밍 모델을 기반으로 한다. 또한 잘 문서화돼 있고 온라인상에서 스프링 프레임워크의 수많은 예제를 쉽게 찾을 수 있다.

## 클라우드 네이티브 개발

마이크로서비스는 본질적으로 클라우드 컴퓨팅 플랫폼과 관련이 있다. 그러나 마이크로서비스의 개념은 새로운 것이 아니다. 수년간 이러한 접근방식은 IT 개발 세계에 적용돼왔고 지금은 클라우드 솔루션의 인기를 통해 더 높은 수준으로 진화했다. 이러한 인기의 이유를 찾는 것은 어렵지 않다. 클라우드를 활용하면 조직에서 사용 중인 다른 프라이빗 클라우드 솔루션보다 확장성과 신뢰성, 낮은 유지보수 비용을 제공한다. 이것은 유연한 확장과 변하지 않는 배포, 폐기 가능한 인스턴스와 같이 클라우드가 제공하는 모든 장점을 제공하기 위한 클라우드 네이티브 애플리케이션 개발 접근 방식을 부상하게 했다. 이는 결국 새로운 요구사항을 만족시키기 위한 시간과 비용을 절감하는 것으로 귀결된다. 오늘날, 소프트웨어 시스템과 애플리케이션은 지속해서 개선되고 있다. 모놀리식과 같은 전통적인 개발 방식을 사용하면 코드 베이스가 증가하고 수정과 유지보수가 아주 복잡해진다. 또한 새로운 기능과 프레임워크, 기술을 적용하는 것이 어려워지고 결국 새로운 아이디어를 적용하고 혁신하는 데 부정적 영향을 미친다. 이는 논쟁의 여지가 없다.

한편 오늘날 모든 사람이 추세에 따라 클라우드로 옮기려고 하는데, 과연 모두가 그럴 필요가 있을까? 확실히 아니다. AWS, Azure, Google과 같은 원격 클라우드 제공자로 애플리케이션을 이전하는 데 확신이 없는 사람은 프라이빗 클라우드(공개되지 않는 사설 네트워크 기반 클라우드 – 옮긴이)나 도커 (docker) 컨테이너를 선호한다. 그러나 클라우드 네이티브 개발과 클라우드 플랫폼을 살펴보기 전에 그렇게 하는 것이 비용 면에서 혜택을 주는지 따져봐야 한다.

여기서 스프링 클라우드를 만류하려는 것이 아니다. 오히려 그 반대다. 다만 클라우드로의 이전을 검토하기 전에 클라우드 네이티브 개발이 무엇인지 완전하게 이해해야 한다는 뜻이다. 다음에 훌륭한 정의를 소개한다.

> "네이티브 클라우드 애플리케이션이란 단순히 클라우드로 이전한 프로그램이 아니라 클라우드 환경을 위해 잘 설계된 프로그램이다."

스프링은 클라우드 네이티브 배포의 가속을 위해 설계됐다. 스프링 부트 기반으로 애플리케이션을 개발하면 매우 빠르게 수행할 수 있다. 그 방법은 다음 장에서 자세히 소개한다. 스프링 클라우드는 마이크로서비스 아키텍처 패턴을 구현하고 그 가장 인기 있는 솔루션을 사용하도록 도와준다. 이 프레임워크로 개발된 애플리케이션은 피보탈 클라우드 파운드리나 도커 컨테이너상에 쉽게 배포할 수 있다. 그러나 기존 방식대로 하나 이상의 머신에 분리된 프로세스로 실행해 마이크로서비스 접근 방식의 장점을 누릴 수도 있다. 그렇다면 이제 마이크로서비스 아키텍처에 대해 알아보자.

# 마이크로서비스 아키텍처 배우기

어떤 의뢰인이 솔루션을 디자인해달라고 요청했다고 하자. 의뢰인은 전체 시스템의 데이터에 대한 일관성을 보장해주는 일종의 뱅킹(banking) 시스템이 필요하다. 의뢰인은 지금까지 오라클 데이터베이스를 사용했고 기술 지원도 구매했다. 더 생각할 필요 없이 관계형 데이터 모델 기반의 모놀리식 애플리케이션으로 설계했다. 시스템 디자인을 간략하게 그림으로 표시하면 다음과 같다.

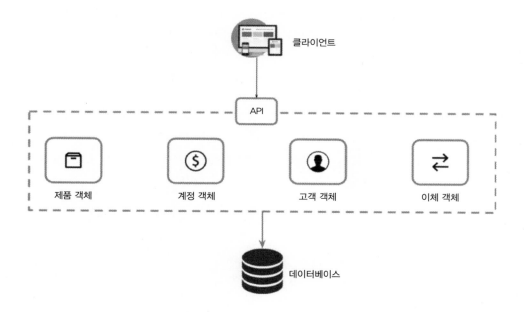

데이터베이스의 테이블에 매핑된 네 개의 객체가 있다

- 고객 객체는 **활성화**된 **고객**의 목록을 저장하고 조회한다.

- 모든 고객은 **계정 객체**에 의해 운영되는 하나 이상의 계정을 가질 수 있다.

- **이체 객체**는 시스템 내 계정 간의 자금 이체를 담당한다.

- **제품 객체**는 고객에게 할당된 예금(deposit)이나 신용(credit)과 같은 정보의 저장을 담당한다.

간단히 살펴보면 애플리케이션은 설계된 데이터베이스에 동작을 수행하기 위해 필요한 모든 오퍼레이션을 API로 제공한다. 물론 구현은 세 개의 레이어 모델을 따른다.

일관성은 더 이상 가장 중요한 요구사항도 아니고 의무도 아니다. 의뢰인은 솔루션을 기대하지만, 전체 시스템을 다시 배포해야 하는 개발 방식을 원하지 않는다. 다시 말하면 새로운 모듈과 기능을 쉽게 확장할 수 있어야 한다는 뜻이다. 게다가 의뢰인은 개발자가 오라클이나 다른 관계형 데이터베이스를 사용하도록 압박하지도 않는다. 오히려 그것을 되도록 사용하지 않는 편을 좋아할 것이다. 이것이 마이크로서비스로 이전하기 위한 충분한 이유가 되는가? 일단 그렇다고 해보자. 이 모놀리식 애플리케이션을 각각 전용 데이터베이스를 가진 4개의 마이크로서비스로 분리한다. 데이터베이스는 여전히 관계형 데이터베이스일 수도 있고 NoSQL 데이터베이스일 수도 있다. 이제 이 시스템은 독립해서 빌드하고 실행하는 다수의 서비스로 구성된다. 증가한 마이크로서비스의 수와 함께 시스템의 복잡도도 높아진다. 시스템 내부에서 서비스 Y 대신 서비스 X와 통신하는지 알 필요가 없는 외부의 API 클라이언트에게는 시스템의 복잡도를 숨길 것이다. 게이트웨이는 클라이언트의 모든 요청을 다양한 API 종단점으로 **동적**으로 전달한다. 여기서 **동적**이라는 말은 서비스 디스커버리의 목록에 기반한다는 뜻이다. 서비스 디스커버리는 나중에 **서비스 디스커버리의 필요성 이해하기** 절에서 다룬다.

API 게이트웨이가 특정 서비스 호출을 숨기거나 동적 라우팅 기능만 하는 것은 아니다. API 게이트웨이는 시스템으로의 진입점이기 때문에 중요한 데이터를 추적하거나 요청 메트릭을 수집하고 통계를 내기 위한 좋은 장소가 될 수 있다. 또한 시스템 내 애플리케이션이 유용하게 사용할 부가정보를 삽입하기 위해 요청 및 응답 헤더를 조작할 수도 있다.

여기 예제 시스템을 도식화한 다이어그램이 있는데, 네 개의 독립적인 마이크로서비스가 API 게이트웨이를 통해 외부 클라이언트로부터 숨겨져 있다.

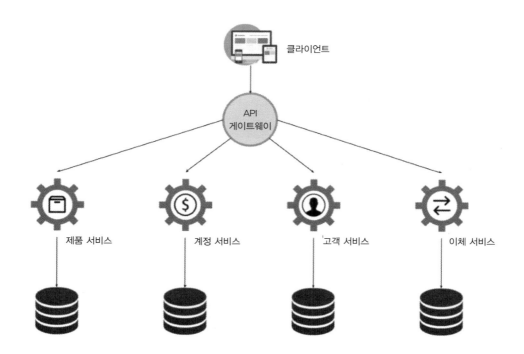

## 서비스 디스커버리의 필요성 이해하기

위에서 만든 일체형 애플리케이션을 작고 독립적인 서비스로 분리했다고 가정해 보자.

이 시스템은 복잡도를 API 게이트웨이 뒤로 숨겼기 때문에 외부에서 보면 전과 같아 보인다. 현재는 마이크로서비스가 많지 않지만, 앞으로 더 많아질 수 있고 서비스 간 상호작용을 한다. 이는 각 마이크로서비스가 상대방의 네트워크 주소 정보를 유지해야 한다는 뜻이다. 이러한 컨피규레이션 정보를 유지하는 것은 매우 성가신 문제가 될 수 있는데, 특히 모든 컨피규레이션을 수작업으로 변경해야 할 경우에 더욱 그렇다. 애플리케이션이 재시작된 후에 주소가 동적으로 변경되면 어떻게 될까? 다음 다이어그램은 예제 마이크로서비스의 호출 경로를 보여준다.

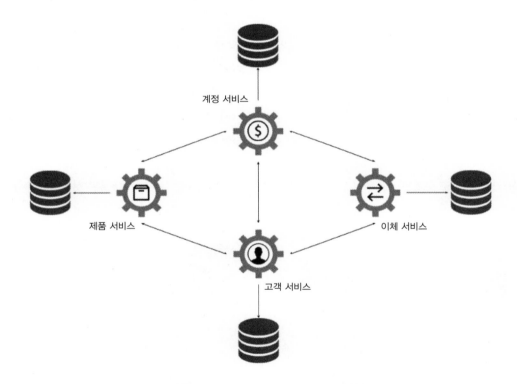

서비스 디스커버리는 컴퓨터 네트워크상의 디바이스가 제공하는 디바이스와 서비스를 자동으로 감지하는 서비스다. 마이크로서비스 기반 아키텍처의 경우, 이것은 필수 메커니즘이다. 모든 서비스는 시작 후 다른 서비스가 접근할 수 있는 하나의 중앙 장소에 자신을 등록한다. 등록 키는 전체 시스템에서 유일한 서비스이거나 유일한 식별자여야 하는데, 이름을 통해 서비스를 찾고 호출하기 위해서다. 모든 개별 키에는 할당된 값이 있다. 대부분의 경우 이 값은 서비스의 네트워크 위치를 나타낸다. 좀 더 정확하게 설명하면 이러한 값들은 마이크로서비스의 여러 인스턴스 중 하나를 가리키는데, 마이크로서비스가 다른 머신이나 포트에서 실행되는 여러 독립적인 애플리케이션일 수 있기 때문이다. 특정 서비스 제공 자에 종속되는 추가정보를 보내는 경우도 있다. 그러나 여기서 중요한 점은 하나의 키에 같은 서비스의 여러 인스턴스가 등록될 수 있다는 것이다. 그뿐만 아니라 각 서비스는 특정 디스커버리 서버에 등록된 다른 서비스의 전체 목록을 얻는다. 아울러 각 마이크로서비스는 등록 목록의 변경 사항도 알아야 한 다. 그 정보는 각 마이크로서비스가 원격 디스커버리 서버에 의해 이전에 수집된 컨피규레이션을 주기 적으로 갱신함으로써 얻을 수 있다.

어떤 솔루션은 서비스 디스커버리를 서버 컨피규레이션 기능과 함께 사용한다. 이 경우, 서비스 디스커 버리와 서버 컨피규레이션의 접근방식이 매우 비슷하다. 서버 컨피규레이션 기능은 시스템 내 모든 컨 피규레이션 파일을 중앙에서 관리할 수 있도록 한다. 일반적으로 이러한 컨피규레이션은 REST 웹 서 비스를 제공하는 서버가 된다. 각 마이크로서비스는 프로세스가 시작할 때 컨피규레이션 서버에 접속 해 자신을 위한 입력값을 얻어오려고 시도한다. 이를 위한 방식 중 한 가지는 깃(git)과 같은 버전 제어 시스템에 컨피규레이션을 저장하는 것이다. 이후 컨피규레이션 서버는 그것의 깃 정보를 복제해 JSON 형태로 설정을 제공한다. 다른 방식으로는 키-값(key-value) 쌍으로 저장하는 솔루션을 이용해 서비 스 디스커버리 절차 동안 제공자로서의 역할을 하는 것이다. 이러한 방식으로 가장 인기 있는 도구로 컨설(Consul)과 주키퍼(Zookeeper)가 있다. 다음 다이어그램은 데이터베이스를 가지는 몇 개의 마 이크로서비스로 구성된 시스템이 **디스커버리 서비스**로 알려진 중앙 서비스에 등록된 것을 보여준다.

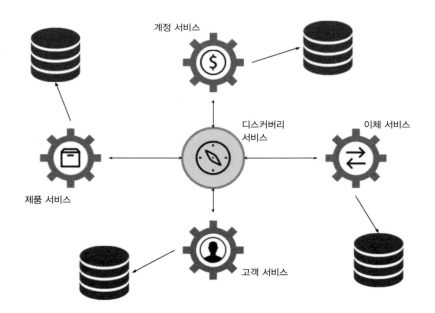

## 서비스 간 통신

시스템의 신뢰성을 보장하려면 각 서비스가 하나의 인스턴스로만 운영되게 하면 안 된다. 대개 하나의 인스턴스가 실패할 경우를 대비해 최소 두 개의 인스턴스를 실행하는 것을 목표로 한다. 물론 더 많이 실행할 수 있지만, 최적의 성능을 위해 작게 유지한다. 같은 서비스의 여러 인스턴스는 들어오는 요청에 대해 부하 분산을 적용해야 한다. 우선, **부하 분산기**는 대개 API 게이트웨이에 내장돼 있다. 이 부하 분산기는 디스커버리 서버에 등록된 인스턴스 목록을 가져와야 한다. 특별한 이유가 없다면 유입되는 트래픽을 50/50으로 해서 모든 실행 중인 인스턴스에 분배하는 라운드 로빈(round-robin) 규칙을 적용한다. 같은 규칙이 마이크로서비스 측의 부하 분산기에도 적용된다.

다음의 다이어그램은 두 개의 예제 마이크로서비스 인스턴스 간의 상호 통신에 관여하는 가장 중요한 구성요소를 나타낸다.

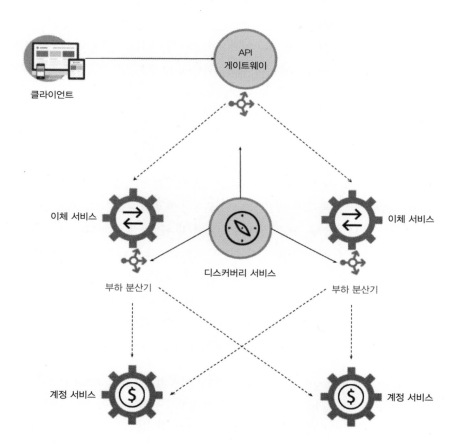

대개 마이크로서비스라고 하면 JSON 표기법을 사용하는 RESTful 웹서비스로 구성된다고 생각한다. 그러나 이는 여러 경우 중 하나일 뿐이다. 다른 상호작용 스타일을 사용할 수도 있는데, 당연히 이러한 것은 마이크로서비스 기반 아키텍처에 국한되는 것은 아니다. 가장 먼저 수행해야 할 첫 분류는 일대일 (one-to-one) 또는 일대다(one-to-many)의 통신이다. 일대일 상호작용의 경우 유입되는 모든 요청이 정확하게 하나의 서비스 인스턴스에 의해 처리되는 반면, 일대다의 경우 다수의 서비스 인스턴스에 의해 처리된다. 그러나 가장 많이 사용하는 분류 기준은 호출이 동기 방식인지 비동기 방식인지다. 비동기 통신은 알림으로 구분할 수 있다. 클라이언트가 서비스에 요청을 보낼 때 응답을 즉시 받을 필요가 없으면 스레드를 점유하지 않고 나중에 응답하는 비동기 호출로 수행할 수 있다.

나아가 리액티브(Reactive) 마이크로서비스에 대해서도 언급할 가치가 있다. 스프링 버전 5부터 이 타입의 프로그래밍을 지원한다. 또한 몽고디비(MongoDB)나 카산드라(Cassandra)와 같은 NoSQL 데이터베이스와 리액티브 방식으로 통신을 지원하는 라이브러리가 있다. 마지막으로 잘 알려진 통신 타입은 게시-구독(publish-subscribe)이다. 이것은 일대다 통신 타입으로 클라이언트가 메시지를 발행하면 수신 대기 중인 모든 서비스에 의해 메시지가 소비된다. 일반적으로 이 모델은 아파치 카프카(Apache Kafka)나 래빗엠큐(RabbitMQ), 액티브엠큐(ActiveMQ)와 같은 메시지 브로커로 구성된다.

## 장애와 서킷 브레이커

지금까지 마이크로서비스 아키텍처와 관련된 주요 개념을 대부분 논의했다. 서비스 디스커버리, API 게이트웨이, 컨피규레이션 서버와 같은 메커니즘은 신뢰성이 높고 효율적인 시스템을 구성하도록 도와주는 유용한 요소다. 그러나 시스템 아키텍처를 설계할 때 이러한 다양한 측면을 고려했다고 하더라도 항상 장애에 대비해야 한다. 대부분 장애의 발생 원인은 네트워크 또는 데이터베이스의 문제와 같이 관리의 범위를 벗어난다. 이러한 에러는 하나의 요청이 많은 후속 호출에서 처리되는 마이크로서비스 기반의 시스템에서 특히 심각할 수 있다. 가장 좋은 방법은 응답을 기다릴 때 네트워크 타임아웃을 활용하는 것이다. 한 서비스의 성능에 문제가 있으면 다른 서비스에 영향을 최소화하도록 노력해야 한다. 장시간 응답을 기다려서 스레드를 점유하게 하는 대신 에러 응답을 보내는 것이 낫다.

네트워크 타임아웃 문제에 대한 흥미로운 해결책은 **서킷 브레이커 패턴**(circuit breaker pattern) 일 수 있다. 이 개념은 마이크로서비스의 접근 방식과 밀접하게 관련돼 있다. 서킷 브레이커는 성공 및 실패 요청의 횟수를 센다. 에러의 비율이 가정된 임계치를 넘으면 차단이 발생하고 이후의 시도는 즉시 실패한다. 지정된 기간이 지난 후 API 클라이언트는 요청을 다시 시작하고 성공하면 서킷이 닫혀 정상화된다. 서비스마다 사용할 수 있는 다수의 인스턴스가 있고 그중 한 인스턴스가 다른 것보다 느리게 동작한다면 부하 분산 처리 시 그 인스턴스는 무시된다. 두 번째로 네트워크 분리 장애에 자주 사용되는 메커니즘은 **폴백(fallback)**이다. 이것은 요청이 실패했을 때 수행되는 로직이다. 예를 들어 서비스가 캐싱된 데이터나 기본값, 빈 결과 목록을 반환할 수 있다. 개인적으로는 이 솔루션을 좋아하지 않으며 캐싱된 데이터 또는 기본값을 반환하는 것보다 에러 코드를 전파하는 것을 선호한다.

## 요약

스프링 클라우드의 가장 큰 장점은 모든 패턴과 메커니즘을 지원한다는 것이다. 그리고 다른 프레임워크와 달리 안정적으로 구현된다. 이 책의 3장 **스프링 클라우드 개요**에서 스프링 클라우드 프로젝트에 의해 지원되는 패턴에 대해 자세히 설명할 것이다.

이 장에서는 클라우드 네이티브 개발, 서비스 디스커버리, 분산 컨피규레이션, API 게이트웨이, 서킷 브레이커 패턴과 같은 마이크로 서비스 아키텍처와 관련된 가장 중요한 개념을 논의했다. 그리고 엔터프라이즈 애플리케이션의 개발에 있어 이러한 접근 방식의 장단점에 대한 개인적 견해를 제시했다. 또한 마이크로서비스와 관련된 주요 패턴 및 솔루션에 관해 설명했다. 이 중 일부는 수년 동안 잘 알려진 패턴으로 IT 세계에서 새로운 것으로 취급됐다. 여기서 다음 몇 가지 사항을 주의하기 바란다. 마이크로 서비스는 태생적으로 클라우드 네이티브다. 스프링 부트와 스프링 클라우드와 같은 프레임워크를 사용하면 클라우드 네이티브 개발을 가속할 수 있다. 클라우드 네이티브 개발로 이관하는 주요 동기는 품질은 유지하면서 애플리케이션의 구현 및 배포를 **빠르게** 하기 위함이다. 대부분의 경우 마이크로서비스가 이것을 달성하도록 도와주지만, 때에 따라 일체형 접근도 나쁜 선택은 아니다.

비록 마이크로서비스는 작고 독립적인 단위이기는 하지만 중앙에서 관리된다. 즉, 네트워크 위치, 컨피규레이션, 로깅 파일, 메트릭과 같은 정보는 중앙의 장소에 저장돼야 한다. 이 모든 기능을 제공하기 위한 다양한 형태의 도구와 솔루션이 있다. 이 책에서 그 내용을 상세히 다룬다. 스프링 클라우드 프로젝트는 이런 모든 것의 통합을 도와주도록 설계됐다. 이 책은 스프링 클라우드가 제공하는 가장 중요한 통합 기능을 효과적으로 안내한다.

# 02

# 마이크로서비스를 위한
# 스프링

자바 개발자라면 대부분 스프링 프레임워크를 다뤄봤을 것이다. 사실 스프링 프레임워크는 수많은 프로젝트로 구성돼 있고 조만간 사용하게 될 다른 많은 프레임워크와 함께 사용할 수도 있다. 스프링 프레임워크와 비교하면 스프링 부트는 상대적으로 새로운 솔루션이지만 빠르게 인기를 얻고 있다. 현재 스프링 프레임워크의 최신 버전 5이고 스프링 부트는 최신 버전은 2다. 스프링 부트의 탄생 목적은 무엇일까? 표준 스프링 프레임워크 방식 대신 스프링 부트로 애플리케이션을 구동하면 뭐가 다를까?

이 장에서 다룰 주제는 다음과 같다.

- 프로젝트에 부가적인 기능을 활성화하기 위한 스타터(starter) 사용하기

- REST API 메서드를 노출하는 서비스를 구현하기 위한 스프링 웹 라이브러리 사용하기

- 속성과 YAML 파일을 활용해 서비스 컨피규레이션 사용자 정의하기

- 상태 점검 및 모니터링 기능 구성하기

- 애플리케이션이 다른 모드에서 동작하도록 스프링 부트 프로파일 사용하기

- 내장되거나 원격의 NoSQL 데이터베이스와 상호작용하기 위해 ORM 기능 사용하기

## 스프링 부트 소개

스프링 부트는 독립 실행형 애플리케이션을 java -jar 명령으로 실행한다. 스프링 부트가 표준 스프링 컨피규레이션과 근본적으로 다른 점은 간단하다는 것이다. 이런 간단함은 첫 번째로 알아야 할 중요한 용어인 스타터와 밀접하게 관련이 있다. **스타터**는 프로젝트 의존성에 포함될 수 있는 아티팩트

(artifact)다. 스타터의 유일한 역할은 기대하는 기능을 구현하기 위해 애플리케이션에 포함해야 하는 다른 의존성을 제공하는 것뿐이다. 이 방식으로 제공된 패키지는 즉시 사용할 수 있어 동작을 위해 별도의 설정을 할 필요가 없다. 여기서 스프링 부트의 두 번째 중요한 용어인 자동 컨피규레이션(auto-configuration)이 등장한다. 스타터에 포함된 아티팩트는 기본 설정이 있고 속성이나 다른 유형의 스타터로 쉽게 재정의할 수 있다. 예를 들어 애플리케이션에 spring-boot-starter-web을 포함하면 애플리케이션이 기본 웹 컨테이너를 내장해 기본 포트로 시작한다. 나아가 스프링 부트의 기본 웹 컨테이너는 톰캣(Tomcat)으로, 시작할 때 8080 포트를 사용한다. 포트는 애플리케이션 속성 파일에 지정된 필드를 선언해 쉽게 변경할 수 있고 spring-boot-starter-jetty 또는 spring-boot-starter-undertow를 프로젝트 의존성에 포함해 웹 컨테이너를 변경할 수 있다.

스타터에 대해 좀 더 이야기해 보자. 공식적인 명명 패턴은 spring-boot-starter-*다. 여기서 *는 스타터의 특정 타입이다. 스프링 부트에는 풍부한 스타터가 있다. 그중에서 이 책에서 제공되는 예제에서도 사용하고 있는 가장 인기 있는 몇 가지에 대해 간단히 설명한다.

| 이름 | 설명 |
| --- | --- |
| spring-boot-starter | 자동 컨피규레이션 지원, 로깅, YAML을 포함하는 핵심 스타터 |
| spring-boot-start-web | RESTful과 스프링 MVC를 포함하는 웹 애플리케이션 개발. 톰캣(Tomcat)을 기본 컨테이너로 내장 |
| spring-boot-starter-jetty | 기본 내장 서블릿 컨테이너로 제티(Jetty)를 프로젝트에 포함 |
| spring-boot-starter-undertow | 기본 내장 서블릿 컨테이너로 언더토우(Undertow)를 프로젝트에 포함 |
| spring-boot-starter-tomcat | 내장 서블릿 컨테이너로 톰캣을 프로젝트에 포함. spring-boot-starter-web에 사용되는 기본 서블릿 컨테이너 |
| spring-boot-starter-actuator | 애플리케이션 모니터링 및 관리 기능을 제공하는 스프링 부트 액추에이터 프로젝트를 포함 |
| spring-boot-starter-jdbc | Tomcat Connection pool을 포함하는 스프링 JDBC를 포함. 특정 데이터베이스의 드라이버는 직접 제공해야 함 |
| spring-boot-starter-data-jpa | JPA 또는 Hibernate를 이용해 관계형 데이터베이스에 상호작용하기 위해 필요한 모든 아티팩트를 포함 |
| spring-boot-starter-data-mongodb | 몽고디비와 상호작용하고 로컬 호스트의 몽고에 대한 클라이언트 연결을 초기화하기 위한 모든 아티팩트를 포함. |
| spring-boot-starter-security | 프로젝트에 스프링 시큐리티를 포함하고 애플리케이션에 기본 시큐리티를 활성화 |

| 이름 | 설명 |
|---|---|
| spring-boot-starter-test | JUnit, 햄크레스트(Hamcrest), 모키토(Mockito)와 같은 라이브러리를 활용한 단위 테스트의 생성을 허가 |
| spring-boot-starter-amqp | 스프링 AMQP를 프로젝트에 추가하고 기본 AMQP 브로커로서 래빗엠큐를 시작 |

전체 스타터 목록에 관심이 있다면 스프링 부트 명세서를 참조한다. 이제 스프링 프레임워크의 표준 컨피규래이션과 스프링 부트의 주요 차이점으로 돌아가보자. 전에 이야기했듯이 spring-boot-starter-web을 통해 웹 컨테이너를 애플리케이션에 포함할 수 있다. 표준 스프링 컨피규레이션에서는 애플리케이션에 웹 컨테이너를 포함하는 대신 애플리케이션을 WAR 형태로 웹 컨테이너에 배포한다. 이것은 중요한 차이점이자 스프링 부트가 마이크로서비스 아키텍처에 배포된 애플리케이션을 생성하는 데 사용되는 가장 중요한 이유 중 하나다. 마이크로서비스의 가장 대표적 기능 중 하나는 다른 마이크로서비스와의 독립성이다. 이 경우 데이터베이스나 웹 컨테이너와 같은 공통의 자원을 공유하지 않아야 한다. 하나의 웹 컨테이너에 여러 WAR 파일을 배포하는 것은 마이크로서비스에서 피해야 할 패턴이다. 그러므로 마이크로서비스의 경우에는 스프링 부트가 명백히 옳은 선택이다.

개인적으로도 마이크로서비스 환경에서 작업할 때뿐만 아니라 수많은 애플리케이션을 개발할 때 스프링 부트를 사용했다. 표준 스프링 프레임워크 컨피규레이션 대신 스프링 부트를 사용해 보면 그 전으로 돌아가고 싶지 않을 것이다. 이런 결론을 뒷받침해주는 근거로 깃허브(http://redmonk.com/fryan/files/2017/06/java-tier1-relbar-20170622-logo.png)에서 자바 프레임워크의 인기를 보여주는 재미있는 다이어그램을 확인할 수 있다.

이제 스프링 부트를 이용해 어떻게 애플리케이션을 개발하는지 살펴보자.

## 스프링 부트를 이용해 애플리케이션 개발하기

프로젝트에서 스프링 부트를 사용하기 위해 권하는 방법은 의존성 관리시스템을 활용하는 것이다. 메이븐(Maven)과 그래들(Gradle) 프로젝트에서 어떻게 적절한 아티팩트를 포함하는지 간단히 확인할 수 있다. 다음은 메이븐 pom.xml의 예제다.

```
<parent>
    <groupId>org.springframework.boot</groupId>
    <artifactId>spring-boot-starter-parent</artifactId>
```

```
    <version>1.5.7.RELEASE</version>
</parent>
<dependencies>
    <dependency>
        <groupId>org.springframework.boot</groupId>
        <artifactId>spring-boot-starter-web</artifactId>
    </dependency>
</dependencies>
```

그래들의 경우, 부모 의존성을 정의할 필요가 없다.

```
plugins {
    id 'org.springframework.boot' version '1.5.7.RELEASE'
}
dependencies {
    compile("org.springframework.boot:spring-boot-starter-
web:1.5.7.RELEASE")
}
```

메이븐을 사용하는 경우, spring-boot-starter-parent POM에서 상속받지 않고 의존성 관리시스템을 사용할 수도 있다.

```
<dependencyManagement>
    <dependencies>
        <dependency>
            <groupId>org.springframework.boot</groupId>
            <artifactId>spring-boot-dependencies</artifactId>
            <version>1.5.7.RELEASE</version>
            <type>pom</type>
            <scope>import</scope>
        </dependency>
    </dependencies>
</dependencyManagement>
```

이제 남은 것은 메인 애플리케이션 클래스를 생성하고 @SpringBootApplication 애노테이션을 추가하는 것이 전부다. @SpringBootApplication 애노테이션은 @Configuration, @EnableAutoConfiguration, @ComponentScan의 세 애노테이션과 같다.

```
@SpringBootApplication
public class Application {
    public static void main(String[] args) {
        SpringApplication.run(Application.class, args);
    }
}
```

일단 메인클래스를 선언했고 spring-boot-starter-web을 포함했으니 애플리케이션을 실행해 보자. 이 클립스(Eclipse) 또는 인텔리제이(IntelliJ)와 같은 개발 IDE의 경우 메인 클래스를 실행하면 된다. 그 렇지 않다면 애플리케이션을 빌드한 후에 표준 자바 애플리케이션처럼 java -jar 명령으로 실행해야 한다. 우선 애플리케이션을 빌드하는 동안 모든 의존성을 실행 가능한 JAR(종종 **팻(fat) JARs**라고 부름)에 포함하는 일을 담당하는 컨피규레이션을 제공해야 한다. 이 기능은 메이븐의 pom.xml에 정의된 spring-boot-maven-plugin이 수행한다.

```
<build>
    <plugins>
        <plugin>
            <groupId>org.springframework.boot</groupId>
            <artifactId>spring-boot-maven-plugin</artifactId>
        </plugin>
    </plugins>
</build>
```

이 예제 애플리케이션은 단순히 포트 8080을 사용하는 톰캣 컨테이너의 스프링 컨텍스트를 시작하기만 한다. 팻 JAR는 약 14MB의 크기다. 프로젝트에 어떤 라이브러리가 포함됐는지는 IDE를 사용하면 쉽게 확인할 수 있다. 이러한 라이브러리는 모두 기본 스프링 라이브러리인데, spring-core와 spring-aop, spring-context, 스프링 부트, 내장형 톰캣, 로그백(Logback)과 Log4j, Slf4j와 같은 로깅 라이브러리, JSON의 직렬화 및 역직렬화에 사용하는 잭슨(Jackson) 라이브러리 등이 이에 해당한다. 또한 프로젝트에 자바의 기본 버전을 설정하는 것이 좋은데, 이는 pom.xml에 java.version 속성을 선언해 쉽게 설정할 수 있다.

```
<properties>
    <java.version>1.8</java.version>
</properties>
```

새로운 의존성을 추가해 기본 웹 컨테이너를 변경할 수 있다. 다음은 제티(Jetty)서버로 변경하는 예다.

```
<dependency>
    <groupId>org.springframework.boot</groupId>
    <artifactId>spring-boot-starter-jetty</artifactId>
</dependency>
```

## 컨피규레이션 파일 사용자 정의하기

많은 작업 없이 애플리케이션을 빠르게 생성하는 것도 역량 중 하나지만, 기본 설정을 쉽게 재정의하거나 무시하는 것도 중요한 역량이다. 스프링 부트는 편리하게 설정을 관리할 수 있는 메커니즘을 제공한다. 가장 간단한 방법은 애플리케이션 JAR에 추가된 컨피규레이션 파일을 이용하는 것이다. 스프링 부트는 application으로 시작하는 컨피규레이션 파일을 자동으로 찾는다. 지원하는 파일 타입은 .properties와 .yml이다. 따라서 application.properties나 application.yml 같은 컨피규레이션 파일 및 application-prod.properties 또는 application-dev.yml처럼 특정 프로파일을 지정하는 설정 파일을 생성할 수 있다. 또한 운영체제 환경변수와 커맨드라인 입력값을 사용해 컨피규레이션을 외부로 뽑아낼 수 있다. 이때 .properties와 .yml 파일은 다음의 위치에 있어야 한다.

- 애플리케이션의 현재 디렉터리의 /config 하위 디렉터리
- 애플리케이션의 현재 디렉터리
- 클래스 경로 /config 패키지(예를 들어 JAR 내부)
- 클래스 경로 root

설정 파일명으로 application 또는 application-{profile} 이외의 특정한 이름을 부여하려면 애플리케이션이 시작할 때 spring.config.name 환경변수를 제공해야 한다. spring.config.location 설정에 콤마로 분리된 설정 디렉터리 경로와 컨피규레이션 파일 경로 목록을 설정할 수 있다.

```
java -jar sample-spring-boot-web.jar --spring.config.name=example
java -jar sample-spring-boot-web.jar --
spring.config.location=classpath:/example.properties
```

컨피규레이션 파일 내부에 두 종류의 설정을 지정할 수 있다. 첫째, 하위 클래스(주로 spring-boot-autoconfiguration 라이브러리)에서 사용되는 공통 설정, 미리 정의된 스프링 부트 설정의 그룹이 있다.

자신만의 컨피규레이션 속성을 지정하면 @Value 또는 @ConfigurationProperties 애노테이션을 통해 애플리케이션에 주입된다.

미리 정의된 속성을 살펴보자. 스프링 부트 프로젝트에서 지원되는 전체 목록은 관련 문서의 부록 **A 공통 애플리케이션 속성**에 있다(https://docs.spring.io/spring-boot/docs/current/reference/html/common-application-properties.html 참고 – 옮긴이). 그 대부분은 데이터베이스, 웹 서버, 보안 및 다른 솔루션과 같은 특정 스프링 모듈에 종속되지만, 핵심 속성에 속하는 그룹도 있다. 개인적으로는 읽기가 쉬워서 properties 파일보다 YAML 파일을 선호한다. 선택은 각자의 몫이다. 또한 대개 서비스 디스커버리와 분산 컨피규레이션 관리에 사용되는 애플리케이션 이름, 웹 서비스 포트, 로깅, 데이터베이스 연결 설정 등의 속성을 재정의한다. 일반적으로 application.yml 파일은 src/main/resources 디렉터리에 위치하는데, 메이븐 빌드 후에는 JAR의 루트 디렉터리에 위치한다. 기본 서버 포트, 애플리케이션 이름, 로깅 속성 등을 재정의하는 예제 컨피규레이션 파일을 살펴보자.

```
server:
    port: ${port:2222}
spring:
    application:
        name: first-service
logging:
    pattern:
        console: "%d{HH:mm:ss.SSS} %-5level %logger{36} - %msg%n"
        file: "%d{HH:mm:ss.SSS} [%thread] %-5level %logger{36} - %msg%n"
    level:
        org.springframework.web: DEBUG
    file: app.log
```

여기서 한 가지 멋진 점은 외부 컨피규레이션 파일을 지정할 필요가 없다는 것이다. 예를 들어, 로깅 컨피규레이션을 위해 log4j.xml 또는 logback.xml 등을 설정할 필요가 없다. 이전 예제에서 org.springframework.web의 기본 로그 레벨을 DEBUG로 변경하고 로그 패턴을 수정하고 app.log 파일을 현재 애플리케이션 디렉터리에 생성했다. 이제 기본 애플리케이션 이름은 first-sevice이고 기본 HTTP 포트는 2222다.

사용자 정의 컨피규레이션도 같은 properties 파일 또는 YAML 파일에 위치해야 한다. 사용자 정의 속성을 포함하는 예제의 application.yml을 살펴보자.

```
  name: first-service
  my:
    servers:
      - dev.bar.com
      - foo.bar.com
```

간단한 속성은 @Value 애노테이션을 통해 주입된다.

```
@Component
public class CustomBean {
    @Value("${name}")
    private String name;
    // …
}
```

@ConfigurationProperties 애노테이션을 활용해 좀 더 복잡한 컨피규레이션 속성을 주입할 수 있다. YAML 파일에 정의된 my.servers 속성의 값 목록은 java.util.List 빈으로 주입됐다.

```
@ConfigurationProperties(prefix="my")
public class Config {
    private List<String> servers = new ArrayList<String>();
    public List<String> getServers() {
        return this.servers;
    }
}
```

지금까지 톰캣 또는 제티와 같은 웹 컨테이너에 스프링을 시작하는 간단한 애플리케이션을 생성했다. 이 장에서 스프링 부트로 애플리케이션을 개발하는 것이 얼마나 간단한지 보여주고 싶었다. 그와 별도로 YAML 파일이나 properties 파일을 통해 사용자 정의 컨피규레이션을 어떻게 설정하는지 설명했다. 타이핑하는 것보다 클릭하는 것을 좋아하는 사람에게는 스프링 이니셜라이져(Spring Initializr) 웹사이트(https://start.spring.io)를 추천한다. 이 사이트는 선택에 따라 프로젝트 골격(stub)을 생성해 준다. 간단히 사이트 화면에서 빌드 도구(Maven/Gradle), 언어(Java/Kotlin/Groovy), 스프링 부트 버전을 선택할 수 있다. 그리고 **Search for dependencies** 레이블이 붙은 검색 엔진을 통해 필요한 모든 의존성을 제공할 수 있다. 다음 그림에서처럼 스프링 이니셜라이져에 web으로 레이블이 붙은 spring-boot-start-web을 추가할 수 있다. **Generate Project**를 클릭하면 소스코드를 포함한 ZIP 파일이 생성돼 컴퓨터로 내려받기할 수 있다. **Switch to the full version**을 클릭하면 선택 가능한 모든 스프링 부트와 스프링 클라우드 라이브러리를 볼 수 있다.

지금까지 스프링 부트를 활용해 기본적인 프로젝트를 만들어봤으니 이제 예제 애플리케이션에 새로운 기능을 추가해 보자.

## RESTful 웹서비스 생성하기

첫 단계로 데이터를 호출하는 클라이언트에 노출하는 RESTful 웹서비스를 만들어보자. 전에 이야기했듯이 JSON 메시지를 직렬화하고 역직렬화하는 잭슨(Jackson) 라이브러리는 spring-boot-start-web과 함께 자동으로 클래스 경로에 포함된다. 덕분에 REST 메서드에 입력 값을 전달하고 받는 모델 클래스를 선언하기만 하면 된다. Person 예제 모델 클래스를 보자

```java
public class Person {
    private Long id;
    private String firstName;
    private String lastName;
    private int age;
    private Gender gender;
    public Long getId() {
        return id;
    }
}
```

```
        public void setId(Long id) {
            this.id = id;
        }
        //...
}
```

스프링 웹은 RESTful 웹서비스를 생성하기 위한 몇 가지 애노테이션을 제공한다. 첫째는
@RestController 애노테이션으로, 유입되는 HTTP 요청을 처리하는 컨트롤러 빈(controller bean) 클
래스에 설정한다. @RequestMapping 애노테이션은 컨트롤러 메서드와 HTTP를 대응하는 데 주로 사용한
다. 다음 코드 예제처럼 그것을 전체 컨트롤러 클래스에 설정해 모든 메서드의 요청 경로를 대응할 수
도 있다. @GetMapping, @PostMapping, @GetMapping처럼 특정 HTTP 메서드를 지정하는 애노테이션이 있
는데, 이것은 @RequestMapping에 method=RequestMethod.GET이라는 입력값을 사용한 것과 같다. 공통으로
사용되는 다른 두 개의 애노테이션은 @RequestParam과 @RequestBody다. @RequestParam은 요청의 경로와
입력값을 Object로 바인딩한다. @RequestBody는 입력 JSON을 잭슨 라이브러리를 사용해 Object로 바인
딩한다.

```
@RestController
@RequestMapping("/person")
public class PersonController {
    private List<Person> persons = new ArrayList<>();
    @GetMapping
    public List<Person> findAll() {
        return persons;
     }
    @GetMapping("/{id}")
    public Person findById(@RequestParam("id") Long id) {
        return persons.stream().filter(it ->
            it.getId().equals(id)).findFirst().get();
    }
    @PostMapping
    public Person add(@RequestBody Person p) {
        p.setId((long) (persons.size()+1));
        persons.add(p);
        return p;
    }
    // ...
  }
```

REST API 표준과 호환을 위해 PUT과 DELETE 메서드도 다뤄야 한다. 구현이 끝나면 이 서비스는 모든 CRUD 동작을 수행한다.

| 메서드 | 경로 | 설명 |
| --- | --- | --- |
| GET | /person | 존재하는 모든 person을 반환 |
| GET | /person/{id} | id와 일치하는 person을 반환 |
| POST | /person | 새로운 person을 추가 |
| PUT | /person | 존재하는 person을 변경 |
| DELETE | /person/{id} | id와 일치하는 person을 삭제 |

@RestController에서 DELETE와 PUT 메서드를 구현하는 코드 예제를 보자.

```
@DeleteMapping("/{id}")
public void delete(@RequestParam("id") Long id) {
    List<Person> p = persons.stream().filter(it ->
it.getId().equals(id)).collect(Collectors.toList());
    persons.removeAll(p);
}


@PutMapping
public void update(@RequestBody Person p) {
    Person person = persons.stream().filter(it ->
it.getId().equals(p.getId())).findFirst().get();
    persons.set(persons.indexOf(person), p);
}
```

컨트롤러 코드는 정말 간단하다. 이때 모든 데이터를 로컬 java.util.List로 저장하는데, 분명히 좋은 프로그래밍 사례는 아니다. 여기서는 간략한 예제를 위해 사용했다. 이 장의 **애플리케이션을 데이터베이스와 통합하기** 절에서 NoSQL 데이터베이스와 통합하는 좀 더 고급의 간단한 애플리케이션을 다룬다.

SOAP 웹서비스 경험이 있는 사람도 있을 것이다. REST 대신 비슷한 SOAP을 사용하는 서비스를 만들었다면 모든 서비스의 정의가 기술된 WSDL(Web Service Description Language) 파일을 클라이언트에 제공할 것이다. 안타깝게도 REST는 WSDL과 같은 표준 표기법이 없다. RESTful 웹서비스의 초기에는 **Web Application Description language(WADL)**이 그러한 역할을 수행한다고 했다. 그러나 실제로는 스프링 웹을 포함한 많은 제공자가 애플리케이션이 실행된 후에 WADL 파일을 생성하지 않는다. 그렇다면 여기서 왜 이런 이야기를 꺼냈을까? 이미 몇 개의 REST 오퍼레이션을 HTTP상으로 노출하는 첫 마이크로서비스를 만들었다. 이 마이크로서비스를 IDE에서 실행하거나 팻 JAR로 빌드한 후 `java -jar` 커맨드를 사용해 실행했을 것이다. `application.yml` 파일의 컨피규레이션 속성을 변경하지 않았거나 `-Dport` 옵션을 설정하지 않았다면 애플리케이션은 `http://localhost:2222`로 서비스된다. 다른 클라이언트가 이 API를 호출하도록 하려면 두 가지 방법이 있다. API 사용법을 설명한 문서를 제공하거나 API 클라이언트를 자동으로 생성하는 메커니즘을 제공하는 것이다. 또는 둘 다 제공할 수 있는데, 스웨거(Swagger)가 바로 그 역할을 한다.

## API 문서화

스웨거는 RESTful API를 설계하고 빌드하고 문서화하는 데 가장 많이 사용되는 도구다. 이것은 스마트베어(SmartBear)가 만들었는데, 이 디자인 회사는 SOAP 웹서비스와 SoapUI를 위한 인기 있는 도구를 제공한다. SOAP 경험이 많은 이에게는 이것으로 충분하다. 스웨거를 통해 표기법을 활용한 API를 설계하고 소스코드를 생성한다. 아니면 소스코드로 시작해 스웨거 파일을 생성하는 방법도 있다. 스프링 부트를 사용할 경우 두 번째 방식을 선택한다.

## 스웨거 2를 스프링 부트와 같이 사용하기

스프링 부트와 스웨거 2의 통합은 스프링폭스(Springfox) 프로젝트에서 구현됐다. 이것은 애플리케이션이 실행될 때 스프링 컨피규레이션, 클래스 구조, 자바 애노테이션을 기반으로 API의 의미를 추론한다. 스프링과 함께 스웨거를 사용하려면 다음의 의존성 두 개를 메이븐 `pom.xml`에 추가하고 메인 애플리케이션에 `@EnableSwagger2` 애노테이션을 추가한다.

```xml
<dependency>
    <groupId>io.springfox</groupId>
    <artifactId>springfox-swagger2</artifactId>
    <version>2.7.0</version>
</dependency>
<dependency>
    <groupId>io.springfox</groupId>
    <artifactId>springfox-swagger-ui</artifactId>
    <version>2.7.0</version>
</dependency>
```

애플리케이션이 시작될 때 스웨거 라이브러리에 의해 API 문서가 소스코드로부터 자동으로 생성된다. 이런 처리는 메인 클래스에 선언된 Docket 빈에 의해 조절된다. 메이븐의 pom.xml로부터 API의 버전을 얻는 것은 좋은 방법이다. 그것은 maven-model 라이브러리를 클래스 경로에 추가하고 MavenXpp3Reader 클래스를 이용해 얻을 수 있다. 여기서는 apiInfo 메서드로부터 타이틀, 저자, 설명 같은 다른 속성을 얻을 수 있다. 기본적으로 스웨거는 스프링 부트에 의해 생성되는 정보를 포함한 모든 REST 서비스에 대해 문서를 생성한다. 여기서는 pl.piomin.services.boot.controller 패키지 안에 있는 @RestController에 국한할 것이다.

```java
@Bean
public Docket api() throws IOException, XmlPullParserException {
    MavenXpp3Reader reader = new MavenXpp3Reader();
    Model model = reader.read(new FileReader("pom.xml"));
    ApiInfoBuilder builder = new ApiInfoBuilder()
        .title("Person Service Api Documentation")
        .description("Documentation automatically  generated")
        .version(model.getVersion())
        .contact(new Contact("Piotr Mińkowski",
            "piotrminkowski.wordpress.com", "piotr.minkowski@gmail.com"));
    return new Docket(DocumentationType.SWAGGER_2).select()
        .apis(RequestHandlerSelectors.basePackage("pl.piomin.services.boot.controller"))
        .paths(PathSelectors.any()).build()
        .apiInfo(builder.build());
}
```

## 스웨거 UI를 통한 API 테스트

애플리케이션이 시작된 후 API 문서 대시보드는 http://localhost:2222/swagger-ui.html에서 제공된다. 사용자 중심의 스웨거 JSON 정의 파일도 자동으로 생성돼 http://localhost:2222/v2/api-docs의 경로에서 제공된다. 이 파일은 SoapUI 같은 다른 REST 도구에 임포트할 수 있다.

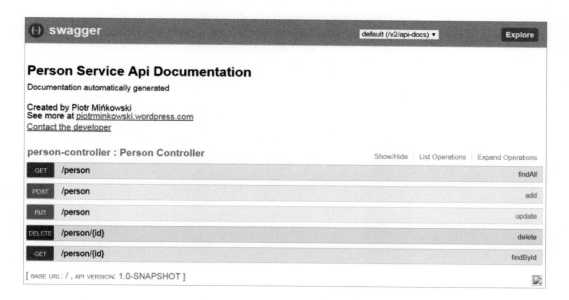

스웨거 UI 대신 SoapUI를 선호한다면 **Project | import Swagger**를 선택해 쉽게 스웨거 정의 파일을 임포트할 수 있다. 그리고 다음 그림처럼 파일의 경로를 지정한다.

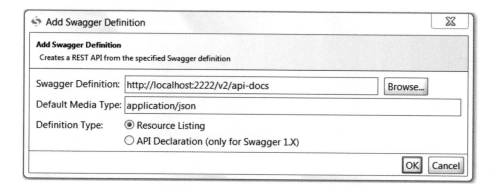

개인적으로 스웨거 UI를 좋아한다. 상세 정보는 각 API의 확장 기능을 이용해 확인할 수 있다. 모든 오퍼레이션은 요구하는 입력값이나 JSON 입력을 제공하고 **Try it out!**을 클릭해 테스트할 수 있다. 다음 화면에서 POST /person에 대한 테스트를 볼 수 있다.

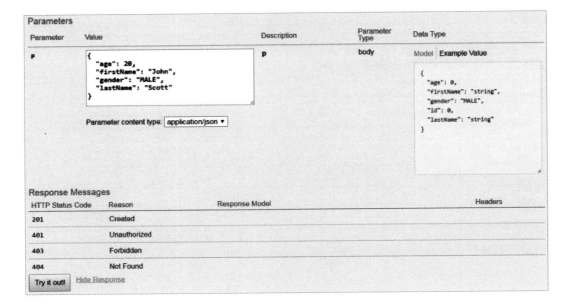

다음은 그 응답 화면이다.

Response Body

```
{
    "id": 1,
    "firstName": "John",
    "lastName": "Scott",
    "age": 20,
    "gender": "MALE"
}
```

Response Code

```
200
```

Response Headers

```
{
    "date": "Wed, 04 Oct 2017 08:41:24 GMT",
    "transfer-encoding": "chunked",
    "content-type": "application/json;charset=UTF-8"
}
```

## 스프링 부트 액추에이터의 기능

동작하는 애플리케이션을 만들고 표준 API 문서를 공유하는 데서 일이 끝나는 것이 아니다. 특히 하나의 관리되는 환경을 구성하는 수많은 독립적인 엔티티가 존재하는 마이크로서비스에 대해 이야기하는 경우에는 더욱 그렇다. 남아있는 중요한 사항은 애플리케이션의 모니터링과 메트릭 수집이다. 스프링 부트가 이런 역할을 한다. 프로젝트 스프링 부트 액추에이터는 애플리케이션을 모니터링하고 상호작용하기 위한 내장된 수많은 종단점(RESTful API- 옮긴이)을 제공한다. 프로젝트에 활용하기 위해서는 spring-boot-starter-actuator를 의존성에 추가해야 한다. 다음은 가장 중요한 액추에이터의 종단점 목록이다.

| 경로 | 설명 |
| --- | --- |
| /beans | 애플리케이션에 초기화된 모든 스프링 빈의 목록을 표시 |
| /env | 스프링의 설정 가능한 환경 속성 목록을 표시. 예를 들어 OS 환경 변수 및 컨피규레이션 파일의 속성 목록 |
| /health | 애플리케이션의 상태 정보 표시 |
| /info | 애플리케이션의 임의 정보 표시. 예를 들어 build-info.properties나 git.properties 파일의 정보 표시 |
| /loggers | 애플리케이션의 로거 컨피규레이션 정보를 표시하고 수정 |
| /metrics | 애플리케이션의 메트릭 정보를 표시(예: 메모리 사용량, 실행 중인 스레드 수, REST 메서드의 응답 시간) |
| /trace | 트레이스(trace) 정보 표시(기본으로 마지막 100개의 HTTP 요청) |

종단점은 스프링 컨피규레이션 속성을 사용해 쉽게 사용자 정의를 할 수 있다. 예를 들어, 기본으로 활성화된 종단점 중에 하나를 비활성화할 수 있다. 기본적으로 shutdown을 제외한 모든 종단점은 활성화돼 있다. 대부분의 API는 안전하게 보호된다. 웹브라우저에서 이를 호출할 경우, 요청 헤더에 보안 자격증명을 제공하거나 전체 프로젝트에서 보안을 비활성화해야 한다. 프로젝트에서 보안을 비활성화하려면 application.yml 파일에 다음 구문을 추가한다.

```
management:
    security:
      enabled: false
```

## 애플리케이션 정보

프로젝트에서 사용 가능한 모든 API 목록은 애플리케이션을 시작할 때 로그에 나타난다. 보안을 해제한 후 웹브라우저에서 목록을 확인할 수 있다. 흥미로운 것은 /info API는 기본적으로 어떤 정보도 노출하지 않는다는 점이다. 이것을 변경하려면 InfoContributor 빈을 변경하거나 자신만의 빈을 작성해야 한다. 우선 EnvironmentInfoContributor는 환경 정보를 노출한다. 그리고 GitInfoContributor는 클래스 경로에 존재하는 git.properties 파일을 찾아서 브랜치 이름이나 커밋 ID와 같은 커밋 정보를 노출한다. 마지막으로 BuildInfoContributor는 META-INF/build-info.properties 파일의 정보를 모아서 API로 노출한다. 이러한 깃과 빌드 정보는 애플리케이션이 빌드될 때 자동으로 수집돼 노출된다. 이를 위해 git-commit-id-plugin을 pom.xml에 추가한다. 그리고 spring-boot-maven-plugin을 수정해 build-info.properties를 자동 생성해 노출한다.

```xml
<plugin>
    <groupId>org.springframework.boot</groupId>
    <artifactId>spring-boot-maven-plugin</artifactId>
    <executions>
        <execution>
            <goals>
                <goal>build-info</goal>
                <goal>repackage</goal>
            </goals>
            <configuration>
                <additionalProperties>
                    <java.target>${maven.compiler.target}</java.target>
                    <time>${maven.build.timestamp}</time>
                </additionalProperties>
            </configuration>
        </execution>
    </executions>
</plugin>
<plugin>
    <groupId>pl.project13.maven</groupId>
    <artifactId>git-commit-id-plugin</artifactId>
    <configuration>
    <failOnNoGitDirectory>false</failOnNoGitDirectory>
    </configuration>
</plugin>
```

build-info.properties 파일이 생성되면 /info API가 이전과 달라진다.

```json
{
    "build": {
        "version":"1.0-SNAPSHOT",
        "java": {
            "target":"1.8"
        },
        "artifact":"sample-spring-boot-web",
        "name":"sample-spring-boot-web",
        "group":"pl.piomin.services",
        "time":"2017-10-04T10:23:22Z"
    }
}
```

## 상태 정보

/info API 처럼 /health API도 자동으로 설정되는 것이 있다. 이를 통해 디스크의 사용량, 메일 서비스, JMS, 데이터 소스, 몽고디비 또는 카산드라와 같은 NoSQL을 모니터링할 수 있다. 예제 애플리케이션에서 API를 점검할 경우, 디스크의 사용률만 보일 것이다. 몽고디비를 프로젝트에 추가해 MongoHealthIndicator를 통해 상태 정보를 추출해 보자. 몽고디비는 향후 Person 마이크로서비스를 개선할 때 유용하기 때문에 선택했다. 몽고디비를 사용하려면 pom.xml에 다음 의존성을 추가해야 한다. de.flapdoodle.embed.mongo 아티팩트는 애플리케이션을 시작할 때 내장된 데이터베이스를 시작한다.

```xml
<dependency>
    <groupId>org.springframework.boot</groupId>
    <artifactId>spring-boot-starter-data-mongodb</artifactId>
</dependency>
<dependency>
    <groupId>de.flapdoodle.embed</groupId>
    <artifactId>de.flapdoodle.embed.mongo</artifactId>
</dependency>
```

/health API는 디스크의 사용량과 몽고디비의 상태를 반환한다.

```json
{
    "status":"UP",
    "diskSpace":{
        "status":"UP",
        "total":499808989184,
        "free":193956904960,
        "threshold":10485760
    },
    "mongo":{
        "status":"UP",
        "version":"3.2.2"
    }
}
```

이 예제에서 스프링 부트의 자동-컨피규레이션 기능의 위력을 확인할 수 있다. 내장된 몽고디비를 활성화하기 위해서는 두 개의 의존성을 추가하기만 하면 된다. 그 상태는 자동으로 /health API에 추가된다. 또한 추후에 repository 빈에 의해 즉시 사용될 수 있는 몽고디비로의 클라이언트 연결을 제공한다.

## 매트릭스

흔히 말하듯 공짜 점심은 없다. 개발은 빠르고 쉽지만 추가적인 라이브러리를 포함하면 팻(fat) JAR가 30MB가 된다. 자동으로 설정되는 /metrics 액추에이터 API를 통해 마이크로서비스의 힙(heap)과 힙이 아닌 메모리의 사용량을 알 수 있다. 테스트 요청을 보낸 후 heap 사용량은 140MB이고 heap이 아닌 영역은 65MB가 됐다. 애플리케이션의 전체 메모리 사용량은 320MB였다. 물론 전체 메모리 사용량은 애플리케이션이 시작될 때 java -jar 명령 및 -Xmx 인자로 줄일 수 있다. 그러나 운영 환경에서의 신뢰성을 보장하려면 메모리를 무리하게 줄여서는 안 된다. 메모리 사용량과 별개로 /metrics API는 로딩된 클래스의 개수, 활성화된 스레드의 수, API 메서드의 평균 실행 시간 등 수많은 정보를 보여준다. 여기 예제 마이크로서비스의 API 응답 예시가 있다.

```json
{
"mem":325484,
"mem.free":121745,
"processors":4,
```

```
"instance.uptime":765785,
"uptime":775049,
"heap.committed":260608,
"heap.init":131072,
"heap.used":138862,
"heap":1846272,
"nonheap.committed":75264,
"nonheap.init":2496,
"nonheap.used":64876,
"threads.peak":28,
"threads.totalStarted":33,
"threads":28,
"classes":9535,
"classes.loaded":9535,
"gauge.response.person":7.0,
"counter.status.200.person":4,
// ...
}
```

자신만의 메트릭을 생성해야 할 경우도 있다. 이 경우를 대비해 스프링 부트 액추에이터는 CounterService와 GaugeService라는 두 클래스를 제공한다. 클래스의 이름이 말하듯이 CounterService는 값의 증가와 감소, 초기화를 위한 메서드를 제공한다. 반대로 GaugeService는 단순히 현재의 값을 전달한다. 통계 정보를 호출하는 API 메서드를 위한 기본 메트릭은 약간 불완전한데, 호출 경로에만 근거하기 때문이다. 예제 API에서 GET /person, POST /person, PUT /person이 그 예다. 어쨌든 add와 delete 메서드 호출을 세는 PersonCounterService 빈을 생성했다.

```
@Service
public class PersonCounterService {
    private final CounterService counterService;
    @Autowired
    public PersonCounterService(CounterService counterService) {
        this.counterService = counterService;
    }
    public void countNewPersons() {
        this.counterService.increment("services.person.add");
    }
    public void countDeletedPersons() {
```

```
        this.counterService.increment("services.person.deleted");
    }
}
```

앞의 빈을 REST 컨트롤러 빈에 주입한 후 새로운 Person이 추가되거나 제거될 때 이 빈의 카운터 값을 증가시키는 메서드를 호출한다.

```java
public class PersonController {
    @Autowired
    PersonCounterService counterService;
    // ...
    @PostMapping
    public Person add(@RequestBody Person p) {
        p.setId((long) (persons.size()+1));
        persons.add(p);
        counterService.countNewPersons();
        return p;
    }
    @DeleteMapping("/{id}")
    public void delete(@RequestParam("id") Long id) {
        List<Person> p = persons.stream().filter(it ->
                        it.getId().equals(id)).collect(Collectors.toList());
        persons.removeAll(p);
        counterService.countDeletedPersons();
    }
}
```

이제 애플리케이션의 메트릭을 다시 보면 두 개의 새로운 값이 JSON 응답에 노출되는 것을 확인할 수 있다.

```
{
    // ...
    "counter.services.person.add":4,
    "counter.services.person.deleted":3
}
```

스프링 부트 애플리케이션에 의해 생성되는 모든 메트릭은 분석하거나 표시할 수 있는 저장소로 전달할 수 있다. 이런 정보는 레디스(Redis), Open TSDB, Statsd, 인플럭스디비(InfluxDB) 등에 저장할 수 있다.

이상이 상세 정보를 포함한 내장된 모니터링 종단점이다. 문서화와 메트릭, 상태 점검에 많은 부분을 할애했는데, 이러한 것이 마이크로서비스를 개발하고 유지보수하는 데 매우 중요하기 때문이다. 이러한 메커니즘을 제대로 구현하는 것에 신경 쓰지 않는 개발자도 있지만, 메트릭과 상태 점검, 애플리케이션 로그의 품질과 같은 프리즘을 통해 애플리케이션을 바라보는 이들도 있다. 스프링 부트는 이러한 것을 즉시 제공하므로 개발자가 거기에 너무 많은 시간을 할애하지 않아도 된다.

## 개발자 도구

스프링 부트는 개발자에게 유용한 다른 도구도 제공한다. 그중 정말 멋진 것은 프로젝트의 클래스 경로상의 파일이 변경되면 애플리케이션이 변경을 감지하여 자동으로 재시작하는 기능이라고 생각한다. 이클립스를 IDE로 사용한다면 spring-boot-devtools 의존성을 메이븐 pom.xml에 포함하면 된다. 그리고 나서 클래스 중 하나를 수정하고 저장해 보자. 애플리케이션을 중지했다가 시작하는 방식보다 빠르게 자동으로 재시작한다. 직접 샘플 애플리케이션을 시작할 때는 약 9초가 걸렸지만, 자동 재시작에는 3초가 걸렸다.

```
<dependency>
    <groupId>org.springframework.boot</groupId>
    <artifactId>spring-boot-devtools</artifactId>
    <optional>true</optional>
</dependency>
```

변경 시 애플리케이션이 재시작하지 않도록 하려면 그러한 리소스를 제외 항목에 포함하면 된다. 기본적으로 폴더를 가리키는 클래스 경로상의 모든 파일은 변경 시 모니터링된다. 심지어 정적인 애셋(asset)과 뷰 템플릿과 같이 재시작이 필요 없는 것도 모니터링된다. 이 경우 이러한 파일이 static 폴더에 있다면 application.yml 컨피규레이션 파일에 다음의 속성을 추가해 모니터링에서 제외하는 것이 좋다.

```
spring:
 devtools:
  restart:
    exclude: static/**
```

## 데이터베이스와 애플리케이션의 통합

스프링 부트 명세에는 더 흥미로운 기능도 있다. 프레임워크가 제공하는 다른 멋진 기능을 설명하는 데 시간을 쓰고 싶지만, 핵심 주제인 **마이크로서비스를 위한 스프링**에서 너무 벗어나면 안 될 것 같아 여기서는 다루지 않을 것이다. 앞의 몽고디비를 포함하는 프로젝트 예제에서 고급 마이크로서비스 예제를 보여주기로 했었다. 앞에서 만든 애플리케이션의 현재 버전은 다음 깃허브 계정에 있다. 다음 깃 저장소를 컴퓨터에 복제하자: https://github.com/piomin/sample-spring-boot-web.git.

## 예제 애플리케이션 빌드하기

기본 예제는 master 브랜치에 있다. 그리고 몽고디비를 다루는 고급 예제는 mongo 브랜치에 있다. 고급 예제를 실행해 보려면 git checkout mongo 명령으로 브랜치를 전환해야 한다. 그리고 객체를 몽고디비로 매핑하려면 다음과 같이 모델 클래스를 약간 변경해야 한다. 모델 클래스는 @Document 애노테이션, 프라이머리 키는 @Id 애노테이션이 필요하다. 몽고디비가 프라이머리 키를 59d63385206b6d14b854a45c와 같은 UUID 형식으로 생성하기 때문에 ID 필드 타입을 Long에서 String으로 변경했다.

```
@Document(collection = "person")
public class Person {
    @Id
    private String id;
    private String firstName;
    private String lastName;
    private int age;
    private Gender gender;
    public String getId() {
        return id;
    }
    public void setId(String id) {
        this.id = id;
    }
    // ...
}
```

그다음 MongoRepository를 상속하는 저장소 인터페이스를 생성한다. MongoRepository는 findAll, findOne, save, delete와 같은 데이터를 조회하고 저장하는 기본 메서드를 제공한다. 스프링 데이터는 리파지토리(repository) 객체를 사용해 질의를 수행하는 매우 똑똑한 메커니즘을 가지고 있다. 질의를 직접 구현할 필요 없이 명명 규칙을 따르는 인터페이스 메서드만 정의하면 된다. 메서드 이름은 findBy를 접두어로 쓰고 검색될 필드 이름을 붙인다. 그리고 GreaterThan, LessThan, Between, Like 등과 같은 표준 검색 키워드 접미사를 붙인다. 몽고디비 질의는 메서드 이름을 기반으로 스프링데이터 클래스에 의해 자동으로 생성된다. 동일한 키워드가 삭제 질의를 생성하기 위한 delete...By 또는 remove...By 키워드와 함께 사용될 수 있다.

```java
public interface PersonRepository extends MongoRepository<Person, String> {
    public List<Person> findByLastName(String lastName);
    public List<Person> findByAgeGreaterThan(int age);
}
```

PersonRepository 인터페이스에 두 개의 검색 메서드를 정의했다. 첫째 메서드는 lastName 값을 가지는 모든 Person 엔티티를 조회하는 findByLastName이다. 둘째 메서드는 주어진 나이보다 많은 모든 Person 엔티티를 추출하는 findByAgeGreaterThan 메서드다. PersonRepository가 REST 컨트롤러 클래스에 주입돼 필요한 모든 CRUD 메서드를 호출할 수 있다.

```java
@Autowired
private PersonRepository repository;
@Autowired
private PersonCounterService counterService;
@GetMapping
public List<Person> findAll() {
    return repository.findAll();
}
@GetMapping("/{id}")
public Person findById(@RequestParam("id") String id) {
    return repository.findOne(id);
}
@PostMapping
public Person add(@RequestBody Person p) {
    p = repository.save(p);
    counterService.countNewPersons();
    return p;
}
@DeleteMapping("/{id}")
public void delete(@RequestParam("id") String id) {
    repository.delete(id);
    counterService.countDeletedPersons();
}
```

PersonRepository 빈으로부터 사용자 정의 조회 오퍼레이션을 위한 두 개의 API 메서드도 추가했다.

```
@GetMapping("/lastname/{lastName}")
public List<Person> findByLastName(@RequestParam("lastName") String
lastName) {
    return repository.findByLastName(lastName);
}
@GetMapping("/age/{age}")
public List<Person> findByAgeGreaterThan(@RequestParam("age") int age) {
    return repository.findByAgeGreaterThan(age);
}
```

이것이 전부다. 내장된 몽고 데이터베이스에 CRUD 오퍼레이션을 구현한 기본적인 API 메서드를 노출하는 마이크로서비스를 실행할 준비가 됐다. 이를 위해 긴 소스코드를 생성할 필요는 없다. 스프링데이터를 사용해 관계형 또는 NoSQL 데이터베이스와의 연동을 구현하는 것은 상대적으로 쉽다. 그래도 몇 가지 해결할 일은 있다. 내장 데이터베이스는 운영용이 아닌 개발용 또는 단위 테스트용으로만 좋은 선택이다. 그리고 운영 모드로 마이크로서비스를 실행해야 한다면 독립 실행형 몽고디비 인스턴스를 실행하거나 여러 몽고디비 인스턴스를 샤딩(sharded) 클러스터로 구성해 애플리케이션에 연동하는 것이 낫다. 여기서는 예제를 위해 도커를 사용해 몽고디비의 단일 인스턴스를 사용한다.

 도커에 익숙하지 않다면 언제든 로컬 또는 원격 머신에 몽고디비를 설치할 수 있다. 이 책의 14장 도커 지원에서 도커에 대해 간략히 설명한다. 또한 윈도우에 도커를 설치하고 기본 명령을 사용하는 방법 등 시작할 때 필요한 모든 내용을 다룬다. 다음 장의 예제에서도 도커를 사용하므로 그에 관한 기본 지식을 갖추는 것이 유용할 것이다.

## 애플리케이션 실행하기

docker run 명령으로 몽고디비를 시작하자.

```
docker run -d --name mongo -p 27017:27017 mongo
```

여기서는 몽고 데이터베이스 클라이언트가 유용할 수 있다. 그것을 이용하면 새 데이터베이스를 생성하고 자격 증명을 가진 사용자를 추가할 수 있다. 윈도우에 도커를 설치했다면 기본 가상머신 주소는 192.168.99.100이다. 몽고 컨테이너는 run 명령의 -p 인자 설정으로 27017 포트에 노출된다. 사실 몽고디비에 데이터베이스를 만들 필요가 없는데, 제공한 데이터베이스 이름이 데이터베이스 클라이언트 연결을 정의할 때 없으면 자동으로 생성되기 때문이다.

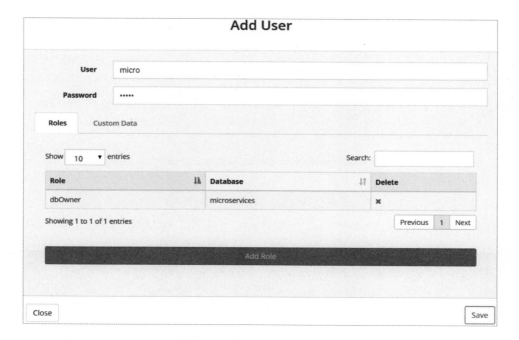

다음으로 애플리케이션에 충분한 권한을 가진 사용자를 만들어야 한다.

마지막으로 몽고 데이터베이스의 연결 설정 및 자격 증명을 application.yml 컨피규레이션 파일에 설정
한다.

```
server:
  port: ${port:2222}
spring:
  application:
  name: first-service
// ...
---
spring:
  profiles: production
  application:
    name: first-service
  data:
    mongodb:
      host: 192.168.99.100
      port: 27017
      database: microservices
      username: micro
      password: micro
```

스프링 부트는 여러 프로파일 컨피규레이션을 잘 지원한다. YAML 파일은 '---' 라인을 사용해 구분하고 문서의 각 섹션은 플랫 맵(flatted map)으로 파싱된다. 다음 예제는 application-production.yml로 컨피규레이션 파일을 별도로 분리해 똑같은 일을 수행한다. 아무런 옵션 없이 애플리케이션을 실행하면 프로파일이 없는 기본 세팅을 사용한다. production용 설정 파일을 사용하려면 spring.profiles.active VM 옵션을 지정한다.

```
java -jar -Dspring.profiles.active=production sample-spring-boot-web-1.0-SNAPSHOT.jar
```

여기서 끝이 아니다. production 프로파일로 설정하면 애플리케이션이 시작하다가 실패하는데, embeddedMongoServer 빈을 초기화하려고 하기 때문이다. 이미 알고 있겠지만, 대부분의 추가 솔루션에는 스프링 부트의 자동 컨피규레이션 목록이 있다. 여기서도 마찬가지로 production 프로파일의 자동 컨피규레이션에서 EmbeddedMongoAutoConfiguration 클래스를 제외시켜야 한다.

```
spring:
    profiles: production
    // ...
    autoconfigure:
        exclude:        org.springframework.boot.autoconfigure.mongo.embedded.EmbeddedMongoAutoC
onfiguration
```

또는 컨피규레이션 클래스에서 그 클래스를 제외할 수도 있다.

```
@Configuration
@Profile("production")
@EnableAutoConfiguration(exclude = EmbeddedMongoAutoConfiguration.class)
public class ApplicationConfig {
    // ...
}
```

물론 좀 더 근사한 해결 방법으로 메이븐 프로파일 등에서 de.flapdoodle.embed.mongo 패키지 전체를 타깃 빌드 패키지에서 제외하는 방법도 있다. 제시된 솔루션은 문제 해결을 위한 몇 가지 방법 중 하나일 뿐이지만, 스프링 부트의 자동 컨피규레이션과 프로파일 메커니즘을 보여준다. 이제 샘플 애플리케이션을 돌려 스웨거 UI 같은 도구를 사용해 몇 가지 테스트를 해 본다. 몽고 클라이언트로 데이터베이스에 접속해 보고 데이터베이스에서 변경 사항을 확인할 수 있다. 예제 프로젝트의 마지막 파일 구조를 보자.

```
pl
  +- piomin
    +- services
      +- boot
        +- Application.java
        |
        +- controller
        |   +- PersonController.java
        |
        +- data
        |   +- PersonRepository.java
        |
        +- model
        |   +- Person.java
        |   +- Gender.java
        |
        +- service
        |   +- PersonCounterService.java
```

이렇게 해서 예제 애플리케이션이 완성됐다. 이것이 이번 장에서 보여주고자 했던 모든 스프링 부트의 기능이다. 특히 REST 기반 서비스를 만드는 데 유용한 것을 집중적으로 살펴봤다.

## 요약

이 장에서는 아주 기본적인 예제에서부터 즉시 운영에 적용할 수 있는 좀 더 고급의 스프링 부트 애플리케이션 예제를 통해 단일 마이크로서비스의 개발 과정을 안내했다. 그리고 프로젝트에서 스타터를 사용해 추가 기능을 활성화하는 방법, 스프링 웹 라이브를 사용해 REST API 메서드를 노출하는 서비스를 구현하는 방법, 그리고 속성과 YAML 파일을 이용해 서비스의 컨피규레이션을 사용자 정의하는 방법을 설명했다. 또한 REST API를 문서로 만들고 명세를 제공하는 방법도 살펴봤다. 다음으로 상태 점검 및 모니터링 기능을 설정했다. 스프링 부트 프로파일을 통해 애플리케이션이 다른 모드에서 실행되도록 하고 ORM 기능으로 내장 및 원격의 NoSQL 데이터베이스와 연동했다.

이 장에서 스프링 클라우드에 대해 언급하지 않은 것은 스프링 부트에 대한 지식과 경험이 없으면 스프링 클라우드 프로젝트를 시작할 수 없기 때문이다. 스프링 클라우드는 완전한 마이크로서비스 기반 생태계에 서비스를 배치할 수 있는 다양한 기능을 제공한다. 이러한 기능에 대해 다음 장에서 하나씩 논의할 것이다.

# 03

# 스프링 클라우드
# 개요

1장 **마이크로서비스의 개요**에서 클라우드-네이티브 개발 스타일과 마이크로서비스의 개념과 관련된 모범사례를 쉽게 적용하도록 도와주는 스프링 클라우드를 살펴봤다. 가장 많이 사용되는 모범사례는 **12-팩터 앱(The Twelve-Factor App)**이라는 흥미로운 이니셔티브(initiative)로 정리돼 있다. 관련 웹사이트(https://12factor.net/, 한국어는 https://12factor.net/ko/에서 제공 – 옮긴이)에 나와 있듯이 이것은 확장이 가능하고 쉽게 클라우드 플랫폼에 배포할 수 있으며 지속 배포 프로세스에 따라 배포되는 **Software as a Service(SaaS)**를 개발하는 방법론이다. 특히 서비스로 운영되는 애플리케이션을 개발하는 개발자라면 이런 원리에 익숙해져야 한다. 스프링 부트와 스프링 클라우드는 **12-팩터 룰**에 부합하는 애플리케이션을 만드는 기능과 요소를 제공한다. 최신 분산 시스템이 사용하는 전형적인 기능은 대부분의 고유한 아키텍처를 갖는 프레임워크에서 제공되는데, 스프링 클라우드도 마찬가지다. 이런 기능에는 다음과 같은 것이 있다.

- 분산/버전 컨피규레이션

- 서비스 등록 및 디스커버리

- 라우팅

- 서비스 간의 호출

- 부하 분산

- 서킷 브레이커

- 분산 메시징

## 기본부터 시작하기

이전 장에서 스프링 부트 프로젝트의 구조를 자세히 설명했다. 컨피규레이션은 YAML이나 application 또는 application-{profile} 이름의 properties 파일로 제공돼야 한다. 표준 스프링 부트 애플리케이션 과 달리 스프링 클라우드는 원격 서버에서 컨피규레이션을 가져온다. 이를 위해 부트스트랩 컨텍스트 에 애플리케이션 내에 필요한 최소 설정, 예를 들어 애플리케이션 이름과 컨피규레이션 서버 주소 등을 설정해 스프링 클라우드 프로젝트가 외부 소스에서 컨피규레이션을 읽어올 수 있도록 한다. 부트스트 랩 컨텍스트는 메인 애플리케이션 컨텍스트의 부모(parent)인데, application.yml 대신 bootstrap.yml 을 사용한다. 일반적으로 애플리케이션 이름과 스프링 클라우드 컨피그(Spring Cloud Config) 설정 은 다음과 같이 입력한다.

```
spring:
    application:
      name: person-service
    cloud:
      config:
        uri: http://192.168.99.100:8888
```

부트스트랩 컨텍스트를 비활성화하려면 설정 파일에서 spring.cloud.bootstrap.enabled 속성을 false 로 설정한다. 부트스트랩 컨피규레이션 파일의 이름은 spring.cloud.bootstrap.name 속성으로 변경 가 능하고 spring.cloud.bootstrap.location 설정으로 설정 파일의 위치를 변경할 수 있다. 프로파일 메커 니즘도 가능한데, 예를 들어 bootstrap-development.yml 파일을 생성하면 development 프로파일이 활성 화될 때 이 파일이 로딩된다. 이러한 기능은 프로젝트 클래스 경로에 부모 의존성이 등록될 때 자동으 로 포함되는 스프링 클라우드 컨텍스트 라이브러리에서 사용할 수 있다. 이런 기능 중 하나로 스프링 부트 액추에이터에 포함된 관리 종단점이 있다.

- env: Environment를 위한 새로운 POST 메서드, 로그 레벨 변경, @ConfigurationProperties 리바인드

- refresh: 부트스트랩 컨텍스트를 다시 로드하고 @RefreshScope 애노테이션이 있는 빈을 리프레시

- restart: 스프링의 ApplicationContext를 재시작

- pause: 스프링의 ApplicationContext를 중지

- resume: 스프링의 ApplicationContext를 시작

스프링 클라우드 프로젝트에 부모 의존성으로 포함된 라이브러리는 스프링 클라우드 커먼즈(Spring Cloud Commons)이고, 서비스 디스커버리, 부하 분산, 서킷 브레이커 등의 메커니즘을 위한 공통의 추상 레이어를 제공한다. 이것은 @EnableDiscoveryClient 또는 @LoadBalanced 등의 자주 쓰이는 애노테이션을 포함한다. 관련 내용은 다음 장에서 좀 더 자세히 알아볼 것이다.

## 넷플릭스(Netflix) OSS

1장과 2장에서 마이크로서비스 아키텍처와 관련된 많은 키워드가 나왔다. 그 용어가 생소한 사람도 있을 것이고 이미 익숙한 사람도 있을 것이다. 그러나 마이크로서비스 커뮤니티에서 가장 중요한 단어는 아직 나오지 않았다. 그것은 바로 잘 알려진 **넷플릭스**다. 개인적으로 넥플릿스의 TV 쇼와 다양한 제품을 좋아한다. 그러나 개발자에게 넷플릭스가 유명한 이유는 따로 있다. 바로 마이크로서비스 때문이다. 넷플릭스는 모놀리식 애플리케이션 기반의 전통적인 개발 모델에서 클라우드-네이티브 마이크로서비스 기반 개발 방식으로 전환한 선구자다. 넷플릭스는 소스코드의 멋진 부분을 공개하고 컨퍼런스에서 발표했으며 블로그에 글을 올려 그들의 전문성을 커뮤니티에 공유했다. 그 아키텍처 개념이 아주 성공적이어서 다른 대규모 조직의 롤 모델이 됐으며 IT 아키텍트인 아드리안 콕크로프트(Adrian Cockcroft)는 마이크로서비스의 전도사가 됐다. 그 결과, 그들의 솔루션 라이브러리 기반의 수많은 오픈 소스 프레임워크가 공개됐다. 스프링 클라우드도 다르지 않아서 넷플릭스의 유명한 오픈 소스 기능인 유레카(Eureka), 히스트릭스(Hystrix), 리본(Ribbon), 주울(Zuul) 등과 통합됐다.

한편 넷플릭스는 왜 그들의 코드 대부분을 공개하기로 했는지 이해할 수 있는 단서를 제시했는데, 다음 인용은 넷플릭스의 성공과 IT 세계에서 식지 않는 솔루션의 인기를 일부 설명한다.

> "우리(넷플릭스)가 넷플릭스의 모든 것을 클라우드로 옮길 것이라고 했을 때 모두가 완전히 미쳤다고 했다. 그들은 우리가 실제로 해냈다고 믿지 않고 꾸며낸 것이라고 생각했다."

## 유레카를 사용한 서비스 디스커버리

스프링 클라우드 넷플릭스에서 제공되는 첫 패턴은 유레카로 제공되는 서비스 디스커버리다. 이 패키지는 클라이언트와 서버로 구분된다.

유레카 클라이언트를 프로젝트에 포함하려면 spring-cloud-starter-eureka 스타터를 사용한다. 클라이언트는 항상 애플리케이션의 일부로 원격의 디스커버리 서버에 연결하는 일을 담당한다. 일단 연결되면 서비스 이름과 네트워크 위치를 담은 등록 메시지를 보낸다. 현재 마이크로서비스가 다른 마이크로서비스의 종단점을 호출해야 할 경우 클라이언트는 서버로부터 등록된 서비스 목록을 담은 최신의 컨피규레이션을 가져온다. 서버는 독립적인 스프링 부트 애플리케이션으로 설정되고 실행되는데, 각 서버의 상태를 다른 서버에 복제해 가용성이 높다. 유레카 서버를 프로젝트에 포함하려면 spring-cloud-starter-eureka-server 스타터를 사용한다.

## 주울을 사용한 라우팅

다음으로 스프링 클라우드 넷플릭스 프로젝트에 사용할 수 있는 패턴은 주울(Zuul)을 사용한 현명한 라우팅이다. 이것은 JVM 기반의 라우터이며 서버 측 부하 분산과(이나) 일부 필터링을 수행한다. 주울은 폭넓은 곳에 적용할 수 있다. 넷플릭스에서는 주울을 인증이나 부하 평균 분배, 정적 응답 처리, 부하 테스트에 사용한다. 주울은 설정 가능하고 독립적인 스프링 부트 애플리케이션으로 실행된다는 점에서 유레카 서버와 같다.

주울을 프로젝트에 포함하려면 spring-cloud-starter-zuul 스타터를 사용한다. 마이크로서비스 아키텍처에서 주울은 전체 시스템의 진입점을 제공하는 API 게이트웨이로서 중요한 역할을 한다. 이를 위해 주울은 각 서비스의 네트워크 위치 정보를 알아야 하므로 유레카 서버와 통신하기 위해 디스커버리 클라이언트를 클래스 경로에 포함한다.

## 리본을 사용한 부하 분산

스프링 클라우드 넷플릭스의 기능 중 클라이언트 측 부하 분산기인 리본(Ribbon)을 무시할 수 없다. 이것은 TCP, UDP, HTTP 등 가장 유명한 프로토콜을 지원한다. 동기 방식의 REST 호출뿐만 아니라 비동기 또는 리액티브 모델도 지원한다. 부하 분산 외에도 서비스 디스커버리, 캐싱, 일괄 처리, 장애 내성과 통합할 수 있다. 리본은 기본 HTTP와 TCP 클라이언트를 한 단계 더 추상화한다.

프로젝트에 포함하려면 spring-cloud-starter-ribbon 스타터를 사용한다. 리본은 라운드 로빈, 가용성 필터링, 응답 시간에 가중치를 두어 부하 분산을 하는 등의 규칙을 즉시 제공하고 사용자 정의 규칙을 쉽게 확장할 수 있다. 리본은 이름 기반 부하 분산을 하는 네임드 클라이언트(named client) 개념에 기반한다.

## 자바 HTTP 클라이언트 작성하기

페인(Feign)은 넷플릭스 OSS 패키지 중 약간 인기가 떨어진다. 이것은 선언적인 REST 클라이언트로, 웹 서비스 클라이언트를 쉽게 작성하도록 도와준다. 페인을 사용하면 개발자가 애노테이션을 선언하기만 하면 애플리케이션이 실행될 때 실제 구현이 실행된다.

페인을 프로젝트에 추가하려면 spring-cloud-starter-feign 스타터를 사용한다. 이것은 리본 클라이언트와 통합돼 디스커버리 서비스와의 통신, 부하 분산 같은 리본의 기능을 기본으로 제공한다.

### 히스트릭스를 사용해 대기 시간 및 장애 내성 다루기

스프링 클라우드에는 1장 **마이크로서비스 소개**에서 살펴본 서킷 브레이커 패턴을 구현한 라이브러리가 있다. 이것은 넷플릭스에서 서킷 브레이커 패턴을 구현한 히스트릭스 패키지에 기반한다. 히스트릭스는 기본적으로 리본과 페인 클라이언트를 통합할 수 있다. 폴백(fallback )은 서킷 브레이커 개념과 매우 밀접한 관련이 있다. 스프링 클라우드 라이브러리를 사용하면 서킷 브레이커 시간 만료(timeout)가 발생했을 때 실행돼야 하는 폴백 로직을 쉽게 설정할 수 있다. 히스트릭스를 프로젝트에 추가하려면 spring-cloud-starter-hystrix 스타터를 사용한다.

### 아카이우스를 사용한 컨피규레이션 관리

스프링 클라우드 넷플릭스 프로젝트에서 마지막으로 중요한 기능은 아카이우스(archaius)다. 개인적으로 이 라이브러리를 다뤄보지는 않지만 유용하게 쓸 수 있다. 스프링 클라우드는 아파치 커먼즈 컨피규레이션 프로젝트(Apache Commons Configuration project)의 확장인 아카이우스를 참조한다. 이것은 변경 전의 원본을 가져오거나 변경사항을 클라이언트에 전달하는 방법으로 컨피규레이션을 갱신한다.

## 디스커버리와 분산 컨피규레이션

서비스 디스커버리와 분산 컨피규레이션 관리는 마이크로서비스 아키텍처에서 중요한 부분이다. 이 서로 다른 메커니즘은 기술적으로 매우 비슷하게 구현된다. 결국 유연한 키–값 저장소에 특정 키와 값을 저장하는 것이다. 사실 이런 흥미로운 기능을 제공하는 상용 솔루션도 이미 몇 개 있다. 스프링 클라우드는 그중에서도 가장 인기가 있다. 스프링 클라우드만의 한 가지 특징은 분산 설정 기능을 직접 구현했다는 것이다. 이 기능은 스프링 클라우드 컨피그 프로젝트에 있다. 반대로 스프링 클라우드 서비스 등록 및 디스커버리를 위해서는 직접 구현한 것이 없다.

일반적으로 이 프로젝트는 서버 측과 클라이언트 측 지원으로 나눈다. 서버는 단 하나의 중앙의 장소로, 애플리케이션을 위한 모든 외부 속성이 모든 환경에 대해 서버에서 관리된다. 컨피규레이션은 여러 버전과 프로파일로 동시에 유지된다. 이것은 저장소 백엔드로 깃을 사용한다. 그 메커니즘은 매우 똑똑하다. 관련 내용은 5장 **스프링 클라우드 컨피그를 사용한 분산 컨피규레이션**에서 자세히 다룬다.

설정 파일은 파일 시스템 또는 서버 클래스 경로에도 있을 수 있다. 또는 볼트(Vault)를 백엔드로 사용할 수 있다. 볼트는 토큰이나 패스워드, 자격 증명을 관리할 수 있는 해시코프(HashiCorp)에서 만든 오픈 소스 도구다. 많은 조직에서 자격 정보 등을 안전한 장소에 저장하는 등의 보안 이슈에 관심을 기울이고 있는데, 볼트가 그 해결책이 될 수 있다. 일반적으로 볼드를 이용하면 컨피규레이션 서버의 접근 레벨을 안전하게 관리할 수 있다. 속성 저장소 백엔드가 무엇이든 스프링 클라우드 컨피그 서버의 HTTP와 리소스 기반 API를 통해 속성에 쉽게 접근할 수 있다. 이 API는 기본 인증으로 보호된다. 그러나 개인 키/공개 키 인증을 사용한 SSL 연결도 설정할 수 있다.

컨피그 서버는 REST API에 속성을 노출하는 독립된 스프링 부트 애플리케이션으로 실행된다. 프로젝트에 spring-cloud-config-server 의존성을 추가해 활성화한다. 또한 컨피규레이션 서버에 접속할 수 있는 클라이언트 라이브러리도 지원한다. 컨피규레이션 서버를 속성 저장소로 사용하는 모든 마이크로서비스 클라이언트는 클라이언트가 시작되고 스프링 빈이 생성되기 전에 컨피규레이션 서버에 접속한다. 클라이언트 측에서 스프링 클라우드 컨피그 클라이언트를 활성화하려면 프로젝트에 spring-cloud-config-starter 의존성을 포함한다.

## 또 다른 대안 – 컨설

넷플릭스 디스커버리와 스프링 분산 컨피규레이션의 흥미로운 대안으로 해시코프가 만든 컨설(Consul)이 있다. 스프링 클라우드는 디스커버리와 컨피규레이션 서비스를 제공하기 위해 이 유명한 도구와의 통합을 지원한다. 늘 그렇듯이 통합은 몇 가지 간단한 공통 애노테이션으로 활성화되지만, 이전에 봤던 솔루션과 다른 점은 컨피규레이션 설정에 있다. 컨설 서버에 연결하기 위해서는 애플리케이션에 에이전트가 필요하다. 그것은 별도로 분리된 프로세스로 실행해야 하는데, 기본으로 http://localhost:8500이라는 주소로 제공된다(컨설 아키텍처에 관해서는 https://www.consul.io/docs/internals/architecture.html을 참조하자 – 옮긴이). 컨설에는 서비스 등록이나 서비스 목록 수집, 속성의 컨피규레이션을 직접 수행할 수 있는 REST API가 있다.

컨설 서비스 디스커버리를 활성화하려면 프로젝트에서 spring-cloud-starter-consul-discovery 의존성을 사용한다. 클라이언트 애플리케이션을 시작한 후 컨설 서버에 등록되면 클라이언트가 다른 서비스 목록을 가져오기 위해 컨설에 물어본다. 이것은 넷플릭스 리본과 동적 라우터, 넷플릭스 주울의 필터를 지원한다.

## 아파치 주키퍼

이 분야에서 유명한 솔루션 중 스프링 클라우드가 지원하는 것은 아파치 주키퍼(Zookeeper)다. 문서에 따르면 주키퍼는 컨피규레이션과 이름을 유지하는 중앙 서비스로의 분산 동기화, 그룹 서비스를 가능하게 한다. 컨설에 적용되는 스프링 클라우드와 관련된 모든 것이 주키퍼에도 적용된다. 예를 들어, 간단한 공통 애노테이션을 통한 통합제공, 설정 파일의 속성을 통한 컨피규레이션, 그리고 리본 또는 주울과 상호작용하기 위한 자동-컨피규레이션 등이 있다. 클라이언트 측에 주키퍼를 사용한 서비스 디스커버리를 사용하려면 spring-cloud-starter-zookeeper-discovery와 아파치 큐레이터(Curator)를 의존성에 포함한다. 큐레이터는 통합을 쉽고 믿을 만하게 해주는 API 프레임워크와 유틸리티를 제공한다. 분산 컨피규레이션 클라이언트를 활성화하기 위해서는 spring-cloud-starter-zookeeper-config 의존성을 프로젝트에 추가한다.

## 기타 프로젝트

인큐베이션 단계에 있는 다른 두 개의 프로젝트를 살펴보자. 프로젝트는 깃허브 저장소 https://github.com/spring-cloud-incubator에 있다. 그중 일부는 조만간 스프링 클라우드 패키지에 공식으로 등록될 것이다. 첫 번째는 매우 유명한 도구와의 통합을 제공하는 스프링 클라우드 쿠버네티스(Kubernetes)다. 이에 관해서는 오랜 시간 이야기할 수 있지만, 간단히 소개만 하자. 이것은 구글에서 설계된 시스템으로서 배포, 확장, 애플리케이션 컨테이너의 관리를 자동화하는 시스템이다. 여기에는 컨테이너 오케스트레이션(orchestration) 및 서비스 디스커버리, 컨피규레이션 관리, 부하 분산 등 많은 흥미로운 기능이 있다. 스프링 클라우드와 경쟁자로 취급되는 경우도 있다. 컨피규레이션은 YAML 파일을 사용한다.

스프링 클라우드의 관점에서 가장 중요한 기능은 쿠버네티스 플랫폼에서 제공하는 서비스 디스커버리와 분산 컨피규레이션 메커니즘이다. 애플리케이션에서 이 기능을 사용하려면 spring-cloud-starter-kubernetes 스타터를 포함한다.

두 번째로 흥미로운 인큐베이션 프로젝트는 스프링 클라우드 에티시디(Etcd)다. 앞에서와같이 주요 기능은 분산 컨피규레이션, 서비스 등록, 디스커버리다. 에티시디는 쿠버네티스만큼 강력하지는 않다. 하지만 클러스터 환경에서 분산 키-값 저장소를 신뢰성 있게 제공한다. 에티시디는 쿠버네티스에서 서비스 디스커버리, 클러스터 상태, 컨피규레이션 관리에 쓰이는 백엔드다.

## 슬루스를 사용한 분산 추적

스프링 클라우드의 필수 기능 중 하나는 분산 추적이다. 이것은 스프링 클라우드 슬루스(Sleuth) 라이 브러리가 구현한다. 이것의 가장 중요한 목표는 하나의 요청을 여러 마이크로서비스로 처리할 때 이어 지는 요청을 연관 짓는 것이다. 대부분의 경우는 HTTP 헤더에 기반한 메커니즘으로 추적을 구현한다. 이것은 Slf4j와 MDC로 개발됐다. Slf4j는 로그백이나 log4j, `java.util.logging` 등과 같은 특정 로깅 프레임워크의 추상화 퍼사드(façade)를 한다. **MDC(mapped diagnostic context)**는 다양한 소스 의 로그 출력을 구분하고 실제 범위에 없던 부가 정보를 추가하는 솔루션이다.

스프링 클라우드 슬루스는 트레이스(trace) ID와 스팬(span) ID를 Slf4j MDC에 추가해 트레이스 (trace) 또는 스팬(span)으로 모든 관련된 로그를 추출할 수 있다. 그리고 애플리케이션 이름이나 내 보낼 수 있는 플래그 등의 다른 항목을 추가한다. 이것은 스프링 REST 템플릿이나 페인 클라이언트, 주울 필터, 히스트릭스, 스프링 인테그레이션 메시지 채널(Spring Integration message channel) 등의 가장 유명한 메시징 솔루션과 통합된다. 이것은 RxJava나 스케줄 된 태스크와도 함께 쓰일 수 있 다. 활성화하려면 프로젝트에 `spring-cloud-starter-sleuth` 의존성을 추가한다. 기본 스팬 및 트레이스 ID 메커니즘은 개발자에게 완전히 투명하다.

스프링 클라우드 슬루스는 추적을 위한 헤더 정보를 추가하는 것뿐만 아니라 지연 분석을 위한 기간 정보도 기록한다. 이 통계 정보는 시간 정보를 질의하고 시각화하는 집킨(Zipkin) 도구에 제공할 수 있다.

집킨은 마이크로서비스 아키텍처 내부의 지연 문제를 분석하기 위해 설계된 분산 추적 시스템이다. 이것은 입력 데 이터를 수집하기 위한 HTTP 종단점을 노출한다. 집킨으로 추적 데이터를 생성해 보내려면 spring-cloud-starter- zipkin 의존성을 프로젝트에 추가하면 된다.

모든 데이터를 분석할 필요가 없는 경우도 있다. 입력 트래픽 양이 너무 클 때는 일부 데이터만 수집해 야 한다. 이를 위해 스프링 클라우드 슬루스에는 샘플링 정책이 있다. 즉, 집킨으로 보낼 트래픽의 양을 결정할 수 있다. 데이터 크기에 대한 두 번째 현명한 솔루션은 기본 HTTP 종단점 대신 메시지 브로커 에 통계 정보를 보내는 것이다. 프로젝트에 `spring-cloud-sleuth-stream` 의존성을 추가하면 기능이 활 성화되고 애플리케이션은 아파치 카프카나 래빗엠큐로 메시지를 보내는 프로듀서(producer)가 된다.

## 메시징과 통합

앞에서 애플리케이션과 집킨 서버 간의 통신에 메시지 브로커를 사용하는 것에 관해 이야기했다. 일반적으로 스프링 클라우드는 동기/비동기 HTTP 통신과 메시지 브로커를 지원한다. 이 영역의 최우선 프로젝트는 스프링 클라우드 버스다. 이것을 통해 컨피규레이션 속성 변경이나 다른 관리 명령 등의 상태 변경을 브로드캐스트 이벤트(broadcast event)로 애플리케이션에 알릴 수 있다. 래빗엠큐나 아파치 카프카를 사용하는 AMQP 스타터를 사용할 수도 있지만, 일반적으로 spring-cloud-starter-bus-amqp 또는 spring-cloud-starter-bus-kafka 의존성만 추가하면 되고 기타 필요한 것은 자동—컨피규레이션을 통해 수행된다.

스프링 클라우드 버스는 다소 작은 프로젝트인데, 컨피규레이션 변경 이벤트의 전달 등 공통 오퍼레이션을 위한 분산 메시징 기능을 사용할 수 있다. 메시지 중심 마이크로서비스로 구성된 시스템을 개발하기 위한 올바른 프레임워크는 스프링 클라우드 스트림이다. 이것은 아주 강력한 프레임워크이고 스프링 클라우드 프로젝트에서 큰 프로젝트 중 하나로 11장 **메시지 중심 마이크로서비스**에서 설명한다. 스프링 클라우드 버스와 마찬가지로 스프링 클라우드 스트림에는 두 개의 바인더가 있다. 첫째는 래빗엠큐를 사용하는 AMQP, 둘째는 아파치 카프카다. 스프링 클라우드 스트림은 스프링 프로젝트의 또 다른 대형 프로젝트 중 하나인 스프링 인테그레이션에 기반한다. 이것은 종단점, 채널, 애그리게이터(aggregator), 트랜스포머(transformer)와 같은 대부분의 엔터프라이즈 통합 패턴을 지원하는 프로그래밍 모델을 제공한다. 전체 마이크로서비스 시스템 내의 애플리케이션은 스프링 클라우드 스트림 입력 및 출력 채널을 통해 통신한다. 주된 통신 모델은 게시/구독으로 메시지가 공유된 토픽을 통해 전파된다. 아울러 모든 마이크로서비스의 다중 인스턴스 지원도 중요하다. 대부분 메시지는 하나의 인스턴스에서 처리돼야 하는데, 게시/구독 모델에서는 지원하지 않는다. 이것이 스프링 클라우드 스트림에서 그루핑(grouping) 메커니즘을 만든 이유다. 메시지는 목적지 그룹의 오직 한 멤버만 수신한다. 이전과 같이 스타터 중 바인더 타입에 따라 spring-cloud-starter-stream-kafka 또는 spring-cloud-starter-stream-rabbit 중의 하나를 프로젝트에 추가한다.

스프링 클라우드 스트림과 관련이 있는 두 개의 프로젝트가 더 있다. 우선 스프링 클라우드 스트림 앱 스타터(Spring Cloud Stream App Starter) 프로젝트는 독립적으로 실행되는 스프링 클라우드 애플리케이션을 정의하거나 두 번째 프로젝트인 스프링 클라우드 데이터 플로우를 사용하는 스프링 클라우드 스트림 애플리케이션을 정의한다. 이런 애플리케이션 중에서 커넥터, 네트워크 프로토콜 어댑터, 범용 프로토콜을 구분할 수 있다. 두 번째 프로젝트인 스프링 클라우드 데이터 플로우는 광범위하고 강력한 스프링 클라우드 도구상자 중 하나다. 이것은 데이터 통합과 실시간 데이터 처리 파이프라인을 만들기 위한 유용한 솔루션을 제공해 개발과 배포를 간단하게 만든다. 마이크로서비스 기반 데이터 파이프라인의 오케스트레이션은 간단한 DSL, 드래그 앤드 드롭 UI 대시보드, REST API를 통해 수행할 수 있다.

## 클라우드 플랫폼 지원

피보탈 클라우드 파운드리(PCF, Pivotal Cloud Foundry)는 최신 애플리케이션을 배포하고 관리하는 클라우드 네이티브 플랫폼이다. 이미 알고 있을 수도 있는 피보탈 소프트웨어(Pivotal Software)는 스프링 프레임워크 등록상표(trademark)의 소유자다. 대형 상용 플랫폼의 후원은 스프링의 인기가 높아지는 중요한 이유 중 하나다. 명백한 것은 PCF가 스프링 부트의 실행 가능한 JAR 파일과 컨피그 서버, 서비스 레지스트리, 서킷 브레이커 등 모든 스프링 클라우드 마이크로서비스 패턴을 완전히 지원하는 것이다. 이런 형태의 도구는 UI 대시보드와 클라이언트 커맨드라인 도구를 통해 PCF의 마켓플레이스에서 쉽게 실행하고 설정할 수 있다. 애플리케이션 프로젝트에서 필요한 스타터만 추가하면 된다.

- `spring-cloud-services-starter-circuit-breaker`
- `spring-cloud-services-starter-config-client`
- `spring-cloud-services-starter-service-registry`

고유의 아키텍처를 갖는 클라우드 플랫폼은 대부분 AWS를 지원한다. 스프링 클라우드도 마찬가지다. 아마존 웹 서비스를 위한 스프링 클라우드는 가장 유명한 웹 도구와 통합된다. 이런 모듈에는 **Simple Queuing Service(SQS), Simple Notification Service(SNS), 엘라스틱캐시(ElasticCache)** 와 오로라(Aurora), MySQL, 오라클(Oracle)과 같은 엔진을 제공하는 **Relational Database Service(RDS)** 가 있다. 원격 자원은 클라우드포메이션 스택(CloudFormation stack)에 정의된 이름을 사용해 접근한다. 주요 모듈명은 잘 알려진 스프링 명명규칙과 패턴에 따라 일관적이다. 여기에는 4개의 주요 모듈이 있다.

- **Spring Cloud AWS Core:** `spring-cloud-starter-aws` 스타터로 활성화. EC2인스턴스로 직접 접근을 활성화하는 핵심 구성 요소 제공
- **Spring Cloud AWS Context:** S3 저장소, 이메일 서비스, 캐싱 서비스로의 접근 제공
- **Spring Cloud AWS JDBC:** `spring-cloud-starter-aws-jdbc` 스타터로 활성화. 스프링에서 지원하는 데이터 접근 기술을 사용할 수 있는 데이터 소스 조회 및 컨피규레이션 제공
- **Spring Cloud AWS Messaging:** `spring-cloudstarter-aws-messaging` 스타터로 활성화. 애플리케이션이 SQS(점대점 메시징) 또는 SNS(게시/구독 메시징)로 메시지를 보내고 받을 수 있게 함.

아직 초기 단계이지만 서버리스(serverless) 아키텍처를 지원하는 스프링 클라우드 펑션(Function) 프로젝트가 있다. 서버리스는 **FaaS(Function-as-a-Service)로** 알려져 있다. 이는 서드파티가 제공하고 관리하는 컨테이너 서비스에 개발자가 매우 작은 모듈을 개발해서 배포하는 것이다. 사실, 스프링 클라우드 펑션은 가장 유명한 FaaS 제공자인 AWS 람다(Lambda)와 아파치 오픈위스크(OpenWhisk)를 위한 어댑터를 구현한다. 개인적으로 서버리스를 지원하기 위해 설계된 이 프로젝트를 눈여겨 보고 있다.

이 절에서는 전에는 **스프링 클라우드**라고 불렀던 스프링 클라우드 커넥터 프로젝트를 기억해야 한다. 그것은 클라우드 플랫폼에 배포된 JVM 기반 애플리케이션을 위한 추상화를 제공한다. 실제로 이것은 히로쿠(Heroku)와 클라우드 파운드리를 지원하는데, 이는 애플리케이션이 스프링 클라우드 히로쿠 커넥터와 스프링 클라우드 파운드리 커넥터 모듈을 사용해 SMTP, 래빗엠큐, 레디스(Redis) 또는 전통적인 데이터베이스에 접속할 수 있는 클라우드 플랫폼이다.

## 다른 유용한 라이브러리

마이크로서비스 아키텍처를 둘러싼 몇 가지 중요한 사항이 있다. 핵심 기능은 아니지만 매우 중요한 것으로 그 첫 번째는 보안이다.

### 보안

스프링 시큐리티와 스프링 웹 프로젝트에서는 OAuth2나 JWT, 기본 인증과 같은 메커니즘을 사용하는 API를 안전하게 하는 것이 표준 구현 중 큰 부분을 차지한다. 스프링 클라우드 시큐리티는 싱글 사인온(single sign-on)과 토큰 리플레이(token replay)와 같은 일반적인 패턴을 구현하는 시스템을 쉽게 개발하게 도와준다. 프로젝트에 보안 관리를 활성화하려면 spring-cloud-starter-security 스타터를 포함한다.

### 테스트 자동화

마이크로서비스 개발에서 다음으로 중요한 영역은 테스트 자동화다. 마이크로서비스 아키텍처에서 컨트랙트 테스트(Contract Test)의 중요성이 점점 커지고 있다. 이에 대한 마틴 파울러(Martin Fowler)의 정의는 다음과 같다.

> *"통합 컨트랙트 테스트(integration contract test)는 소비자가 기대하는 계약을 서비스가 만족하는지 검증하는 테스트다."*

스프링 클라우드 컨트랙트 프로젝트는 단위 테스트에 이러한 접근을 하는 매우 흥미로운 프로젝트다. 트래픽을 기록하는 데 와이어목(WireMock)을 사용하고 스텁(stub)을 생성하는 데 메이븐 플러그인을 사용한다.

또한 스프링 클라우드 태스크를 사용할 기회가 있을 것이다. 이것은 개발자가 스프링 클라우드를 사용해 한 번만 실행하고 종료하는 마이크로서비스를 개발하도록 도와준다. 보통 로컬 컴퓨터나 클라우드 환경에서 실행한다. spring-cloud-starter-task 스타터를 포함해 프로젝트에서 활성화한다.

## 클러스터 기능

마지막 프로젝트는 스프링 클라우드 클러스터다. 이것은 주키퍼, 레디스, 해즐캐스트(Hazelcast), 컨설에 대한 추상화 및 구현을 사용해 리더 선출과 공통 상태유지 패턴을 위한 솔루션을 제공한다.

## 프로젝트 개요

스프링 클라우드는 수많은 서로 다른 도구와 솔루션의 통합을 제공하는 다수의 하위 프로젝트로 구성된다. 쉽게 방향을 잃을 수 있으며, 특히 스프링 클라우드를 처음 사용하는 경우 더욱 그렇다. 이해하기 쉽게 중요한 프로젝트를 범주에 따라 구분해 다이어그램으로 나타냈다.

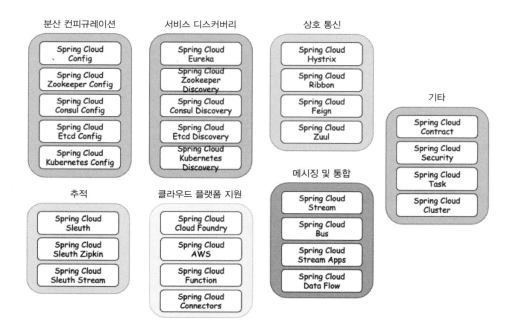

# 릴리즈 트레인(release trains)

앞의 다이어그램에서 보듯이 스프링 클라우드 내에는 수많은 프로젝트가 있고 프로젝트 간의 관계도 많다. 프로젝트는 모두 다른 릴리즈 주기와 버전 번호를 갖는 독립적인 프로젝트다. 이런 상황에서 애플리케이션의 의존성 관리는 문제가 될 수 있고 모든 프로젝트 버전 간의 관계를 알아야 하는 문제가 있다. 이런 문제점을 쉽게 처리하기 위해 스프링 클라우드는 앞서 이야기한 스타터 메커니즘과 릴리즈 트레인을 도입했다. 즉, 릴리즈 트레인은 하위 프로젝트의 혼란을 피하기 위해 릴리즈를 버전이 아닌 이름으로 구분한다. 흥미로운 것은 런던 지하철 역의 이름에 따라 알파벳 순서로 사용한다는 점이다. 첫 릴리즈는 엔젤(Angel)이었고 둘째는 브릭스턴(Brixton)이었다. 의존성 관리의 전체 메커니즘은 **BOM(Bill of materials)**에 기반한다. 이것은 아티팩트 버전을 독립적으로 관리하는 표준 메이븐 개념이다. 다음 표에 릴리즈 트레인에 할당된 스프링 클라우드 프로젝트의 버전 목록이 있다. 마지막에 붙은 M[X]의 M은 **마일스톤(milestone)**, X는 버전 번호를 나타내고 SR[X]는 **서비스 릴리즈(service release)**로서 중요한 버그를 수정한 버전을 나타낸다. 표에서 보듯이 스프링 클라우드 스트림은 자신의 릴리즈 트레인를 가지고 있는데, 스프링 클라우드 프로젝트의 규칙과 동일하게 하위 프로젝트를 그룹으로 묶는다(최신 릴리즈 목록은 https://projects.spring.io/spring-cloud/를 참고한다 ― 옮긴이).

| Component | Camden.SR7 | Dalston.SR4 | Edgware.M1 | Finchley.M2 | Finchley.BUILD―SNAPSHOT |
|---|---|---|---|---|---|
| spring-cloud-aws | 1.1.4.RELEASE | 1.2.1.RELEASE | 1.2.1.RELEASE | 2.0.0.M1 | 2.0.0.BUILD―SNAPSHOT |
| spring-cloud-bus | 1.2.2.RELEASE | 1.3.1.RELEASE | 1.3.1.RELEASE | 2.0.0.M1 | 2.0.0.BUILD―SNAPSHOT |
| spring-cloud-cli | 1.2.4.RELEASE | 1.3.4.RELEASE | 1.4.0.M1 | 2.0.0.M1 | 2.0.0.BUILD―SNAPSHOT |
| spring-cloud-commons | 1.1.9.RELEASE | 1.2.4.RELEASE | 1.3.0.M1 | 2.0.0.M2 | 2.0.0.BUILD―SNAPSHOT |
| spring-cloud-contract | 1.0.5.RELEASE | 1.1.4.RELEASE | 1.2.0.M1 | 2.0.0.M2 | 2.0.0.BUILD―SNAPSHOT |
| spring-cloud-config | 1.2.3.RELEASE | 1.3.3.RELEASE | 1.4.0.M1 | 2.0.0.M2 | 2.0.0.BUILD―SNAPSHOT |
| spring-cloud-netflix | 1.2.7.RELEASE | 1.3.5.RELEASE | 1.4.0.M1 | 2.0.0.M2 | 2.0.0.BUILD―SNAPSHOT |
| spring-cloud-security | 1.1.4.RELEASE | 1.2.1.RELEASE | 1.2.1.RELEASE | 2.0.0.M1 | 2.0.0.BUILD―SNAPSHOT |
| spring-cloud-cloudfoundry | 1.0.1.RELEASE | 1.1.0.RELEASE | 1.1.0.RELEASE | 2.0.0.M1 | 2.0.0.BUILD―SNAPSHOT |
| spring-cloud-consul | 1.1.4.RELEASE | 1.2.1.RELEASE | 1.2.1.RELEASE | 2.0.0.M1 | 2.0.0.BUILD―SNAPSHOT |
| spring-cloud-sleuth | 1.1.3.RELEASE | 1.2.5.RELEASE | 1.3.0.M1 | 2.0.0.M2 | 2.0.0.BUILD―SNAPSHOT |
| spring-cloud-stream | Brooklyn.SR3 | Chelsea.SR2 | Ditmars.M2 | Elmhurst.M1 | Elmhurst.BUILD―SNAPSHOT |
| spring-cloud-zookeeper | 1.0.4.RELEASE | 1.1.2.RELEASE | 1.2.0.M1 | 2.0.0.M1 | 2.0.0.BUILD―SNAPSHOT |
| spring-boot | 1.4.5.RELEASE | 1.5.4.RELEASE | 1.5.6.RELEASE | 2.0.0.M3 | 2.0.0.M3 |
| spring-cloud-task | 1.0.3.RELEASE | 1.1.2.RELEASE | 1.2.0.RELEASE | 2.0.0.M1 | 2.0.0.RELEASE |

이제 할 일은 메이븐 pom.xml의 의존성 관리 영역에 올바른 릴리즈 트레인 이름을 사용하고 스타터 프로젝트를 사용해 프로젝트를 의존성에 포함하는 것이다.

```xml
<dependencyManagement>
    <dependencies>
        <dependency>
            <groupId>org.springframework.cloud</groupId>
            <artifactId>spring-cloud-dependencies</artifactId>
            <version>Finchley.M2</version>
            <type>pom</type>
            <scope>import</scope>
        </dependency>
    </dependencies>
</dependencyManagement>
<dependencies>
    <dependency>
        <groupId>org.springframework.cloud</groupId>
        <artifactId>spring-cloud-starter-config</artifactId>
    </dependency>
    ...
</dependencies>
```

그래들의 경우, 똑같은 예제가 다음과 같이 구현된다.

```groovy
dependencyManagement {
    imports {
        mavenBom ':spring-cloud-dependencies:Finchley.M2'
    }
}
dependencies {
    compile ':spring-cloud-starter-config'
    ...
}
```

## 요약

이 장에서는 스프링 클라우드에서 가장 중요한 프로젝트를 소개하고 각 프로젝트가 담당하는 영역을 알아봤다. 이 장을 읽고 나면 서비스 디스커버리, 분산 컨피규레이션, 서킷 브레이커 등의 패턴을 구현하기 위해 애플리케이션에 어떤 라이브러리를 포함할지 알게 된다. 애플리케이션 컨텍스트와 부트스트랩 컨텍스트의 차이점도 알게 되며 릴리즈 트레인의 개념에 따라 프로젝트에서 의존성을 관리하는 방법을 배운다. 마지막으로 컨설, 주키퍼, 래빗엠큐, 집킨 등 스프링 클라우드와 통합할 다양한 도구를 다룬 프로젝트를 확인했다.

이 장의 주된 목적은 스프링 클라우드 프로젝트와 관련된 기본을 알려주는 것이다. 이 장을 읽고 나면 마이크로서비스 기반 아키텍처에서 가장 중요한 요소가 무엇인지 알고 간단하거나 고급화된 마이크로서비스를 만들기 위해 스프링 부트를 효과적으로 사용하며 스프링 클라우드의 가장 인기 있는 하위 프로젝트를 모두 나열할 수 있게 된다. 이제 이 책의 다음 부분에서 스프링 클라우드를 사용해 분산 시스템의 공통 패턴 구현을 담당할 하위 프로젝트에 대해 자세히 알아볼 것이다. 대부분은 넷플릭스 OSS 라이브러리다. 먼저 서비스 레지스트리와 유레카 디스커버리 서버 솔루션부터 시작할 것이다.

# 04

# 서비스
# 디스커버리

이전 장에서 서비스 디스커버리에 대해 여러 번 논의했다. 사실 이것은 마이크로서비스 아키텍처에서 가장 인기 있는 기술이다. 이 주제는 넷플릭스 OSS 구현에서 빠질 수 없는 것이다. 비슷한 기능을 가진 기존 도구를 모두 서비스 디스커버리로 대체할지 결정하지는 않았지만, 넷플릭스는 스스로의 필요에 의해 디스커버리 서버를 설계하고 개발했다. 그리고 다른 몇 가지 도구와 함께 오픈 소스로 공개했다. 넷플릭스 OSS 디스커버리 서버는 **유레카(Eureka)**로 알려져 있다.

유레카와의 통합을 위한 스프링 클라우드 라이브러리는 클라이언트와 서버의 두 부분으로 구성돼 있다. 서버는 전용 스프링 부트 애플리케이션으로 실행한다. 서버 API는 등록된 서비스의 목록을 수집하기 위한 API와 새로운 서비스를 네트워크 위치 주소와 함께 등록하기 위한 API로 구성된다. 서버는 각 서버의 상태를 다른 서버로 복제해 설정하고 배포함으로써 가용성을 높일 수 있다. 한편 클라이언트는 마이크로서비스 애플리케이션에 의존성을 포함해 사용한다. 클라이언트는 애플리케이션 시작 후 등록과 종료 전 등록 해제를 담당하고 유레카 서버로부터 주기적으로 최신 서비스 목록을 받아온다.

이번 장에서 다룰 내용은 다음과 같다.

- 유레카 서버를 내장한 애플리케이션 배포하기
- 클라이언트 측 애플리케이션에서 유레카 서버에 연결하기
- 고급 디스커버리 클라이언트 설정
- 클라이언트와 서버 사이의 보안 통신하기
- 가용성을 높이기 위한 설정 및 동료 간 복제 메커니즘
- 다른 가용 존에 클라이언트 측 애플리케이션의 인스턴스 등록하기

## 서버 측에서 유레카 서버 실행하기

스프링 부트 애플리케이션 내에서 유레카 서버를 실행하는 것은 어려운 일이 아니다. 어떻게 하는지 알아보자.

**01.** 우선 프로젝트에 올바른 의존성을 추가한다. 물론 스타터를 사용한다.

```xml
<dependency>
        <groupId>org.springframework.cloud</groupId>
        <artifactId>spring-cloud-starter-eureka-server</artifactId>
</dependency>
```

**02.** 메인 애플리케이션 클래스에 유레카 서버를 활성화한다.

```java
@SpringBootApplication
@EnableEurekaServer
public class DiscoveryApplication {
        public static void main(String[] args) {
                new SpringApplicationBuilder(DiscoveryApplication.class).web(true).run(args);
        }
}
```

**03.** 흥미로운 점은 서버 스타터에 클라이언트의 의존성도 포함돼 있다는 것이다. 다만, 디스커버리 인스턴스를 고가용성 모드로 동작할 경우 디스커버리 인스턴스 사이의 동료 간 통신(peer-to-peer)에만 유용하다. 단일 인스턴스로 실행할 경우에는 시작 시에 에러 로그만 찍을 뿐, 그 외에는 유용하지 않다. 이 경우 스타터 의존성에서 spring-cloud-netflix-eureka-client 의존성을 제외하거나 컨피규레이션 속성의 디스커버리 클라이언트를 비활성화한다. 개인적으로는 두 번째 방법을 선호한다. 그리고 기본 서버 포트를 8080 대신 다른 포트로 바꾼다. 예제 파일 application.yml을 보자.

```yaml
server:
  port: ${PORT:8761}
eureka:
  client:
    registerWithEureka: false
    fetchRegistry: false
```

**04.** 그러고 나서 스프링 클라우드 애플리케이션을 시작한다. IDE에서 메인 클래스를 실행하거나 메이븐으로 빌드한다. 그리고 java -jar 명령으로 실행하고 Started Eureka Server 로그를 기다린다. 서버가 완전히 실행되면 간단한 UI 대시보드가 http://localhost:8761에서 서비스된다. 그리고 /eureka/* 경로로 HTTP API 메서드를 호출할 수 있다. 대시보드는 많은 기능을 보여주지 않는다. 사실 서버 목록을 점검하는 것이 전부다. 서버 목록은 http://localhost:8761/eureka/apps를 호출하면 조회된다.

이렇게 해서 스프링 부트를 사용해 독립실행형 유레카 서버를 실행하는 방법을 살펴봤고 UI 콘솔과 HTTP 종단점을 호출해 유레카 서버에 등록된 마이크로서비스의 목록을 조회했다. 이제 유레카 서버에 스스로 등록하는 서비스를 만들어보자. 디스커버리 서버와 클라이언트 구현을 담은 예제 애플리케이션은 깃허브(https://github.com/piomin/sample-spring-cloud-netflix.git)의 master 브랜치를 참고하라.

## 클라이언트 측에서 유레카 활성화하기

서버 측에서처럼 유레카 클라이언트를 활성화하는 의존성은 하나뿐이다. 따라서 프로젝트에 다음의 스타터 의존성을 포함한다.

```xml
<dependency>
    <groupId>org.springframework.cloud</groupId>
    <artifactId>spring-cloud-starter-eureka</artifactId>
</dependency>
```

예제 애플리케이션은 유레카 서버와 통신하는 것이 전부다. 자신을 등록하고 호스트, 포트, 상태 정보 URL, 홈페이지 URL을 보낸다. 유레카 서버는 서비스의 각 인스턴스로부터 생존신호(heartbeat) 메시지를 받는다. 설정된 기간 동안 하트비트 메시지를 받지 못하면 레지스트리에서 서비스가 삭제된다. 디스커버리 클라이언트의 두 번째 임무는 서버로부터 데이터를 가져와서 캐싱하고 주기적으로 변경사항을 점검하는 것이다. 이 기능은 @EnableDiscoveryClient 애노테이션을 메인 클래스에 추가해 활성화한다. 이 기능을 활성화하는 다른 방법도 있다. 특히 컨설, 유레카, 주키퍼 등 다수의 클라이언트 구현체가 클래스 경로상에 있을 경우 @EnableEurekaClient 애노테이션을 사용할 수 있다. @EnableDiscoveryClient는 spring-cloud-commons에 존재하는 반면, @EnableEurekaClient는 spring-cloud-netflix에 존재하고 유레카만을 위해 작동한다. 디스커버리 클라이언트 애플리케이션의 메인 클래스 예제를 보자.

```java
@SpringBootApplication
@EnableDiscoveryClient
public class ClientApplication {
    public static void main(String[] args) {
        new SpringApplicationBuilder(ClientApplication.class).web(true).run(args);
    }
}
```

디스커버리 서버 주소가 기본 호스트와 포트에서 서비스 중이면 클라이언트에 설정할 필요가 없다. 그러나 유레카가 기본 8761 포트를 사용한다는 보장이 없다. 다음의 설정 예제를 참고하자.

디스커버리 서버 네트워크 주소는 EUREKA_URL, 클라이언트의 리스닝(listening) 포트는 PORT 환경 변수로 정의할 수 있다. 디스커버리 서버에 등록될 애플리케이션 이름은 spring.application.name 속성을 사용한다.

```
spring:
  application:
    name: client-service
server:
  port: ${PORT:8081}
eureka:
  client:
    serviceUrl:
      defaultZone: ${EUREKA_URL:http://localhost:8761/eureka/}
```

이제 로컬 호스트에서 예제 애플리케이션의 독립적인 두 개의 인스턴스를 실행해 보자. 이를 위해 리스닝 포트는 인스턴스 시작 시에 재정의한다.

```
java -jar -DPORT=8081 target/sample-client-service-1.0-SNAPSHOT.jar
java -jar -DPORT=8082 target/sample-client-service-1.0-SNAPSHOT.jar
```

다음 화면에서 보듯이 piomin 호스트에서 8081과 8082 포트로 등록된 두 개의 client-service 인스턴스가 있다.

**Instances currently registered with Eureka**

| Application | AMIs | Availability Zones | Status |
|---|---|---|---|
| CLIENT-SERVICE | n/a (2) | (2) | UP (2) - piomin:client-service:8081 , piomin:client-service:8082 |

**General Info**

| Name | Value |
|---|---|
| total-avail-memory | 322mb |
| environment | test |
| num-of-cpus | 4 |
| current-memory-usage | 68mb (21%) |
| server-uptime | 00:00 |
| registered-replicas | http://localhost:8761/eureka/ |
| unavailable-replicas | http://localhost:8761/eureka/, |
| available-replicas | |

**Instance Info**

| Name | Value |
|---|---|
| ipAddr | 192.168.1.101 |
| status | UP |

## 종료 시 등록 해제

유레카 클라이언트에서 어떻게 등록 해제가 동작하는지 점검하는 것은 약간 어렵다.

예제 애플리케이션은 중단된 이벤트를 가로채거나 이벤트를 서버에 보내기 위해 우아하게 멈춰야 한다. 우아하게 애플리케이션을 중지하기 위한 가장 좋은 방법은 스프링 액추에이터의 /shutdown API를 이용하는 것이다. 스프링 부트의 일부인 액추에이터를 사용하기 위해 spring-boot-starter-actuator 의 존성을 pom.xml에 추가한다. 액추에이터는 기본으로 비활성화돼 있기 때문에 설정 속성을 통해 활성화해야 한다. 간략한 예제를 위해 종단점에 대한 user/password 보안을 해제한다.

```
endpoints:
  shutdown:
    enabled: true
    sensitive: false
```

애플리케이션을 종료하려면 /shutdown API 메서드를 POST로 호출한다. {"message": "Shutting down, bye..."} 응답을 받으면 제대로 종료 절차가 시작된 것이다. 애플리케이션이 비활성화되기 전에 **Shutting down DiscoveryClient ...** 로그가 보인다. 이후 서비스는 디스커버리 서버에서 등록이 해제되고 등록된 서비스 목록에서 사라진다. http://localhost:8082/shutdown을 호출해 클라이언트 인스턴스 #2를 중지한다(Postman과 같은 REST 클라이언트를 사용할 수 있다). 결국, 8081 포트의 인스턴스만 대시보드에 보인다.

| Instances currently registered with Eureka | | | |
|---|---|---|---|
| Application | AMIs | Availability Zones | Status |
| CLIENT-SERVICE | n/a (1) | (1) | UP (1) - piomin:client-service:8081 |

유레카 서버 대시보드는 새롭게 등록되거나 취소된 서비스 이력을 편리하게 제공한다.

| Last 1000 cancelled leases | Last 1000 newly registered leases |
|---|---|
| Timestamp | Lease |
| Nov 1, 2017 11:36:11 PM | CLIENT-SERVICE(piomin:client-service:8082) |
| Nov 1, 2017 11:36:11 PM | CLIENT-SERVICE(piomin:client-service:8082) |

우아한 종료는 애플리케이션을 종료하기 위한 적절한 방법이지만 실 세계에서 항상 그런 결과를 얻는 것은 아니다. 예를 들어, 서버 머신이 재시작하거나 애플리케이션 장애, 서버와 클라이언트 간의 네트워크 인터페이스 문제 등 예상하지 못한 많은 문제가 있을 수 있다. 이러한 문제는 디스커버리 서버의 입장에서 보면 클라이언트 애플리케이션을 IDE에서 중지하거나 커맨드라인에서 프로세스를 중지하는 것과 같다. 실험해 보면 디스커버리 클라이언트의 종료 절차가 시작되지 못해 서비스가 여전히 유레카 대시보드에 UP 상태로 나오는 것을 확인할 수 있다. 게다가 이 임대(lease, 유레카에 등록된 상태 – 옮긴이)는 절대 만료되지 않는다.

이런 상황을 방지하려면 서버의 기본 설정을 변경해야 한다. **왜 기본 설정에서 이런 문제가 발생할까?** 유레카에는 특별한 메커니즘이 있는데, 자신의 서비스 등록 상태를 제 시간에 갱신하지 않는 서비스가 일정 수를 넘으면 등록 만료를 멈춘다. 이것은 네트워크 장애가 발생했을 때 등록된 모든 서비스가 해제되는 것을 방지한다. 이 메커니즘을 **Self-preservation mode(자기 보호 모드)**라고 부르고 application.yml의 enableSelfPreservation 속성을 false로 설정해 비활성화할 수 있다. 물론 운영 환경에서는 활성화해야 한다.

```
eureka:
  server:
    enableSelfPreservation: false
```

## 프로그램 방식으로 디스커버리 클라이언트 사용하기

클라이언트 애플리케이션이 시작된 후 유레카 서버로부터 등록된 서비스 목록을 가져온다. 그러나 프로그래밍 방식으로 유레카 클라이언트 API를 사용할 필요가 있을 수 있다. 두 가지 사용 가능한 방식이 있다.

- com.netflix.discovery.EurekaClient: 유레카 서버가 노출하는 모든 HTTP API를 구현한다. 유레카 API 영역에 설명돼 있다.

- org.springframework.cloud.client.discovery.DiscoveryClient: 넷플릭스 EurekaClient를 대체하는 스프링 클라우드의 구현이다. 이것은 모든 디스커버리 클라이언트용으로 사용하는 간단한 범용 API다. 여기에는 getServices와 getInstances의 두 가지 메서드가 있다.

```
private static final Logger LOGGER =
LoggerFactory.getLogger(ClientController.class);
```

```
    @Autowired
    private DiscoveryClient discoveryClient;

    @GetMapping("/ping")
    public List<ServiceInstance> ping() {
        List<ServiceInstance> instances = discoveryClient.getInstances("CLIENT-SERVICE");
        LOGGER.info("INSTANCES: count={}", instances.size());
        instances.stream().forEach(it -> LOGGER.info("INSTANCE: id={},
                            port={}", it.getServiceId(), it.getPort()));
        return instances;
    }
```

앞의 구현에서 한 가지 흥미로운 것이 있는데, 서비스가 시작된 후 /ping 종단점을 호출하면 어떤 인스턴스도 표시하지 않는다는 점이다. 이것은 응답 캐싱 메커니즘과 관련이 있고 다음 절에서 자세히 설명한다.

## 고급 컨피규레이션 설정

유레카의 컨피규레이션 설정은 세 부분으로 나뉜다.

- **서버(Server):** 서버의 행동을 재정의한다. eureka.server.*를 접두어로 사용하는 모든 속성을 포함한다. 전체 속성 목록은 EurekaServerConfigBean 클래스를 참조한다(https://github.com/spring-cloud/spring-cloud-netflix/blob/master/spring-cloud-netflix-eureka-server/src/main/java/org/springframework/cloud/netflix/eureka/server/EurekaServerConfigBean.java).

- **클라이언트(Client):** 유레카 클라이언트에서 사용할 수 있는 두 가지 속성 중 하나다. 이것은 클라이언트가 레지스트리에서 다른 서비스의 정보를 얻기 위해 질의하는 방법의 컨피규레이션을 담당한다. eureka.client.*를 접두어로 사용하는 모든 속성을 포함한다. 전체 속성 목록은 EurekaClientConfigBean 클래스를 참조한다(https://github.com/spring-cloud/spring-cloud-netflix/blob/master/spring-cloud-netflix-eureka-client/src/main/java/org/springframework/cloud/netflix/eureka/EurekaClientConfigBean.java).

- **인스턴스(Instance):** 이것은 포트나 이름 등의 현재 유레카 클라이언트의 행동을 재정의한다. eureka.instance.*를 접두어로 사용하는 모든 속성을 포함한다. 전체 속성 목록은 EurekaInstanceConfigBean 클래스를 참조한다(https://github.com/spring-cloud/spring-cloud-netflix/blob/master/spring-cloud-netflix-eureka-client/src/main/java/org/springframework/cloud/netflix/eureka/EurekaInstanceConfigBean.java).

원하는 결과를 얻기 위해 이런 속성을 사용하는 방법은 이미 보여줬다. 이 절에서는 다음 주제로 컨피규레이션 설정의 사용자 정의와 관련해서 몇 가지 흥미로운 시나리오를 이야기하고자 한다. 위 속성에 대한 상세한 설명은 위 목록에 나온 클래스의 소스코드에 포함된 주석을 참조하자.

## 레지스트리 갱신하기

잠시 이전 예제로 돌아가보자. self-preservation mode는 비활성화됐지만 여전히 서버가 임대를 취소하는 것은 오래 걸린다. 몇 가지 이유가 있는데, 첫째는 모든 클라이언트 서비스가 30초(기본값)마다 서버로 하트비트를 보내기 때문이다. 이것은 eureka.instance.leaseRenewalIntervalInSeconds 속성에 구성한다. 서버가 하트비트를 받지 못하면 레지스트리에서 인스턴스를 제거하기 전에 90초를 기다린다. 둘째는 등록을 해제해서 인스턴스로 더 이상 트래픽이 가지 못하도록 차단할 수 있기 때문이다. 이는 eureka.instance.leaseExpirationDurationInSeconds 속성으로 구성한다. 이 두 입력 값은 클라이언트에 설정한다. 테스트를 위해 작은 값을 초 단위로 설정한다.

```
eureka:
  instance:
    leaseRenewalIntervalInSeconds: 1
    leaseExpirationDurationInSeconds: 2
```

서버 측에서도 변경해야 할 속성이 하나 있다. 유레카는 퇴거(evict) 태스크를 백그라운드로 실행하는데, 클라이언트로부터 하트비트가 계속 수신되는지 점검하는 것이다. 기본값으로 60초마다 실행된다. 따라서 임대를 갱신하는 주기와 임대를 만료하는 기간이 상대적으로 작은 값으로 설정돼도 서비스 인스턴스를 제거하는 데 최악의 경우 60초가 걸린다. 이어지는 타이머 틱(tick)의 지연은 evictionIntervalTimerInMs 속성으로 설정한다. 이전에 봤던 속성과 다르게 이것은 밀리초 단위다.

```
eureka:
  server:
    enableSelfPreservation: false
    evictionIntervalTimerInMs: 3000
```

필요한 모든 입력값이 클라이언트와 서버 양쪽에 정의됐다. 이제 디스커버리 서버를 다시 실행하고 세 개의 클라이언트 애플리케이션 인스턴스를 -DPORT VM 인자를 사용해 8081, 8082, 8083 포트로 실행한다. 그리고 8081 포트의 인스턴스와 8082 포트의 인스턴스 프로세스를 강제로 종료한다. 그러면 비활성화된 인스턴스가 유레카 서버에서 거의 즉시 제거된다. 다음 유레카 서버의 로그 일부를 살펴보자.

```
2017-11-02 21:44:56.533 INFO 40056 --- [a-EvictionTimer] c.n.e.registry.AbstractInstanceRegistry : Evicting 1 items (expired=1, evictionLimit=1)
2017-11-02 21:44:56.533 WARN 40056 --- [a-EvictionTimer] c.n.e.registry.AbstractInstanceRegistry : DS: Registry: expired lease for CLIENT-SERVICE/piomin:client-
service:8082
2017-11-02 21:44:56.538 INFO 40056 --- [a-EvictionTimer] c.n.e.registry.AbstractInstanceRegistry : Cancelled instance CLIENT-SERVICE/piomin:client-service:8082
(replication=false)
2017-11-02 21:44:59.533 INFO 40056 --- [a-EvictionTimer] c.n.e.registry.AbstractInstanceRegistry : Running the evict task with compensationTime 0ms
2017-11-02 21:44:59.533 INFO 40056 --- [a-EvictionTimer] c.n.e.registry.AbstractInstanceRegistry : Evicting 1 items (expired=1, evictionLimit=1)
2017-11-02 21:44:59.533 WARN 40056 --- [a-EvictionTimer] c.n.e.registry.AbstractInstanceRegistry : DS: Registry: expired lease for CLIENT-SERVICE/piomin:client-
service:8081
2017-11-02 21:44:59.534 INFO 40056 --- [a-EvictionTimer] c.n.e.registry.AbstractInstanceRegistry : Cancelled instance CLIENT-SERVICE/piomin:client-service:8081
(replication=false)
```

아직 8083 포트를 사용하는 한 개의 인스턴스가 있다. UI 대시보드에 self-preservation mode의 비활성화와 관련된 경고가 보인다. 임대 만료 상태 또는 최근 1분 동안의 임대 갱신 수와 같은 정보가 흥미롭다. 이런 모든 속성을 조작해 임대 만료 제거 절차에 대한 유지 관리를 사용자 정의할 수 있다. 그러나 정의된 컨피규레이션이 시스템의 성능을 부족하게 만들지 않는 것도 중요하다. 컨피규레이션의 변경에 민감한 요소에는 부하 분산과 게이트웨이, 서킷 브레이커가 있다. 유레카는 self-preservation mode를 비활성화하면 다음 화면에서처럼 경고 메시지를 보여준다.

| | |
|---|---|
| Lease expiration enabled | true |
| Renews threshold | 6 |
| Renews (last min) | 284 |

THE SELF PRESERVATION MODE IS TURNED OFF.THIS MAY NOT PROTECT INSTANCE EXPIRY IN CASE OF NETWORK/OTHER PROBLEMS.

**DS Replicas**

localhost

**Instances currently registered with Eureka**

| Application | AMIs | Availability Zones | Status |
|---|---|---|---|
| CLIENT-SERVICE | n/a (1) | (1) | UP (1) - piomin:client-service:8083 |

## 인스턴스 식별자 변경하기

유레카에 등록된 인스턴스는 이름으로 묶인다. 그러나 각 인스턴스는 서버가 인식할 수 있는 유일한 ID를 보내야 한다. 눈치챘겠지만 모든 서비스 그룹의 **Status** 칼럼에 instanceId가 표시된다. 스프링 클라우드 유레카는 다음과 같이 필드를 조합해 식별자를 자동으로 생성한다.

```
${spring.cloud.client.hostname}:${spring.application.name}:${spring.application.instance_id:${server.port}}}.
```

이 식별자는 eureka.instance.instanceId 속성을 사용해 쉽게 재정의할 수 있다. 테스트의 목적으로 클라이언트 애플리케이션의 일부 인스턴스를 다음 컨피규레이션 설정과 -DSEQUENCE_NO=[n] VM 인자

(여기서 n은 1부터 시작하는 일련번호)를 사용해 시작한다. 다음은 SEQUENCE_NO 입력에 기반해 리슨 (listen) 포트와 디스커버리 instanceID를 동적으로 설정하는 클라이언트 애플리케이션의 예제 컨피규 레이션이다.

```
server:
  port: 808${SEQUENCE_NO}
eureka:
  instance:
    instanceId: ${spring.application.name}-${SEQUENCE_NO}
```

유레카의 대시보드에 결과가 보인다.

## Instances currently registered with Eureka

| Application | AMIs | Availability Zones | Status |
|---|---|---|---|
| CLIENT-SERVICE | n/a (3) | (3) | UP (3) - client-service-2 , client-service-3 , client-service-1 |

# IP 주소 우선하기

기본적으로 모든 인스턴스는 호스트명으로 등록된다. 네트워크에 사용할 수 있는 DNS가 있다고 가정 하면 이런 방식은 매우 편리하다. 그러나 마이크로서비스 환경을 구성하는 여러 서버를 위한 DNS가 없는 것이 일반적이다. 개인적으로도 이런 상황을 겪었다. 이 경우 모든 리눅스 머신의 /etc/hosts 파일 에 호스트명과 IP 주소를 추가하는 것 외에는 방법이 없다. 해결을 위한 대안은 유레카의 등록 절차 컨 피규레이션 설정에서 호스트명 대신 서비스의 IP 주소를 사용하는 것이다. 이를 위해 유레카 클라이언 트의 eureka.instance.preferIpAddress 속성을 true로 설정한다. 레지스트리의 모든 서비스 인스턴스는 유레카 대시보드에 호스트명을 담은 instanceId를 사용하지만, 링크를 클릭하면 IP 주소 기반으로 리디 렉션된다. HTTP 기반으로 다른 서비스를 호출하는 리본 클라이언트도 같은 원리를 따른다.

서비스의 네트워크 위치를 결정하기 위한 방법으로 IP 주소를 사용하면 문제가 발생한다. 그 문제는 머 신에 하나 이상의 네트워크 인터페이스가 있을 경우 발생한다. 예를 들어 일하는 조직에 관리 모드(워 크스테이션에서 서버로의 연결)를 위한 네트워크가 있고 운영 모드(서버 간의 연결)의 다른 네트워크 가 있을 경우, 결국 각 서버 머신은 다른 IP 접두사를 갖는 두 개의 네트워크 인터페이스를 갖는다. 올 바른 인터페이스를 선택하기 위해 application.yml 컨피규레이션 파일에 무시할 패턴의 목록을 정의한 다. 예를 들면 다음과 같이 설정하면 eth1로 시작하는 모든 인터페이스를 무시할 수 있다.

```
spring:
  cloud:
    inetutils:
      ignoredInterfaces:
        - eth1*
```

또한 다음과 같이 선호하는 네트워크 주소를 정의하는 방법도 있다.

```
spring:
  cloud:
    inetutils:
      preferredNetworks:
        - 192.168
```

## 응답 캐시

유레카 서버는 기본적으로 응답을 캐싱한다. 그 캐시는 30초마다 무효화된다. 이는 /eureka/apps HTTP API를 호출해 쉽게 확인할 수 있다. 클라이언트 애플리케이션이 등록된 후 바로 호출하면 방금 등록된 인스턴스가 응답에 나타나지 않는다. 30초 후에 재시도하면 새로운 인스턴스가 나온다. 응답 캐시의 타임아웃은 responseCacheUpdateIntervalMs 속성으로 재정의할 수 있다. 흥미롭게도 유레카 대시보드에 등록된 인스턴스가 표시될 때는 캐시가 없다. REST API와는 반대로 그것은 응답 캐시를 사용하지 않는다.

```
eureka:
  server:
    responseCacheUpdateIntervalMs: 3000
```

클라이언트 측에서도 유레카 레지스트리를 캐싱한다는 것을 기억해야 한다. 그래서 비록 서버에서 캐시 타임아웃을 변경해도 여전히 클라이언트에서 갱신되는 데 시간이 걸린다. 레지스트리는 기본으로 30초마다 실행되는 백그라운드 태스크에 의해 비동기로 갱신된다. 이 설정은 registryFetchIntervalSeconds 속성으로 변경할 수 있다. 이것은 마지막으로 시도한 값에서 변경된 내용만 가져온다. 이 옵션은 shouldDisableDelta 속성으로 비활성화할 수 있다. 여기서는 서버와 클라이언트 모두 3초로 정의했다. 이 설정을 사용해 애플리케이션을 시작하면 아마 /eureka/apps의 첫 시도에서 새롭게 등록된 서비스의 인스턴스가 보일 것이다. 일반적으로 클라이언트 측에서 캐싱하는 것이 의미가 없는 경우에는 서버 측에서 캐싱하는 것도 의미가 없을 것이다. 특히 유레카는 백엔드 저장소가 없기 때문에 더욱 의미가 없을 것이다. 또한 개인적으로는 이런 속성에 대해 값을 변경할 필요가 없었지만 캐시 없는 응답이 중요한 경우도 있다. 예를 들어 유레카를 사용해 단위 테스트를 개발하는 경우 캐시 없이 즉시 응답을 받아야 한다.

```
eureka:
  client:
    registryFetchIntervalSeconds: 3
    shouldDisableDelta: true
```

## 클라이언트와 서버 간의 보안 통신 사용하기

지금까지 유레카 서버는 모든 클라이언트의 연결을 인증하지 않았다. 개발하는 동안에는 보안이 운영에서만큼 중요하지는 않다. 그러나 보안이 부족하면 문제가 될 수 있다. 그러므로 허가되지 않는 접근을 방지을 위해 디스커버리 서버에 기본 인증을 사용해 최소한의 보안을 적용할 것이다. 스프링 클라우드 참조 문서에서는 "*HTTP 기본 인증은 유레카 클라이언트에 자동으로 추가된다*"고 했지만, 예제에서는 다음과 같이 프로젝트 의존성에 시큐리티(security) 스타터를 추가해야 했다.

```
<dependency>
    <groupId>org.springframework.boot</groupId>
    <artifactId>spring-boot-starter-security</artifactId>
</dependency>
```

그리고 application.yml 파일에 컨피규레이션 설정을 변경해 보안을 활성화하고 기본 자격 증명을 설정한다.

```
security:
  basic:
    enabled: true
  user:
    name: admin
    password: admin123
```

이제 유레카 대시보드의 모든 HTTP API 종단점은 안전하다. 클라이언트 측의 기본 인증을 활성화하려면 다음 컨피규레이션 설정과 같이 URL 연결 주소에 자격 증명을 제공해야 한다. 보안 디스커버리를 구현하는 애플리케이션은 기본 예제와 같은 리포지토리(https://github.com/piomin/sample-spring-cloud-netflix.git)에 있지만, security 브랜치로 변경해야 한다(https://github.com/piomin/sample-spring-cloud-netflix/tree/security). HTTP 기본 인증을 활성화하는 클라이언트 측 컨피규레이션을 보자.

```
eureka:
  client:
    serviceUrl:
      defaultZone: http://admin:admin123@localhost:8761/eureka/
```

디스커버리 클라이언트와 서버 간에 인증서를 사용한 안전한 SSL 연결을 맺는 등 더 진보된 사용을 위해서는 DiscoveryClientOptionalArgs를 맞춤형으로 구현해야 한다. 12장 **API 보안 강화하기**에서 한 가지 예를 다룰 것이다. 특히 스프링 클라우드 애플리케이션의 보안에 종속적인 사례를 논의할 것이다.

## 안전한 서비스 등록하기

서버 측의 보안을 강화하는 것과 보안 애플리케이션을 등록하는 것은 다르다. 이것을 어떻게 하는지 알아보자.

**01.** 스프링 부트 애플리케이션에 SSL을 활성화하려면 사설 인증서를 생성해야 한다. 개인적으로는 JRE 폴더 아래 bin 폴더 안에 있는 keytool을 권장한다.

```
keytool -genkey -alias client -storetype PKCS12 -keyalg RSA -
keysize 2048 -keystore keystore.p12 -validity 3650
```

**02.** 필요한 데이터를 입력하고 생성된 keystore 파일 keystore.p12를 애플리케이션의 src/main/resources 폴더에 복사한다. 다음으로 application.yml 파일의 컨피규레이션 속성을 사용해 스프링 부트의 HTTPS를 활성화한다.

```
server:
  port: ${PORT:8081}
  ssl:
    key-store: classpath:keystore.p12
    key-store-password: 123456
    keyStoreType: PKCS12
    keyAlias: client
```

**03.** 애플리케이션을 시작한 후 안전한 `https://localhost:8761/info`에 접근할 수 있다. 또한 유레카 클라이언트 인스턴스의 컨피규레이션을 변경해야 한다.

```
eureka:
  instance:
    securePortEnabled: true
    nonSecurePortEnabled: false
    statusPageUrl: https://${eureka.hostname}:${server.port}/info
    healthCheckUrl: https://${eureka.hostname}:${server.port}/health
    homePageUrl: https://${eureka.hostname}:${server.port}/
```

## 유레카 API

스프링 클라우드 넷플릭스는 개발자가 유레카의 HTTP API를 다룰 필요가 없게 하는 자바로 작성된 클라이언트를 제공한다. 스프링이 아닌 다른 프레임워크를 사용하는 경우, 넷플릭스 OSS가 제공하는 바닐라(vanilla) 유레카 클라이언트를 의존성에 포함할 수 있다. 그러나 유레카 API를 직접 호출해야 하는 경우도 있는데, 예를 들어 자바가 아닌 다른 프로그래밍 언어로 애플리케이션을 작성하는 경우나 지속 배포 프로세스에서 등록된 서비스 목록 같은 정보가 필요한 경우가 그에 해당한다. 다음 표를 참고하자.

| HTTP 종단점 | 설명 |
| --- | --- |
| POST /eureka/apps/appID | 레지스트리에 새로운 서비스 인스턴스를 등록 |
| DELETE /eureka/apps/appID/instanceID | 레지스트리에서 서비스 인스턴스를 제거 |
| PUT /eureka/apps/appID/instanceID | 서버에 하트비트를 전송 |
| GET /eureka/apps | 등록된 모든 서비스 인스턴스의 상세 정보를 조회 |
| GET /eureka/apps/appID | 특정 서비스의 모든 인스턴스의 상세 정보를 조회 |
| GET /eureka/apps/appID/instanceID | 특정 서비스의 특정 인스턴스의 상세 정보를 조회 |
| PUT /eureka/apps/appID/instanceID/metadata?key=value | 메타 정보 입력값을 갱신 |
| GET /eureka/instances/instanceID | 특정 ID를 사용하는 모든 등록된 인스턴스의 상세 정보를 조회 |
| PUT /eureka/apps/appID/instanceID/status?value=DOWN | 인스턴스의 상태를 갱신 |

## 복제와 고가용성

앞에서 유용한 유레카 설정을 알아봤지만, 지금까지는 디스커버리 서버 서비스가 하나로 구성된 시스템의 경우를 다뤘다. 이런 구성은 개발 모드인 경우에만 유효하다. 운영 모드에서는 디스커버리 서버의 장애나 네트워크 문제에 대비해 적어도 두 개의 디스커버리 서버를 구성해야 한다. 유레카는 넷플릭스에서 개발할 때 중요한 두 개의 축인 가용성과 내구성을 위해 개발됐다. 그러나 유레카는 리더쉽 선출이나 클러스터에 자동 참여와 같은 표준 클러스터링 메커니즘을 제공하지는 않는다. 대신 동료 간(peer-to-peer) 복제 모델에 기반한다. 이는 모든 서버가 현재 서버 노드에 구성된 모든 동료에게 데이터를 복제하고 하트비트를 보낸다는 것을 뜻한다. 이러한 알고리즘은 데이터를 저장한다는 목적에는 간단하면서도 효과적이지만 확장성 면에서 단점도 있다. 다시 말하면 모든 노드가 서버에 저장하는 모든 부하를 견뎌야 한다.

## 예제 솔루션의 아키텍처

흥미롭게도 다음 버전의 유레카 서버를 시작하게 된 주요 동기 중 하나가 복제 메커니즘이다. 유레카 2.0은 여전히 활발하게 개발 중이다. 복제 최적화와 더불어 제공될 흥미로운 기능은 등록된 목록의 모든 변경을 서버에서 클라이언트로 보내는 푸시 모델, 자동 확장된 서버, 풍부한 정보의 대시보드와 같은 것이다. 이 솔루션은 전망이 밝아 보인다. 그러나 스프링 클라우드 넷플릭스는 아직 버전 1이고 솔직히 말해 버전 2로 이전할 계획을 찾아보기 어렵다. 현재 Dalston.SR4 릴리즈 트레인의 유레카 버전은 1.6.2다. 서버 측 클러스터링 메커니즘의 구성은 결국 하나로, eureka.client.* 속성에 다른 디스커버리 서버 URL을 설정하는 것이다. 서버는 클러스터의 구성원으로 선정된 다른 서버에 자신을 등록한다. 예제를 통해 이 솔루션이 어떻게 동작하는지 확인해 보자.

다음 다이어그램에 표시한 예제 시스템의 아키텍처부터 살펴보자. 모든 애플리케이션은 로컬 호스트에서 다른 포트로 실행된다. 이 단계에서 넷플릭스 주울 기반의 API 게이트웨이 예제를 소개하고자 한다. 이것은 하나의 서비스에 대해 각기 다른 존(zone)에 등록된 애플리케이션 인스턴스 간의 부하 분산 테스트를 하는 데 도움이 될 것이다.

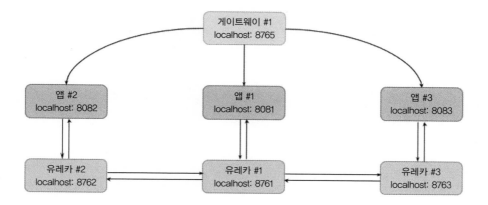

## 예제 애플리케이션 개발하기

유레카 서버에 필요한 모든 변경은 컨피규레이션 속성에 정의돼 있다. 여기서는 application.yml 파일에 디스커버리 서비스의 각 인스턴스 별로 세 개의 다른 프로파일을 정의했다. 이제 스프링 부트 애플리케이션에 내장된 유레카 서버를 실행할 때 -Dspring.profiles.active=peer[n] VM 인자에 프로파일을 지정해 활성화해야 한다. 여기서 n은 인스턴스 번호다.

```
spring:
 profiles: peer1
eureka:
 instance:
   hostname: peer1
   metadataMap:
     zone: zone1
 client:
   serviceUrl:
     defaultZone:
       http://localhost:8762/eureka/,http://localhost:8763/eureka/
server:
 port: ${PORT:8761}
---
spring:
 profiles: peer2
eureka:
 instance:
```

```
      hostname: peer2
      metadataMap:
        zone: zone2
    client:
      serviceUrl:
        defaultZone:
          http://localhost:8761/eureka/,http://localhost:8763/eureka/
  server:
   port: ${PORT:8762}
  ---
  spring:
   profiles: peer3
  eureka:
   instance:
      hostname: peer3
      metadataMap:
        zone: zone3
    client:
      serviceUrl:
        defaultZone:
          http://localhost:8761/eureka/,http://localhost:8762/eureka/
  server:
   port: ${PORT:8763}
```

각기 다른 프로파일 이름을 사용하는 세 개의 유레카 인스턴스를 실행해 로컬 디스커버리 클러스터를 생성했다. 실행 후 유레카 대시보드에 등록된 인스턴스를 보면 DISCOVERY-SERVICE에 세 개의 인스턴스가 보인다.

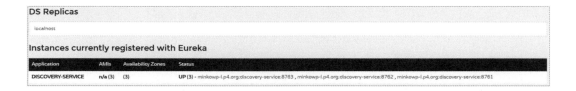

다음 순서는 클라이언트 애플리케이션을 실행하는 것이다. 이 프로젝트의 컨피규레이션 설정은 유레카 서버의 애플리케이션과 매우 유사하다. defaultZone 필드에 제공된 주소의 순서는 다른 디스커버리 서비스에 연결을 시도하는 순서를 결정한다. 목록의 첫 번째 서버로의 연결이 실패하면 두 번째 서버로 연결을 시도하는 식이다. 이전과 마찬가지로 올바른 프로파일 선택을 위해 VM 인자에 -Dspring.
profiles.active=zone[n]을 추가한다. 여기서 n은 인스턴스 번호다. 또한 모든 서비스를 로컬에서 실행
하는 점을 고려해 -Xmx192m 인자를 설정하기를 추천한다. 스프링 클라우드 애플리케이션에 아무런 메모
리 제한을 제공하지 않으면 시작할 때 힙(heap)으로 약 350MB를 사용하고 총 600MB 정도의 메모리
를 사용한다. 로컬 머신에 충분한 램(RAM)을 가지고 있지 않으면 마이크로서비스의 여러 인스턴스를
실행하기가 어려울 것이다.

```yaml
spring:
 profiles: zone1
eureka:
 client:
   serviceUrl:
     defaultZone:
       http://localhost:8761/eureka/,http://localhost:8762/eureka/,http://localhost:8763/eureka/
server:
 port: ${PORT:8081}
---
spring:
 profiles: zone2
eureka:
 client:
   serviceUrl:
     defaultZone:
       http://localhost:8762/eureka/,http://localhost:8761/eureka/,http://localhost:8763/eureka/
server:
 port: ${PORT:8082}
---
spring:
 profiles: zone3
eureka:
 client:
   serviceUrl:
     defaultZone:
       http://localhost:8763/eureka/,http://localhost:8761/eureka/,http://localhost:8762/eureka/
server:
 port: ${PORT:8083}
```

유레카 대시보드를 다시 보자. client-service 애플리케이션이 단 하나의 디스커버리 서비스 인스턴스에 연결됐지만 대시보드상에 세 개의 client-service 인스턴스가 등록됐다. 어떤 디스커버리 서비스 인스턴스의 대시보드를 보더라도 똑같다. 즉, 이번 예제는 디스커버리 서비스의 동료 간 복제 모델을 확인하는 것이 목적이다. 이제 예상대로 동작하는 것을 확인하기 위해 몇 가지 추가적으로 구현해 보자.

**DS Replicas**

localhost

**Instances currently registered with Eureka**

| Application | AMIs | Availability Zones | Status |
| --- | --- | --- | --- |
| CLIENT-SERVICE | n/a (3) | (3) | UP (3) - minkowp-l.p4.org:client-service:9110 , minkowp-l.p4.org:client-service:9100 , minkowp-l.p4.org:client-service:9120 |
| DISCOVERY-SERVICE | n/a (3) | (3) | UP (3) - minkowp-l.p4.org:discovery-service:8763 , minkowp-l.p4.org:discovery-service:8762 , minkowp-l.p4.org:discovery-service:8761 |

클라이언트 애플리케이션은 선택된 프로파일을 출력하는 REST 종단점을 노출한다. 프로파일 이름은 애플리케이션 인스턴스가 가리키는 디스커버리 서비스의 이름이다. 다음은 현재 존의 이름을 출력하는 간단한 @RestController를 구현한 것이다.

```
@RestController
public class ClientController {
  @Value("${spring.profiles}")
  private String zone;
  @GetMapping("/ping")
  public String ping() {
    return "I'm in zone " + zone;
  }
}
```

마지막으로 API 게이트웨이의 구현을 살펴보자. 주울과 넷플릭스의 API 게이트웨이, 라우터에서 제공하는 기능에 대해서는 다음 장에서 자세히 살펴볼 것이다. 여기서는 주울이 예제 솔루션을 테스트하는 데 도움이 되는데, 디스커버리 서버에서 등록된 서비스 목록을 얻어와 클라이언트 애플리케이션의 모든 인스턴스 간에 부하 분산을 하기 때문이다. 다음 컨피규레이션 코드에서 보듯이 디스커버리 서버는 8763 포트를 사용한다. /api/client/** 경로로 유입되는 모든 요청은 client-server 서비스로 라우팅된다.

```
zuul:
  prefix: /api
  routes:
```

```
    client:
      path: /client/**
      serviceId: client-service
  eureka:
   client:
     serviceUrl:
       defaultZone: http://localhost:8763/eureka/
     registerWithEureka: false
```

이제 테스트를 해보자. 주울 프록시를 사용하는 애플리케이션은 이전과 다르게 java -jar 명령을 사용
해 실행한다. 프로파일 이름 등의 추가적인 입력값은 지정할 필요가 없다. 애플리케이션은 기본으로 #3
디스커버리 서비스에 접속했다. 주울 프록시를 통해 클라이언트의 API를 호출하기 위해 웹 브라우저에
http://localhost:8765/api/client/ping이라고 주소를 입력한다. 다음 화면에 그 결과가 보인다.

연속으로 수차례 요청을 보내면 게이트웨이가 디스커버리 #3에 연결됐음에도 불구하고 존재하는
client-service 인스턴스 간에 1:1:1의 비율로 부하가 분산된다. 이 예제를 통해 여러 유레카 인스턴스
를 사용하는 서비스 디스커버리를 구성하는 방법을 확인할 수 있다.

이 예제 애플리케이션은 깃허브(https://github.com/piomin/sample-spring-cloud-netflix.git)의
cluster_no_zones 브랜치에 있다(https://github.com/piomin/sample-spring-cloud-netflix/tree/
cluster_no_zones).

## 장애 조치

서비스 디스커버리 인스턴스 중 하나에 장애가 발생하면 무슨 일이 일어날지 궁금할 것이다. 장애가 발생하면 클러스터가 어떻게 행동하는지 알아보기 위해 예제를 약간 수정해 보자. 다음 컨피규레이션을 설정하면 주울은 8762 포트를 사용하는 두 번째 서비스 디스커버리로 장애 조치 연결을 갖는다. 테스트를 위해 8763 포트를 사용하는 세 번째 디스커버리 서비스를 중지한다.

```
eureka:
  client:
    serviceUrl:
      defaultZone:
        http://localhost:8763/eureka/,http://localhost:8762/eureka/
    registerWithEureka: false
```

다음 다이어그램은 현재 상황을 나타낸다. 테스트는 이전과 동일하게 게이트웨이 주소인 http://localhost:8765/api/client/ping을 호출해 수행한다. 결과도 이전과 같다. 예상했던 대로 세 개의 client-service 인스턴스 간에 부하 분산이 수행된다. 비록 디스커버리 서비스 #3은 비활성화됐지만 다른 두 개의 인스턴스가 여전히 서로 통신하고 있고 인스턴스 #3이 활성화됐을 때 복제한 세 번째 클라이언트 애플리케이션의 네트워크 위치 정보를 가지고 있다. 이제 게이트웨이를 재시작해도 defaultZone의 두 번째 주소인 http://localhost:8762/eureka를 사용해 디스커버리 클러스터에 연결할 수 있다. 동일하게 세 번째 클라이언트 애플리케이션 인스턴스는 디스커버리 서비스 #1을 백업 연결로 가진다.

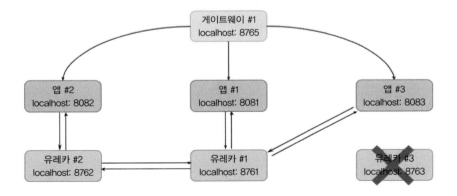

# 존(Zones)

동료 간 복제 모델 기반 클러스터는 대부분의 경우에 좋은 방법이지만 그것만으로는 충분하지 않다. 유레카는 클러스터 환경에 유용한, 흥미로운 존 메커니즘을 기본으로 제공한다. 특이한 점은 단일 서비스 디스커버리 인스턴스에서도 모든 클라이언트는 컨피규레이션 설정에 eureka.client.serviceUrl. defaultZone 속성을 설정해야 한다는 사실이다. 그렇다면 이 설정은 언제 유용할까? 분석을 위해 이전 절의 예제로 돌아가 보자. 세 개의 물리적으로 분리된 네트워크가 있거나 유입되는 요청을 처리하는 세 개의 머신이 있다고 해보자. 물론 디스커버리 서비스는 여전히 논리적인 클러스터로 묶여있다. 그러나 각 인스턴스는 분리된 존에 위치한다. 모든 클라이언트 애플리케이션은 같은 존에 있는 디스커버리 서버에 등록된다. 한 개의 주울 게이트웨이 인스턴스 대신 각 존에 하나씩 세 개의 인스턴스를 띄울 것이다. 이제 게이트웨이로 요청이 유입되면 클라이언트가 다른 존에 등록된 서비스를 호출하기 전에 같은 존에 있는 서비스를 우선 연결한다. 다음 다이어그램은 현재 상황을 보여준다. 물론 예제라서 로컬 머신 한 대에서 실행할 수 있도록 아키텍처를 간략히 했다. 앞에서 언급했듯이 실 세계에서는 세 개의 다른 머신 또는 물리적으로 분리된 네트워크의 세 가지 다른 머신 그룹에 실행할 것이다.

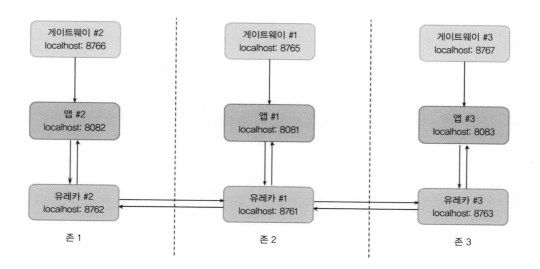

## 하나의 서버를 사용하는 존

여기서 중요한 사실 한 가지는 존 메커니즘(zoning mechanism)은 클라이언트 측에서만 실현된다는 점이다. 다시 말해 서비스 디스커버리 인스턴스는 어떤 존에도 할당되지 않는다. 그래서 앞의 다이어그램이 약간 혼란스러울 수 있다. 그러나 존 메커니즘은 어떤 유레카가 특정 존에 등록된 모든 클라이언트 애플리케이션과 게이트웨이를 위한 기본 서비스 디스커버리인지 아닌지를 나타내는 것이다. 단지 하나의 디스커버리 서버로도 고가용성 모드에서의 메커니즘을 점검할 수 있다. 다음 다이어그램은 이전 다이어그램과 비슷한 상황을 설명하지만, 모든 애플리케이션을 위한 단 하나의 디스커버리 서버가 있는 것이 다르다.

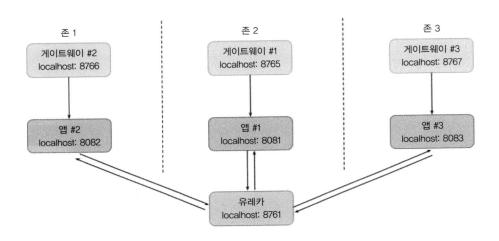

## 예제 애플리케이션 개발하기

존(zone) 기능을 사용하기 위해 클라이언트와 게이트웨이의 컨피규레이션 설정을 약간 변경해 보자. 클라이언트 애플리케이션의 수정된 application.yml 파일을 보자.

```
spring:
 profiles: zone1
eureka:
 instance:
   metadataMap:
     zone: zone1
 client:
   serviceUrl:
     defaultZone:
       http://localhost:8761/eureka/,http://localhost:8762/eureka/,http://localhost:8763/eureka/
```

수정할 것은 eureka.instance.metadataMap.zone 속성인데, 이는 서비스가 등록된 존의 이름을 설정한다.

게이트웨이 컨피규레이션은 좀 더 수정이 필요하다. 우선 세 개의 다른 존과 세 개의 다른 디스커버리 서버에 등록된 애플리케이션을 실행하기 위한 세 개의 프로파일을 추가한다. 게이트웨이 애플리케이션을 실행할 때 올바른 프로파일을 선택하기 위해 VM 인자에 -Dspring.profiles.active=zone[n]을 추가한다. client-service 애플리케이션과 비슷하게 컨피규레이션 설정에 eureka.instance.metadataMap.zone을 추가한다. eureka.client.preferSameZoneEureka 속성은 예제에서 처음 사용되는데, 게이트웨이가 같은 존에 있는 클라이언트 애플리케이션 인스턴스를 선호하게 하려면 true로 설정한다.

```
spring:
 profiles: zone1
eureka:
 client:
   serviceUrl:
     defaultZone: http://localhost:8761/eureka/
     registerWithEureka: false
     preferSameZoneEureka: true
 instance:
   metadataMap:
     zone: zone1
server:
 port: ${PORT:8765}
---
spring:
 profiles: zone2
eureka:
 client:
   serviceUrl:
     defaultZone: http://localhost:8762/eureka/
     registerWithEureka: false
     preferSameZoneEureka: true
 instance:
   metadataMap:
     zone: zone2
server:
 port: ${PORT:8766}
---
spring:
```

```
    profiles: zone3
  eureka:
   client:
     serviceUrl:
       defaultZone: http://localhost:8763/eureka/
       registerWithEureka: false
       preferSameZoneEureka: true
    instance:
      metadataMap:
        zone: zone3
  server:
   port: ${PORT:8767}
```

디스커버리, 클라이언트, 게이트웨이 애플리케이션을 모두 실행한 후 http://localhost:8765/api/
client/ping과 http://localhost:8766/api/client/ping, 그리고 http://localhost:8767/api/client/ping
주소를 호출한다. 모두 같은 존에 있는 클라이언트 애플리케이션과 통신한다. 선호하는 존을 설정하지
않은 테스트와 반대로 8765 포트를 사용하는 첫 게이트웨이 인스턴스는 항상 **I'm in zone zone1**을
출력한다.

여기서 클라이언트 #1을 사용할 수 없다면 어떻게 될까? 그 경우, 유입되는 요청이 다른 두 클라이언트
애플리케이션 인스턴스로 50/50으로 부하 분산될 것이다. 둘 다 게이트웨이 #1과 다른 존에 있기 때문
이다.

## 요약

이번 장에서는 이 책에서 처음으로 스프링 클라우드를 사용하는 애플리케이션을 개발했다. 마이크로서비스를 위한 프레임워크를 처음 사용할 때는 서비스 디스커버리를 적절히 구현하는 방법을 알아가려고 노력하는 것이 가장 좋다. 간단한 유스케이스와 예제로 시작해 넷플릭스 OSS 유레카 프로젝트가 제공하는 진보되고 운영 환경에 즉시 적용할 수 있는 기능을 알아봤다. 앞에서 5분 안에 기본 클라이언트와 표준 디스커버리 서버를 개발하는 것을 봤다. 그 구현을 기반으로 특정한 필요에 부합하고 네트워크나 애플리케이션 장애와 같은 부정적인 시나리오를 보여주기 위해 유레카 클라이언트와 서버의 사용자 정의 방법을 소개했다. REST API나 UI 대시보드 같은 기능도 자세히 살펴봤다. 마지막으로 복제와 존, 그리고 고가용성과 같은 유레카의 메커니즘을 사용해 운영에 즉시 적용할 수 있는 환경을 구성하는 방법을 보여줬다. 이 지식을 이용해 유레카의 기능을 선택할 수 있고 그를 통해 마이크로서비스 기반 아키텍처의 특징에 부합하는 서비스 디스커버리를 개발할 수 있다.

서비스 디스커버리에 대해 논의했으므로 마이크로서비스 기반 아키텍처의 다음 필수 요소인 컨피규레이션 서버를 알아볼 것이다. 디스커버리와 컨피규레이션 서버는 둘 다 키/값 저장소를 기반으로 하기 때문에 같은 제품을 사용할 수 있다. 그러나 유레카가 디스커버리에만 국한되기 때문에 스프링 클라우드는 분산 컨피규레이션을 관리하기 위한 자체 프레임워크인 스프링 클라우드 컨피그 프로젝트를 도입한다.

# 05

# 스프링 클라우드 컨피그를 사용한
# 분산 컨피규레이션

아키텍처에 새로운 요소인 분산 컨피규레이션 서버를 소개할 시간이 됐다. 서비스 디스커버리와 마찬가지로 이것은 마이크로서비스의 중요한 개념 중 하나다. 이전 장에서 서버와 클라이언트 양쪽에서 디스커버리를 준비하는 방법을 자세히 논의했다. 그러나 지금까지는 애플리케이션의 컨피규레이션을 팻 JAR 파일 안에 제공했다. 이런 방식에는 큰 단점이 있는데, 마이크로서비스 인스턴스를 다시 컴파일하거나 다시 배포해야 한다는 것이다. 스프링 부트가 지원하는 다른 방식은 팻 JAR 외부의 파일 시스템에 저장된 명시적 컨피규레이션을 사용한다고 가정하는 것이다. 그것은 애플리케이션이 시작할 때 사용하는 spring.config.location 속성으로 쉽게 구성할 수 있다. 이 방식은 애플리케이션을 다시 배포할 필요는 없지만 마이크로서비스가 많을 경우 파일 시스템에 저장된 명시적인 파일을 기반으로 한 컨피규레이션을 관리하기 어렵다는 단점이 있다. 게다가 각 마이크로서비스의 수많은 인스턴스가 각기 특정 컨피규레이션을 가진다고 상상해 보자. 그런 방식은 상상하지 않는 것이 차라리 낫다.

어쨌든 분산 컨피규레이션은 클라우드 네이티브 환경에서 가장 인기 있는 표준이다. 스프링 클라우드 컨피그는 분산 시스템에서 외부 컨피규레이션을 위해 서버 측과 클라이언트 측을 지원한다. 이 솔루션을 사용하면 전체 환경에 걸쳐 애플리케이션을 위한 외부 속성을 관리하는 중앙의 단일 장소가 생긴다. 이 개념은 정말 간단하고 구현하기 쉽다. 서버는 단지 HTTP와 자원 기반 API 인터페이스를 노출하는 것이 전부인데, 이를 통해 JSON이나 YAML, 속성 형태로 속성 파일을 반환한다. 추가로 반환된 속성 값에 대해 복호화와 암호화를 수행한다. 서버 측에 이 기능이 활성화된 경우, 클라이언트는 서버로부터 컨피규레이션 설정을 가져온 후 복호화해야 한다.

컨피규레이션 데이터는 다른 저장소에 저장될 수 있다. EnvironmentRepository의 기본 구현은 깃을 백엔드로 사용한다. SVN 같은 버전 관리 시스템(VCS)을 시스템을 설정할 수도 있다. VCS 백엔드가 제공하는 기능을 사용하고 싶지 않다면 파일 시스템이나 볼트(Vault)를 사용할 수 있다. 볼트는 토큰, 비밀번호, 인증서, API 키 같은 자원을 저장하고 접근 관리하는 비밀관리 도구다. 이 장에서 다룰 주제는 다음과 같다.

- 스프링 클라우드 컨피그 서버에 의해 노출되는 HTTP API

- 서버 측의 다른 타입의 저장소 백엔드

- 서비스 디스커버리와 통합

- 스프링 클라우드 버스와 메시지 브로커를 사용해 컨피규레이션을 자동으로 로딩하기

## HTTP API 자원의 소개

컨피그 서버는 다양한 방법으로 호출할 수 있는 HTTP API를 제공한다. 다음의 종단점이 제공된다.

- /{application}/{profile}[/{label}]: JSON 형태로 데이터를 반환. label 입력값은 선택이다.

- /{application}-{profile}.yml: YAML 형태를 반환

- /{label}/{application}-{profile}.yml: 위 종단점의 변형으로 label 입력값을 선택적으로 입력할 수 있다.

- /{application}-{profile}.properties: 프로퍼티 파일에서 사용하는 간단한 키/값 형태로 반환

- /{label}/{application}-{profile}.properties: 위 종단점의 변형으로 label 입력값을 선택적으로 입력할 수 있다.

클라이언트의 관점에서 application 입력값은 애플리케이션의 이름으로 spring.application.name 또는 spring.config.name 속성에서 가져온다. 그리고 profile은 활성화된 프로파일 또는 콤마로 분리된 활성화된 프로파일의 목록이다. 마지막으로 label은 선택적 속성인데, 깃을 백엔드 장소로 사용할 때만 중요하다. 그것은 깃의 브랜치 이름을 설정하는데, 기본값은 master다.

### 네이티브 프로파일 지원

파일 시스템 백앤드를 기반으로 하는 가장 간단한 예제로 시작하자. 기본적으로 스프링 클라우드 컨피그 서버는 깃 저장소에서 컨피규레이션 데이터를 가져오려고 한다. 네이티브 프로파일을 활성화하려면 spring.profiles.active 옵션을 native로 하고 서버를 시작해야 한다. 서버는 classpath:/, classpath:/

config, file:./, file:./config에서 컨피규레이션 파일을 찾는다. 이것은 속성 또는 YAML 파일이 JAR 파일 안에 위치할 수 있다는 뜻이다. 테스트를 위해 src/main/resources 아래 config 폴더를 생성했다. 컨피규레이션 파일은 이 위치에 저장된다. 잠시 이전 장의 예제를 보자. 그 예제에서는 각 클라이언트 서비스 인스턴스가 다른 존에 실행되어 클러스터로 연결된 디스커버리 환경을 위한 컨피규레이션이 있었다. 예제의 세 개의 가용존과 세 개의 클라이언트 인스턴스는 application.yml 파일에 각기 자신의 프로파일을 가진다. 예제의 소스코드는 다음 경로의 config 브랜치에 있다.

https://github.com/piomin/sample-spring-cloud-netflix/tree/config

이제 이 컨피규레이션을 스프링 클라우드 컨피그 서버로 옮긴다. 다음은 첫 클라이언트 애플리케이션 인스턴스에 쓰인 프로파일 컨피규레이션의 예제다. 선택된 프로파일은 포트 번호, 기본 디스커버리 서버 URL, 존 이름을 바꾼다.

```
---
spring:
  profiles: zone1
eureka:
  instance:
    metadataMap:
      zone: zone1
    client:
      serviceUrl:
        defaultZone: http://localhost:8761/eureka/
server:
  port: ${PORT:8081}
```

예제를 단순하게 만들기 위해 모든 프로파일 세팅을 단일 application.yml 파일에 담았다. 이 파일은 다른 프로파일 이름을 사용하는 세 개의 파일 application-zone1.yml, application-zone2.yml, and application-zone3.yml로 분리할 수도 있다. 물론 이름은 애플리케이션마다 유일하게 부여한다. 컨피규레이션 파일을 원격 컨피규레이션 서버로 옮기기로 결정했다면 애플리케이션 이름에 주의해야 한다. 클라이언트 애플리케이션 이름은 spring.applicaiton.name을 통해 주입되는데, 이 경우는 client-service다. 여기서는 src/main/resources/config 카탈로그에 client-service-zone[n].yml이라는 이름을 사용하는 세 파일을 만들었는데, 여기서 n은 인스턴스의 번호다. 이제 http://localhost:8888/client-service/zone1 종단점을 호출하면 다음의 응답을 JSON 형태로 받는다.

```json
{
  "name":"client-service",
  "profiles":["zone1"],
  "label":null,
  "version":null,
  "state":null,
  "propertySources":[{
    "name":"classpath:/config/client-service-zone1.yml",
    "source":{
      "eureka.instance.metadataMap.zone":"zone1",
      "eureka.client.serviceUrl.defaultZone":"http://localhost:8761/eureka/",
      "server.port":"${PORT:8081}"
    }
  }]
}
```

두 번째 인스턴스에 http://localhost:8888/client-service-zone2.properties를 호출하면 속성의 목록을 응답으로 받는다.

```
eureka.client.serviceUrl.defaultZone: http://localhost:8762/eureka/
eureka.instance.metadataMap.zone: zone2
server.port: 8082
```

마지막으로 http://localhost:8889/client-service-zone3.yml HTTP API 종단점을 호출하면 다음과 같이 동일한 입력 파일을 반환한다

```yaml
eureka:
  client:
    serviceUrl:
      defaultZone: http://localhost:8763/eureka/
  instance:
    metadataMap:
      zone: zone3
server:
  port: 8083
```

## 서버 측 애플리케이션 개발하기

앞에서 스프링 클라우드 컨피그 서버가 제공하는 HTTP, 리소스 기반 API와 속성을 생성하고 저장하는 방법에 대한 논의로 이야기를 시작했다. 이제 기본으로 돌아가자. 디스커버리 서버와 동일하게 컨피그 서버는 스프링 부트 애플리케이션으로 실행된다. 서버 측의 pom.xml에 spring-cloud-config-server 의존성을 포함해 활성화하자.

```xml
<dependency>
    <groupId>org.springframework.cloud</groupId>
    <artifactId>spring-cloud-config-server</artifactId>
</dependency>
```

추가로 메인 애플리케이션 클래스에 컨피그 서버를 활성화해야 한다. 이때 서버 포트를 8888로 변경하는 것이 좋다. 그것이 클라이언트 측의 spring.cloud.config.uri 속성의 기본값이기 때문이다. 예를 들어, 클라이언트 측에서는 이것이 자동으로 구성된다. 서버를 다른 포트로 변경하려면 server.port 속성을 8888로 실행한다. 또는 spring.config.name=configserver 속성으로 실행해 내장된 spring-cloud-config-server 라이브러리에 포함된 configserver.yml을 사용하게 한다.

```java
@SpringBootApplication
@EnableConfigServer
public class ConfigApplication {
    public static void main(String[] args) {
        new SpringApplicationBuilder(ConfigApplication.class).web(true).run(args);
    }
}
```

## 클라이언트 측 애플리케이션 개발하기

서버에 8888을 기본 포트로 설정하면 클라이언트의 컨피규레이션이 정말 간단해진다. 애플리케이션 이름을 담은 bootstrap.yml 파일을 제공하고 pom.xml에 다음 의존성을 포함하기만 하면 된다. 물론 이것은 로컬 호스트일 경우에만 적용된다. 클라이언트에서 자동으로 구성되는 컨피그 서버의 주소가 http://localhost:8888이기 때문이다.

```
<dependency>
  <groupId>org.springframework.cloud</groupId>
  <artifactId>spring-cloud-starter-config</artifactId>
</dependency>
```

8888이 아닌 다른 포트를 서버의 포트로 설정하거나 클라이언트 애플리케이션과 다른 머신에서 실행하면 bootstrap.yml 파일에 현재 주소를 설정해야 한다. 다음은 8889 포트의 서버에서 client-service의 속성을 가져오도록 하는 부트스트랩 컨텍스트 설정이다. 애플리케이션이 --spring.profiles.active=zone1이라는 인자로 시작하면 자동으로 컨피규레이션 서버의 zone1 프로파일에서 설정을 가져온다.

```
spring:
 application:
   name: client-service
 cloud:
   config:
     uri: http://localhost:8889
```

## 유레카 서버 추가하기

눈치챘겠지만 클라이언트 속성에 디스커버리 서비스의 네트워크 위치 주소가 있다. 그래서 클라이언트 서비스를 시작하기 전에 유레카 서버가 실행 중이어야 한다. 물론, 이전 장의 예제에서 유레카는 application.yml 파일에 저장된 자신의 컨피규레이션을 갖고 있다. client-service와 비슷한 그 컨피규레이션은 세 개의 프로파일로 나뉘는데, 각 프로파일은 다른 파일과 서버의 HTTP 포트 번호, 그리고 통신해야 할 디스커버리 동료가 다르다.

이제 그런 속성 파일은 컨피규레이션 서버에 보관한다. 유레카는 시작할 때 지정된 프로파일에 할당된 모든 설정을 가져온다. 파일 명명 규칙은 이전에 설명했던 표준, 즉 discovery-service-zone[n].yml에 일관적이다. 유레카 서버를 시작하기 전에 스프링 클라우드 컨피그 클라이언트를 활성화하기 위해 spring-cloud-starter-config 의존성을 포함하고 application.yml을 bootstrap.yml로 바꾸고 다음 내용을 설정한다.

```
spring:
 application:
   name: discovery-service
 cloud:
```

```
config:
  uri: http://localhost:8889
```

그리고 유레카 서버를 시작할 때 --spring.profiles.active 속성을 다른 프로파일 이름으로 세팅해 동료 간 통신 모드로 시작한다. 세 개의 client-service 인스턴스를 실행하면 앞에서 소개한 아키텍처가 다른 다이어그램처럼 보인다. 이전 장의 예제와 비교하면 클라이언트와 디스커버리 서비스는 모두 팻 JAR 파일에 YML 파일을 보관하는 대신 스프링 클라우드 컨피그 서버로부터 컨피규레이션을 가져온다.

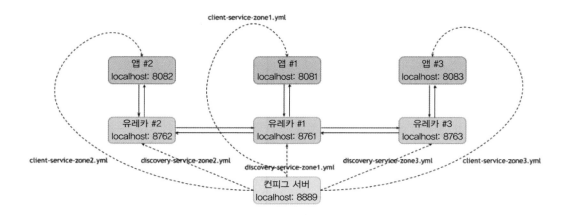

## 클라이언트 측에 부트스트랩 접근 방식 사용

예제 솔루션에서 모든 애플리케이션은 반드시 컨피규레이션 서버의 네트워크 위치를 가지고 있어야 한다. 서비스 디스커버리의 네트워크 위치도 속성으로 저장돼 있다. 여기서 흥미로운 문제에 직면한다. 마이크로서비스가 컨피그 서버의 네트워크 주소를 알게 해야 할지에 관한 문제가 그것이다. 이전 논의에서 모든 서비스의 네트워크 위치의 주 저장소는 서비스 디스커버리 서버라는 데 동의했다. 컨피규레이션 서버는 다른 마이크로서비스처럼 스프링 부트 애플리케이션이므로 이론상 스프링 클라우드 컨피그 서버로부터 데이터를 가져오는 다른 서비스의 자동화된 디스커버리 메커니즘을 사용하기 위해 자신 역시 유레카에 등록해야 한다. 이렇게 하려면 spring.cloud.config.url 속성을 사용하는 대신 bootstrap.yml에 서비스 디스커버리 속성을 설정한다.

이 두 가지 접근 방식 중 하나를 선택하는 것은 시스템 아키텍처를 디자인할 때 결정해야 할 사항 중 하나다. 이는 하나가 다른 것보다 더 나은 솔루션이라는 뜻이 아니다. Spring-cloud-config-client 아티팩트를 사용하는 애플리케이션의 기본 행동을 스프링 클라우드의 명명 규칙에 따라 **컨피그 우선 부트 스트랩(Config First Bootstrap)**이라고 부른다. 컨피그 클라이언트가 시작할 때 컨피그 서버에 연결해 원격 속성을 사용해서 컨텍스트를 초기화한다. 이 방식은 이 장의 첫 예제에서 보여줬다. 두 번째 솔루션은 컨피그 서버가 서비스 디스커버리 서비스에 등록되고 모든 애플리케이션이 DiscoveryClient 를 사용해 컨피그 서버를 찾는 것이다. 이 방식을 **디스커버리 우선 부트스트랩(Discovery First Bootstrap)**이라고 한다. 이 개념을 설명하는 예제를 구현해 보자.

## 컨피그 서버 디스커버리

예제는 깃허브의 config_with_discovery 브랜치에 있다. 링크는 다음과 같다.

https://github.com/piomin/sample-spring-cloud-netflix/tree/config_with_discovery

첫 변경은 sample-discovery-service 모듈과 관련이 있다. 여기에 Spring-cloud-starter-config 의존성은 필요 없다. 간단한 컨피규레이션은 원격 속성 소스가 아니라 bootstrap.yml에서 가져온다. 이전의 예제와 반대로, 간단한 연습을 위해 단일 독립 실행형 유레카 인스턴스를 실행한다.

```
spring:
 application:
   name: discovery-service
server:
 port: ${PORT:8761}

eureka:
 client:
   registerWithEureka: false
   fetchRegistry: false
```

반대로 컨피그 서버에는 spring-cloud-starter-eureka 의존성을 포함해야 한다. 다음 코드에 전체 의존성이 나타나 있다. 그리고 메인 클래스에 @EnableDiscoveryClient를 선언해 디스커버리 클라이언트를 활성화하고 유레카 서버의 주소는 application.yml 파일에 eureka.client.serviceUrl.defaultZone 속성을 http://localhost:8761/eureka/로 설정해 처리한다.

```
<dependency>
  <groupId>org.springframework.cloud</groupId>
  <artifactId>spring-cloud-config-server</artifactId>
```

```
    </dependency>
    <dependency>
      <groupId>org.springframework.cloud</groupId>
      <artifactId>spring-cloud-starter-eureka</artifactId>
    </dependency>
```

클라이언트 애플리케이션에서는 더 이상 컨피규레이션 서버의 주소를 가지고 있을 필요가 없다. 컨피그 서버가 다를 경우에는 서비스 ID만 설정하면 된다. 앞의 예제에서 서비스에 사용했던 명명 규칙에 따라 ID는 config-server가 된다. 이것은 spring.cloud.config.discovery.serviceId 속성으로 재정의해야 한다. 컨피규레이션 서버에서 원격 속성 소스를 가져오는 디스커버리 메커니즘을 사용하려면 spring.cloud.config.discovery.enabled를 true로 설정한다.

```
  spring:
   application:
     name: client-service
   cloud:
     config:
       discovery:
         enabled: true
         serviceId: config-server
```

이렇게 해서 유레카 대시보드의 화면에 하나의 컨피그 서버 인스턴스와 세 개의 client-service가 등록됐다. 모든 스프링 부트 클라이언트 인스턴스는 이전 예제와 동일하게 --spring.profiles.active=zone[n] 인자로 실행된다. 여기서 n은 존의 번호다. 유일한 다른 점은 스프링 클라우드 컨피그 서버에 의해 제공되는 모든 클라이언트의 서비스 컨피규레이션은 동일한 유레카 서버 연결 주소를 사용한다는 사실이다.

| Application | AMIs | Availability Zones | Status |
|---|---|---|---|
| **Instances currently registered with Eureka** | | | |
| CLIENT-SERVICE | n/a (3) | (3) | UP (3) - minkowp-l.p4.org:client-service:8082 , minkowp-l.p4.org:client-service:8081 , minkowp-l.p4.org:client-service:8083 |
| CONFIG-SERVER | n/a (1) | (1) | UP (1) - minkowp-l.p4.org:config-server:8889 |

## 백엔드 저장소 타입

이 장의 모든 예제는 파일 시스템을 백엔드로 사용했다. 이렇게 하면 컨피그 파일이 로컬 파일 시스템 또는 클래스 경로에서 로딩된다. 이런 형태의 백엔드는 교육용이나 테스트용으로 매우 좋다. 그러나 스프링 클라우드 컨피그를 운영용으로 사용하고자 할 경우에는 다른 옵션을 고려하는 것이 좋다. 첫 번째 옵션은 깃을 백엔드 저장소로 사용하는 것이다. 이것은 기본으로 활성화돼 있다. 또한 컨피규레이션 소스의 저장소로 사용 가능한 **버전 관리 시스템(VCS)**으로 SVN이 있다. 또는 복합 환경을 구성할 수도 있는데, 깃과 SVN을 함께 사용하면 된다. 다음으로 사용 가능한 백엔드 타입은 해시코프(HashiCorp)가 제공하는 도구인 볼트(Vault)다. 지금까지 언급한 솔루션에 대해 좀 더 알아보자.

## 파일 시스템 백엔드

이에 대해서는 이전 예제에서 논의했기 때문에 여기서는 많이 다루지 않을 것이다. 모든 예제에서 클래스 경로에 속성 소스를 저장하는 방법을 보여줬다. 디스크에서 속성 소스를 읽어올 수도 있다. 기본적으로 스프링 클라우드 컨피그 서버는 애플리케이션의 작업 디렉터리나 현재 위치의 컨피그 하위 디렉터리에서 파일을 찾는다. 이 기본 위치는 spring.cloud.config.server.native.searchLocations 속성으로 재정의할 수 있다. 검색 위치는 application, profile, label 같은 플레이스홀더를 가질 수 있다. 위치 경로에 플레이스홀더를 사용하지 않으면 저장소는 자동으로 레이블 입력값을 접미사로 붙인다. 결국, 각 검색 위치와 레이블 이름을 가진 하위 디렉터리에서 컨피규레이션 파일을 찾는다. 예를 들어, file:/home/example/config는 file:/home/example/config, file:/home/example/config/{label}과 같다. 이러한 행동을 비활성화하려면 spring.cloud.config.server.native.addLabelLocations 속성을 false로 한다.

이전에도 이야기했듯이 파일 시스템 백엔드는 운영 환경에 적합하지 않다. JAR 파일 내의 클래스 경로에 속성 소스를 포함하면 변경이 있을 때마다 애플리케이션을 다시 컴파일해야 한다. 한편 JAR 외부의 파일 시스템을 사용하면 재컴파일은 필요 없지만, 높은 가용성을 위해 하나 이상의 인스턴스로 동작하는 컨피그 서비스에서는 문제가 될 수 있다. 이 경우 모든 인스턴스 간에 파일 시스템을 공유하든지, 인스턴스마다 모든 속성 소스의 복제본이 있어야 한다. 깃 백엔드는 이런 단점이 없기 때문에 운영용으로 권장되는 것이다.

## 깃 백엔드

깃 버전 제어 시스템에는 속성 소스의 저장소로서 매우 유용한 몇 가지 기능이 있다. 그래서 매우 쉽게 변경을 관리하고 추적할 수 있다. 예를 들어 커밋(commit), 리버트(revert), 브랜칭(branching)과 같은 잘 알려진 VCS 메커니즘을 사용하면 파일 시스템 방식보다 중요한 운영 작업을 매우 쉽게 수행할 수 있다. 또한 이런 형태의 백엔드에는 두 가지 중요한 장점이 더 있다. 우선 컨피그 서버 소스 코드와 속성 파일을 강제로 분리해서 저장한다. 이전 예제를 다시 보면 속성 파일과 애플리케이션 소스 코드가 같이 저장돼 있다. 어떤 사람은 파일 시스템 백엔드를 사용하더라도 전체 컨피규레이션을 분리된 별도의 깃 프로젝트에 저장해 필요에 따라 원격 서버에 올릴 수 있다고 할 것이다. 물론 그 말도 맞다. 그러나 깃 백엔드를 사용하는 스프링 클라우드 컨피그에서는 이러한 메커니즘을 즉시 사용할 수 있다. 게다가 서버가 여러 인스턴스로 동작할 때 발생하는 문제도 해결된다. 즉, 원격 깃 서버를 사용하면 컨피규레이션 변경을 실행 중인 모든 인스턴스와 매우 쉽게 공유할 수 있다.

## 다른 프로토콜

애플리케이션에 깃 저장소의 위치를 설정하려면 application.yml에 spring.cloud.config.server.git. uri 속성을 사용한다. 깃에 익숙하다면 클로닝(cloning)이 file, http/https, ssh 프로토콜을 모두 사용한다는 사실을 알 것이다. 로컬 저장소를 이용하면 원격 서버 없이 빠르게 시작할 수 있다. 이것은 파일과 접두어로 구성된다. 예를 들어 다음과 같다: spring.cloud.config.server.git.uri=file:/home/git/config-repo.

컨피그 서버를 운용하는 좀 더 진보된 방식은 고가용 모드인데, SSH 또는 HTTPS 프로토콜을 사용해야 한다. 그렇게 하면 스프링 클라우드 컨피그가 원격 저장소를 복제하고 그것을 로컬 작업 경로에 캐싱한다.

## URI에 플레이스홀더 사용하기

최근에 언급했던 모든 플레이스홀더인 application, profile, label을 지원한다. 예를 들어 https://github.com/piomin/{application}처럼 애플리케이션마다 단일 저장소를 생성할 수도 있고 https://github.com/piomin/{profile}처럼 프로파일마다 저장소를 생성할 수도 있다. 이런 타입의 백엔드 구현에서는 HTTP 리소스의 label 입력값을 커밋 ID나 브랜치, 태그에 대응하는 깃의 label과 매핑할 수 있다. 흥미로운 기능을 찾아내는 가장 적절한 방법은 예제를 통하는 것이다. 그럼 애플리케이션의 속성 소스를 저장하는 전용 깃 저장소를 만드는 것부터 시작해 보자.

## 서버 애플리케이션 개발하기

이 책에서 생성한 예제 컨피규레이션 저장소는 다음 깃허브에 있다.

```
https://github.com/piomin/sample-spring-cloud-config-repo.git
```

이 장의 첫 예제는 각기 다른 존에서 실행되는 디스커버리에서 실행하는 클라이언트 애플리케이션이 사용하는 네티이브 프로파일을 설명한다. 깃허브에 이 예제에서 사용하는 모든 속성 소스가 저장돼 있다.

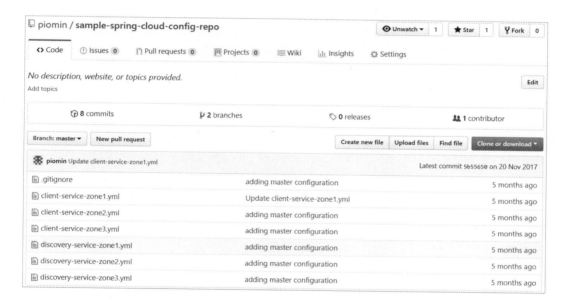

기본적으로 스프링 클라우드 컨피그 서버는 첫 HTTP 자원 요청 후에 저장소 복제를 시도한다. 애플리케이션 시작 직후 저장소 복제를 강제하려면 cloneOnStart 속성을 true로 설정하면 된다. 추가로 저장소 연결 설정과 계정 인증 자격 증명이 필요하다.

```yaml
spring:
  application:
    name: config-server
  cloud:
    config:
      server:
        git:
          uri: https://github.com/piomin/sample-spring-cloud-config-repo.git
```

```
        username: ${github.username}
        password: ${github.password}
        cloneOnStart: true
```

서버가 시작된 후 이전 예제의 종단점을 호출할 수 있다. 예를 들면 http://localhost:8889/client-service/zone1 또는 http://localhost:8889/client-service-zone2.yml과 같다. 결과는 이전 테스트와 동일하다. 다른 점은 데이터 소스다. 이제 다른 실습을 해 보자. 기억할지 모르겠지만, native 프로파일이 활성화된 디스커버리 우선 부트스트랩을 사용하는 예제에서 클라이언트가 속성을 약간 변경해야 했다. 이제 깃 백엔드를 사용하기 때문에 이런 상황에 좀 더 현명한 솔루션을 개발할 수 있다. 현재의 방식에 따라 깃허브의 컨피규레이션 저장소에 discovery 브랜치를 만든다(https://github.com/piomin/sample-spring-cloud-config-repo/tree/discovery). 그리고 디스커버리 우선 부트스트랩 메커니즘을 설명하는 애플리케이션 전용의 파일을 저장한다. label 입력값에 discovery를 설정하고 새로운 브랜치의 데이터를 가져올 것이다. http://localhost:8889/client-service/zone1/discovery와 http://localhost:8889/discovery/client-service-zone2.yml를 호출해 결과를 비교해 보자.

이제 또 다른 상황을 가정해 보자. 가령 client-service의 세 번째 인스턴스의 서버 포트를 변경한 후 어떤 이유로 이전 값으로 되돌리고 싶다고 해보자. 이때 client-service-zone3.yml을 이전 포트값으로 변경하고 커밋해야 할까? 아니다. HTTP API 자원을 호출할 때 label 입력값에 커밋 ID를 전달해야 한다. 다음 화면에서 변경된 내용을 확인할 수 있다.

브랜치 이름 대신 커밋 ID를 넣어 API 종단점을 호출하면 이전 포트 번호를 응답으로 반환한다. 다음은 커밋 ID e546dd6으로 http://localhost:8889/e546dd6/client-service-zone3.yml을 호출한 결과다.

```
eureka:
  client:
    serviceUrl:
      defaultZone: http://localhost:8761/eureka/
```

```
    instance:
      metadataMap:
        zone: zone3
  server:
    port: 8083
```

## 클라이언트 측 컨피규레이션

앞에서 깃 백엔드를 사용하는 서버를 개발할 때 HTTP 자원을 호출하는 예제만 보여줬다. 다음 클라이언트 애플리케이션의 컨피규레이션 예제를 보자. bootstrap.yml 안에 profile 속성을 설정하는 대신 spring.profiles.active 인자를 전달할 수도 있다. 이 컨피규레이션을 통해 클라이언트가 discovery 브랜치로부터 속성을 가져온다. 또는 앞서 이야기한 대로 label 속성을 설정해 특정 커밋 ID로 전환할 수도 있다.

```
spring:
  application:
    name: client-service
  cloud:
    config:
      uri: http://localhost:8889
      profile: zone1
      label: discovery
#     label: e546dd6 // uncomment for rollback
```

## 다중 저장소

때때로 단일 컨피그 서버에 여러 저장소를 구성할 필요가 있을 수 있다. 가령 일반적인 기술적 컨피규레이션과 비즈니스 컨피규레이션을 구분해야 하는 상황을 상상할 수 있다.

```
spring:
  cloud:
    config:
      server:
        git:
          uri:
            https://github.com/piomin/spring-cloud-config-repo/config-repo
          repos:
```

```
simple: https://github.com/simple/config-repo
special:
  pattern: special*/dev*,*special*/dev*
  uri: https://github.com/special/config-repo
local:
  pattern: local*
  uri: file:/home/config/config-repo
```

## 볼트 백엔드

볼트(Vault)가 통합된 경로를 통해 비밀정보를 안전하게 접근하게 하는 도구라는 것은 이미 알고 있다. 컨피그 서버가 이 타입의 백엔드를 사용하게 하려면 컨피그 서버가 볼트 프로파일을 사용하도록 --spring.profiles.active=vault 옵션으로 시작한다. 물론, 컨피그 서버를 시작하기 전에 볼트 인스턴스를 설치하고 실행해야 한다. 이 작업에는 도커를 사용하기를 권한다. 이 책에서는 도커를 여기서 처음 언급했고 모두가 아는 도구는 아니다. 이 책의 14장 **도커 지원**에 간단한 소개와 기본 명령, 유스케이스가 있으니 이 기술을 처음 접하는 경우 참고하기 바란다. 도커에 익숙한 경우, 다음 명령으로 볼트 컨테이너를 개발 모드로 실행할 수 있다. 기본 리슨 주소는 VAULT_DEV_LISTEN_ADDRESS 입력값으로 재정의하고 초기 루트 토큰은 VAULT_DEV_ROOT_TOKEN_ID에 인자로 재정의한다.

```
docker run --cap-add=IPC_LOCK -d --name=vault -e
'VAULT_DEV_ROOT_TOKEN_ID=client' -p 8200:8200 vault
```

## 볼트 시작하기

볼트는 서버에 새로운 값을 추가하거나 조회할 수 있는 커맨드라인 인터페이스를 제공한다. 다음은 이런 명령을 호출하는 예다. 그러나 도커 컨테이너로 실행한 볼트에서 비밀정보를 관리하는 가장 편리한 방법은 HTTP API를 통하는 것이다.

```
$ vault write secret/hello value=world
$ vault read secret/hello
```

이 볼트 인스턴스의 HTTP API는 http://192.168.99.100:8200/v1/secret이라는 주소에서 제공된다. API를 호출할 때 X-Vault-Token 헤더에 토큰을 제공해야 한다. 토큰은 도커 컨테이너를 띄울 때 VAULT_DEV_ROOT_TOKEN_ID 환경 변수에 제공한 client가 된다. 그렇지 않으면 시작할 때 자동으로 생성돼 docker logs vault 명령으로 나오는 로그에서 읽을 수 있다. 볼트를 사용하려면 POST와 GET, 두 가지 HTTP 메서드에 대해 알아야 한다. POST 메서드를 호출할 때 서버에 추가해야 하는 비밀 정보의 목록을 정의할 수 있다. 다음의 curl 명령에 전달된 입력값은 키/값 저장소로 동작하는 kv(키-값) 백엔드로 생성됐다.

```
$ curl -H "X-Vault-Token: client" -H "Content-Type: application/json" -X
  POST -d '{"server.port":8081,"sample.string.property": "Client
  App","sample.int.property": 1}'
  http://192.168.99.100:8200/v1/secret/client-service
```

새로 추가된 값은 GET 메서드로 조회할 수 있다.

```
$ curl -H "X-Vault-Token: client" -X GET
  http://192.168.99.100:8200/v1/secret/client-service
```

## 스프링 클라우드 컨피그와 통합하기

스프링 클라우드 컨피그 서버가 볼트를 백엔드로 사용하려면 --spring.profiles.active=vault 인자를 사용해 시작해야 한다. 자동 컨피규레이션 설정을 재정의하려면 spring.cloud.config.server.vault.* 키 하위에 속성을 설정해야 한다. 예제 애플리케이션을 위한 컨피규레이션은 다음과 같다. 예제 애플리케이션은 깃허브의 config_vault 브랜치에 있다(https://github.com/piomin/sample-spring-cloud-netflix/tree/config_vault).

```
spring:
  application:
    name: config-server
  cloud:
    config:
      server:
        vault:
          host: 192.168.99.100
          port: 8200
```

이제 컨피그 서버의 종단점을 호출해 보자. 요청 헤더에 토큰을 입력해야 하는데, 여기서는 X-Config-Token을 입력한다.

```
$ curl -X "GET" "http://localhost:8889/client-service/default" -H "X-Config-Token: client"
```

그러면 다음과 같은 응답이 온다. 클라이언트 애플리케이션의 모든 프로파일의 기본 속성이 표시된다. 특정 프로파일의 특정 설정을 조회하려면 볼트 HTTP API 메서드 호출 경로에 콤마로 구분된 프로파일 이름을 추가해 다음과 같이 호출한다: http://192.168.99.100:8200/v1/secret/client-service,zone1. 예를 들어 위와 같이 호출할 경우 default와 zone1 프로파일의 속성이 응답으로 나온다.

```
{
    "name":"client-service",
    "profiles":["default"],
    "label":null,
    "version":null,
    "state":null,
    "propertySources":[{
        "name":"vault:client-service",
        "source":{
            "sample.int.property":1,
            "sample.string.property":"Client App",
            "server.port":8081
        }
    }]
}
```

## 클라이언트 측 컨피규레이션

컨피그 서버에서 볼트를 백엔드로 사용할 경우, 클라이언트는 볼드에서 값을 조회할 수 있도록 서버에 토큰을 전달해야 한다. 이 토큰은 클라이언트의 bootstrap.yml 컨피규레이션 파일의 spring.cloud.config.token 속성을 사용해 설정한다.

```
spring:
 application:
   name: client-service
 cloud:
   config:
     uri: http://localhost:8889
     token: client
```

# 추가 기능

스프링 클라우드 컨피그의 다른 유용한 기능을 살펴보자.

## 시작 시 실패와 재시도

컨피그 서버를 사용해야 하는 애플리케이션을 컨피그 서버가 사용 불가능한데도 시작하는 것은 말이 되지 않는다. 이런 경우 클라이언트에서 예외를 발생시켜 멈추게 해야 한다. 그러려면 부트스트랩 컨피규레이션 속성 spring.cloud.config.failFast를 true로 설정해야 한다. 하지만 이런 과격한 솔루션이 항상 바람직한 것은 아니며 컨피그 서버가 경우에 따라 접속이 안 될 경우 성공할 때까지 계속 접속을 시도하는 편이 낫다. spring.cloud.config.failFast 속성은 여전히 true로 설정하지만, spring-retry 라이브러리와 spring-boot-starter-aop를 애플리케이션 클래스 경로에 추가해야 한다. 기본 행동은 초기 1000밀리초의 백오프 간격으로 6번 재시도하는 것을 가정한다. spring.cloud.config.retry.* 컨피규레이션 속성을 사용해 설정을 재정의할 수 있다.

## 클라이언트 안전하게 하기

서비스 디스커버리와 마찬가지로 컨피그 서버도 기본 인증을 사용해 안전하게 할 수 있다. 스프링 시큐리티를 사용하면 서버 측은 쉽게 적용할 수 있다. 이 경우, 모든 클라이언트가 bootstrap.yml 파일에 사용자 이름과 비밀번호를 설정해야 한다.

```
spring:
  cloud:
    config:
      uri: https://localhost:8889
      username: user
      password: secret
```

# 자동으로 컨피규레이션 다시 읽기

스프링 클라우드 컨피그의 가장 중요한 기능에 대해서는 이미 논의했다. 그리고 다른 백엔드 스토리지를 저장소로 사용하는 방법을 설명하는 예제도 구현했다. 그러나 파일 시스템이나 깃, 볼트 중 어떤 것을 선택하든지 서버에서 새로운 컨피규레이션을 가져오기 위해 클라이언트 애플리케이션을 재시작해야 했다. 하지만 이것이 항상 최적화된 솔루션은 아니다. 특히 많은 마이크로서비스가 실행 중이고 그 중 일부가 범용 컨피규레이션을 사용하는 경우에 그렇다.

## 솔루션 아키텍처

단일 애플리케이션마다 전용 property 파일을 생성했더라도 재시작 없이 동적으로 컨피규레이션을 다시 읽어 들이는 것은 큰 도움이 된다. 짐작했겠지만 그런 솔루션은 스프링 부트에 있고 그래서 스프링 클라우드에서도 사용할 수 있다. 4장 **서비스 디스커버리**에서 서비스 디스커버리 서버에서 등록 해제를 설명할 때 우아하게 종료하는 /shutdown 종단점을 소개했다. 스프링 컨텍스트에서도 그와 비슷한 방식으로 동작하는 종단점이 있다.

클라이언트 측의 종단점은 스프링 클라우드 컨피그에서 푸시 알림을 사용하기 위해 필요한 아주 큰 시스템의 한 가지 구성 요소에 불과하다. 깃허브, 깃랩, 빗버킷(Bitbucket)과 같은 유명한 소스 코드 저장소 제공자는 웹훅(WebHook) 메커니즘을 사용해 저장소의 변경을 알릴 수 있다. 웹훅은 서비스 제공자가 제공하는 웹 대시보드에 URL과 이벤트 타입의 목록을 선택해 설정할 수 있다. 서비스 제공자는 웹훅에 정의된 경로에 POST 요청을 호출해 커밋의 목록을 전송한다. 컨피그 서버에 이 종단점을 활성화하려면 프로젝트에 스프링 클라우드 버스 의존성을 포함해야 한다. 웹훅이 호출되면 컨피그 서버는 마지막 커밋에 의해 변경된 소스 속성의 목록을 이벤트로 내보낼 준비를 한다. 이 이벤트는 메시지 브로커에 전송된다. 스프링 클라우드 버스는 래빗엠큐와 아파치 카프카의 구현을 제공한다. 래빗엠큐는 spring-cloud-starter-bus-amqp 의존성을 포함해 사용할 수 있고 아파치 카프카는 spring-cloud-starter-bus-kafka 의존성을 포함하면 된다. 서비스 브로커로부터 메시지를 수신하려는 클라이언트 애플리케이션은 이러한 의존성을 선언해야 한다. 그리고 클라이언트 측의 컨피규레이션 클래스에 @RefreshScope를 설정해 동적 리프레시 메커니즘을 활성화한다. 다음 그림은 이 솔루션의 아키텍처를 나타낸다.

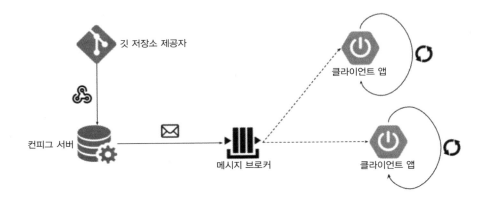

## @RefreshScope를 사용해 컨피규레이션 다시 읽기

이전과 다르게 이번에는 클라이언트 측부터 시작하겠다. 예제는 깃허브(https://github.com/piomin/
sample-spring-cloud-config-bus.git)에 있다. 이전 예제와 동일하게 깃을 저장소로 활용하는 예를 깃허
브(https://github.com/piomin/sample-spring-cloud-config-repo)에 만들었다. 클라이언트의 컨피규레
이션 파일에 몇 가지 새로운 속성을 추가했고 저장소에 커밋했다. 다음은 현재 버전의 클라이언트 컨피
규레이션이다.

```
eureka:
  instance:
    metadataMap:
      zone: zone1
  client:
    serviceUrl:
      defaultZone: http://localhost:8761/eureka/
server:
  port: ${PORT:8081}
management:
  security:
    enabled: false
sample:
  string:
    property: Client App
  int:
    property: 1
```

management.security.enabled를 false로 설정해서 스프링 부트 액추에이터의 종단점 보안을 비활성화
했다. 따라서 종단점을 비밀정보 없이 호출해야 한다. 또한 예제에서 값에 기반해 빈이 갱신되는 메커
니즘을 시연하려고 sample.string.property와 sample.int.property의 두 인자를 추가했다. 스프링 클라
우드는 스프링 부트 액추에이터를 위한 몇 가지 추가적인 HTTP 관리 종단점을 제공한다. 그중 하나
는 /refresh인데, 이것은 부트스트랩 컨텍스트의 재적재와 @RefreshScope를 사용한 빈의 갱신을 담당
한다. 이것은 클라이언트 인스턴스의 http://localhost:8081/refresh 종단점을 HTTP POST 메서드로
호출하면 된다. 이 경우 테스트 전에 디스커버리와 컨피그 서버가 실행 중이어야 한다. 클라이언트 애
플리케이션은 --spring.profiles.active=zone1 인자로 실행한다. 다음 클래스는 테스트 속성인 sample.
string.property와 sample.int.property가 외부에서 필드로 주입된다.

```java
@Component
@RefreshScope
public class ClientConfiguration {
    @Value("${sample.string.property}")
    private String sampleStringProperty;
    @Value("${sample.int.property}")
    private int sampleIntProperty;
    public String showProperties() {
      return String.format("Hello from %s %d", sampleStringProperty,
          sampleIntProperty);
    }
}
```

빈은 ClientController 클래스로 주입되고 http://localhost:8081/ping에 노출되는 내부의 ping 메서드를 호출한다.

```java
@RestController
public class ClientController {
    @Autowired
    private ClientConfiguration conf;
    @GetMapping("/ping")
    public String ping() {
        return conf.showProperties();
    }
}
```

이번에는 client-service-zone1.yml의 테스트 속성을 수정하고 커밋하자. 컨피그 서버의 /client-service/zone1 HTTP 종단점을 호출하면 최신값이 반환된다. 그러나 /ping 메서드를 호출하면 이전 값이 그대로 보인다. 왜 그럴까? 컨피그 서버가 자동으로 저장소의 변경을 감지하기는 해도 클라이언트 애플리케이션은 외부 자극이 없으면 자동으로 갱신할 수 없기 때문이다. 새로운 것을 읽게 재시작하거나 /refresh 메서드를 호출해 컨피규레이션을 다시 강제로 읽게 해야 한다.

클라이언트 애플리케이션에서 /refresh 종단점을 호출한 후 컨피규레이션이 다시 읽히는 로그를 확인할 수 있다. 여기서 /ping을 한 번 더 호출하면 새로운 속성값이 반환된다. 이 예제는 스프링 클라우드에서 애플리케이션이 어떻게 다시 속성을 읽는지 보여주지만, 여기서 목표는 이것이 아니다. 다음 단계는 메시지 브로커를 사용해 통신하는 것이다.

## 메시지 브로커로부터 이벤트 받기

앞에서 스프링 클라우드 버스와 통합된 두 가지 메시지 브로커 중에 하나를 선택할 것이라고 했다. 이 예제에서는 래빗엠큐를 사용하는 방법을 보여줄 것이다. 래빗엠큐 브로커는 이 책에서 처음 소개하는 것이라서 몇 마디 더 하겠다. 래빗엠큐는 가장 인기 있는 메시지 브로커다. 얼랭(Erlang)으로 개발됐고 **Advanced Message Queueing Protocol(AMQP)**를 구현한다. 클러스터링이나 고가용성과 같은 메커니즘도 래빗엠큐에서는 사용하고 구성하기가 쉽다.

래빗엠큐를 실행하기에 가장 편한 방법은 도커 컨테이너를 이용하는 것이다. 컨테이너 외부로 두 개의 포트가 노출된다. 그중 첫 번째 포트는 클라이언트 연결(5672)에 사용되고 두 번째는 관리 대시보드 전용(15672)이다. 여기서는 기본 버전에 없는 UI 대시보드를 활성화하는 관리 태그를 사용해 이미지를 실행했다.

```
docker run -d --name rabbit -p 5672:5672 -p 15672:15672 rabbitmq:management
```

클라이언트 애플리케이션 예제에서 래빗엠큐 브로커를 사용하기 위해 pom.xml에 다음의 의존성을 포함한다.

```xml
<dependency>
    <groupId>org.springframework.cloud</groupId>
    <artifactId>spring-cloud-starter-bus-amqp</artifactId>
</dependency>
```

이 라이브러리는 자동 컨피규레이션 설정을 지원한다. 여기서는 윈도우에서 도커를 실행하기 때문에 몇 가지 기본 속성을 재정의해야 한다. 전체 서비스 컨피규레이션은 깃 저장소에 저장돼 있어 변경했을 때 원격 파일에만 영향을 준다. 이전에 사용된 클라이언트의 속성에 다음 입력값을 추가해야 한다.

```yaml
spring:
  rabbitmq:
    host: 192.168.99.100
    port: 5672
    username: guest
    password: guest
```

클라이언트 애플리케이션을 실행하면 래빗엠큐에 익스체인지(exchange)와 큐(queue)가 자동으로 생성된다. http://192.168.99.100:15672의 관리 대시보드에 로그인하면 쉽게 확인할 수 있다. 기본 사용자명과 비밀번호는 guest/guest다. 다음 그림은 래빗엠큐 인스턴스의 스크린샷이다. SpringCloudBus라는 이름으로 한 개의 익스체인가가 생성됐고 거기에 클라이언트 큐와 컨피그 서버 큐(다음 절에서 설명한 설정으로 미리 실행했다)가 연결됐다. 여기서는 래빗엠큐와 그 아키텍처에 대해서는 자세히 다루지 않을 것이다. 관련 내용은 스프링 클라우드 스트림 프로젝트에 대해 다루는 11장 **메시지 기반 마이크로서비스**를 참고하라.

## 컨피그 서버에서 저장소 변경 모니터링하기

방금 전에 설명한 프로세스에서 스프링 클라우드 컨피그 서버는 두 개의 태스크를 수행해야 한다. 첫 번째는 깃 저장소에 저장된 property 파일의 변경을 알아내는 것이다. 그것은 저장소 제공자가 웹훅으로 호출하게 될 특별한 종단점을 호출함으로써 할 수 있다. 두 번째 단계는 RefreshRemote ApplicationEvent를 준비해 애플리케이션에 보내는 것이다. 그렇게 하려면 메시지 브로커와 연결을 설정해야 한다. Spring-cloud-config-monitor 라이브러리는 /monitor 종단점 노출을 담당한다. 래빗엠큐 브로커를 사용하기 위해 클라이언트 애플리케이션에 다음 의존성을 추가한다.

```
<dependency>
  <groupId>org.springframework.cloud</groupId>
  <artifactId>spring-cloud-config-monitor</artifactId>
```

```
  </dependency>
  <dependency>
    <groupId>org.springframework.cloud</groupId>
    <artifactId>spring-cloud-starter-bus-amqp</artifactId>
  </dependency>
```

아울러 application.yml에 컨피규레이션 모니터를 활성화해야 한다. 스프링 클라우드에는 저장소 제공자마다 다르게 구현돼 있기 때문에 그중 어떤 것을 사용할지 선택해야 한다.

```
spring:
  application:
    name: config-server
  cloud:
    config:
      server:
        monitor:
          github:
            enabled: true
```

변경을 감지하는 메커니즘을 사용자 정의할 수 있다. 이는 기본으로 애플리케이션의 이름과 매칭되는 파일의 변경을 감지한다. 이 행동을 재정의하려면 PropertyPathNotificationExtractor를 구현해 제공해야 한다. 이것은 요청 헤더와 바디 입력값을 받아서 변경된 파일 경로의 목록을 반환한다. 깃허브로부터의 알림을 이용하기 위해 spring-cloud-config-monitor에서 제공하는 GithubPropertyPathNotificationExtractor를 사용할 수 있다.

```
@Bean
public GithubPropertyPathNotificationExtractor
githubPropertyPathNotificationExtractor() {
    return new GithubPropertyPathNotificationExtractor();
}
```

## 변경 이벤트를 수동으로 흉내내기

모니터 종단점은 깃허브나 빗버킷, 깃랩과 같은 깃 저장소 제공자에 설정된 웹훅에 의해 호출된다. 로컬 호스트에 실행되는 애플리케이션으로 이런 기능을 테스트하는 것은 저장소 제공자가 로컬 호스트에 접근하기가 어렵기 때문에 문제가 있다. 결국 수동으로 /monitor 종단점을 POST로 호출하면 그런 웹훅을 쉽게 흉내낼 수 있다. 예를 들어, 깃허브 명령은 요청에 X-Github-Event 헤더를 포함해야 한다. 속성 파일의 변경을 알리는 JSON 바디는 다음의 cURL 호출과 같다.

```
$ curl -H "X-Github-Event: push" -H "Content-Type: application/json" -X
POST -d '{"commits": [{"modified": ["client-service-zone1.yml"]}]}'
http://localhost:8889/monitor
```

client-service-zone1.yml 파일에서 한 가지 속성값, 예를 들어 sample.int.property를 변경하고 커밋하자. 그리고 위 예제 명령에 보이는 입력값으로 POST /monitor 메서드를 호출해 보자. 위에서 설명한 대로 모든 것을 구성했다면 클라이언트 애플리케이션의 로그에 Received remote refresh request. Keys refreshed [sample.int.property]라고 표시될 것이다. 클라이언트 마이크로서비스의 /ping 종단점을 호출하면 변경된 속성의 최신값이 반환돼야 한다.

### 깃랩 인스턴스를 사용해 로컬 호스트에서 테스트하기

이벤트를 흉내내는 것을 좋아하지 않는 사람을 위해 좀 더 실제적인 연습을 해 보자. 그러기 위해서는 개발 기술뿐만 아니라 지속적인 통합 도구에 대한 기본 지식이 있어야 한다. 도커 이미지를 사용해 로컬 호스트에서 깃랩 인스턴스를 시작할 것이다. 깃랩은 오픈 소스로 웹 기반의 깃 저장소 관리자와 위키, 이슈 추적 기능을 제공한다. 이것은 깃랩 또는 빗버킷과 매우 유사한데, 로컬머신에 쉽게 배포될 것이다.

```
docker run -d --name gitlab -p 10443:443 -p 10080:80 -p 10022:22 gitlab/gitlab-ce:latest
```

웹 대시보드는 http://192.168.99.100:10080으로 접근한다. 우선 admin 사용자를 생성하고 로그인하자. 깃랩에 대해 자세히 설명하지는 않겠지만, 사용자 친화적이고 직관적인 GUI 인터페이스를 가지고 있어 많은 노력 없이도 다룰 수 있을 것이라 확신한다. 어쨌든 여기서는 sample-spring-cloud-config-repo 이름의 프로젝트를 생성했다. 이 프로젝트는 http://192.168.99.100:10080/root/sample-spring-cloud-config-repo.git에서 복제한다. 그리고 깃허브에서 예제 저장소에 있는 컨피규레이션 파일을 가져와 커밋한다. 다음으로, 컨피그 서버의 /monitor 종단점에 푸시 알림을 주는 웹훅을 정의한다. 프로젝트에 웹훅을 생성하기 위해 **Settings | Integration** 섹션으로 가서 **URL** 필드에 서버 주소를 입력한다. 이때 localhost 대신 나름의 hostname을 사용한다. 그리고 **Push events** 체크박스를 선택한다.

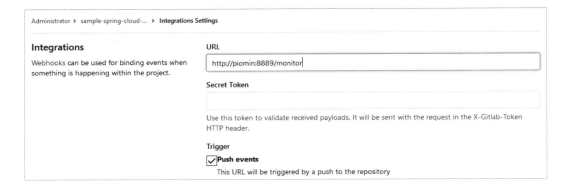

깃허브를 백엔드 저장소 제공자로 사용하는 컨피그 서버의 구현과 비교하면 여기서는 `application.yml` 에서 모니터 타입을 선택하고 당연히 다른 주소를 제공해야 한다.

```
spring:
 application:
   name: config-server
 cloud:
   config:
     server:
       monitor:
         gitlab:
           enabled: true
       git:
         uri:
           http://192.168.99.100:10080/root/sample-spring-cloud-config-repo.git
         username: root
         password: root123
         cloneOnStart: true
```

또 다른 빈 구현을 추가한다.

```
PropertyPathNotificationExtractor:
    @Bean
    public GitlabPropertyPathNotificationExtractor
    gitlabPropertyPathNotificationExtractor() {
        return new GitlabPropertyPathNotificationExtractor();
    }
```

마지막으로, 컨피규레이션 파일에서 몇 가지를 변경하고 커밋한다. 그러면 웹훅이 동작하고 클라이언트 애플리케이션의 컨피규레이션이 갱신된다. 이로써 이 장의 마지막 예제가 끝났다.

## 요약

이 장에서는 스프링 클라우드 컨피그 프로젝트의 가장 중요한 기능을 설명했다. 서비스 디스커버리와 마찬가지로 기본적이고 간단한 클라이언트와 서버 측의 유스케이스로 시작했다. 그리고 컨피그 서버가 사용하는 몇 가지 백엔드 저장소에 대해 논의했다. 또한 속성 파일을 저장하는 용도로 파일 시스템과 깃, 볼트 같은 타사 도구를 사용하는 방법을 설명하는 예제를 구현했다. 특히 대규모 시스템에서의 서비스 디스커버리나 수많은 마이크로서비스 인스턴스와 같은 다른 구성 요소와의 상호운용성에 집중했다. 마지막으로 웹훅과 메시지 브로커를 사용해 재시작 없이 애플리케이션의 컨피규레이션을 다시 읽어 들이는 방법을 보여줬다. 결론적으로, 이 장을 통해 스프링 클라우드 컨피그를 마이크로서비스 기반 아키텍처에서 하나의 요소로 사용하고 그 주요 기능을 활용할 수 있게 했다.

지금까지 스프링 클라우드를 사용한 서비스 디스커버리와 컨피규레이션 서버의 구현을 논의했으므로 이제 서비스 간의 통신에 대해 논의할 수 있다. 다음 두 장에서는 몇 개의 마이크로서비스 사이의 동기 통신을 설명하는 간단한 예제와 몇 가지 고급 예제를 분석할 것이다.

# 06

# 마이크로서비스 간의
# 커뮤니케이션

앞의 두 장에서 마이크로서비스 아키텍처에서 매우 중요한 요소인 서비스 디스커버리와 컨피규레이션 서버와 관련된 상세한 내용을 논의했다. 이런 시스템이 존재하는 주된 이유가 독립적인 단일 애플리케이션의 전체 집합을 관리하는 것을 도와주는 데 있다는 점을 기억해두자. 관리의 한 가지 측면은 마이크로서비스 간의 커뮤니케이션이다. 여기서 특히 중요한 역할은 모든 사용 가능한 애플리케이션의 네트워크 위치를 저장하고 서비스해주는 서비스 디스커버리가 담당한다. 물론 서비스 디스커버리 서버가 없는 시스템 아키텍처를 생각해 볼 수도 있다. 그런 예제도 이번 장에서 다룬다.

그러나 서비스 간 커뮤니케이션에서 가장 중요한 요소는 HTTP 클라이언트와 클라이언트 측 부하 분산기다. 이번 장에서 이 내용을 집중적으로 설명할 것이다.

이 장에서 다룰 주제는 다음과 같다.

- 서비스 디스커버리를 사용하거나 사용하지 않고 서비스 간 커뮤니케이션에 스프링 RestTemplate 사용하기
- 리본 클라이언트 사용자 정의하기
- 리본 클라이언트에서 제공하는 주요 기능에 대한 설명. 예를 들어 리본 클라이언트, 서비스 디스커버리, 상속, 존(zone) 지원과의 통합

## 다양한 커뮤니케이션 스타일

이제 마이크로서비스 간의 다양한 커뮤니케이션 스타일을 식별하고 그것을 2차원으로 분류할 수 있다. 첫 번째는 동기식/비동기식 커뮤니케이션 프로토콜로 나눌 수 있다. 비동기 커뮤니케이션의 핵심은 응

답을 기다리는 동안 클라이언트의 스레드가 멈추지 않아도 되는 것이다. 이런 커뮤니케이션 타입에서 가장 많이 사용되는 프로토콜은 AMQP다. 이전 장의 끝에서 이 프로토콜을 사용한 예제를 실행해 볼 기회가 있었다. 그러나 서비스 간의 주된 커뮤니케이션 방법은 여전히 동기 방식의 HTTP 프로토콜이다. 이번 장에서는 이에 대해서만 다룰 것이다.

두 번째는 단일 메시지 수신기 또는 다수의 수신기 여부에 따라 다양한 커뮤니케이션 타입을 나누는 것이다. 일대일 커뮤니케이션에서는 각 요청이 정확히 하나의 서비스 인스턴스에 의해 처리된다. 일대다 커뮤니케이션에서는 각 요청이 다수의 다른 서비스에 의해 처리될 수 있다. 이 내용은 11장 **메시지 기반 마이크로서비스**에서 논의한다.

## 스프링 클라우드를 사용한 동기식 통신

스프링 클라우드는 마이크로서비스 간의 커뮤니케이션 구현을 도와주는 구성 요소 집합을 제공한다. 첫 번째는 RestTemplate으로, 클라이언트가 RESTful 웹서비스를 사용할 때 항상 사용된다. 이것은 @LoadBalanced 한정자를 사용한다. 덕분에 넷플릭스 리본을 사용하도록 자동으로 구성되고 IP 주소 대신 서비스 이름을 사용해 서비스 디스커버리를 활용할 수 있게 된다. 그다음으로 리본은 클라이언트 측 부하 분산기로서 HTTP와 TCP 클라이언트의 행동을 제어하는 간단한 인터페이스를 제공한다. 리본은 서비스 디스커버리 또는 서킷 브레이커와 같은 스프링 클라우드 구성 요소와 쉽게 통합한다. 게다가 이것은 개발자에게 완전히 투명하다(transparent: 추상화 계층이 하부의 복잡한 것을 감추는 덕분에 추상화 계층의 스펙에 따른 사용자의 설정에 따라 시스템이 일관되게 동작한다는 뜻이다 - 옮긴이). 다음으로 사용할 수 있는 구성 요소는 페인(Feign)인데, 이는 넷플릭스 OSS 스택에서 온 선언적인 REST 클라이언트다. 페인은 부하 분산 및 서비스 디스커버리에서 데이터를 가져오기 위해 리본을 사용한다. 이것은 메서드에 @FeignClient를 사용해서 인터페이스에 쉽게 선언할 수 있다. 이번 장에서 지금 언급한 모든 구성 요소를 자세히 알아볼 것이다.

## 리본을 사용한 부하 분산

리본의 주요 개념은 **이름 기반 서비스 호출 클라이언트(named client)**라고 말할 수 있다. 서비스 디스커버리에 접속할 필요 없이 호스트 이름과 포트를 사용한 전체 주소 대신에 이름을 사용해 다른 서비스를 호출하기 때문이다. 이 경우, 주소 목록이 application.yml 파일의 리본 컨피규레이션 설정에 제공돼야 한다.

## 리본 클라이언트를 사용해 마이크로서비스 간 커뮤니케이션하기

예제와 함께 내용을 살펴보자. 이것은 네 개의 독립적인 마이크로서비스로 구성된다. 그중 일부는 다른 서비스의 종단점을 호출한다. 애플리케이션 소스코드는 다음 링크에 있다.

```
https://github.com/piomin/sample-spring-cloud-comm.git
```

이 예제에서는 고객이 제품을 구매하는 간단한 주문 시스템을 개발할 것이다. 고객이 선택한 제품 목록을 구매하기로 결정하면 POST 요청이 order-service에 전달된다. 이것은 REST 컨트롤러 안의 Order prepare(@RequestBody Order order) {...} 메서드에서 처리된다. 이 메서드는 주문 준비를 담당한다. 우선 목록에 있는 각 제품의 가격, 고객의 주문 이력, customer-service의 적절한 API 메서드를 호출해 얻은 시스템 내의 카테고리를 고려해 최종 가격을 계산한다. 그다음 계정 서비스를 호출해 고객의 잔고가 주문을 실행하기에 충분한지 검증한다. 마지막으로 계산된 가격을 반환한다. 고객이 액션을 승인하면 PUT /{id} 메서드가 호출된다. 요청은 REST 컨트롤러 안의 Order accept(@PathVariable Long id) {...} 메서드에 의해 처리된다. 이것은 주문 상태를 바꾸고 고객의 계정에서 돈을 출금한다. 시스템 아키텍처는 다음 그림처럼 각 마이크로서비스로 나뉜다.

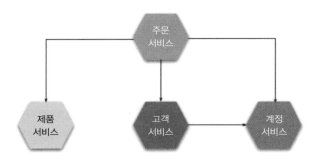

## 정적 부하 분산 컨피규레이션

order-service가 필요한 오퍼레이션을 수행하려면 예제에 있는 모든 다른 마이크로서비스와 커뮤니케이션해야 한다. 그래서 ribbon.listOfServers 속성을 사용해 세 개의 다른 리본 클라이언트에 네트워크 주소를 설정해야 한다. 그리고 이 예제에서 기본으로 활성화돼 있는 유레카 내의 서비스 디스커버리를 사용하지 않도록 해야 한다. 다음은 application.yml 파일 안에 order-service를 위해 정의된 모든 속성을 나타낸다.

```yaml
server:
  port: 8090
account-service:
  ribbon:
    eureka:
      enabled: false
    listOfServers: localhost:8091
customer-service:
  ribbon:
    eureka:
      enabled: false
    listOfServers: localhost:8092
product-service:
  ribbon:
    eureka:
      enabled: false
      listOfServers: localhost:8093
```

여기서는 리본 클라이언트와 함께 RestTemplate을 사용하도록 프로젝트에 다음의 의존성을 추가한다.

```xml
<dependency>
  <groupId>org.springframework.cloud</groupId>
  <artifactId>spring-cloud-starter-ribbon</artifactId>
</dependency>
<dependency>
  <groupId>org.springframework.boot</groupId>
  <artifactId>spring-boot-starter-web</artifactId>
</dependency>
```

그리고 나서 application.yml에 구성된 이름 목록을 선언해 리본 클라이언트를 사용하도록 한다. 이를 위해 메인 클래스 또는 다른 스프링 컨피규레이션 클래스에 @RibbonClients를 사용한다. RestTemplate 빈을 등록하고 @LoadBalanced를 사용해 스프링 클라우드 구성 요소와 상호작용이 가능하도록 해야 한다.

```java
@SpringBootApplication
@RibbonClients({
  @RibbonClient(name = "account-service"),
  @RibbonClient(name = "customer-service"),
```

```
    @RibbonClient(name = "product-service")
  })
  public class OrderApplication {
  @LoadBalanced
  @Bean
  RestTemplate restTemplate() {
      return new RestTemplate();
  }
  public static void main(String[] args) {
      new SpringApplicationBuilder(OrderApplication.class).web(true).run(args);
  }
// ...
  }
```

## 다른 서비스 호출하기

마지막으로 마이크로서비스 외부로 HTTP 메서드를 서비스하는 OrderController의 구현을 시작한다. 컨트롤러는 다른 HTTP 종단점을 호출할 수 있도록 RestTemplate을 사용한다. 다음 예제 코드에서 IP 주소나 호스트 이름 대신 application.yml에 리본 클라이언트의 이름을 사용하는 것을 확인할 수 있을 것이다. 이렇게 하면 같은 RestTemplate 빈을 사용해 세 개의 다른 마이크로서비스와 커뮤니케이션할 수 있다. 잠시 컨트롤러 안의 메서드에 대해 논의해 보자. 구현된 첫 번째 메서드는 선택된 제품의 상세 정보 목록을 반환하는 product-service의 GET 종단점을 호출한다. 그다음 customer-service의 GET / withAccounts/{id} 메서드를 호출한다. 그리고 고객의 계정 목록을 포함한 고객 상세 정보를 반환한다.

이제 최종 주문 가격을 계산하고 고객의 주 계정에 충분한 잔고가 있는지 검증하기 위한 모든 정보가 준비됐다. 고객의 계정에서 돈을 인출하기 위해 account-service의 종단점을 호출하는 PUT 메서드를 호출한다. 지금까지 OrderController에 있는 메서드를 살펴보는 데 약간의 시간을 들였는데, 마이크로서비스 간의 동기식 커뮤니케이션을 위한 메커니즘을 제공하는 스프링 클라우드 구성 요소의 주요 기능을 알아보는 데도 동일한 예제가 사용될 것이기 때문에 유용할 것이다.

```
    @RestController
    public class OrderController {
    @Autowired
    OrderRepository repository;
    @Autowired
    RestTemplate template;
```

```
@PostMapping
public Order prepare(@RequestBody Order order) {
    int price = 0;
    Product[] products =
        template.postForObject("http://product-service/ids", order.getProductIds(),
        Product[].class);
    Customer customer =
        template.getForObject("http://customer-service/withAccounts/{id}",
        Customer.class, order.getCustomerId());
    for (Product product : products)
        price += product.getPrice();
    final int priceDiscounted = priceDiscount(price, customer);
    Optional<Account> account = customer.getAccounts().stream().filter(a
        -> (a.getBalance() > priceDiscounted)).findFirst();
    if (account.isPresent()) {
        order.setAccountId(account.get().getId());
        order.setStatus(OrderStatus.ACCEPTED);
        order.setPrice(priceDiscounted);
    } else {
            order.setStatus(OrderStatus.REJECTED);
    }
    return repository.add(order);
}


@PutMapping("/{id}")
public Order accept(@PathVariable Long id) {
    final Order order = repository.findById(id);
    template.put("http://account-service/withdraw/{id}/{amount}", null,
    order.getAccountId(), order.getPrice());
    order.setStatus(OrderStatus.DONE);
    repository.update(order);
    return order;
}
// ...
}
```

order-service가 customer-service의 GET /withAccounts/{id} 메서드를 호출하는 데 사용한 리본 클라이언트를 다른 마이크로서비스인 account-service와 커뮤니케이션하는 데 사용한 것이 흥미롭다. 다음은 앞의 메서드를 구현한 CustomerController의 코드다.

```
@GetMapping("/withAccounts/{id}")
public Customer findByIdWithAccounts(@PathVariable("id") Long id) {
    Account[] accounts =
        template.getForObject("http://account-service/customer/{customerId}",
        Account[].class, id);
    Customer c = repository.findById(id);
    c.setAccounts(Arrays.stream(accounts).collect(Collectors.toList()));
    return c;
}
```

우선 mvn clean install 메이븐 명령으로 전체 프로젝트를 빌드한다. 그리고 순서에 상관없이 java -jar 명령을 인자 없이 써서 모든 마이크로서비스를 실행한다. 선택적으로 IDE에서도 애플리케이션을 실행할 수 있다. 이제 모든 마이크로서비스를 위한 테스트 데이터가 준비됐다. 영구 저장소가 없기 때문에 재시작하면 모든 객체가 제거된다. order-service의 POST 메서드를 호출하면 전체 시스템을 테스트할 수 있다. 예제 요청은 다음과 같이 수행한다.

```
$ curl -d '{"productIds": [1,5],"customerId": 1,"status": "NEW"}' -H
"Content-Type: application/json" -X POST http://localhost:8090
```

이 요청을 보내면 리본 클라이언트가 다음의 로그를 출력하는 것을 볼 수 있다.

```
DynamicServerListLoadBalancer for client customer-service initialized:
DynamicServerListLoadBalancer:{NFLoadBalancer:name=customer-service,current
list of Servers=[localhost:8092],Load balancer stats=Zone stats:
{unknown=[Zone:unknown; Instance count:1; Active connections count: 0;
Circuit breaker tripped count: 0; Active connections per server: 0.0;]
},Server stats: [[Server:localhost:8092; Zone:UNKNOWN; Total Requests:0;
Successive connection failure:0; Total blackout seconds:0; Last connection
made:Thu Jan 01 01:00:00 CET 1970; First connection made: Thu Jan 01
01:00:00 CET 1970; Active Connections:0; total failure count in last (1000)
msecs:0; average resp time:0.0; 90 percentile resp time:0.0; 95 percentile
resp time:0.0; min resp time:0.0; max resp time:0.0; stddev resp time:0.0]
]}ServerList:com.netflix.loadbalancer.ConfigurationBasedServerList@7f1e23f6
```

여기서 소개한 방법은 여러 마이크로서비스로 구성된 시스템에서는 사용하기 어려운 큰 단점이 있다. 그 문제는 오토스케일링을 적용한 경우 더욱 심각해진다. 서비스의 모든 네트워크 주소가 수동으로 관리되는 것도 쉽게 볼 수 있다. 물론 모든 팻 JAR 내의 application.yml에 있는 컨피규레이션 설정을 컨피규레이션 서버로 옮길 수 있다. 그러나 대규모의 상호작용을 관리하는 경우의 문제점은 여전히 그대로다. 이 문제는 클라이언트 측 부하 분산과 상호작용을 위한 서비스 디스커버리의 능력으로 쉽게 해결할 수 있다.

## 서비스 디스커버리와 함께 RestTemplate 사용하기

사실 서비스 디스커버리와의 통합은 리본 클라이언트의 기본 행동이다. 기억하겠지만 앞에서 ribbon.eureka.enabled 속성을 false로 설정해 클라이언트 측 분산기가 유레카를 사용하지 못하게 했다. 서비스 디스커버리의 존재는 예제에서 서비스 간의 커뮤니케이션 중에 스프링 클라우드 구성 요소의 컨피규레이션을 간단하게 만든다.

### 예제 애플리케이션 개발하기

시스템 아키텍처는 이전 예제와 동일하다. 소스코드는 ribbon_with_discovery 브랜치에 있다(https://github.com/piomin/sample-spring-cloud-comm/tree/ribbon_with_discovery). 가장 먼저 살펴볼 것은 새로운 discovery-service 모듈이다. 유레카와 관련된 사항은 4장 **서비스 디스커버리**에서 논의했기 때문에 그것을 실행하는 것은 아무 문제가 없다. 이 책에서는 아주 기본적인 설정으로 한 개의 유레카 서버를 실행했다. 그것은 기본 포트 8761에서 서비스 중이다.

이번에는 이전 예제와 달리 리본 클라이언트와 관련된 모든 컨피규레이션과 애노테이션을 제거한다. 제거된 리본 클라이언트는 @EnableDiscoveryClient를 사용해 유레카 디스커버리 클라이언트를 사용하는 것으로 대체하고 유레카 서버 주소를 application.yml에 제공한다. 이제 order-service의 메인 클래스는 다음과 같은 모습이 된다.

```
@SpringBootApplication
@EnableDiscoveryClient
public class OrderApplication {
 @LoadBalanced
 @Bean
 RestTemplate restTemplate() {
   return new RestTemplate();
 }
```

```
    public static void main(String[] args) {
        new SpringApplicationBuilder(OrderApplication.class).web(true).run(args);
    }
    // ...
}
```

다음은 현재 컨피규레이션 파일이다. 서비스의 이름을 `spring.application.name` 속성에 설정했다.

```
spring:
 application:
   name: order-service
server:
 port: ${PORT:8090}
eureka:
 client:
   serviceUrl:
     defaultZone: ${EUREKA_URL:http://localhost:8761/eureka/}
```

여기까지는 이전과 같다. 그리고 모든 마이크로서비스를 실행한다. 그러나 이번에는 account-service
와 product-service의 인스턴스를 각각 두 개씩 실행한다. 각 서비스의 두 번째 인스턴스를 실행할 때
-DPORT 또는 -Dserver.port 인자를 사용해 기본 서버 포트를 재정의한다(포트 충돌을 방지하기 위해 –
옮긴이). 예를 들면 다음과 같다: java -jar -DPORT=9093 product- service-1.0-SNAPSHOT.jar. 이렇게
해서 모든 인스턴스가 유레카 서버에 등록된다. 이것은 UI 대시보드에서 쉽게 확인할 수 있다.

### Instances currently registered with Eureka

| Application | AMIs | Availability Zones | Status |
|---|---|---|---|
| ACCOUNT-SERVICE | n/a (2) | (2) | UP (2) - minkowp-l.p4.org:account-service:8091 , minkowp-l.p4.org:account-service:9091 |
| CUSTOMER-SERVICE | n/a (1) | (1) | UP (1) - minkowp-l.p4.org:customer-service:8092 |
| ORDER-SERVICE | n/a (1) | (1) | UP (1) - minkowp-l.p4.org:order-service:8090 |
| PRODUCT-SERVICE | n/a (2) | (2) | UP (2) - minkowp-l.p4.org:product-service:8093 , minkowp-l.p4.org:product-service:9093 |

부하 분산에 대한 실제 예제는 여기서 처음 소개했다. 기본으로 리본 클라이언트는 등록된 모든 마이크
로서비스의 인스턴스 간에 균등하게 트래픽을 분배한다. 이 알고리즘을 **라운드 로빈**(round robin)
이라고 한다. 실제로 이것은 클라이언트가 마지막 요청을 보낸 곳을 기억하고 이번 요청을 다음 순서
의 서비스로 전달하는 것이다. 이 접근 방식은 다음 장에서 자세히 보여줄 다른 규칙으로 재정의할 수
있다. 부하 분산은 이전 예제에서 서비스 디스커버리 없이 ribbon.listOfServers에 콤마로 분리된 서비

스 주소 목록을 설정해 구성할 수 있다. 예를 들어 다음과 같다: ribbon.listOfServers=localhost:8093, localhost:9093. 다시 예제 애플리케이션으로 돌아가, order-service가 보낸 요청은 account-service와 product-service의 두 인스턴스에 부하 분산된다. 이것은 customer-service가 account-service의 두 인스턴스에 트래픽을 분산하는 것과 비슷하다. 앞의 스크린샷에 보이는 유레카 대시보드상에서 사용 가능한 모든 서비스 인스턴스를 실행하고 order-service에 테스트 요청을 보내면 다음 로그를 확인할 수 있을 것이다. 리본 클라이언트가 표시한 목표 서비스의 주소 목록이 강조돼 있다.

```
DynamicServerListLoadBalancer for client account-service initialized: DynamicServerListLoadBalanc
er:{NFLoadBalancer:name=account-service,current list of Servers=[minkowp-1.p4.org:8091, minkowp-
1.p4.org:9091],Load balancer stats=Zone stats: {defaultzone=[Zone:defaultzone; Instance count:2;
Active connections count: 0; Circuit breaker tripped count: 0; Active connections per server: 0.0;]
      },Server stats: [[Server:minkowp-1.p4.org:8091; Zone:defaultZone; Total
   Requests:0; Successive connection failure:0; Total blackout seconds:0; Last
   connection made:Thu Jan 01 01:00:00 CET 1970; First connection made: Thu
   Jan 01 01:00:00 CET 1970; Active Connections:0; total failure count in last
   (1000) msecs:0; average resp time:0.0; 90 percentile resp time:0.0; 95
   percentile resp time:0.0; min resp time:0.0; max resp time:0.0; stddev resp
   time:0.0]
   , [Server:minkowp-1.p4.org:9091; Zone:defaultZone; Total Requests:0;
   Successive connection failure:0; Total blackout seconds:0; Last connection
   made:Thu Jan 01 01:00:00 CET 1970; First connection made: Thu Jan 01
   01:00:00 CET 1970; Active Connections:0; total failure count in last (1000)
   msecs:0; average resp time:0.0; 90 percentile resp time:0.0; 95 percentile
   resp time:0.0; min resp time:0.0; max resp time:0.0; stddev resp time:0.0]
   ]}ServerList:org.springframework.cloud.netflix.ribbon.eureka.DomainExtracti
ngServerList@3e878e67
```

## 페인(Feign) 클라이언트 사용하기

RestTemplate은 스프링 클라우드와 마이크로서비스의 상호작용을 위해 특별히 도입된 스프링 구성 요소다. 그러나 넷플릭스는 독립적인 REST 서비스 간의 커뮤니케이션을 즉시 제공하는 웹 서비스 클라이언트 역할을 하는 자체 도구를 개발했다. 그 도구인 페인 클라이언트는 @LoadBalanced를 사용하는 RestTemplate과 동일하지만, 좀 더 우아한 방식을 제공한다. 페인 클라이언트는 애노테이션을 템플릿화된 요청으로 처리해 동작하는 자바 HTTP 클라이언트 바인더다. 오픈 페인 클라이언트를 사용할 때는 인터페이스를 만들고 애노테이션을 붙이면 된다. 페인 클라이언트는 서비스 디스커버리로부터 필요한 모든 네트워크 주소를 가져오는 부하 분산 HTTP 클라이언트를 제공하기 위해 리본 및 유레카와 통합한다. 한편 스프링 클라우드는 스프링 MVC 애노테이션과 스프링 웹에서와 동일한 HTTP 메시지 변환기를 지원한다.

## 여러 존의 지원

간단하게 마지막 예제를 살펴보자. 지금까지 만든 시스템의 아키텍처를 약간 복잡하게 만드는 몇 가지 변경 작업을 할 것이다. 현재 아키텍처는 다음 그림에 있다. 마이크로서비스 간의 커뮤니케이션 모델은 여전히 같지만, 모든 마이크로서비스가 두 개의 인스턴스를 실행하고 서로 다른 존으로 분리됐다. 존 메커니즘은 4장 **서비스 디스커버리**에서 유레카를 사용하는 서비스 디스커버리에 대해 이야기할 때 논의했기 때문에 이미 잘 알고 있을 거라고 생각한다. 이번 연습의 주요 목적은 페인 클라이언트의 사용법을 보여주고 마이크로서비스 간의 커뮤니케이션에서 존 메커니즘이 어떻게 동작하는지 확인하는 것이다. 기본 예제로 시작하자.

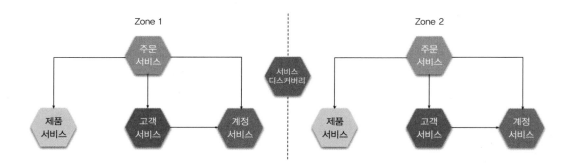

## 애플리케이션에서 페인 사용하기

프로젝트에 페인을 포함하려면 spring-cloud-starter-feign 아티팩트 또는 스프링 클라우드 넷플릭스를 위해 최소 1.4.0 버전의 spring-cloud-starter-openfeign을 의존성에 추가해야 한다.

```
<dependency>
  <groupId>org.springframework.cloud</groupId>
  <artifactId>spring-cloud-starter-feign</artifactId>
</dependency>
```

다음으로 메인 또는 컨피규레이션 클래스에 @EnableFeignClients 애노테이션을 추가해 애플리케이션이 페인을 사용하도록 한다. 이 애노테이션은 애플레케이션에 구현된 모든 클라이언트를 검색한다. clients 또는 basePackages 애노테이션 속성을 설정해 클라이언트를 축소할 수도 있다. 예를 들면 다음과 같다: @EnableFeignClients(clients = {AccountClient.class, Product.class}). 다음은 order-service 애플리케이션의 메인 클래스다.

```
@SpringBootApplication
@EnableDiscoveryClient
@EnableFeignClients
public class OrderApplication {
    public static void main(String[] args) {
        new
SpringApplicationBuilder(OrderApplication.class).web(true).run(args);
    }
    @Bean
    OrderRepository repository() {
        return new OrderRepository();
    }
}
```

## 페인 인터페이스 개발하기

애노테이션을 가진 인터페이스를 만들어 구성 요소로 제공하는 것은 스프링 프레임워크의 표준이다. 페인에서 인터페이스는 @FeignClient (name = "…") 애노테이션을 사용해야 한다. 여기에는 name 이라는 필수 속성이 있다. 이것은 서비스 디스커버리를 사용할 경우 호출되는 마이크로서비스 이름에 해당한다. 그렇지 않을 경우, 이것은 구체적인 네트워크 주소를 가지는 url 속성과 함께 사용된다. @FeignClient 외에도 필요한 애노테이션이 있다. 클라이언트 인터페이스의 모든 메서드는 @RequestMapping 또는 좀 더 구체적인 애노테이션인 @GetMapping, @PostMaping, @PutMapping을 이용해 특정 HTTP API 종단점과 연관 지을 수 있다.

```
@FeignClient(name = "account-service")
public interface AccountClient {
    @PutMapping("/withdraw/{accountId}/{amount}")
    Account withdraw(@PathVariable("accountId") Long id,
@PathVariable("amount") int amount);
}
```

```
@FeignClient(name = "customer-service")
public interface CustomerClient {
    @GetMapping("/withAccounts/{customerId}")
    Customer findByIdWithAccounts(@PathVariable("customerId") Long
            customerId);
}
    @FeignClient(name = "product-service")
    public interface ProductClient {
        @PostMapping("/ids")
        List<Product> findByIds(List<Long> ids);
    }
```

이런 구성 요소는 스프링 빈이기 때문에 컨트롤러 빈에 주입될 수 있다. 그리고 나서 메서드를 호출한다. 다음은 order-service에 있는 REST 컨트롤러의 현재 구현이다.

```
@Autowired
OrderRepository repository;
@Autowired
AccountClient accountClient;
@Autowired
CustomerClient customerClient;
@Autowired
ProductClient productClient;
@PostMapping
public Order prepare(@RequestBody Order order) {
    int price = 0;
    List<Product> products =
productClient.findByIds(order.getProductIds());
    Customer customer =
customerClient.findByIdWithAccounts(order.getCustomerId());
    for (Product product : products)
        price += product.getPrice();
    final int priceDiscounted = priceDiscount(price, customer);
    Optional<Account> account = customer.getAccounts().stream().filter(a ->
(a.getBalance() > priceDiscounted)).findFirst();
    if (account.isPresent()) {
        order.setAccountId(account.get().getId());
        order.setStatus(OrderStatus.ACCEPTED);
```

```
        order.setPrice(priceDiscounted);
    } else {
        order.setStatus(OrderStatus.REJECTED);
    }
    return repository.add(order);
}
```

## 마이크로서비스 실행하기

이렇게 해서 application.yml의 모든 마이크로서비스의 컨피규레이션을 변경했다. 이제 두 개의 다른 프로파일이 있다. 첫 번째는 zone1에 할당된 애플리케이션이 사용할 것이고 두 번째는 zone2가 사용할 것이다. 소스코드는 괄호 안 경로의 feign_with_discovery 브랜치에 있다(https://github.com/piomin/sample-spring-cloud-comm/tree/ribbon_with_discovery). 그다음 mvn clean install 명령으로 전체 프로젝트를 빌드한다. 애플리케이션은 java -jar --spring.profiles.active=zone[n] 명령으로 실행해야 한다. 여기서 n은 존의 번호다. 테스트를 위해 많은 인스턴스를 시작해야 하므로 -Xmx 파라미터(예: -Xmx128m)를 설정해 힙 사이즈를 제한할 필요가 있다. 다음은 여러 마이크로서비스 중 하나의 컨피규레이션 설정이다.

```yaml
spring:
 application:
    name: account-service
---
spring:
 profiles: zone1
eureka:
 instance:
    metadataMap:
       zone: zone1
 client:
    serviceUrl:
       defaultZone: http://localhost:8761/eureka/
       preferSameZoneEureka: true
server:
 port: ${PORT:8091}
---
spring:
```

```
    profiles: zone2
  eureka:
    instance:
        metadataMap:
            zone: zone2
    client:
        serviceUrl:
            defaultZone: http://localhost:8761/eureka/
            preferSameZoneEureka: true
  server:
    port: ${PORT:9091}
```

각 존에 각 마이크로서비스의 인스턴스를 실행할 것이다. 결국 다음 화면에서 보듯이 서비스 디스커버리 서버를 포함해 9개의 스프링 부트 애플리케이션이 실행된다.

**Instances currently registered with Eureka**

| Application | AMIs | Availability Zones | Status |
|---|---|---|---|
| ACCOUNT-SERVICE | n/a (2) | (2) | UP (2) - minkowp-l.p4.org:account-service:8091 , minkowp-l.p4.org:account-service:9091 |
| CUSTOMER-SERVICE | n/a (2) | (2) | UP (2) - minkowp-l.p4.org:customer-service:9092 , minkowp-l.p4.org:customer-service:8092 |
| ORDER-SERVICE | n/a (2) | (2) | UP (2) - minkowp-l.p4.org:order-service:9090 , minkowp-l.p4.org:order-service:8090 |
| PRODUCT-SERVICE | n/a (2) | (2) | UP (2) - minkowp-l.p4.org:product-service:8093 , minkowp-l.p4.org:product-service:9093 |

zone1에 실행 중인 order-service 인스턴스에 테스트 요청(http://localhost:8090)을 보내면 그 존에 있는 다른 모든 서비스로 트래픽이 전달된다. 이는 zone2(http://localhost:9090)에서도 같다. 다음과 같이 리본 클라이언트가 현재 존에 등록된 목표 서비스의 주소 목록을 출력하는 것을 확인할 수 있다.

```
DynamicServerListLoadBalancer for client product-service initialized: DynamicServerListLoadBalancer
:{NFLoadBalancer:name=product-service,current list of Servers=[minkowp-l.p4.org:8093],Load balancer
stats=Zone stats: {zone1=[Zone:zone1; Instance count:1; Active connections count: 0; Circuit
breaker tripped count: 0; Active connections per server: 0.0;]...
```

## 상속 지원

짐작했겠지만 컨트롤러 구현 내의 애노테이션과 그 컨트롤러에 의해 서비스되는 REST 서비스의 페인 클라이언트 구현은 동일하다. 추상 REST 메서드 정의를 가지는 인터페이스를 생성할 수 있으며, 그 인터페이스는 컨트롤러 클래스에 의해 구현되거나 페인 클라이언트 인터페이스에 의해 확장될 수 있다.

```
public interface AccountService {
    @PostMapping
    Account add(@RequestBody Account account);
    @PutMapping
    Account update(@RequestBody Account account);
    @PutMapping("/withdraw/{id}/{amount}")
    Account withdraw(@PathVariable("id") Long id, @PathVariable("amount")
int amount);
    @GetMapping("/{id}")
    Account findById(@PathVariable("id") Long id);
    @GetMapping("/customer/{customerId}")
    List<Account> findByCustomerId(@PathVariable("customerId") Long
customerId);
    @PostMapping("/ids")
    List<Account> find(@RequestBody List<Long> ids);
    @DeleteMapping("/{id}")
    void delete(@PathVariable("id") Long id);
```

이제 컨트롤러 클래스는 베이스 클래스의 모든 메서드에 대한 구현을 제공하지만 @RestController 애노테이션 이외에 REST 매핑을 위한 어떠한 애노테이션도 갖지 않는다. 다음에 있는 accout-service 컨트롤러의 코드를 보자.

```
@RestController
public class AccountController implements AccountService {
    @Autowired
    AccountRepository repository;
    public Account add(@RequestBody Account account) {
        return repository.add(account);
    }
    // ...
}
```

account-service를 호출하는 페인 클라이언트 인터페이스는 아무런 메서드도 제공하지 않았다. 단지 AccountService 베이스 인터페이스를 확장했다. 인터페이스에 기반한 전체 구현과 페인 상속은 https://github.com/piomin/sample-spring-cloud-comm/tree/feign_with_inheritance에서 확인할 수 있다.

다음은 상속 지원을 사용하는 페인 클라이언트의 선언이다. 그것은 AccountService 인터페이스를 확장하고 @RestController에서 노출되는 모든 메서드를 다룬다.

```
@FeignClient(name = "account-service")
public interface AccountClient extends AccountService {
}
```

## 수동으로 클라이언트 생성하기

애노테이션 스타일에 확신이 없다면 페인 빌더 API를 사용해 페인 클라이언트를 수동으로 만들 수 있다. 페인에는 몇 가지 사용자 정의할 수 있는 기능이 있는데, 예를 들면 메시지 인코더와 디코더, 또는 HTTP 클라이언트 구현 등이 있다.

```
AccountClient accountClient = Feign.builder().client(new OkHttpClient())
    .encoder(new JAXBEncoder())
    .decoder(new JAXBDecoder())
    .contract(new JAXRSContract())
    .requestInterceptor(new BasicAuthRequestInterceptor("user",
"password"))
    .target(AccountClient.class, "http://account-service");
```

## 사용자 정의 클라이언트

클라이언트의 사용자 정의는 페인 빌더 API로도 할 수 있고 애노테이션 스타일로도 할 수 있다. @FeignClient의 configuration 속성을 사용해 설정하면 컨피규레이션 클래스를 제공할 수 있다.

```
@FeignClient(name = "account-service", configuration = AccountConfiguration.class)
```

예제 컨피규레이션 빈은 다음과 같다.

```
@Configuration
public class AccountConfiguration {
 @Bean
 public Contract feignContract() {
    return new JAXRSContract();
 }
```

```
    @Bean
    public Encoder feignEncoder() {
        return new JAXBEncoder();
    }
    @Bean
    public Decoder feignDecoder() {
        return new JAXBDecoder();
    }
    @Bean
    public BasicAuthRequestInterceptor basicAuthRequestInterceptor() {
        return new BasicAuthRequestInterceptor("user", "password");
    }
}
```

스프링 클라우드는 스프링 빈을 선언해 다음의 속성을 재정의하도록 지원한다.

- Decoder: ResponseEntityDecoder기본 제공

- Encoder: SpringEncoder 기본 제공

- Logger: Slf4jLogger 기본 제공

- Contract: SpringMvcContract 기본 제공

- Feign.Builder: HystrixFeign.Builder 기본 제공

- Client: 리본을 사용할 경우LoadBalancerFeignClient 제공. 그렇지 않을 경우 기본 페인 클라이언트 사용.

- Logger.Level: 페인의 기본 로그 레벨을 결정한다. NONE, BASIC, HEADERS, FULL.

- Retryer: 커뮤니케이션 장애를 대비한 재시도 알고리즘을 구현할 수 있다.

- ErrorDecoder: HTTP 상태 코드를 애플리케이션 예외로 매핑할 수 있다.

- Request.Options: 요청의 읽기와 연결 타임아웃을 설정할 수 있다.

- Collection<RequestInterceptor>: 요청의 데이터에 기반한 어떤 액션을 구현하는 RequestInterceptor의 등록된 목록

페인 클라이언트는 컨피규레이션 속성을 사용해 사용자 정의할 수 있다. 예를 들어, 사용 가능한 모든 클라이언트를 위한 속성을 변경하거나 feign.client.config 속성 접두사에 이름을 지정해 단일 클라이언트를 위한 속성만 변경할 수도 있다. 특정 클라이언트 이름 대신 이름을 default로 설정하면 모든 페인 클라이언트에 적용된다. @EnableFeignClients 애노테이션과 defaultConfiguraton 애트리뷰트를 사

용하면 이전에 설명한 것과 같은 방식으로 기본 컨피규레이션이 적용된다. `application.yml` 파일에 제공된 설정은 항상 `@Configuration` 빈의 것보다 우선순위가 높다. YAML 파일보다 `@Configuration`의 우선순위를 높이려면 `feign.client.default-to-properties` 속성을 false로 설정한다. 다음은 account-service에 접속 타임아웃과 HTTP 연결 읽기 타임아웃, 로그 레벨을 설정한 페인 클라이언트의 컨피규레이션 예제다.

```
feign:
 client:
  config:
   account-service:
    connectTimeout: 5000
    readTimeout: 5000
    loggerLevel: basic
```

## 요약

이 장에서는 서로 커뮤니케이션하는 몇 개의 마이크로서비스를 실행했다. REST 클라이언트의 여러 구현과 인스턴스 간의 부하 분산, 서비스 디스커버리와의 통합 등의 주제를 논의했다. 이런 주제는 중요하기 때문에 앞으로 두 장에 걸쳐 더 논의할 것이다. 또한 이번 장에서는 서비스 간의 커뮤니케이션 주제와 마이크로서비스 아키텍처의 다른 중요한 구성 요소와의 통합에 대해 간단히 소개했다. 다음 장에서는 부하 분산기와 REST 클라이언트의 고급 사용을 보여주고 특히 네트워크와 커뮤니케이션 문제를 집중적으로 살펴볼 것이다. 이 장을 읽고 나면 리본(ribbon)과 페인(Feign), `RestTemplate`을 애플리케이션에서 적절히 사용할 수 있고 다른 스프링 클라우드 구성 요소와 연결할 수 있게 된다.

대부분의 경우에는 이 지식으로도 충분하지만, 클라이언트 측 부하 분산기의 컨피규레이션을 변경하거나 서킷 브레이커 또는 폴백과 같은 고급 커뮤니케이션 메커니즘을 사용해야 하는 경우도 있을 것이다. 이런 경우에는 솔루션을 이해하고 시스템에서 서비스 간의 커뮤니케이션에 미치는 영향을 이해하는 것이 중요하다. 이에 대해서는 다음 장에서 다룰 것이다.

# 고급 부하 분산 및
# 서킷 브레이커

이 장에서는 이전 장에서 논의했던 주제인 서비스 간 커뮤니케이션에 대해 계속 논의한다. 그 내용을 부하 분산, 타임아웃, 서킷 브레이킹 등의 고급 예제로 확장할 것이다.

스프링 클라우드는 마이크로서비스 간의 커뮤니케이션을 멋지고 간단하게 구현하도록 도와준다. 그러나 구현하면서 직면하게 될 가장 어려운 점은 관련된 시스템의 처리 시간과 같은 커뮤니케이션 문제라는 것을 잊지 말아야 한다. 특히 시스템에 수많은 마이크로서비스가 있을 때 가장 먼저 다뤄야 할 문제는 지연 문제다. 이 장에서는 단일 입력 요청을 처리할 때 여러 서비스의 느린 응답이나 일시적인 서비스 사용 중단 등 서비스 간의 여러 네트워크 구간(hop)에서 발생하는 지연 문제를 피하도록 도와주는 스프링 클라우드의 기능을 논의한다. 부분적인 장애를 다루기 위한 몇 가지 전략이 있는데, 네트워크 타임아웃 설정이나 대기 중인 요청의 수 제한하기, 여러 부하 분산 기법 구현하기, 서킷 브레이커 패턴과 폴백 구현의 설정 등이 그것이다.

여기서 리본과 페인 클라이언트를 한 번 더 다루는데, 이번에는 좀 더 고급 컨피규레이션 기능에 집중한다. 그리고 완전히 새로운 라이브러리인 넷플릭스 히스트릭스를 소개한다. 이 라이브러리는 서킷 브레이커 패턴을 구현한다.

이 장에서 다룰 주제는 다음과 같다.

- 리본 클라이언트를 사용한 다양한 부하 분산
- 애플리케이션에서 서킷 브레이커 사용하기
- 컨피규레이션 속성을 사용해 히스트릭스 사용자 정의하기

- 히스트릭스 대시보드를 사용해 마이크로서비스 모니터링하기

- 페인 클라이언트와 함께 히스트릭스 사용하기

# 부하 분산 룰

스프링 클라우드 넷플릭스는 사용자에게 다양한 혜택을 주기 위해 다양한 부하 분산 알고리즘을 제공한다. 필요에 따라 지원 방법을 선택할 수 있다. 넷플릭스 OSS의 명명법에 따라 이 알고리즘을 **룰(rule)**이라고 부른다. 사용자 정의 룰 클래스는 IRule 베이스 인터페이스를 구현해야 한다. 다음의 구현은 스프링 클라우드에서 기본으로 제공한다.

- RoundrobinRule: 이 룰은 잘 알려진 알고리즘인 라운드 로빈을 사용한다. 유입되는 요청은 모든 인스턴스에 순차적으로 분산된다. 이것은 기본으로 사용된다. ClientConfigEnabledRoundRobinRule 및 ZoneAvoidanceRule과 같은 고급 규칙을 사용할 수도 있다. ZoneAvoidanceRule 룰은 리본 클라이언트의 기본 룰이다

- AvailabilityFilteringRule: 이 룰은 서킷 차단 또는 동시 연결이 많은 것으로 표시된 서버를 제외한다. RoundRobinRule을 베이스 클래스로 사용한다. 기본으로 HTTP 클라이언트가 연속 세 번의 연결 실패를 하면 인스턴스는 서킷 차단이 된다. 이것은 niws.loadbalancer.<clientName>.connectionFailureCountThreshold 속성을 사용해 변경할 수 있다. 일단 인스턴스에 서킷 차단이 발생하면 30초 동안 이 상태가 되고 이후 재시도를 수행한다. 이 속성은 컨피규레이션 속성으로 재정의할 수 있다.

- WeightedResponseTimeRule: 이 구현에서 인스턴스로 전달되는 트래픽의 규모는 인스턴스의 평균 응답시간에 반비례한다. 다시 말해, 응답 시간이 길수록 더 작은 가중치를 갖는다. 이런 상황에서 부하 분산 클라이언트는 모든 서비스 인스턴스의 트래픽과 응답시간을 기록한다.

- BestAvailableRule: 클래스의 설명에 따르면 서킷 브레이커가 **차단된** 서버를 제외하고 동시 요청을 가장 적게 받은 서버를 선택한다.

서킷 브레이커 차단(Tripped circuit breaker)은 전기 공학에서 빌려온 용어로, 회로에 전류가 흐르지 않는 것을 의미한다. IT에서의 의미는 서비스로 유입되는 요청이 연속적으로 너무 많이 실패해서 서버 측 애플리케이션의 회복을 위해 클라이언트 소프트웨어가 추가적인 원격 서비스 요청을 즉시 제한하는 것을 말한다.

## WeightedResponseTime 룰

지금까지는 웹브라우저나 REST 클라이언트에서 수동으로 서비스를 호출해 테스트했다. 그런데 이번 주제에서는 서비스의 지연을 설정하거나 수많은 HTTP 요청을 생성하는 것이 필요한데, 현재의 예제 환경에서는 어렵다.

## 테스트를 위한 호버플라이 도입

이쯤에서 이런 테스트에 적합한 흥미로운 프레임워크를 소개하고자 한다. 호버플라이(Hoverfly)는 HTTP 서비스를 스텁하고 시뮬레이션하는 가벼운 시각화 도구다. 고(Go)로 개발됐는데, 자바로도 expressive API를 통해 호버플라이를 관리할 수 있다. SpectoLabs에서 유지보수되는 호버플라이 자바는 바이너리와 API 호출을 추상화하는 클래스, 시뮬레이션을 생성하는 DSL, JUnit 테스트 프레임워크와의 통합을 제공한다. 이 프레임워크에는 개인적으로 매우 좋아하는 기능이 있다. DSL 정의에서 메서드 하나를 호출해 모든 시뮬레이션 중인 서비스의 메서드에 지연을 쉽게 추가하는 것이다. 호버플라이를 프로젝트에서 사용하려면 메이븐 pom.xml에 다음 의존성을 포함해야 한다.

```
<dependency>
  <groupId>io.specto</groupId>
  <artifactId>hoverfly-java</artifactId>
  <version>0.9.0</version>
  <scope>test</scope>
</dependency>
```

## 룰 테스트하기

여기서 논의되는 예제는 깃허브의 weighted_lb 브랜치를 참고하라(https://github.com/piomin/sample-spring-cloud-comm/tree/weighted_lb). JUnit 테스트 클래스인 CustomerControllerTest는 src/test/java 디렉터리에 있다. 테스트가 호버플라이를 사용하게 하려면 JUnit @ClassRule을 정의해야 한다. HoverflyRule 클래스는 수많은 서비스에 다양한 주소와 특성, 응답을 시뮬레이션할 수 있는 API를 제공한다. 다음 소스코드에서 두 개의 account-service 예제 마이크로서비스 인스턴스가 @ClassRule 안에 선언돼 있는 것을 볼 수 있다. 이 서비스는 customer-service와 order-service가 호출한다.

customer-service 모듈의 테스트 클래스를 살펴보자. 이것은 8091과 9091 포트를 사용하는 두 개의 account-service 인스턴스의 응답을 미리 정의한 GET /customer/* 메서드를 시뮬레이션한다. 첫 번째는 200밀리초를 지연시키고 두 번째는 50밀리초를 지연시킨다.

```
@ClassRule
public static HoverflyRule hoverflyRule = HoverflyRule
  .inSimulationMode(dsl( service("account-service:8091")
  .andDelay(200, TimeUnit.MILLISECONDS).forAll()
     .get(startsWith("/customer/"))
```

```
  .willReturn(success("[{\"id\":\"1\",\"number\":\"1234567890\",\"balance\":5
000}]", "application/json")),
  service("account-service:9091")
    .andDelay(50, TimeUnit.MILLISECONDS).forAll()
    .get(startsWith("/customer/"))
  .willReturn(success("[{\"id\":\"2\",\"number\":\"1234567891\",\"balance\":8
000}]", "application/json"))))
  .printSimulationData();
```

테스트를 실행하기 전에 `ribbon.listOfServers` 컨피규레이션 파일을 `listOfServers: account-service:8091, account- service:9091`로 수정해야 한다. 이러한 작업은 호버플라이를 사용할 때만 수행해야 한다.

여기에 customer-service에 노출된 `GET /withAccounts/{id}` 종단점을 1000번 호출하는 테스트 메서드가 있다. 이것은 고객이 소유한 계정 목록을 사용해 account-service의 종단점 `GET customer/{customerId}`를 차례로 호출한다. 모든 요청은 `WeightedResponseTimeRule`을 사용하는 두 개의 account-service로 부하 분산된다.

```
@RunWith(SpringRunner.class)
@SpringBootTest(webEnvironment = WebEnvironment.DEFINED_PORT)
public class CustomerControllerTest {
    private static Logger LOGGER =
        LoggerFactory.getLogger(CustomerControllerTest.class);
    @Autowired
    TestRestTemplate template;
    // ...
    @Test
    public void testCustomerWithAccounts() {
      for (int i = 0; i < 1000; i++) {
          Customer c = template.getForObject("/withAccounts/{id}",
              Customer.class, 1);
          LOGGER.info("Customer: {}", c);
      }
    }
}
```

응답에 따라 가중되는 룰을 구현하는 방법은 정말 흥미롭다. 테스트를 시작한 직후 들어오는 요청은 account-service의 두 인스턴스에 50:50의 비율로 부하 분산된다. 그러나 얼마 후 대부분의 요청은 지연이 적은 인스턴스로 전달된다.

결국 로컬 머신에 실행된 JUnit 테스트가 발생한 731개의 요청은 9091 포트의 인스턴스가 처리했고 269개는 8091 포트의 인스턴스가 처리했다. 그러나 테스트 종료 시에는 비율이 4:1로 나타났고 적은 지연을 가진 인스턴스로 몰렸다.

이제 지연시간이 10초로 큰 account-service의 세 번째 인스턴스에 지연을 추가해 테스트 케이스를 변경할 것이다. 이 수정은 HTTP 커뮤니케이션의 타임아웃을 시뮬레이션하기 위한 것이다. 다음은 10091 포트를 사용하는 새로운 서비스 인스턴스를 만드는 @ClassRule JUnit 코드다.

```
service("account-service:10091")
.andDelay(10000, TimeUnit.MILLISECONDS).forAll() .get(startsWith("/customer/"))
  .willReturn(success("[{\"id\":\"3\",\"number\":\"1234567892\",\"balance\":1
  0000}]", "application/json"))
```

새로운 account-service 인스턴스에 부하 분산이 되도록 리본 컨피규레이션을 수정해야 한다.

```
listOfServers: account-service:8091, account-service:9091, account-service:10091
```

이전 테스트 케이스에서 마지막으로 수정할 것은 RestTemplate 빈 선언이다. 테스트하는 동안 실행되는 account-service의 인스턴스는 10초의 지연이 있기 때문에 연결과 읽기에 타임아웃을 1초로 설정했다. 전송한 모든 요청은 1초 후에 타임아웃으로 종료된다.

```
@LoadBalanced
@Bean
RestTemplate restTemplate(RestTemplateBuilder restTemplateBuilder) {
    return restTemplateBuilder .setConnectTimeout(1000)
      .setReadTimeout(1000)
      .build();
}
```

이전과 똑같이 테스트를 실행하면 만족스럽지 못한 결과가 나온다. 모든 선언된 인스턴스에 대한 분산은 200밀리초 지연을 가진 8091 포트의 인스턴스에 420개, 50밀리초 지연을 가진 9091 인스턴스에서 468개 처리되고, 112개의 요청은 세 번째 인스턴스에서 타임아웃으로 종료됐다. 이 통계를 언급하는 이유는 바로 WeightedResponseTimeRule의 기본 부하 분산 규칙을 AvailabilityFilteringRule로 바꿀 수 있기 때문이다. 변경 후 다시 실행해 보면 496개의 요청은 첫 번째와 두 번째의 인스턴스에 전송되는 반면, 8개만 1초의 타임아웃으로 세 번째 인스턴스에 전송된다. 흥미로운 점은 BestAvailableRule을 기본 룰로 정의하면 모든 요청이 첫 번째 인스턴스로 전송된다는 것이다.

이로써 예제를 통해 리본 클라이언트의 부하 분산에 사용할 수 있는 모든 룰의 차이점을 쉽게 살펴봤다.

## 리본 클라이언트 사용자 정의하기

리본 클라이언트의 몇 가지 컨피규레이션 설정은 스프링 빈의 선언으로 재정의할 수 있다. 페인을 사용할 때와 마찬가지로 클라이언트에 configuration 애노테이션 필드를 @RibbonClient(name = "account-service", configuration = RibbonConfiguration.class)와 같이 선언할 수 있다. 이런 방식으로 다음의 기능을 재정의할 수 있다.

- IClientConfig: DefaultClientconfigImpl의 기본 구현

- IRule: 이 구성 요소는 목록에서 어떤 서비스 인스턴스가 선택돼야 하는지 결정하는 데 사용된다. ZoneAvoidanceRule 구현 클래스는 자동으로 구성된다.

- IPing: 백그라운드로 실행되는 구성 요소. 서비스의 인스턴스가 실행되는지 확인하는 일을 담당한다.

- ServerList<Server>: 이것은 정적 또는 동적일 수 있다. 동적일 경우(DynamicServerListLoadBalancer가 사용한 것처럼) 백그라운드 스레드는 미리 정의된 간격에 따라 목록을 갱신하고 필터링한다. 기본적으로 리본은 컨피규레이션 파일에서 가져온 정적인 서버 목록을 사용한다. 이것은 ConfigurationBasedServerList가 구현한다.

- ServerListFilter<Server>: ServerListFilter는 ServerList 구현에서 반환된 서버 목록을 필터링하기 위해 DynamicServerListLoadBalancer에서 사용한다. 이 인터페이스를 구현한 자동으로 구성되는 ZonePreferenceServerListFilter와 ServerListSubsetFilter, 두 개의 구현체가 있다.

- ILoadBalancer: 이것은 클라이언트 측의 사용 가능한 서비스 인스턴스 간의 부하 분산 수행을 담당한다. 기본으로 리본은 ZoneAwareLoadBalancer를 사용한다.

- ServerListUpdater: 사용 가능한 애플리케이션 인스턴스 목록의 갱신을 담당한다. 기본으로 PollingServerListUpdater를 사용한다.

IRule과 IPing 구성 요소의 기본 구현을 정의하는 예제 컨피규레이션 클래스를 살펴보자. 이런 컨피규레이션은 단일 리본 클라이언트뿐만 아니라 모든 리본 클라이언트의 애플리케이션 클래스 경로에 @RibbonClients(defaultConfiguration =RibbonConfiguration.class) 애노테이션을 제공해 정의할 수 있다.

```
@Configuration
public class RibbonConfiguration {
    @Bean
    public IRule ribbonRule() {
        return new WeightedResponseTimeRule();
    }
    @Bean
    public IPing ribbonPing() {
        return new PingUrl();
    }
}
```

이전의 예제를 기반으로 스프링을 사용한 경험이 없더라도 properties 파일을 사용해 컨피규레이션을 재정의할 수 있을 것이라고 추측했을 수도 있겠다. 다행히 스프링 클라우드 넷플릭스는 넷플릭스가 제공하는 리본 문서에서 설명하는 properties와 호환된다. 다음의 클래스는 <clientName>.ribbon이라는 접두어를 붙여 지정된 클라이언트에 적용하거나 ribbon이라는 접두어로 모든 클라이언트에 적용할 수 있다.

- NFLoadBalancerClassName: ILoadBalancer의 기본 구현 클래스

- NFLoadBalancerRuleClassName: IRule의 기본 구현 클래스

- NFLoadBalancerPingClassName: IPing의 기본 구현 클래스

- NIWSServerListClassName: ServerList의 기본 구현 클래스

- NIWSServerListFilterClassName: ServerListFilter의 기본 구현 클래스

다음 예제는 스프링 클라우드 애플리케이션이 사용하는 IRule과 IPing의 기본 구현을 재정의하는 앞의 @Configuration 클래스와 비슷하다.

```
account-service:
  ribbon:
    NFLoadBalancerPingClassName: com.netflix.loadbalancer.PingUrl
    NFLoadBalancerRuleClassName:
  com.netflix.loadbalancer.WeightedResponseTimeRule
```

# 히스트릭스를 사용하는 서킷 브레이커 패턴

스프링 클라우드 넷플릭스의 부하 분산 알고리즘의 다양한 구현에 대해서는 이미 논의했다. 그중 일부는 인스턴스의 응답 시간이나 장애의 수에 기반한다. 예를 들어 부하 분산기는 이런 통계에 기반해서 어떤 인스턴스를 호출해야 할지를 결정한다. 또한 서킷 브레이커 패턴은 이 솔루션의 확장으로 봐야 한다. 서킷 브레이커의 주요 개념은 매우 간단하다. Protected 함수 호출이 호출 장애의 수를 모니터링하는 서킷 브레이커 객체에 둘러싸여 있어 장애의 수가 임계치에 도달하면 서킷이 열리고 이후의 호출은 자동으로 실패한다. 일반적으로 서킷 브레이커의 장애에 대비해 알림을 설정하는 것이 바람직하다. 무엇보다 애플리케이션에 서킷 브레이커 패턴을 사용했을 때의 가장 중요한 혜택은 연관된 서비스에 장애가 발생했을 때 장애의 확산을 방지하고 장애가 발생한 서비스를 복구할 시간을 주며 서비스를 지속해서 운영할 수 있다는 것이다.

## 히스트릭스를 사용하는 애플리케이션 개발

넷플릭스는 히스트릭스라는 서킷 브레이커 패턴을 구현한 독자적인 라이브러리를 제공한다. 이 라이브러리 역시 스프링 클라우드에서 서킷 브레이커의 기본 구현체로 포함돼 있다. 히스트릭스에서 제공하는 흥미로운 기능은 분산 시스템에서 지연과 장애 내성을 다루기 위한 종합적인 도구로 다뤄야 한다. 여기서 가장 중요한 점은 서킷이 오픈되면 히스트릭스가 모든 요청을 지정된 폴백 메서드로 이동시킨다는 것이다. 폴백 메서드는 네트워크에 종속되지 않고 일반적인 응답을 제공하도록 설계됐다. 이것은 일반적으로 메모리 캐시에서 읽거나 정적인 로직으로 구현된다. 네트워크 호출이 필요하면 또 다른 HystrixCommand나 HystrixObservableCommand를 사용해 구현한다. 프로젝트에 히스트릭스를 포함하려면 spring-cloud-starter-netflix-hystrix 또는 스프링 클라우드 넷플릭스 버전 1.4.0 이상의 spring-cloud-starter-hystrix를 사용해야 한다.

```
<dependency>
    <groupId>org.springframework.cloud</groupId>
    <artifactId>spring-cloud-starter-hystrix</artifactId>
</dependency>
```

## 히스트릭스 명령 구현하기

스프링 클라우드 넷플릭스 히스트릭스는 @HystrixCommand 애노테이션을 사용하는 메서드를 찾아 서킷 브레이커와 연결된 프록시 객체로 둘러싼다. 덕분에 히스트릭스는 모든 메서드 호출을 모니터링할 수 있다. 이 애노테이션은 현재 @Component 또는 @Service로 표시된 클래스에서만 작동한다. 이것은 매우 중요한 정보인데, 이전의 모든 예제에서 @RestController 애노테이션 표시가 된 REST 컨트롤러 클래스 안에서 관련된 다른 서비스를 호출하는 로직을 구현했기 때문이다. 그래서 customer-service 애플리케이션에서 그런 모든 로직은 새롭게 생성된 CustomerService 클래스로 옮겼고 이 클래스가 컨트롤러 빈에 주입된다. account-service와 커뮤니케이션을 담당하는 메서드는 @HystrixCommand 애노테이션을 사용한다. 폴백 메서드도 구현해 그 이름을 fallbackMethod 애노테이션 필드에 전달한다. 이 메서드는 빈 목록을 반환한다.

```java
@Service
public class CustomerService {
    @Autowired
    RestTemplate template;
    @Autowired
    CustomerRepository repository;
    // ...
    @HystrixCommand(fallbackMethod = "findCustomerAccountsFallback")
    public List<Account> findCustomerAccounts(Long id) {
        Account[] accounts =
            template.getForObject("http://account-service/customer/{customerId}",
            Account[].class, id);
        return Arrays.stream(accounts).collect(Collectors.toList());
    }
    public List<Account> findCustomerAccountsFallback(Long id) {
        return new ArrayList<>();
    }
}
```

메인 클래스에 @EnableHystrix를 표시하는 것을 잊지 말자. 이것은 스프링 클라우드에게 애플리케이션이 서킷 브레이커를 사용해야 한다고 알려준다. 선택적으로 @EnableCircuitBreaker 애노테이션을 클래스에 사용해도 똑같다. 테스트를 위해 account-service.ribbon.listOfServes 속성에 두 서비스 인스턴스의 네트워크 주소 localhost:8091과 localhost:9091을 설정한다. 리본 클라이언트에 두 개의 account-service 인스턴스를 선언했지만, 여기서는 8091 포트를 사용하는 인스턴스만 실행할 것이다. customer-service의 http://localhost:8092/withAccounts/{id}를 GET 메서드로 호출하면 리본이 선언된 두 인스턴스에 번갈아가며 요청을 보내 부하를 분산한다. 다시 말하면, 처음에 계정 목록을 담은 응답을 받으면 다음 번에는 빈 계정 목록을 받게 되거나 그 반대가 된다는 뜻이다. 이러한 내용을 다음의 애플리케이션 로그에서 확인할 수 있다. 애플리케이션 소스코드는 이전 장의 예제와 동일한 깃허브 저장소의 https://github.com/piomin/sample-spring-cloud-comm/tree/hystrix_basic을 참고하라.

```
{"id":1,"name":"John Scott","type":"NEW","accounts":[]}
{"id":1,"name":"John
Scott","type":"NEW","accounts":[{"id":1,"number":"1234567890","balance":500
0},{"id":2,"number":"1234567891","balance":5000},{"id":3,"number":"12345678
92","balance":0}]}
```

## 캐시 데이터를 사용해 폴백 구현하기

이전 예제에서 소개한 폴백의 구현은 매우 간단하다. 그러나 운영용으로 실행 중인 애플리케이션에서 빈 목록을 반환하는 것은 상식에서 벗어난다. 예를 들어, 요청이 실패한 경우에는 캐시에서 데이터를 읽어 반환하는 것이 좋다. 캐시는 클라이언트 애플리케이션 내에 구현하거나 레디스, 해즐캐스트(Hazelcast), 이에치캐시(EhCache)와 같이 서드파티가 제공하는 도구를 사용할 수 있다. 스프링 프레임워크에서 제공하는 간단한 구현은 spring-boot-starter-cache 아티팩트를 의존성에 추가해 사용할 수 있다. 스프링 부트 애플리케이션에서 캐시를 사용하려면 메인 또는 컨피규레이션 클래스에 @EnableCaching 애노테이션을 추가하고 애플리케이션의 컨텍스트에 CacheManager 빈을 제공해야 한다.

```
@SpringBootApplication
@RibbonClient(name = "account-service")
@EnableHystrix
@EnableCaching
public class CustomerApplication {
    @LoadBalanced
    @Bean
    RestTemplate restTemplate() {
        return new RestTemplate();
    }
    public static void main(String[] args) {
        new SpringApplicationBuilder(CustomerApplication.class).web(true).run(args);
    }
    @Bean
    public CacheManager cacheManager() {
        return new ConcurrentMapCacheManager("accounts");
    }
    // ...
}
```

그러고 나서 서킷 브레이커로 둘러싸인 메서드를 @CachePut 애노테이션을 사용해 표시할 수 있다. 이렇게 하면 메서드 호출 결과가 캐시 맵에 추가된다. 예제의 경우 캐시 맵의 이름은 account다. 마지막으로 폴백 메서드 구현에서 CacheManager 빈을 직접 호출해 데이터를 읽을 수 있다. 예제 시스템에 수차례 요청을 시도하면 빈 목록을 반환하다가 최초로 호출에 성공했을 때 캐싱된 데이터를 항상 반환하는 것을 볼 수 있다.

```
@Autowired
CacheManager cacheManager;
@CachePut("accounts")
@HystrixCommand(fallbackMethod = "findCustomerAccountsFallback")
public List<Account> findCustomerAccounts(Long id) {
    Account[] accounts =
template.getForObject("http://account-service/customer/{customerId}",
Account[].class, id);
    return Arrays.stream(accounts).collect(Collectors.toList());
}
public List<Account> findCustomerAccountsFallback(Long id) {
    ValueWrapper w = cacheManager.getCache("accounts").get(id);
    if (w != null) {
        return (List<Account>) w.get();
    } else {
    return new ArrayList<>();
    }
}
```

## 서킷 브레이커 차단하기

이번에는 연습 문제를 하나 추천한다. 지금까지는 스프링 클라우드와 히스트릭스를 사용해 애플리케이션에서 서킷 브레이커를 어떻게 사용하고 구현하는지 배웠다. 그러나 아직 부하 분산기에서 장애가 발생한 인스턴스를 호출하지 못하게 하는 서킷 브레이커 차단은 사용하지 않았다. 이번에는 서킷 브레이커에서 실패 비율이 30퍼센트를 넘는 경우, 세 번의 호출 시도 실패 후에 서킷이 열려서 이후 5초 동안 API를 호출하지 못하도록 구성할 것이다. 이 요구 사항을 만족하려면 히스트릭스 기본 컨피규레이션 설정을 재정의해야 한다. 이것은 @HystrixCommand 내의 @HystrixProperty 애노테이션을 사용해 수행할 수 있다.

다음은 customer-service로부터 계정 목록을 가져오는 메서드를 구현한 것이다.

```
@CachePut("accounts")
@HystrixCommand(fallbackMethod = "findCustomerAccountsFallback",
  commandProperties = {
    @HystrixProperty(name ="execution.isolation.thread.timeoutInMilliseconds", value = "500"),
    @HystrixProperty(name = "circuitBreaker.requestVolumeThreshold", value= "10"),
    @HystrixProperty(name = "circuitBreaker.errorThresholdPercentage", value = "30"),
    @HystrixProperty(name = "circuitBreaker.sleepWindowInMilliseconds", value = "5000"),
    @HystrixProperty(name = "metrics.rollingStats.timeInMilliseconds", value = "10000")
  }
)
public List<Account> findCustomerAccounts(Long id) {
    Account[] accounts =
template.getForObject("http://account-service/customer/{customerId}",
        Account[].class, id);
    return Arrays.stream(accounts).collect(Collectors.toList());
}
```

히스트릭스 컨피규레이션 속성의 전체 목록은 깃허브의 https://github.com/Netflix/Hystrix/wiki/ Configuration에 있다. 여기서는 그 내용을 모두 살펴보지 않고 마이크로서비스 간의 커뮤니케이션에서 가장 중요한 속성만 논의할 것이다. 다음은 예제에 사용된 속성의 목록과 그에 관한 설명이다.

- execution.isolation.thread.timeoutInMilliseconds: 이 속성은 읽기 또는 연결 타임아웃이 발생하고 클라이언트가 더이상 명령을 실행하지 않는 시간을 밀리초 단위로 설정한다. 히스트릭스는 그런 메서드 호출을 실패로 기록하고 폴백 로직을 실행한다. 타임아웃은 command.timeout.enable을 false로 설정해 완전히 끌 수 있다. 기본은 1000밀리초다.

- circuitBreaker.requestVolumeThreshold: 이 속성은 서킷의 장애를 설정하는 윈도우의 최소 요청 수를 설정한다. 기본값은 20이다. 예제에서는 10으로 설정했다. 이것은 최초 9개가 모두가 실패하더라도 서킷을 열지(차단) 않는다는 뜻이다. 그렇게 값을 설정한 이유는 30퍼센트의 요청이 실패하면 서킷이 오픈돼야 한다고 가정했기 때문이다. 최소 인입 요청 수는 30이다.

- circuitBreaker.errorThresholdPercentage: 이 속성은 최소 오류 비율(퍼센트)을 설정한다. 이 비율을 초과하면 서킷을 열고 (차단) 시스템이 요청을 폴백 로직으로 연결하기 시작한다. 기본값은 50이다. 예제에서는 30으로 설정했는데, 30퍼센트의 요청이 실패하면 서킷이 열리길 원하기 때문이다.

- circuitBreaker.sleepWindowInMilliseconds: 이 속성은 서킷이 열린 후 다시 닫혀야 하는지를 결정할 때까지의 시간을 설정한다. 이 시간 동안 인입되는 모든 요청은 거부된다. 기본값은 5000이다. 서킷이 열린 후 최초의 호출까지 10초를 기다리기를 원하므로 10000으로 설정했다.

- metrics.rollingStats.timeInMilliseconds: 이 속성은 통계의 롤링 간격의 기간을 밀리초 단위로 설정한다. 이것은 히스트릭스가 서킷 브레이커에 사용할 메트릭을 얼마나 오래 유지하고 노출할 것인지에 관한 것이다.

이런 설정으로 앞의 예제에 대해 동일한 JUnit 테스트를 실행할 수 있다. HoverflyRule을 사용하는 두 개의 account-service의 스텁을 실행한다. 첫 번째는 200밀리초의 지연이 있는 반면에 두 번째는 2,000밀리초의 지연이 있어 execution.isolation.thread.timeoutInMilliseconds 속성을 사용하는 @HystrixCommand 에 설정된 타임아웃보다 크다. CustomerControllerTest JUnit의 로그를 보자. 개인적으로 실행한 테스트에서 로그를 발췌했다. customer-service로부터의 최초 요청은 200밀리초의 지연이 있는 첫 번째 인스턴스로 부하 분산됐다(1). 9091 포트를 사용하는 인스턴스로 보낸 모든 요청은 1초 후 타임아웃으로 종료됐다. 10개의 요청 후 최초의 실패가 서킷 오픈을 발생시킨다(2). 이후 10초 후에 모든 요청이 캐시 데이터를 반환하는 폴백 메서드에서 처리된다(3), (4). 10초 후 클라이언트는 account-service 인스턴스로 호출을 시도하고 성공한다(5). 왜냐하면 지연시간이 200밀리초인 인스턴스를 호출하기 때문이다. 이렇게 성공함으로써 서킷이 닫힌다. 안타깝게도 account-service의 두 번째 인스턴스는 여전히 느리게 응답하므로 이 시나리오는 (6)과 (7)에서 JUnit 테스트가 종료되면 다시 반복된다. 이로써 스프링 클라우드에서 히스트릭스를 사용하는 서킷 브레이커가 어떻게 동작하는지 자세히 살펴봤다.

```
16:54:04+01:00 Found response delay setting for this request host:
{account-service:8091 200} // (1)
16:54:05+01:00 Found response delay setting for this request host:
{account-service:9091 2000}
16:54:05+01:00 Found response delay setting for this request host:
{account-service:8091 200}
16:54:06+01:00 Found response delay setting for this request host:
{account-service:9091 2000}
16:54:06+01:00 Found response delay setting for this request host:
{account-service:8091 200}
...
16:54:09+01:00 Found response delay setting for this request host:
{account-service:9091 2000} // (2)
16:54:10.137 Customer [id=1, name=John Scott, type=NEW, accounts=[Account
[id=1, number=1234567890, balance=5000]]] // (3)
```

```
...
16:54:20.169 Customer [id=1, name=John Scott, type=NEW, accounts=[Account
[id=1, number=1234567890, balance=5000]]] // (4)
16:54:20+01:00 Found response delay setting for this request host:
{account-service:8091 200} // (5)
16:54:20+01:00 Found response delay setting for this request host:
{account-service:9091 2000}
16:54:21+01:00 Found response delay setting for this request host:
{account-service:8091 200}
...
16:54:25+01:00 Found response delay setting for this request host:
{account-service:8091 200} // (6)
16:54:26.157 Customer [id=1, name=John Scott, type=NEW, accounts=[Account
[id=1, number=1234567890, balance=5000]]] // (7)
```

## 대기 시간과 장애 내성 모니터링하기

앞서 말했듯이, 히스트릭스는 서킷 브레이커 패턴을 구현하는 간단한 도구일 뿐만 아니라, 분산 시스템에서 대기 시간과 장애 내성을 다루는 솔루션이다. 히스트릭스가 제공하는 흥미로운 기능 중 하나는 서비스 간의 커뮤니케이션과 관련된 가장 중요한 메트릭을 노출하고 그것을 대시보드 UI에 표시하는 것이다. 앞의 예제에서는 customer-service와 account-service 간의 커뮤니케이션 지연을 시뮬레이션하려고 시스템의 한 부분만 분석했다. 이것은 고급 부하 분산 알고리즘 또는 다양한 서킷 브레이커 컨피규레이션 설정을 테스트할 때 아주 좋은 방법이지만, 이번에는 독립 실행형 스프링 부트 애플리케이션의 집합으로 예제 시스템 설정 전체를 분석할 것이다. 이것은 스프링 클라우드가 넷플릭스 OSS 도구와 연동해 마이크로서비스 간의 커뮤니케이션에서 지연 문제와 장애를 모니터링하고 대응하는 것을 어떻게 도와주는지 살펴볼 수 있게 해준다. 예제 시스템은 간단한 방법으로 장애를 시뮬레이션한다. account-service와 product-service의 두 인스턴스의 네트워크 주소를 정적으로 구성하지만, 각 서비스에서 하나만 실행한다.

다음 다이어그램은 예제 시스템 아키텍처에서 가정한 장애를 보여준다.

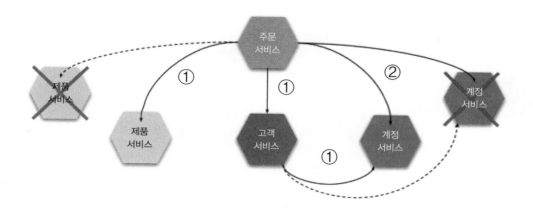

이번에는 약간 다른 방식으로 테스트를 시작하자. 테스트의 호출 방법은 다음과 같다. 첫째, order-service에 POST 방식으로 http://localhost:8090에 Order 객체를 보낸다. 그리고 id, status, price 를 응답으로 받는다. 앞의 그림에서 ①로 표시된 요청에서 order-service는 production-service 및 customer-service와 커뮤니케이션한다. 아울러 customer-service는 account-service를 호출한다. 주문이 승인되면 테스트 클라이언트는 http://localhost:8090/{id} 메서드에 PUT 방식으로 주문 id를 사용해서 호출하고 계좌에서 돈을 인출한다. 서버 측에는 그림의 ②로 표시된 단 하나의 서비스 간 호출이 있다. 테스트를 시작하기 전에 모든 마이크로서비스를 시작한다.

```
Random r = new Random();
Order order = new Order();
order.setCustomerId((long) r.nextInt(3)+1);
order.setProductIds(Arrays.asList(new Long[] {(long) r.nextInt(10)+1,(long)
r.nextInt(10)+1}));
order = template.postForObject("http://localhost:8090", order,
Order.class); // (1)
if (order.getStatus() != OrderStatus.REJECTED) {
    template.put("http://localhost:8090/{id}", null, order.getId()); // (2)
}
```

## 히스트릭스 메트릭 스트림 노출하기

다른 마이크로서비스와 커뮤니케이션하는 히스트릭스를 사용하는 각 마이크로서비스는 히스트릭스 커 맨드로 둘러싸인 모든 통합 메트릭을 노출한다. 이 메트릭 스트림을 사용하려면 spring-boot-starter-actuator 의존성을 포함하면 된다. 이것은 /hystrix.stream을 관리용 종단점으로 노출한다. 또한 예제 애플리케이션에 이미 포함된 spring-cloud-starter-hystrix를 포함해야 한다.

```xml
<dependency>
    <groupId>org.springframework.boot</groupId>
    <artifactId>spring-boot-starter-actuator</artifactId>
</dependency>
```

생성된 스트림은 메서드의 단일 호출에 대한 메트릭을 담아서 JSON 엔트리로 노출된다. 다음은 customer-service의 /withAccounts/{id} 메서드의 GET 호출에 대한 단일 엔트리다.

{"type":"HystrixCommand","name":"customer-service.findWithAccounts","group":"CustomerService","currentTime":151308920 4882,"isCircuitBreakerOpen":false,"errorPercentage":0,"errorCount":0,"reque st Count":74,"rollingCountBadRequests":0,"rollingCountCollapsedRequests":0," rollingCountEmit":0,"rollingCountExceptionsThrown":0,"rollingCountFailure": 0,"rollingCountFallbackEmit":0,"rollingCountFallbackFailure":0,"rollingCoun tFallbackMissing":0,"rollingCountFallbackRejection":0,"rollingCountFallback Success":0,"rollingCountResponsesFromCache":0,"rollingCountSemaphoreRejecte d":0,"rollingCountShortCircuited":0,"rollingCountSuccess":75,"rollingCountT hreadPoolRejected":0,"rollingCountTimeout":0,"currentConcurrentExecutionCou nt":0,"rollingMaxConcurrentExecutionCount":1,"latencyExecute_mean":5,"laten cyExecute":{"0":0,"25":0,"50":0,"75":15,"90":16,"95":31,"99":47,"99.5":47," 100":62},"latencyTotal_mean":5,"latencyTotal":{"0":0,"25":0,"50":0,"75":15, "90":16,"95":31,"99":47,"99.5":47,"100":62},"propertyValue_circuitBreakerRe questVolumeThreshold":1 0,"propertyValue_circuitBreakerSleepWindowInMillisec onds":10000,"propertyValue_circuitBreakerError ThresholdPercentage":30,"prop ertyValue_circuitBreakerForceOpen":false,"propertyValue_circuitBreake rForce Closed":false,"propertyValue_circuitBreakerEnabled":true,"propertyValue_exe cutionIsolationS trategy":"THREAD","propertyValue_executionIsolationThreadTi meoutInMilliseconds":2000,"propertyValu e_executionTimeoutInMilliseconds":20 00,"propertyValue_executionIsolationThreadInterruptOnTimeout": true,"propert yValue_executionIsolationThreadPoolKeyOverride":null,"propertyValue_executi onIsolati onSemaphoreMaxConcurrentRequests":10,"propertyValue_fallbackIsolat ionSemaphoreMaxConcurrentReques ts":10,"propertyValue_metricsRollingStatisti calWindowInMilliseconds":10000,"propertyValue_request CacheEnabled":true,"pr opertyValue_requestLogEnabled":true,"reportingHosts":1,"threadPool":"Custom erService"}

## 히스트릭스 대시보드

히스트릭스 대시보드는 다음의 정보를 시각화한다.

- 상태와 트래픽의 양이 원으로 표시되고 들어오는 통계의 변화에 따라 색과 크기가 변한다.

- 최근 10초간의 오류율(퍼센트)

- 최근 2분간의 요청 비율을 그래프에 숫자로 표시

- 서킷 브레이커의 상태(열림/닫힘)

- 서비스 호스트의 수

- 최근 1분간의 지연 백분위수

- 서비스의 스레드 풀

## 대시보드를 사용하는 애플리케이션 만들기

히스트릭스 대시보드는 스프링 클라우드와 통합된다. 시스템 내에 대시보드를 구현하는 가장 좋은 방법은 대시보드를 사용하는 독립적인 스프링 부트 애플리케이션을 분리하는 것이다. 히스트릭스 대시보드를 사용하려면 spring-cloud-starter-hystrix-netflix-dashboard 스타터 또는 스프링 클라우드 넷플릭스 버전 1.4.0 이상의 spring-cloud-starter-hystrix-dashboard를 프로젝트에 포함해야 한다.

```
<dependency>
        <groupId>org.springframework.cloud</groupId>
        <artifactId>spring-cloud-starter-hystrix-dashboard</artifactId>
</dependency>
```

애플리케이션의 메인 클래스에 @EnableHystrixDashboard 애노테이션을 사용한다. 실행 후에 히스트릭스 대시보드는 /hystrix 컨텍스트 경로로 노출된다.

```
@SpringBootApplication
@EnableHystrixDashboard
public class HystrixApplication {
    public static void main(String[] args) {
        new SpringApplicationBuilder(HystrixApplication.class).web(true).run(args);
    }
}
```

예제 시스템에는 히스트릭스 애플리케이션이 사용하는 기본 포트로 9000을 설정했는데, 이 구현은 hystrix-dashboard 모듈에 있다. hystrix-dashboard를 실행하고 웹브라우저에서 http://localhost:9000/hystrix 주소를 호출하면 다음 그림에 있는 페이지를 표시한다. 여기에서 히스트릭스 스트림 종단점의 주소와 제목(선택적)을 제공해야 한다. order-service에서 호출하는 모든 종단점의 메트릭을 표시하려면 http://localhost:8090/hystrix.stream 주소를 입력하고 **Monitor Stream** 버튼을 클릭한다.

**Hystrix Dashboard**

http://localhost:8090/hystrix.stream

*Cluster via Turbine (default cluster):* http://turbine-hostname:port/turbine.stream
*Cluster via Turbine (custom cluster):* http://turbine-hostname:port/turbine.stream?cluster=[clusterName]
*Single Hystrix App:* http://hystrix-app:port/hystrix.stream

Delay: 2000     ms     Title: order-service

Monitor Stream

## 대시보드에서 메트릭 모니터링하기

이 절에서는 customer-service에서 /withAccounts/{id}를 GET 메서드로 호출할 것이다. 이것은 @HystrixCommand로 둘러싸여 있다. 또한 commandKey 속성에 표시된 customer-service.findWithAccounts 라는 제목으로 히스트릭스 대시보드에 표시된다. 그리고 UI 대시보드는 히스트릭스 커맨드로 둘러싸인 메서드의 구현에서 제공하는 모든 스프링 부트에 할당된 스레드 풀의 정보를 표시한다. 이 경우에는 CustomerService가 그것이다.

```
@Service
public class CustomerService {
    // ...
    @CachePut("customers")
    @HystrixCommand(commandKey = "customer-service.findWithAccounts",
            fallbackMethod = "findCustomerWithAccountsFallback",
        commandProperties = {
        @HystrixProperty(name ="execution.isolation.thread.timeoutInMilliseconds", value = "2000"),
        @HystrixProperty(name ="circuitBreaker.requestVolumeThreshold", value = "10"),
        @HystrixProperty(name ="circuitBreaker.errorThresholdPercentage", value = "30"),
```

```
    @HystrixProperty(name ="circuitBreaker.sleepWindowInMilliseconds", value = "10000"),
    @HystrixProperty(name ="metrics.rollingStats.timeInMilliseconds", value = "10000")
  })
  public Customer findCustomerWithAccounts(Long customerId) {
      Customer customer =
template.getForObject("http://customer-service/withAccounts/{id}",
Customer.class, customerId);
      return customer;
  }
  public Customer findCustomerWithAccountsFallback(Long customerId) {
      ValueWrapper w =
        cacheManager.getCache("customers").get(customerId);
      if (w != null) {
          return (Customer) w.get();
      } else {
          return new Customer();
      }
  }
}
```

다음은 JUnit 테스트를 시작한 직후의 히스트릭스 대시보드의 화면이다. @HystrixCommand로 둘러싸인 세 개의 메서드의 상태를 보면 product-service의 findByIds 메서드의 서킷이 열려 있다. 그리고 몇 초 후에 account-service의 withdraw 메서드의 서킷도 열린다.

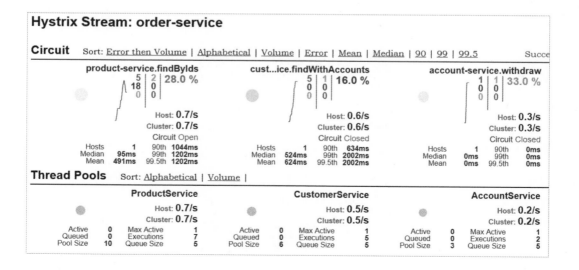

잠시 후 상황이 안정된다. 트래픽 중에서 작은 비율만 응답하지 않는 애플리케이션 인스턴스로 전송되므로 모든 서킷이 닫혀서 안정화되는 것이다. 이것이 바로 히스트릭스와 리본을 사용하는 스프링 클라우드의 강력함이다. 시스템이 발생하는 메트릭에 기반해 부하 분산기와 서킷 브레이커가 들어오는 대부분의 요청을 작동하는 인스턴스로 전달하도록 자동으로 자신의 컨피규레이션을 재설정한 것이다.

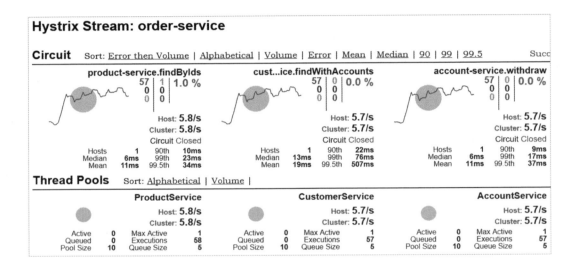

## 터빈을 사용해 히스트릭스 스트림 통합하기

눈치챘겠지만 서비스의 각 인스턴스만 히스트릭스 대시보드에서 볼 수 있다. order-service의 커맨드 상태를 표시할 때 customer-service와 account-service 간의 커뮤니케이션 또는 그 반대 경우의 메트릭은 없다. 하나 이상의 order-service의 인스턴스가 있고, 주기적으로 다른 인스턴스 또는 서비스로 전환하는 것을 히스트릭스 대시보드에서 보여주는 상황이 있을 수 있다. 다행히도 모든 /hystrix.stream 종단점을 /turbine.stream에 묶어주는 **터빈(Turbine)**이라는 애플리케이션이 있어 전체 시스템의 상태를 모니터링할 수 있다.

## 터빈 사용하기

애플리케이션에서 터빈을 사용할 수 있게 변경하기 전에 여기서 필요한 서비스 디스커버리를 사용 가능하게 해야 한다. 예제 소스코드 저장소에서 hystrix_with_turbine 브랜치로 전환해 유레카를 사용하는 서비스 디스커버리를 지원하고 터빈을 사용해 히스트릭스 스트림을 통합하는 예제 시스템 버전에 접근한다. 프로젝트에서 터빈을 사용해 UI 대시보드를 노출하려면 spring-cloud-starter-turbine 의존성을 포함하고 애플리케이션의 메인 클래스에 @EnableTurbine 애노테이션을 사용해야 한다.

```
<dependency>
    <groupId>org.springframework.cloud</groupId>
    <artifactId>spring-cloud-starter-turbine</artifactId>
</dependency>
```

turbine.appConfig 컨피규레이션 속성은 터빈이 인스턴스를 찾을 때 사용하는 유레카 서비스 이름의 목록이다. 터빈 스트림은 히스트릭스 대시보드의 http://localhost:9000/turbine.stream에서 제공된다. 이 주소는 또한 turbine.aggregator.clusterConfig 속성의 값으로 https://localhost:9000/turbine.stream?cluster=<clusterName>과 같이 결정된다. 여기서 터빈 컨피규레이션에 지정한 클러스터 이름이 default라면 호출 주소의 클러스터 입력값은 생략할 수 있다. 다음은 모든 히스트릭스의 시각화 메트릭이 단일 UI 대시보드에 통합되는 터빈의 구성이다.

```
turbine:
  appConfig: order-service,customer-service
    clusterNameExpression: "'default'"
```

이제 전체 시스템의 모든 히스트릭스 메트릭이 단일 대시보드 사이트에 표시됐다. 앞으로 필요한 것은 http://localhost:9000/turbine.stream에서 통계 스트림으로 모니터링하는 것이다.

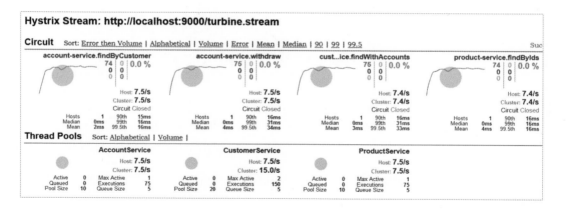

다른 방법으로, turbine.aggregator.clusterConfig 속성에 서비스 목록을 제공해 서비스별로 별도의 클러스터를 구성할 수 있다. 다음 설정처럼 order-service의 클러스터는 http://localhost:9000/turbine.stream?cluster=ORDER-SERVICE와 같이 접근해 전환할 수 있다. 클러스터의 이름은 유레카 서버가 대문자를 반환하기 때문에 반드시 대문자로 제공해야 한다.

```
turbine:
  aggregator:
    clusterConfig: ORDER-SERVICE,CUSTOMER-SERVICE
  appConfig: order-service,customer-service
```

기본으로 터빈은 유레카에 등록된 인스턴스의 homePageUrl 주소에서 /hystrix.stream 종단점을 찾는다. 그리고 URL에 /hystrix.stream을 추가한다. 예제 애플리케이션 order-service는 8090 포트를 사용하므로 기본 관리 포트도 8090으로 재정의한다. order-service의 현재 컨피규레이션은 다음과 같다. 다른 방법으로, eureka.instance.metadata-map.management.port 속성으로도 포트를 변경할 수 있다.

```
spring:
  application:
    name: order-service
server:
  port: ${PORT:8090}
eureka:
  client:
    serviceUrl:
      defaultZone: ${EUREKA_URL:http://localhost:8761/eureka/}
management:
  security:
    enabled: false
      port: 8090
```

## 스트리밍과 함께 터빈 사용하기

모든 분산 히스트릭스 커맨드로부터 메트릭을 당겨오는 클래식 터빈 모델이 항상 좋은 것은 아니다. HTTP 종단점로부터 메트릭을 수집하는 것은 메시지 브로커를 사용해 비동기식으로 구현될 수도 있다. 터빈에서 스트리밍을 사용하게 하려면 프로젝트에 다음 의존성을 추가하고 메인 클래스에 @EnableTurbineStream 애노테이션을 사용하면 된다. 다음 예제에서는 래빗엠큐를 기본 메시지 브로커로 사용하지만, spring-cloud-starter-stream-kafka를 포함해 아파치 카프카를 사용할 수도 있다.

```
<dependency>
  <groupId>org.springframework.cloud</groupId>
  <artifactId>spring-cloud-starter-turbine-stream</artifactId>
</dependency>
```

```
<dependency>
  <groupId>org.springframework.cloud</groupId>
  <artifactId>spring-cloud-starter-stream-rabbit</artifactId>
</dependency>
```

앞의 의존성은 서버 측에 포함돼야 한다. order-service 및 customer-service와 같은 클라이언트 애플리케이션의 경우, spring-cloud-netflix-stream 라이브러리를 추가해야 한다. 로컬 메시지 브로커를 사용하는 경우 자동으로 컨피규레이션이 설정된다. 5장 **스프링 클라우드 컨피그를 사용한 분산 컨피규레이션**에서 설명한 AMQP 버스를 사용하는 스프링 클라우드 컨피그의 예제에서처럼 도커 컨테이너를 사용해 래빗엠큐를 실행할 수도 있다. 그리고 클라이언트 측과 서버 측 애플리케이션의 application.yml에 다음 속성을 재정의한다.

```
spring:
  rabbitmq:
    host: 192.168.99.100
    port: 5672
    username: guest
    password: guest
```

http://192.168.99.100:15672의 주소로 래빗엠큐 관리 콘솔에 로그인하면 예제 애플리케이션이 시작된 후 springCloudHystrixStream이라는 이름을 사용하는 새로운 익스체인지가 생성된 것을 확인할 수 있다. 이제 남은 일은 이전 절에서 클래식 터빈 방식을 보여준 예제에서 했던 것과 똑같은 JUnit 테스트를 실행하는 것이다. 모든 메트릭은 메시지 브로커로 전달되고 http://localhost:9000 종단점에서 관찰된다. 직접 테스트해 보려면 깃허브에서 hystrix_with_turbine_stream 브랜치를 참고하라(더 많은 정보는 https://github.com/piomin/sample-spring-cloud-comm/tree/hystrix_with_turbine_stream 참고).

## 장애와 페인을 사용한 서킷 브레이커 패턴

페인 클라이언트는 기본으로 리본 및 히스트릭스와 통합돼 있다. 이는 원한다면 시스템에서 라이브러리를 사용할 때 지연과 타임아웃을 다양하게 적용할 수 있다는 뜻이다. 이런 접근 방식의 하나로 리본 클라이언트가 제공하는 연결 재시도 메커니즘이 있다. 다른 하나는 히스트릭스 프로젝트에서 제공하는 서킷 브레이커 패턴과 폴백 구현인데, 이에 대해서는 이 장의 앞에서 이미 논의했다.

## 리본을 사용해 연결 재시도하기

히스트릭스는 애플리케이션에서 페인 라이브러리를 사용할 때 기본으로 사용한다. 이 말은 곧 그것을 사용하고 싶지 않다면 컨피규레이션 설정에서 비활성화해야 한다는 뜻이다. 리본을 사용한 재시도 메커니즘을 테스트하기 위해 히스트릭스를 비활성화하자. 그리고 페인의 연결 재시도를 사용하려면 MaxAutoRetries와 MaxAutoRetriesNextServer라는 두 개의 컨피규레이션 속성을 설정해야 한다. 이 경우에 중요한 설정은 ReadTimeout과 ConnectionTimeout이다. 둘 다 application.yml에서 재정의할 수 있다. 다음은 가장 중요한 리본 설정 목록이다.

- MaxAutoRetries: 이것은 동일한 서버 또는 서비스 인스턴스에서 재시도 횟수의 최댓값이다. 최초의 시도는 세지 않는다.

- MaxAutoRetriesNextServer: 이것은 첫 서버를 제외하고 재시도할 수 있는 다음 서버 또는 서비스 인스턴스의 최댓값이다.

- OkToRetryOnAllOperations: 이것은 이 클라이언트에서 모든 오퍼레이션이 재시도될 수 있다는 것을 나타낸다.

- ConnectTimeout: 이것은 서버나 서비스 인스턴스에 연결 설정을 기다리는 최대 시간이다.

- ReadTimeout: 이것은 연결이 맺어진 후 서버로부터 응답을 기다리는 최대 시간이다.

여기 두 개의 타깃 서비스의 인스턴스가 있다고 가정해 보자. 첫 번째 인스턴스로의 연결은 성공했으나 응답이 너무 느려서 타임아웃이 발생했다. 클라이언트는 MaxAutoRetries=1 속성에 따라 인스턴스로 한 번만 재시도한다. 거기서 여전히 성공하지 못하면 그 서비스에서 사용할 수 있는 두 번째 인스턴스로 재시도한다. 이 액션은 MaxAutoRetriesNextServer=2 속성에 따라 장애 시에 두 번 반복한다. 설명한 메커니즘이 최종적으로 성공하지 못하면 외부의 클라이언트로 타임아웃이 반환된다. 다음의 경우, 4초 이후에 타임아웃이 발생할 수 있다. 다음의 컨피규레이션을 보자.

```
ribbon:
  eureka:
    enabled: true
  MaxAutoRetries: 1
  MaxAutoRetriesNextServer: 2
  ConnectTimeout: 500
  ReadTimeout: 1000
feign:
  hystrix:
    enabled: false
```

이 솔루션은 마이크로서비스 기반 환경을 위해 구현된 표준 재시도 메커니즘이다. 이 책에서는 리본의 다양한 타임아웃과 재시도 컨피규레이션 설정과 관련된 다른 시나리오를 살펴볼 것이다. 이 메커니즘을 히스트릭스의 서킷 브레이커와 함께 사용하지 말아야 할 이유는 없지만, ribbon.ReadTimeout은 히스트릭스의 execution.isolation.thread.timeoutInMilliseconds 속성보다 낮은 값을 사용해야 한다는 사실을 명심하라.

방금 설명했던 컨피규레이션 설정을 꼭 연습해 볼 것을 권한다. 또한 지연과 서비스 인스턴스의 스텁을 시뮬레이션하기 위해 앞에서 소개한 호버플라이 JUnit 규칙을 사용할 수도 있다.

## 페인을 지원하는 히스트릭스

오래된 버전의 스프링 클라우드에서만 애플리케이션에서 페인 라이브러리를 사용할 때 히스트릭스를 기본으로 사용한다는 점을 다시 한번 강조한다. 최신 버전의 스프링 클라우드 문서에 따르면 페인이 서킷 브레이커를 사용하는 모든 메서드를 감싸도록 하려면 feign.hystrix.enabled 속성을 true로 설정해야 한다.

스프링 클라우드 Dalston 릴리즈 이전 버전에서는 클래스 경로에 히스트릭스가 있으면 기본적으로 페인이 서킷 브레이커를 사용하는 모든 메서드를 감쌌다. 이 기본 동작은 옵트인(opt-in) 접근방식(사용자의 명시적 의사가 있어야 행동하는 방식으로, 사용자의 명시적 설정이 있어야 스프링 프레임워크가 개입하는 것을 말한다 – 옮긴이)에 따라 스프링 클라우드 Dalston부터 바뀌었다.

히스트릭스를 페인 클라이언트와 함께 사용할 때 @HystrixCommand 내에서 @HystrixProperty와 관련해 이전에 설정한 컨피규레이션 속성을 제공하는 가장 간단한 방법은 application.yml을 사용하는 것이다. 여기 이전 예제와 같은 컨피규레이션이 있다.

```yaml
hystrix:
 command:
  default:
   circuitBreaker:
    requestVolumeThreshold: 10
    errorThresholdPercentage: 30
    sleepWindowInMilliseconds: 10000
   execution:
    isolation:
     thread:
```

```
            timeoutInMilliseconds: 1000
    metrics:
      rollingStats:
        timeInMilliseconds: 10000
```

페인은 폴백 표기법을 지원한다. @FeignClient에서 폴백을 사용하려면 fallback 속성에 폴백 구현을 제
공하는 클래스 이름을 설정해야 한다. 구현 클래스는 스프링 빈으로 정의한다.

```
@FeignClient(name = "customer-service", fallback =
CustomerClientFallback.class)
public interface CustomerClient {
    @CachePut("customers")
    @GetMapping("/withAccounts/{customerId}")
    Customer findByIdWithAccounts(@PathVariable("customerId") Long
customerId);
}
```

다음의 폴백 구현은 캐시에 기반하고 있고 @FeignClient 애노테이션이 설정된 인터페이스를 구현한다.

```
@Component
public class CustomerClientFallback implements CustomerClient {
    @Autowired
    CacheManager cacheManager;
    @Override
    public Customer findByIdWithAccountsFallback(Long customerId) {
        ValueWrapper w =
          cacheManager.getCache("customers").get(customerId);
        if (w != null) {
            return (Customer) w.get();
        } else {
            return new Customer();
        }
    }
}
```

선택적으로 FallbackFactory 클래스를 구현할 수도 있다. 이 방식에는 한 가지 큰 장점이 있는데, 폴백
을 촉발한 원인에 접근할 수 있게 해준다는 점이다. 페인을 위한 FallbackFactory 클래스를 선언하려면
@FeignClient 내 fallbackFactory 속성을 사용한다.

```
@FeignClient(name = "account-service", fallbackFactory =
AccountClientFallbackFactory.class)
public interface AccountClient {
    @CachePut
    @GetMapping("/customer/{customerId}")
    List<Account> findByCustomer(@PathVariable("customerId") Long
customerId);
}
```

사용자 정의 FallbackFactory 클래스는 재정의돼야 하는 T create(Throwable cause) 메서드를 선언하는
FallbackFactory 인터페이스를 구현할 필요가 있다.

```
@Component
public class AccountClientFallbackFactory implements FallbackFactory<AccountClient> {
    @Autowired
    CacheManager cacheManager;
    @Override
    public AccountClient create(Throwable cause) {
        return new AccountClient() {
            @Override
            List<Account> findByCustomer(Long customerId) {
                ValueWrapper w =
                    cacheManager.getCache("accounts").get(customerId);
                if (w != null) {
                    return (List<Account>) w.get();
                } else {
                    return new Customer();
                }
            }
        }
    }
}
```

## 요약

서비스 간 커뮤니케이션을 위해 자동으로 컨피규레이션 클라이언트를 사용해왔다면 이 장에서 소개한 컨피규레이션 설정 또는 도구를 알지 못했을 것이다. 그러나 자동으로 구성된 클라이언트가 백그라운드에서 실행되거나 별도의 설정 없이 즉시 사용될 수 있다고 하더라도 몇 가지 고급 메커니즘에 대해서는 어느 정도 알고 있는 것이 도움이 된다. 이 장에서는 간단한 예제를 동작해 보면서 부하 분산이나 재시도, 폴백, 서킷 브레이커와 같은 주제에 대해 좀 더 자세히 들여다봤다. 이 장을 읽고 나면 규모와 상관없이 마이크로서비스 간의 커뮤니케이션과 관련해 리본이나 히스트릭스, 페인 클라이언트를 필요에 따라 재정의할 수 있다. 또한 시스템에 그것들을 언제, 왜 사용하는지를 알게 된다. 이것으로 마이크로서비스 기반 아키텍처 내의 핵심 요소에 대한 논의를 마친다. 이제 시스템의 외부에 있는 중요한 구성 요소인 게이트웨이를 살펴볼 것이다. 게이트웨이는 외부 클라이언트가 시스템의 복잡성을 알지 못하게 한다.

# 08

# API 게이트웨이를
# 사용한 라우팅과 필터링

이 장에서는 마이크로서비스 기반 아키텍처에서 다음으로 중요한 요소인 API 게이트웨이에 대해 논의한다. 이것은 이미 예제에서 봤던 것이다. 4장 **서비스 디스커버리**에서 유레카를 사용한 서비스 디스커버리에서 존 메커니즘이 어떻게 동작하는지 설명할 목적으로 간단한 게이트웨이 패턴을 구현했다. 거기서 JVM 기반의 라우터이자 서버 측 부하 분산기인 넷플릭스 주울 라이브러리를 사용했다. 넷플릭스는 인증, 부하, 카나리(canary) 테스팅, 동적 라우팅, 그리고 액티브/액티브 멀티 리전 트래픽 관리와 같은 기능을 제공하려고 주울을 설계했다. 분명하게 명시하지는 않았지만 주울은 마이크로서비스 아키텍처에서 외부의 클라이언트로부터 시스템의 복잡도를 숨기는 게이트웨이 역할도 한다.

지금까지 사실상 스프링 클라우드 프레임워크에서 API 게이트웨이 패턴 구현에 관한 한 주울의 경쟁자가 없었다. 그러나 스프링 클라우드 게이트웨이라는 새로운 프로젝트의 진취적인 개발로 상황이 급변했다. 이것은 스프링 프레임워크 5, 프로젝트 리액터, 스프링 부트 2.0을 기반으로 한다. 안정적인 최신 버전은 1.0.0이지만, 현재 마일스톤 단계인 2.0.0 버전에서 중요한 변경이 여전히 개발 중이다(2018년 8월 기준으로 2.0.1 버전이 정식 릴리즈됐다 – 옮긴이). 스프링 클라우드 게이트웨이는 API로 라우팅하는 간단하고 효과적인 방법을 제공하고 그것과 관련된 보안, 모니터링/메트릭, 내성 등과 같은 공통 관심사를 제공하는 것을 목적으로 한다. 이는 비교적 새로운 솔루션이기는 하지만 관심을 기울일 가치가 있다.

이 장에서 다룰 주제는 다음과 같다.

- URL 기반의 정적 라우팅과 부하 분산

- 서비스 디스커버리와 주울, 스프링 클라우드 게이트웨이 통합하기

- 주울을 사용해 사용자 정의 필터 생성하기

- 주울을 사용해 라우트 컨피규레이션 사용자 정의하기

- 라우트 장애에 대비해 히스트릭스 폴백 제공하기

- 스프링 클라우드 게이트웨이에 포함된 주요 구성 요소에 대한 설명 – 조건자와 게이트웨이 필터

## 스프링 클라우드 넷플릭스 주울 사용하기

스프링 클라우드는 프론트엔드 애플리케이션이 백엔드 서비스를 호출할 수 있도록 내장된 주울 프록시를 구현했다. 주울은 외부의 클라이언트에 유용한데, 시스템 복잡도를 숨기고 모든 마이크로서비스와 독립적으로 CORS(Cross-Origin-Resource-Sharing, 보안 강화를 위해 웹 페이지를 구성하는 다양한 도메인에 대한 접근 제어를 강제하는 웹브라우저의 보안 정책 – 옮긴이)와 인증 관심사를 관리할 필요가 없게 도와준다. 주울을 사용하려면 스프링 부트 메인 클래스에 @EnableZuulProxy 애노테이션을 사용한다. 그러면 주울은 들어오는 요청을 목적 서비스에 전달한다. 물론 주울은 리본 부하 분산기, 히스트릭스 서킷 브레이커, 유레카와 같은 서비스 디스커버리와 통합돼 있다.

### 게이트웨이 애플리케이션 개발하기

이전 장의 예제로 돌아가서 마이크로서비스 기반 아키텍처의 마지막 요소인 API 게이트웨이를 추가해 보자. 외부 클라이언트가 어떻게 서비스를 호출할지는 아직 고려해 보지 않았다. 우선, 시스템 내부에서 실행 중인 모든 마이크로서비스의 네트워크 주소를 노출하고 싶지는 않을 것이다. 그리고 인증 요청 또는 추적 헤더 설정과 같은 몇 가지 작업을 한 곳에서 할 수도 있다. 솔루션은 모든 들어오는 요청을 적절한 서비스로 전달하는 단일 에지(edge) 네트워크 주소를 공유하는 것이다. 다음 다이어그램은 현재 예제의 시스템 아키텍처를 나타낸 것이다.

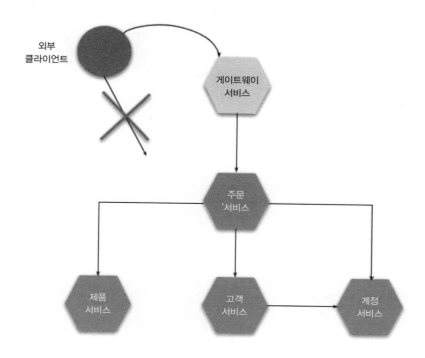

이전 장에 있는 프로젝트 예제를 살펴보자. 파일은 깃허브(https://github.com/piomin/sample-spring-cloud-comm.git)의 master 브랜치에 있다. 이 프로젝트에 gateway-service라는 새로운 모듈을 추가할 것이다. 우선 메이븐 의존성에 주울을 포함하기 위해 spring-cloud-starter-zuul 스타터를 사용해야 한다.

```
<dependency>
    <groupId>org.springframework.cloud</groupId>
    <artifactId>spring-cloud-starter-zuul</artifactId>
</dependency>
```

그리고 스프링 부트 메인 클래스에 @EnableZuulProxy 애노테이션을 적용한 후 application.yml 파일에 라우트를 구성한다. 기본적으로 주울 스타터 아티팩트는 서비스 디스커버리 클라이언트를 포함하지 않는다. 라우트는 url 속성을 사용해 서비스의 네트워크 주소를 정적으로 구성한다. 이제 모든 마이크로서비스와 게이트웨이 애플리케이션을 실행하고 게이트웨이를 통해 서비스를 호출해 보자. 각 서비스는 단일 라우트의 path 컨피규레이션 속성을 사용해 경로를 설정한다. 예를 들어 http://localhost:8080/account/1은 http://localhost:8091/1로 전달할 것이다.

```
server:
 port: ${PORT:8080}
zuul:
 routes:
  account:
   path: /account/**
   url: http://localhost:8091
  customer:
   path: /customer/**
   url: http://localhost:8092
  order:
   path: /order/**
   url: http://localhost:8090
  product:
   path: /product/**
   url: http://localhost:8093
```

## 서비스 디스커버리와 연동하기

이전 예제에서 보여줬던 정적 라우트 컨피규레이션은 마이크로서비스 기반의 시스템에는 충분하지 않다. API 게이트웨이의 주요 요구사항은 내장된 서비스 디스커버리와의 연동이다. 주울에서 유레카를 사용하는 서비스 디스커버리를 활성화하려면 spring-cloud-starter-eureka 스타터를 프로젝트 의존성에 포함하고 애플리케이션의 메인 클래스에 @EnableDiscoveryClient 애노테이션을 사용해 클라이언트를 활성화해야 한다. 사실 게이트웨이 자신을 디스커버리 서버에 등록하는 것은 말이 안 되고 현재 등록된 서비스의 목록만 가져와야 한다. 그래서 eureka.client.registerWithEureka 속성을 false로 해 등록을 하지 않도록 할 것이다. application.yml 파일의 라우트 정의는 정말 간단하다. 각 라우트의 이름은 유레카의 애플리케이션 서비스 이름과 대응된다.

```
zuul:
   routes:
    account-service:
     path: /account/**
    customer-service:
     path: /customer/**
    order-service:
     path: /order/**
```

```
product-service:
  path: /product/**
```

## 라우트 컨피규레이션 사용자 정의하기

주울 프록시의 행동을 재정의할 수 있는 몇 가지 컨피규레이션 설정이 있다. 그중 몇 가지는 서비스 디스커버리 통합과 관련이 있다.

## 등록된 서비스 무시하기

스프링 클라우드 주울은 기본적으로 유레카 서버에 등록된 모든 서비스를 노출한다. 모든 서비스의 자동 등록을 건너뛰려면 디스커버리 서버에서 무시하려는 모든 서비스 이름과 일치하는 패턴을 zuul.ignored-services 속성에 등록해야 한다. 그러면 실제로는 어떻게 작동할까? zuul.routes.* 속성을 구성하지 않아도 주울은 유레카에서 서비스 목록을 가져오려고 자동으로 서비스 이름의 경로와 연결한다. 예를 들어, account-service는 http://localhost:8080/account-service/** 게이트웨이 주소 아래에서 사용할 수 있다. 다음 컨피규레이션을 application.yml 파일에 설정하면 account-service를 무시하고 HTTP 404 응답을 보낸다.

```
zuul:
  ignoredServices: 'account-service'
```

zuul.ignored-service를 '*'로 설정해 등록된 모든 서비스를 무시할 수도 있다. 무시 패턴에 일치하는 서비스지만 라우트 맵 컨피규레이션에 포함하면 주울에 포함될 것이다. 다음의 경우에는 customer-service가 처리된다.

```
zuul:
  ignoredServices: '*'
  routes:
    customer-service: /customer/**
```

## 서비스 이름을 명시적으로 지정하기

디스커버리 서버의 서비스 이름은 serviceId 속성을 사용해 컨피규레이션에 설정할 수 있다. 이렇게 하면 경로와 serviceId를 분리해 지정할 수 있기 때문에 좀 더 세밀하게 제어할 수 있다. 다음은 위 라우트와 똑같은 컨피규레이션이다.

```
zuul:
  routes:
   accounts:
    path: /account/**
    serviceId: account-service
   customers:
    path: /customer/**
    serviceId: customer-service
   orders:
    path: /order/**
    serviceId: order-service
   products:
    path: /product/**
    serviceId: product-service
```

## 리본 클라이언트를 사용한 라우트 정의

라우트를 구성하는 다른 방법도 있다. 유레카 디스커버리를 비활성화하고 리본 클라이언트의 listOfServers 속성에 제공된 네트워크 주소의 목록만 사용할 수 있다. 게이트웨이로 들어오는 모든 요청은 기본적으로 리본 클라이언트를 통해 모든 서비스 인스턴스로 부하 분산된다. 이 룰은 다음 예제 코드처럼 서비스 디스커버리의 사용 여부에 관계없이 유효하다.

```
zuul:
 routes:
  accounts:
   path: /account/**
   serviceId: account-service
ribbon:
 eureka:
  enabled: false
account-service:
 ribbon:
  listOfServers: http://localhost:8091,http://localhost:9091
```

## 경로에 접두사 추가하기

때때로 서비스가 직접 호출되도록 허용하지 말고 게이트웨이를 통해 호출되도록 서비스에 다른 경로를 설정할 필요가 있다. 이 경우, 주울은 모든 정의된 매핑에 접두사를 추가할 수 있는 기능을 제공한다. 이것은 zuul.prefix 속성을 통해 쉽게 구성할 수 있다. 기본적으로 주울은 서비스로 요청을 전달하기 전에 접두사를 제거한다. 그러나 zuul.stripPrefix 속성을 false로 설정하면 이 기능을 사용하지 않을 수 있다. stripPrefix 속성은 정의된 모든 라우트에 적용할 수도 있고 단일 라우트에 적용할 수도 있다.

다음 예제는 전달되는 모든 요청에 /api 접두사를 추가한다. 예를 들어 account-servie의 /{id} 종단점을 GET 방식으로 호출하려는 경우 http://localhost:8080/api/account/1의 주소를 사용한다.

```
zuul:
  prefix: /api
  routes:
    accounts:
      path: /account/**
      serviceId: account-service
    customers:
      path: /customer/**
      serviceId: customer-service
```

stripPrefix 설정을 false로 구성하면 어떻게 될까? 그 경우, 주울이 타깃 서비스의 /api/account와 /api/customer 컨텍스트 경로를 찾는다.

```
zuul:
  prefix: /api
  stripPrefix: false
```

## 연결 설정과 타임아웃

스프링 클라우드 넷플릭스 주울의 주요 임무는 들어오는 요청을 다운스트림 서비스로 라우팅하는 것이다. 그러므로 여러 서비스와의 커뮤니케이션을 위해 HTTP 클라이언트 구현을 사용해야 한다. 주울이 사용하는 기본 HTTP 클라이언트는 개발이 중단된 리본 RestClient 대신 Apache HTTP Client를 기반으로 한다. 리본을 사용하려면 ribbon.restclient.enabled 속성을 true로 해야 한다. 또한 ribbon.okhttp.enable 속성을 true로 해서 OkHttpClient를 시도할 수도 있다.

연결 또는 읽기 타임아웃, 최대 연결 수와 같은 HTTP 클라이언트의 기본 설정을 구성할 수 있다. 서비스 디스커버리의 사용 여부에 따라 두 가지 옵션이 있다. 첫째, 서비스 디스커버리를 사용하지 않고 url 속성을 사용해 지정된 네트워크 주소를 사용하는 주울 라우트를 정의하면 zuul.host.connect-tomeout-millis와 zuul.host.socket-timeout-millis를 설정해야 한다. 최대 연결 수를 조절할 목적이면 zuul.host.maxtotalconnections 속성의 기본값 200을 재정의한다. 또한 zuul.host.maxPerRouteConnections 속성의 기본값 20을 설정해 단일 라우트의 최대 연결 수를 정의할 수도 있다.

둘째, 주울이 서비스 디스커버리로부터 서비스의 목록을 가져오도록 설정됐으면 이전의 리본 클라이언트의 ribbon.ReadTimeout과 ribbon.SocketTimeout 속성과 동일한 타임아웃을 구성해야 한다. 최대 연결 수는 ribbon.MaxTotalConnections와 ribbon.MaxConnectionsPerHost를 사용해 정의할 수 있다.

## 헤더의 보안 강화하기

요청에 Authorization HTTP 헤더를 설정하면 그것이 이후의 서비스에 전달되지 않는다는 사실에 약간 놀랐을 수도 있다. 이것은 주울이 라우팅 처리 과정에서 기본으로 정의한 민감한 헤더를 제거하기 때문이다. 이런 헤더에는 Cookie, Set-Cookie, Authorization이 있다. 이 기능은 외부 서버와 커뮤니케이션을 보기 위해 설계됐다. 같은 시스템의 서비스 간에 헤더를 공유하는 것은 괜찮지만, 보안상의 이유로 외부 서버와 공유하는 것은 권장하지 않는다. 이러한 방식은 sensitiveHeaders 속성의 기본값을 재정의해 사용자 정의할 수 있다. 이것은 모든 라우트에 설정하거나 단일 라우트에 적용할 수 있다. sensitiveHeaders 속성은 빈 블랙리스트가 아니므로 주울이 모든 헤더를 전달하려면 빈 리스트를 명시적으로 설정해야 한다.

```
zuul:
 routes:
  accounts:
   path: /account/**
   sensitiveHeaders:
   serviceId: account-service
```

## 종단점 관리

스프링 클라우드 넷플릭스 주울은 모니터링을 위한 두 개의 추가적인 관리 종단점을 노출한다.

- Routes: 정의된 라우트 목록을 출력
- Filters: 위 구현된 필터 목록을 출력(스프링 클라우드 넷플릭스 1.4.0 버전부터 사용 가능)

관리 종단점 기능을 사용하려면 항상 그랬듯이 spring-boot-starter-actuator 의존성을 프로젝트에 포함하면 된다. 테스트상 편의를 위해 management.security.enabled 속성을 false로 설정해 종단점 보안을 비활성화하는 것이 좋다. /routes를 GET 메서드로 호출하면 예제 시스템으로부터 다음과 같은 JSON 응답이 나온다.

```json
{
    "/api/account/**": "account-service",
    "/api/customer/**": "customer-service",
    "/api/order/**": "order-service",
    "/api/product/**": "product-service",
}
```

좀 더 자세한 정보를 보려면 /routes 경로에 ?format=details의 질의 문자열을 추가한다. 이 옵션은 스프링 클라우드 1.4.0 버전(Edgware Release Train)부터 사용 가능하다. /route를 POST 메서드로 호출해 현재의 노출된 라우트를 강제로 갱신할 수 있다. 추가로 endpoints.routes.enabled를 false로 설정해 전체 종단점을 비활성화할 수 있다.

```json
"/api/account/**": {
    "id": "account-service",
    "fullPath": "/api/account/**",
    "location": "account-service",
    "path": "/**",
    "prefix": "/api/account",
    "retryable": false,
    "customSensitiveHeaders": false,
    "prefixStripped": true
}
```

/filters 종단점의 응답 결과는 매우 흥미롭다. 주울 게이트웨이에서 얼마나 많고 다양한 종류의 필터를 기본으로 제공하는지 볼 수 있을 것이다. 다음은 선택된 필터 하나에서 나온 응답의 일부다. 여기에는 전체 클래스 이름, 호출 관계, 상태가 담겨 있다. 필터에 관한 더 많은 정보는 **주울 필터** 절을 참고하라.

```json
"route": [{
    "class":
    "org.springframework.cloud.netflix.zuul.filters.route.RibbonRoutingFilter",
```

```
    "order": 10,
    "disabled": false,
    "static": true
}, {
...
]
```

## 히스트릭스 폴백 제공하기

서킷이 열리는 경우를 대비해 주울의 컨피규레이션에 정의된 모든 라우트마다 폴백 응답을 제공할 수 있다. 이를 위해 ZuulFallbackProvider(현재는 개발이 중단됐음) 또는 FallbackProvider 타입의 빈을 생성해야 한다. 이를 구현할 때 폴백 빈에 의해 처리돼야 하는 모든 라우트를 매칭하기 위해 라우트 ID 패턴을 지정해야 한다. 두 번째 단계는 fallbackResponse 메서드의 응답으로 ClientHttpResponse 인터페이스의 구현을 반환하는 것이다. 다음은 모든 예외에 대해 HTTP 상태 200 OK를 대응하고 응답에 errorCode와 errorMessage를 설정하는 간단한 폴백 빈이다. 폴백은 account-service 라우트에 대해서만 실행된다.

```
public class AccountFallbackProvider implements FallbackProvider {
    @Override
    public String getRoute() {
        return "account-service";
    }
    @Override
    public ClientHttpResponse fallbackResponse(Throwable cause) {
        return new ClientHttpResponse() {
            @Override
            public HttpHeaders getHeaders() {
                HttpHeaders headers = new HttpHeaders();
                headers.setContentType(MediaType.APPLICATION_JSON);
                return headers;
            }
            @Override
            public InputStream getBody() throws IOException {
                AccountFallbackResponse response = new
                    AccountFallbackResponse("1.2", cause.getMessage());
                return new ByteArrayInputStream(new
```

```
                    ObjectMapper().writeValueAsBytes(response));
            }
            @Override
            public String getStatusText() throws IOException {
                return "OK";
            }
            @Override
            public HttpStatus getStatusCode() throws IOException {
                return HttpStatus.OK;
            }
            @Override
            public int getRawStatusCode() throws IOException {
                return 200;
            }
            @Override
            public void close() {
            }
        };
    }
// ...
}
```

## 주울 필터

앞서 이야기했듯이 스프링 클라우드 주울은 기본적으로 ZuulFilter 인터페이스를 구현하는 몇 가지
빈을 기본으로 제공한다. 모든 내장된 필터는 zuul.<SimpleClassName>.<filterType>.disable 속성을
true로 설정해 비활성화할 수 있다. 예를 들어 org.springframework.cloud.netflix.zuul.filters.port.
SendResponseFilter를 사용하지 않으려면 zuul.SendResponseFilter.post.disable=true로 설정해야 한다.

아마 HTTP 필터링 메커니즘에 대해 잘 알고 있을 것이다. 필터는 HTTP 메시지가 담고 있는 정보를
변환하거나 사용하기 위해 요청과 응답을 동적으로 가로챈다. 이것은 요청이 들어오거나 응답이 나가
기 전이나 후에 시작될 수 있다.

- **프리 필터(Pre filter):** 필터 다운스트림에서 사용하기 위해 RequestContext의 초기 데이터를 준비하는 데 쓰인다. 주된
  역할은 라우트 필터에서 필요한 정보를 설정하는 것이다.

- **라우트 필터(Route filter):** 프리 필터 후에 실행되고 다른 서비스로의 요청을 생성하는 것을 담당한다. 이것을 사용하는
  주된 이유는 요청 또는 응답을 클라이언트에서 필요로 하는 모델로 변환하는 데 필요하기 때문이다.

- **포스트 필터(Post filter)**: 이것은 빈번하게 응답을 조작하는 데 쓰인다. 응답 바디를 변환할 수도 있다.

- **에러 필터(Error filter)**: 다른 필터에서 발생한 예외가 있을 경우에만 실행된다. 예외 필터의 내장 구현은 하나밖에 없다. SendErrorFilter는 RequestContext.getThrowable()이 null이 아닌 경우에 실행된다.

## 사전 정의된 필터

메인 클래스에 @EnableZuulProxy 애노테이션을 사용하면 스프링 클라우드 주울이 SimpleRouteLocator와 DiscoveryClientRouteLocator 모두가 사용하는 필터 빈을 적재한다. 다음은 일반 스프링 빈으로 설치된 가장 중요한 구현체의 목록이다.

- ServletDetectionFilter: 이것은 프리 필터다. 요청이 스프링 디스패처를 통해서 들어오는지를 점검한다. FilterConstants.IS_DISPATCHER_SERVLET_REQUEST_KEY를 사용해 설정한다.

- FormBodyWrapperFilter: 이것은 프리 필터다. 다운스트림 요청을 위해 폼 데이터를 파싱하고 다시 인코딩한다.

- PreDecorationFilter: 이것은 프리 필터다. 제공된 RouteLocator를 기반으로 요청을 어디로 어떻게 전달할지 결정한다. 또한 프록시와 관련된 헤더를 요청에 설정한다.

- SendForwardFilter: 이것은 라우트 필터다. RequestDispatcher를 사용해 요청을 전달한다.

- RibbonRoutingFilter: 이것은 라우트 필터다. 이것은 요청을 보내기 위해 리본, 히스트릭스, 그리고 Apache HttpClient, OkHttpClient와 같은 외부 HTTP 클라이언트, 또는 리본 HTTP 클라이언트를 사용한다. Service ID는 요청 컨텍스트에서 가져온다.

- SimpleHostRoutingFilter: 이것은 라우트 필터다. Apache HTTP 클라이언트를 통해 요청을 URL로 보낸다. URL은 요청 컨텍스트에 있다.

- SendResponseFilter: 이것은 포스트 필터다. 프록시 요청과 현재 응답으로부터 응답을 작성한다.

## 맞춤형 구현

기본으로 설치된 필터 외에 맞춤형 구현을 생성할 수 있다. 이를 위해서는 ZuulFilter 인터페이스의 네 가지 메서드를 구현해야 한다. 이런 메서드는 필터의 타입을 설정하고(filterType) 같은 타입을 사용하는 여러 필터의 실행 순서를 결정하고(filterOrder) 필터를 활성화하거나 비활성화하며(shouldFilter) 마지막으로 필터 로직을 수행한다(run). 다음은 응답 헤더에 X-Response-ID를 추가하는 구현이다.

```
public class AddResponseIDHeaderFilter extends ZuulFilter {
    private int id = 1;
    @Override
    public String filterType() {
```

```
      return "post";
    }
    @Override
    public int filterOrder() {
      return 10;
    }
    @Override
    public boolean shouldFilter() {
        return true;
    }
    @Override
    public Object run() {
      RequestContext context = RequestContext.getCurrentContext();
      HttpServletResponse servletResponse = context.getResponse();
      servletResponse.addHeader("X-Response-ID",
        String.valueOf(id++));
      return null;
    }
}
```

이뿐만 아니라 사용자 정의 필터 구현은 메인 클래스 또는 스프링 컨피규레이션 클래스에 @Bean으로 선언돼야 한다.

```
@Bean
AddResponseIDHeaderFilter filter() {
    return new AddResponseIDHeaderFilter();
}
```

## 스프링 클라우드 게이트웨이 사용하기

스프링 클라우드 게이트웨이에는 세 가지 기본 개념이 있다.

- **라우트(Route):** 이것은 게이트웨이의 기본 요소다. 이것은 라우트, 목적지 URI, 조건자 목록과 필터의 목록을 식별하기 위한 고유 ID로 구성된다. 라우트는 모든 조건자가 충족됐을 때만 매칭된다.

- **조건자(Predicates):** 이것은 각 요청을 처리하기 전에 실행되는 로직이다. 헤더와 입력값 등 다양한 HTTP 요청이 정의된 기준에 맞는지를 찾는다. 구현은 java.util.function.Predicate<T> Java 8 인터페이스를 기반으로 한다. 그에 따라 입력 타입은 스프링의 org.springframework.web.server.ServerWebExchange에 기반한다.

- **필터(Filters):** 이것은 들어오는 HTTP 요청 또는 나가는 HTTP 응답을 수정할 수 있게 한다. 다운스트림 요청을 보내기 전이나 후에 수정할 수 있다. 라우트 필터는 특정 라우트에 한정된다. 이것은 스프링의 `org.springframework.web.server.GatewayFilter`를 구현한다.

## 프로젝트에 스프링 클라우드 게이트웨이 사용하기

스프링 클라우드 게이트웨이는 네티(Netty) 웹 컨테이너와 리액터 프레임워크상에서 개발됐다. 리액터 프로젝트와 스프링 웹플럭스(Webflux)는 스프링 부트 2.0 버전과 함께 사용할 수 있다. 지금까지 이 책에서 사용한 1.5 버전과는 부모 프로젝트 버전이 다르다. 현재 스프링 부트 2.0은 여전히 마일스톤 단계다(2018년 8월 기준으로 정식 출시되었다 – 옮긴이). 다음은 spring-boot-starter-parent 프로젝트로부터 상속받는 메이븐 pom.xml의 일부다.

```xml
<parent>
    <groupId>org.springframework.boot</groupId>
    <artifactId>spring-boot-starter-parent</artifactId>
    <version>2.0.0.M7</version>
</parent>
```

이전 예제에서 스프링 클라우드의 릴리즈 트레인을 변경해야 한다. 새로운 마일스톤 버전은 `Finchley.M5`다.

```xml
<properties>
    <project.build.sourceEncoding>UTF-8</project.build.sourceEncoding>
    <project.reporting.outputEncoding>UTF-8</project.reporting.outputEncoding>
    <java.version>1.8</java.version>
    <spring-cloud.version>Finchley.M5</spring-cloud.version>
</properties>
<dependencyManagement>
    <dependencies>
        <dependency>
            <groupId>org.springframework.cloud</groupId>
            <artifactId>spring-cloud-dependencies</artifactId>
            <version>${spring-cloud.version}</version>
            <type>pom</type>
            <scope>import</scope>
        </dependency>
    </dependencies>
</dependencyManagement>
```

스프링 부트와 스프링 클라우드의 올바른 버전을 설정하고 나면 비로소 프로젝트에 `spring-cloud-starter-gateway` 스타터를 포함할 수 있다.

```xml
<dependency>
    <groupId>org.springframework.cloud</groupId>
    <artifactId>spring-cloud-starter-gateway</artifactId>
</dependency>
```

## 내장된 조건자와 필터

스프링 클라우드 게이트웨이는 수많은 라우트 조건자와 게이트웨이 필터 팩토리를 내장하고 있다. 모든 라우트는 application.yml 파일 컨피규레이션 속성을 사용하거나 Fluent Java Routes API를 사용해 프로그래밍 방식으로 정의할 수 있다. 사용할 수 있는 조건자 팩토리의 목록은 다음 표에 있다. 다수의 팩토리가 and 논리 관계를 사용해 단일 라우트 정의에 연결될 수 있다. 필터의 목록은 application.yml 파일의 spring.cloud.gateway.routes 속성 아래 정의된 각 라우트 아래의 predicates 속성에 구성된다.

| 이름 | 설명 | 예제 |
|---|---|---|
| After Route | Date-time 입력값을 받아서 그 이후에 발생한 요청을 매칭한다. | After=2017-11-20T... |
| Before Route | Data-time 입력값을 받아서 그 전에 발생한 요청을 매칭한다. | Before=2017-11-20T... |
| Between Route | 두 개의 data-time 입력값을 받아서 두 날짜 사이에 발생한 요청을 매칭한다. | Between=2017-11-20T..., 2017-11-21T... |
| Cookie Route | 쿠키 이름과 정규식을 입력값으로 받아서 HTTP 요청의 헤더에서 쿠키를 찾고 그 값을 제공된 표현식과 비교한다. | Cookie=SessionID, abc. |
| Header Route | 헤더 이름과 정규식을 입력값으로 받아서 HTTP 요청의 헤더에서 특정 헤더를 찾고 그 값을 제공된 표현식과 비교한다. | Header=X-Request-Id, \d+ |
| Host Route | . 구분자를 사용하는 호스트 이름 ANT 스타일 패턴을 입력받아 Host 헤더와 매칭한다. | Host=**.example.org |
| Method Route | HTTP 메서드를 입력값으로 받아서 비교한다. | Method=GET |
| Path Route | 요청 컨텍스트 경로의 패턴을 입력값으로 받아 비교한다. | Path=/account/{id} |
| Query Route | 두 개의 입력값 – 요청된 입력값과 선택적 regex를 받아 질의 입력값과 비교한다. | Query=accountId, 1. |
| RemoteAddr Route | IP 주소 목록을 192.168.0.1/16과 같은 CIDR 표현식으로 받아 요청의 원격 주소와 비교한다. | RemoteAddr=192.168.0.1/16 |

기본으로 제공되는 게이트웨이 필터 패턴의 구현이 몇 가지 더 있다. 다음 표에 사용 가능한 팩토리 목록이 있다. 필터의 목록은 application.yml 파일의 spring.cloud.gateway.routes 속성 아래 filters 속성에 정의된 각 라우트에 정의할 수 있다.

| 이름 | 설명 | 예제 |
| --- | --- | --- |
| Add RequestHeader | 입력값에 제공된 이름과 값으로 HTTP 요청에 헤더를 추가한다. | AddRequestHeader=X-Response-ID,123 |
| AddRequestParameter | 입력값에 제공된 이름과 값으로 HTTP 요청에 질의 입력값을 추가한다. | AddRequestParameter=id, 123 |
| AddResponseHeader | 입력값에 제공된 이름과 값으로 HTTP 응답에 헤더를 추가한다. | AddResponseHeader=X-Response-ID, 123 |
| Hystrix | 히스트릭스 명령(HystrixCommand) 이름의 입력값을 받는다. | Hystrix=account-service |
| PrefixPath | 입력값에 정의된 접두사를 HTTP 요청 경로에 추가한다. | PrefixPath=/api |
| RequestRateLimiter | 제공된 세 개의 입력값에 근거해 단일 사용자의 요청 처리 수를 제한한다. 세 개의 입력값은 초당 최대 요청 수, 초당 최대 요청 처리 용량, 사용자 키를 반환하는 빈을 나타낸다. | RequestRateLimiter=10, 20, #{@userKeyResolver} |
| RedirectoTo | HTTP 상태 코드와 리디렉트 경로를 입력값으로 받아서 리디렉트를 수행하기 위해 Location HTTP 헤더에 추가한다. | RedirectTo=302, http://localhost:8092 |
| RemoveNonProxyHeaders | 전달된 요청에서 Keep-Alive, Proxy-Authenticate 또는 Proxy-Authorization 등과 같은 몇 가지 hop-by-hop 헤더를 제거한다. | - |
| RemoveRequestHeader | 헤더의 이름을 입력값으로 받아 HTTP 요청에서 그것을 제거한다. | RemoveRequestHeader=X-Request-Foo |
| RemoveResponseHeader | 헤더의 이름을 입력값으로 받아 HTTP 응답에서 그것을 제거한다. | RemoveResponseHeader=X-Response-ID |
| RewritePath | Regex 입력값과 대체 입력값을 받아서 요청 경로를 재작성한다. | RewritePath=/account/(?<path>.*), /$\{path} |
| SecureHeaders | 몇 가지 보안 헤더를 응답에 추가한다. | |
| SetPath | 경로 template 입력값을 사용하는 단일 입력값을 받아 요청 경로를 변경한다. | SetPath=/{segment} |

| 이름 | 설명 | 예제 |
|---|---|---|
| SetResponseHeader | 이름과 값을 입력값으로 받아 HTTP 응답에 헤더를 추가한다. | SetResponseHeader=X-Response-ID, 123 |
| SetStatus | 유효한 HTTP 상태 입력값 하나를 받아 응답에 설정한다. | SetStatus=401 |

다음은 두 개의 조건자와 두 개의 필터를 설정하는 간단한 예제다. 게이트웨이로 들어오는 각 GET / account/{id} 요청은 http://localhost:8080/api/account/{id}에 새로운 X-Request-ID 헤더를 포함해 전달된다.

```yaml
spring:
    cloud:
        gateway:
            routes:
            - id: example_route
              uri: http://localhost:8080
              predicates:
              - Method=GET
              - Path=/account/{id}
              filters:
              - AddRequestHeader=X-Request-ID, 123
              - PrefixPath=/api
```

동일한 컨피규레이션을 Route 클래스에 정의된 풍부한 API를 사용해 제공할 수도 있다. 이 방식은 좀 더 자유롭다. YAML을 사용한 컨피규레이션은 논리 and를 사용하는 조건자의 조합인 반면, 풍부한 자바 API에서는 Predicate 클래스에 있는 and(), or(), negate() 오퍼레이터를 사용한다. 다음은 다양한 API를 사용하는 또 다른 라우트의 구현이다.

```java
@Bean
public RouteLocator customRouteLocator(RouteLocatorBuilder routeBuilder) {
    return routeBuilder.routes()
        .route(r -> r.method(HttpMethod.GET).and().path("/account/{id}")
            .addRequestHeader("X-Request-ID", "123").prefixPath("/api")
            .uri("http://localhost:8080"))
        .build();
}
```

## 마이크로서비스를 위한 게이트웨이

마이크로서비스 기반 시스템 예제로 돌아가보자. 이 예제는 **스프링 클라우드 넷플릭스 주울 기반의 API 게이트웨이 컨피규레이션** 절에서 논의했다. 주울 프록시 기반의 애플리케이션을 위해 준비했던 것과 똑같이 정적 라우트 정의를 준비하고자 한다. 각 서비스는 http://localhost:8080/account/** 와 같이 게이트웨이 주소와 특정 경로로 사용할 수 있다. 스프링 클라우드 게이트웨이를 사용해 이 같은 컨피규레이션을 선언하는 가장 적절한 방법은 Path Route Predicate Factory와 RewritePath GatewayFilter Factory를 사용하는 것이다. 경로 재작성 메커니즘은 일부를 추출하거나 몇 가지 패턴을 추가해 요청 경로를 변경한다. 여기서는 모든 들어오는 요청 경로가 가령 account/123에서 /123으로 재작성된다. 다음은 게이트웨이의 application.yml 파일이다.

```yaml
server:
 port: ${PORT:8080}
spring:
 application:
  name: gateway-service
 cloud:
  gateway:
   routes:
   - id: account-service
     uri: http://localhost:8091
     predicates:
     - Path=/account/**
     filters:
     - RewritePath=/account/(?<path>.*), /$\{path}
   - id: customer-service
     uri: http://localhost:8092
     predicates:
     - Path=/customer/**
     filters:
     - RewritePath=/customer/(?<path>.*), /$\{path}
   - id: order-service
     uri: http://localhost:8090
     predicates:
     - Path=/order/**
     filters:
     - RewritePath=/order/(?<path>.*), /$\{path}
```

```
    - id: product-service
      uri: http://localhost:8093
      predicates:
      - Path=/product/**
      filters:
      - RewritePath=/product/(?<path>.*), /$\{path}
```

놀랍게도 이렇게만 하면 된다. 유레카나 컨피그 서버와 같은 스프링 클라우드 구성요소를 사용할 때
했던 것과 비교하면 추가적인 애노테이션 같은 것을 제공할 필요가 없다. 다음은 게이트웨이 애플리
케이션의 메인 클래스 코드다. mvn clean install을 사용해 프로젝트를 빌드하고 java -jar로 실행하
거나 IDE에서 메인 클래스를 실행한다. 예제 애플리케이션의 소스코드는 깃허브(https://github.com/
piomin/sample-spring-cloud-gateway.git)에 있다.

```
@SpringBootApplication
public class GatewayApplication {
    public static void main(String[] args) {
        SpringApplication.run(GatewayApplication.class, args);
    }
}
```

## 서비스 디스커버리와 통합하기

게이트웨이는 서비스 디스커버리에 등록된 서비스의 목록을 기반으로 라우트를 생성하도록 구성할 수
있다. 이것은 DiscoveryClient 호환 서비스 디스커버리를 가진 넷플릭스 유레카나 컨설, 주키퍼와 같은
솔루션과 통합될 수 있다. DiscoveryClient 라우트 정의 로케이터를 사용하려면 spring.cloud.gateway.
discovery.locator.enabled 속성을 true로 설정하고 DiscoveryClient 구현체를 클래스 경로에 제공한다.
스프링 클라우드의 최신 마일스톤 버전인 Finchley.M5에서는 모든 넷플릭스의 아티팩트 이름이 변경돼
예를 들어 spring-cloud-start-eureka 대신 spring-cloud-starter-netflix-eureka-client를 쓴다.

```
<dependency>
    <groupId>org.springframework.cloud</groupId>
    <artifactId>spring-cloud-starter-netflix-eureka-client</artifactId>
</dependency>
```

메인 클래스는 유레카 클라이언트 애플리케이션과 동일하게 @DiscoveryClient 애노테이션을 적용한다.

다음은 application.yml 파일에 라우팅을 구성한 것이다. 앞의 예제에서 유일하게 바뀐 것은 정의된 모든 라우트의 uri 속성이다. 네트워크 주소를 제공하는 대신 디스커버리 서버에서 lb://order-service처럼 lb 접두사를 쓰는 이름을 사용할 수 있다.

```yaml
spring:
  application:
   name: gateway-service
  cloud:
   gateway:
    discovery:
     locator:
      enabled: true
    routes:
    - id: account-service
      uri: lb://account-service
      predicates:
      - Path=/account/**
      filters:
      - RewritePath=/account/(?<path>.*), /$\{path}
    - id: customer-service
      uri: lb://customer-service
      predicates:
      - Path=/customer/**
      filters:
      - RewritePath=/customer/(?<path>.*), /$\{path}
    - id: order-service
      uri: lb://order-service
      predicates:
      - Path=/order/**
      filters:
      - RewritePath=/order/(?<path>.*), /$\{path}
    - id: product-service
      uri: lb://product-service
      predicates:
      - Path=/product/**
      filters:
      - RewritePath=/product/(?<path>.*), /$\{path}
```

## 요약

API 게이트웨이를 통해 스프링 클라우드 기반의 마이크로서비스 기반 아키텍처의 핵심 요소를 구현하는 것에 대한 논의를 끝냈다. 이 책의 관련 부분을 읽고 나면 유레카, 스프링 클라우드 컨피그, 리본, 페인, 히스트릭스, 그리고 주울과 스프링 클라우드 게이트웨이를 함께 사용한 게이트웨이 등의 도구를 맞춤형으로 사용할 수 있게 된다.

이 장을 통해 오래된 넷플릭스 주울과 새로운 스프링 클라우드 게이트웨이라는 두 솔루션을 비교할 수 있다. 후자는 역동적으로 개선 중이다. 현재 버전 2.0은 스프링 5에서만 사용할 수 있고 아직 릴리즈 버전에서는 사용할 수 없다(2018년 8월을 기준으로 Finchely.SR1이 이미 릴리즈됐다 – 옮긴이). 전자인 넷플릭스 주울은 안정화됐지만 비동기와 넌블로킹 연결을 지원하지 않는다. 전자는 아직도 넷플릭스 주울 1.0 기반이지만 새로운 주울은 비동기 통신을 지원한다. 이 장에서는 이러한 차이점에도 불구하고 두 솔루션을 사용해 쉽고 진보된 컨피규레이션을 제공하는 방법을 설명했다. 이전 장의 예제를 통해 서비스 디스커버리, 클라이언트 측 부하 분산, 서킷 브레이커와의 통합에 대해서도 설명했다.

# 09

# 분산 로깅과
# 추적

일체형(monolithic) 애플리케이션을 마이크로서비스로 분해할 때 비즈니스 바운더리와 애플리케이션 로직의 분리에 대해서 생각하는 데는 많은 시간을 투자하지만, 로그에 대해서는 그렇지 않은 경향이 있다. 개발자와 소프트웨어 아키텍트로서의 개인적인 경험에 비춰보면 개발자는 일반적으로 로깅에 대해 신경 쓰지 않는다. 반면에 애플리케이션의 유지보수를 담당하는 운영팀에서는 주로 로그에 의지한다. 각자의 전문 영역이나 모놀리식 또는 마이크로서비스 아키텍처에 상관없이 로깅은 모든 애플리케이션이 해야 한다. 그러나 마이크로서비스는 애플리케이션 로그의 설계와 배열에 완전히 새로운 차원을 더하도록 강제한다. 다수의 머신에서 동작하는 작고 독립적이고 수평적으로 확장되고 서로 통신하는 수많은 서비스가 있다. 요청은 대개 다수의 서비스에서 처리된다. 이를 보기 쉽게 하려면 이런 요청들을 연관 짓고 모든 로그를 단일의 중앙 저장소에 저장해야 한다. 한편 스프링 클라우드는 스프링 클라우드 슬루스라는 분산 추적 솔루션을 구현한 전용 라이브러리를 제공한다.

한 가지 논의할 점은 로깅과 추적의 차이에 관한 것이다! 이들 간의 차이를 명확히 해야 한다. 추적은 프로그램의 데이터 흐름을 따라가는 것이다. 이것은 전형적으로 기술 지원 팀이 문제가 발생하는 위치를 찾기 위해 사용한다. 성능 병목 또는 에러가 발생한 시간을 찾아내기 위해 시스템 흐름을 추적한다. 로깅은 에러 보고와 탐지에 사용된다. 로깅은 추적과 대조적으로 항상 사용해야 한다. 대규모 시스템을 설계할 때 훌륭하고 유연한 머신 간의 에러 보고를 보유하고 싶다면 무조건 중앙에 로그 데이터를 수집하는 방식을 고려해야 한다. 이를 위한 가장 유명한 권장 솔루션은 **ELK 스택(엘라스틱서치(Elasticsearch) + 로그스태시(Logstash) + 키바나(Kibana))**이다. 스프링 클라우드에 이 스택을 위한 전용 라이브러리는 없지만, 로그백(Logback) 또는 Log4j 같은 자바 로깅 프레임워크를 사용해 연동할 수 있다. 이 장에서 이야기할 다른 도구는 집킨(Zipkin)이다. 이것은 마이크로서비스 아키텍처에서 지연 문제를 해결하는 데 사용할 수 있는 타이밍 데이터를 모으는 데 도움을 주는 전형적인 추적 도구다.

이 장에서 다룰 주제는 다음과 같다.

- 마이크로서비스 기반 시스템에서의 로깅 모범 사례
- 추적 정보를 메시지에 넣고 이벤트를 연관 짓는 스프링 클라우드 슬루스 사용하기
- 스프링 부트 애플리케이션을 로그스태시와 통합하기
- 키바나를 사용해 로그 엔트리를 표시하고 필터링하기
- 분산 추적 도구로서 집킨을 사용하고 스프링 클라우드 슬루스를 통해 집킨과 애플리케이션 통합하기

## 마이크로서비스를 위한 로깅의 모범 사례

로깅을 사용하는 가장 중요한 모범 사례 중 하나는 들어오는 모든 요청과 나가는 응답을 추적하는 것이다. 아마도 당연하다고 생각하겠지만, 이 요구사항을 만족하지 못하는 애플리케이션도 종종 있다. 마이크로서비스 기반 아키텍처에서 이 요구사항을 만족하면 발생하는 한 가지 결과는 시스템에서 로그의 전체 크기가 메시지가 없는 모놀리식 애플리케이션에 비해 증가한다는 것이다. 이것은 반대로 이전보다 로그에 더 많은 관심을 기울이게 한다. 왜냐하면 로그 정보가 상황에 대해 많은 것을 말해주기는 하지만 가능하면 적은 정보를 생성하도록 노력해야 하기 때문이다. 그렇게 하려면 어떻게 해야 할까? 우선 모든 마이크로서비스가 같은 로그 메시지 형식을 가지는 것이 좋다. 일반적으로 마이크로서비스 간에 JSON 형식의 메시지를 교환하는 경우가 많으니 JSON 표기법을 사용하기를 추천한다. 이 형식은 다음 코드에서 보듯이 매우 직관적인 표준으로, 로그를 읽고 파싱하기 쉽게 해준다.

```
17:11:53.712   INFO   Order received:
{"id":1,"customerId":5,"productId":10}
```

앞의 형식은 다음과 같은 형식보다 분석하기 훨씬 쉽다.

```
17:11:53.712   INFO   Order received with id 1, customerId 5 and productid 10.
```

그러나 일반적으로 가장 중요한 것은 표준화다. 어떤 형식을 선택하든 모든 곳에 적용하는 것이 중요하다. 또한 로그가 의미가 있도록 해야 한다. 정보를 담고 있지 않은 문장은 피해야 한다. 예를 들어 다음의 로그 형식은 어떤 주문을 처리하는지 명확하지가 않다.

```
17:11:53.712   INFO   Processing order
```

정말로 이런 로그 엔트리를 원한다면 다른 로그 레벨을 부여하도록 해야 한다. 모든 로그를 동일한 INFO 레벨로 사용하는 것은 매우 나쁜 사례다. 어떤 정보는 다른 것보다 더 중요하다. 그래서 로그 엔트리가 어떤 로그 레벨로 로그를 남겨야 하는지 결정하는 것이 어렵다.

- **TRACE**: 이것은 매우 자세한 정보로서 개발을 위한 것이다. 개발 후 운영 환경에서는 단기간 동안 임시 파일로 취급해 유지할 것이다.

- **DEBUG**: 이 레벨은 프로그램에서 발생하는 모든 것을 로그로 남긴다. 개발자가 디버깅 또는 문제 해결에 주로 사용한다. DEBUG와 TRACE의 구분이 가장 어렵다.

- **INFO**: 운영 중에 가장 중요한 정보를 이 레벨의 로그로 남긴다. 이 메시지는 개발자뿐 아니라 운영자와 고급 사용자도 쉽게 이해할 수 있어야 하는데, 애플리케이션이 무엇을 하고 있는지 빠르게 찾을 수 있게 하기 위함이다.

- **WARN**: 에러가 될 만한 모든 이벤트를 이 레벨의 로그로 남긴다. 로그를 남기는 프로세스는 계속 진행할 수 있지만, 그 프로세스에 각별한 주의를 기울여야 한다.

- **ERROR**: 보통 예외를 이 레벨에 남긴다. 여기서 중요한 것은 예를 들어 하나의 비즈니스 로직 실행이 성공하지 못했다고 해서 모든 곳에서 예외를 던지지 않도록 하는 것이다.

- **FATAL**: 이 자바 로깅 레벨은 애플리케이션을 중단시킬 수 있는 잠재성을 가진 매우 중대한 에러 이벤트를 로그로 남기도록 지정한다.

다른 좋은 로깅 사례도 많지만, 여기서는 마이크로서비스 기반 시스템에서 사용할 만한 가장 중요한 것을 이야기했다. 로깅의 관점에서 한 가지 더 언급할 가치가 있는 것은 정규화다. 로그를 쉽게 이해하고 해석하려면 당연히 로그가 언제, 어떻게 수집됐는지, 무슨 내용을 담고 있는지, 로그가 왜 배출됐는지를 알아야 한다. 다시 말하면 Time(언제), Hostname(어디서), AppName(누구)과 같은 모든 마이크로서비스에서 정규화돼야 하는 특히 중요한 특징이 있다는 것이다. 이 장의 뒤에서 보게 되겠지만, 이런 정규화는 시스템에서 중앙화 방식으로 로그를 수집하도록 구현할 때 매우 유용하다.

## 스프링 부트를 사용한 로깅

스프링 부트는 내부 로깅을 위해 Apache Commons Logging을 사용하지만, 스타터를 사용해 의존성을 포함하면 로그백(Logback)이 애플리케이션에서 기본으로 사용된다. 이것은 다른 로깅 프레임워크를 사용하는 것을 방해하지 않는다. 기본으로 Java Util Logging, Log4J2, SLF4J를 위한 컨피규레이션을 제공한다. 로깅 설정은 application.yml 파일에 logging.* 속성을 사용해 구성한다. 기본 로그 출력에는 밀리초 단위의 날짜와 시간, 로그 레벨, 프로세스 ID, 스레드 이름, 로그를 출력한 전체 클래스 이름, 메시지가 들어간다. 이것은 console과 file appender에 대해 각각 `logging.pattern.console`과 `logging.pattern.file` 속성을 사용해 재정의할 수 있다.

기본적으로 스프링 부트는 콘솔로만 로그를 남긴다. 로그를 콘솔 외에 파일로도 남기려면 `logging.file` 또는 `logging.path` 속성을 설정한다. `logging.file` 속성을 설정하면 로그가 지정된 위치 또는 현재 디렉터리의 상대 경로에 파일로 남는다. `logging.path` 속성을 설정하면 지정된 디렉터리에 `spring.log` 파일을 생성한다. 로그 파일은 10MB 크기에 도달 후 새로운 파일에 쌓인다.

`application.yml` 설정 파일에 재정의할 수 있는 마지막 항목은 로그 레벨이다. 기본적으로 스프링 부트는 ERROR, WARN, INFO 레벨로 메시지를 남긴다. `logging.level.*` 속성을 통해 패키지나 클래스 단위로 재정의할 수 있다. 루트 로거는 `logging.level.root`로 구성할 수 있다. 다음 `application.yml` 파일의 컨피규레이션 예제는 기본 패턴 형식뿐만 아니라 몇 가지 로그 레벨과 로깅 파일의 위치 설정을 재정의한다.

```
logging:
  file: logs/order.log
  level:
   com.netflix: DEBUG
   org.springframework.web.filter.CommonsRequestLoggingFilter: DEBUG
  pattern:
   console: "%d{HH:mm:ss.SSS} %-5level %msg%n"
   file: "%d{HH:mm:ss.SSS} %-5level %msg%n"
```

앞 예제의 컨피규레이션은 매우 간단하지만, 그것만으로 충분하지 않은 경우도 있다. 추가로 어펜더(appender) 또는 필터를 정의하려면 반드시 로그백(logback-spring.xml)이나 Log4j2(log4j2-spring.xml), Java Util Logging (logging.properties) 같은 로깅 시스템을 위한 컨피규레이션을 포함해야 한다. 이미 이야기했듯이 스프링 부트는 애플리케이션 로그를 위해 로그백을 기본으로 사용한다. logback-spring.xml 파일을 루트 클래스 경로에 제공하면 application.yml 파일에 정의된 모든 설정을 재정의할 것이다. 예를 들어 로그를 일 단위로 회전하는 파일 어펜더를 생성하거나 최대 10일의 파일만 유지하도록 할 수도 있다. 이 기능은 애플리케이션에서 매우 자주 사용된다. 다음 절에서는 마이크로서비스와 로그스태시의 통합을 위해 맞춤형 어펜더를 사용할 것이다. 다음은 logs/order.log 파일의 일 단위 롤링 정책을 설정하는 로그백 컨피규레이션 파일의 일부다.

```xml
<configuration>
  <appender name="FILE"
        class="ch.qos.logback.core.rolling.RollingFileAppender">
    <file>logs/order.log</file>
    <rollingPolicy
       class="ch.qos.logback.core.rolling.TimeBasedRollingPolicy">
      <fileNamePattern>order.%d{yyyy-MM-dd}.log</fileNamePattern>
      <maxHistory>10</maxHistory>
      <totalSizeCap>1GB</totalSizeCap>
    </rollingPolicy>
    <encoder>
      <pattern>%d{HH:mm:ss.SSS} %-5level %msg%n</pattern>
    </encoder>
  </appender>
  <root level="DEBUG">
    <appender-ref ref="FILE" />
  </root>
</configuration>
```

스프링이 기본으로 제공하는 `logback.xml` 대신 `logback-spring.xml`을 권장한다는 사실도 알아둬야 한다. 스프링 부트는 고급 컨피규레이션에 도움이 되는 몇 가지 로그백 확장을 제공한다. 이것은 표준 `logback.xml`에서는 사용할 수 없고 `logback-spring.xml`에서만 사용 가능하다. 다음은 특정 프로파일을 위한 컨피규레이션 또는 스프링 환경에서 surface 속성을 정의하게 해주는 몇 가지 확장의 목록이다.

```xml
<springProperty scope="context" name="springAppName" source="spring.application.name" />
<property name="LOG_FILE" value="${BUILD_FOLDER:-build}/${springAppName}"/>
<springProfile name="development">
...
</springProfile>
<springProfile name="production">
   <appender name="flatfile"
class="ch.qos.logback.core.rolling.RollingFileAppender">
     <file>${LOG_FILE}</file>
     <rollingPolicy
   class="ch.qos.logback.core.rolling.TimeBasedRollingPolicy">
       <fileNamePattern>${LOG_FILE}.%d{yyyy-MM-dd}.gz</fileNamePattern>
       <maxHistory>7</maxHistory>
     </rollingPolicy>
```

```
    <encoder>
        <pattern>${CONSOLE_LOG_PATTERN}</pattern>
        <charset>utf8</charset>
    </encoder>
  </appender>
  ...
</springProfile>
```

## ELK 스택을 사용한 통합 로그 수집

ELK는 엘라스틱서치(Elasticsearch), 로그스태시(Logstash), 키바나(Kibana)라는 세 가지 오픈 소스 도구의 약어다. **엘라스틱 스택(Elastic Stack)**이라고도 한다. 이 시스템의 핵심은 Java와 Apache Lucene 기반의 오픈 소스 프로젝트 기반의 검색 엔진인 **엘라스틱서치(Elasticsearch)**다. 이 라이브 러리는 크로스플랫폼 환경에서 전문(full text) 검색이 필요한 애플리케이션에 적합하다. 엘라스틱서치 가 인기 있는 주된 이유는 성능에 있다. 물론 확장성과 유연성, 그리고 저장된 데이터를 검색하기 위한 RESTful, JSON 기반 API를 제공함으로써 쉽게 통합할 수 있는 점 등 몇 가지 장점도 있다. 대규모 커 뮤니티가 있고 많은 사례가 있지만, 가장 흥미로운 것은 애플리케이션 로그의 저장 및 검색 능력이다. 특히 로깅은 ELK 스택에 로그스태시가 포함된 주된 이유다. 이 오픈 소스 데이터 처리 파이프라인은 데이터를 수집, 가공해서 엘라스틱서치로 저장한다.

**로그스태시(Logstash)**는 외부 소스로부터 이벤트를 추출하는 다양한 입력을 지원한다. 흥미로운 점 은 이것이 다양한 출력을 제공하는데, 엘라스틱서치가 그중 하나라는 것이다. 예를 들어 이것은 아파치 카프카나 래빗엠큐, 몽고디비에 이벤트를 저장할 수 있고 인플럭스디비(InfluxDB) 또는 그래파이트 (Graphite)에 메트릭을 저장할 수 있다. 데이터를 수신하고 목적지로 전달할 뿐만 아니라 그것을 즉시 파싱하고 변환할 수도 있다.

**키바나(Kibana)**는 ELK 스택의 마지막 요소다. 이것은 엘라스틱서치를 위한 오픈 소스, 데이터 시각 화 플러그인이다. 이것은 엘라스틱서치의 데이터를 시각화하고 탐색하고 발견하게 해준다. 검색 질의 를 생성해 애플리케이션에 수집된 모든 로그를 쉽게 표현하고 필터링할 수 있다. 이것을 기반으로 데이 터를 PDF 또는 CSV 형식으로 내보내 리포트를 제공할 수도 있다.

## 머신에 ELK 스택 컨피규레이션하기

애플리케이션에서 로그스태시로 로그를 보내기 전에 로컬 머신에 ELK 스택을 구성해야 한다. 가장 적절한 방법은 도커 컨테이너를 통해 실행하는 것이다. 스택의 모든 제품은 도커 이미지로 제공된다. 엘라스틱 스택의 벤더가 운영하는 전용 도커 저장소가 있다. 제공되는 전체 이미지와 태그 목록은 www.docker.elastic.co에 있다. 전부 centos:7을 베이스 이미지로 사용한다.

우선 엘라스틱서치 인스턴스로부터 시작할 것이다. 개발 모드는 다음 명령으로 시작할 수 있다.

```
docker run -d --name es -p 9200:9200 -p 9300:9300 -e
"discovery.type=single-node"
docker.elastic.co/elasticsearch/elasticsearch:6.1.1
```

엘라스틱서치를 개발 모드로 실행하면 추가 컨피규레이션을 제공할 필요가 없기 때문에 가장 편리하다. 운영 모드로 실행할 경우, vm.max_map_count 리눅스 커널의 설정을 적어도 262144로 설정해야 한다. 이것을 변경하는 절차는 OS 플랫폼에 따라 다르다. 윈도우의 도커 툴박스에서는 docker-machine을 통해 설정한다.

```
docker-machine ssh
sudo sysctl -w vm.max_map_count=262144
```

다음은 로그스태시의 컨테이너를 실행하는 코드다. 로그스태시 컨테이너를 띄우고 입력과 출력을 정의해야 한다. 출력은 당연히 엘라스틱서치인데, 기본 도커 머신 주소인 192.168.99.100에 있다. 입력으로 간단한 logstash-input-tcp TCP 플러그인을 정의하는데, 이것은 예제 애플리케이션의 로깅 어펜더로 사용되는 LogstashTcpSocketAppender와 호환된다. 여기서는 마이크로서비스의 모든 로그를 JSON 형식으로 내보낸다. 이 플러그인의 json 코덱을 설정하는 것이 중요하다. 각 마이크로서비스는 엘라스틱서치에서 이름과 micro 접두사로 인덱스가 구성된다. 다음은 로그스태시의 logstash.conf 컨피규레이션 파일이다.

```
input {
  tcp {
     port => 5000
     codec => json
  }
}
output {
```

```
    elasticsearch {
        hosts => ["http://192.168.99.100:9200"]
        index => "micro-%{appName}"
    }
}
```

다음은 로그스태시를 실행하고 5000 포트에 노출하는 명령이다. 그리고 앞의 설정을 컨테이너로 복사해 로그스태시 컨피규레이션 파일의 기본 위치를 재정의한다.

```
docker run -d --name logstash -p 5000:5000 -v ~/logstash.conf:/config-
    dir/logstash.conf docker.elastic.co/logstash/logstash-oss:6.1.1 -f /config-
    dir/logstash.conf
```

드디어 스택의 마지막 요소인 키바나를 실행한다. 기본으로 5601 포트에 노출되고 9200 포트의 엘라스틱서치 API에 연결해 사용 가능한 데이터를 적재한다.

```
docker run -d --name kibana -e
 "ELASTICSEARCH_URL=http://192.168.99.100:9200" -p 5601:5601
 docker.elastic.co/kibana/kibana:6.1.1
```

윈도우상의 도커 머신에서 모든 엘라스틱 스택 제품을 실행하려면 리눅스 가상 이미지의 기본 RAM 메모리를 최소 2GB로 늘려야 할 것이다. 모든 컨테이너를 실행한 후 http://192.168.99.100:5601 키바나 대시보드에 접속한다. 그리고 애플리케이션과 로그스태시와의 통합을 시작한다.

## 애플리케이션과 ELK 스택 통합하기

로그스태시를 통해 자바 애플리케이션과 ELK 스택을 통합하는 많은 방법이 있다. 그 방법 중 하나는 로컬 파일의 데이터를 전달하는 파일비트(Filebeat)를 사용하는 것이다. 이 방법은 비트(beats)(logstash-input-beats) 입력 설정을 로그스태시 인스턴스로 하는 것인데, 기본 옵션이다. 그리고 서버 머신에 파일비트 데몬을 설치하고 실행해야 한다. 이것은 로그를 로그스태시로 전달하는 역할을 한다.

개인적으로는 로그백과 전용 어펜더 기반의 컨피규레이션을 선호한다. 이 방법이 파일비트 에이전트를 사용하는 것보다 간단하다. 파일비트는 추가로 서비스를 구성하는 것뿐만 아니라 Grok 필터 같은 파싱 표현을 다루도록 요구한다. 로그백 어펜더를 사용하면 어떠한 로그 시퍼(log shipper)도 필요없다. 이 어펜더는 로그스태시 JSON 인코더 프로젝트 내에 있다. 애플리케이션에서 이것을 사용하려면 logback-spring.xml 파일에 net.logstash.logback.appender.LogstashSocketAppender 어펜더를 선언한다.

한편 로그스태시로 데이터를 전달하는 다른 방법으로 메시지 브로커를 사용하는 것에 대해서 논의할 것이다. 곧 다룰 예제에서 래빗엠큐 익스체인지로 로깅 이벤트를 게시하기 위해 스프링 AMQPAppender를 사용하는 방법을 보게 될 것이다. 이 경우 로그스태시는 익스체인지를 구독하고 게시된 메시지를 사용한다.

## LogstashTCPAppender 사용하기

Logstash-logback-encoder 라이브러리는 UDP, TCP, 비동기의 세 가지 형식의 어펜더를 제공한다. 그중 TCP 어펜더가 가장 많이 사용된다. TCP 어펜더는 비동기 방식이고 모든 인코딩과 통신은 단일 스레드에 위임된다. 어펜더 외에도 이 라이브러리는 JSON 형식으로 로그를 남길 수 있도록 몇 가지 인코더와 레이아웃을 제공한다. 스프링 부트가 spring-boot-starter-web뿐만 아니라 로그백 라이브러리를 기본으로 포함하기 때문에 메이븐 pom.xml에는 하나의 의존성만 추가하면 된다.

```xml
<dependency>
<groupId>net.logstash.logback</groupId>
<artifactId>logstash-logback-encoder</artifactId>
<version>4.11</version>
</dependency>
```

그러고 나서 로그백 컨피규레이션 파일에 LogstashTCPAppender 클래스를 사용한 어펜더를 정의한다. 모든 TCP 어펜더는 직접 인코더를 구성해야 한다. 이때 LogstashEncoder와 LoggingEventCompositeJsonEncoder 중에 선택할 수 있다. LoggingEventCompositeJsonEncoder는 더 많은 자유도를 준다. 이것은 JSON 출력과 매핑된 하나 이상의 JSON 제공자로 구성된다. 이것은 LogstashTCPAppender의 방식으로는 동작하지 않는다. 기본적으로 타임스탬프, 버전, 로거 이름, 스택 트레이스와 같은 몇 가지 표준 필드를 포함한다. 또한 LoggingEventCompositeJsonEncoder는 includeMdc 또는 includeContext 속성 중의 하나를 false로 설정해 비활성화하지 않은 경우 **MDC(mapped diagnostic context)**와 컨텍스트로부터 모든 엔트리를 추가한다.

```xml
<appender name="STASH"
  class="net.logstash.logback.appender.LogstashTcpSocketAppender">
    <destination>192.168.99.100:5000</destination>
  <encoder
  class="net.logstash.logback.encoder.LoggingEventCompositeJsonEncoder">
    <providers>
      <mdc />
```

```xml
        <context />
        <logLevel />
        <loggerName />
        <pattern>
         <pattern>
         {
         "appName": "order-service"
         }
         </pattern>
        </pattern>
        <threadName />
        <message />
        <logstashMarkers />
        <stackTrace />
      </providers>
    </encoder>
</appender>
```

이제 예제 시스템으로 다시 돌아가보자. 여전히 같은 저장소(https://github.com/piomin/sample-spring-cloud-comm.git)의 feign_with_discovery 브랜치를 사용한다(https://github.com/piomin/sample-spring-cloud-comm/tree/feign_with_discovery). 여기서는 **마이크로서비스를 위한 로깅 모범사례** 절에서 설명했던 대로 소스 코드에 로깅 엔트리를 추가했다. 다음은 order-service 내 POST 메서드의 현재 버전이다. org.slf4j.LoggerFactory의 getLogger를 호출해 SLF4j상에 로그백을 로거로 사용했다.

```java
    @PostMapping
    public Order prepare(@RequestBody Order order) throws JsonProcessingException {
 int price = 0;
        List<Product> products =
    productClient.findByIds(order.getProductIds());
        LOGGER.info("Products found: {}", mapper.writeValueAsString(products));
        Customer customer =
    customerClient.findByIdWithAccounts(order.getCustomerId());
        LOGGER.info("Customer found: {}", mapper.writeValueAsString(customer));
        for (Product product : products)
            price += product.getPrice();
        final int priceDiscounted = priceDiscount(price, customer);
        LOGGER.info("Discounted price: {}",
    mapper.writeValueAsString(Collections.singletonMap("price",
```

```
priceDiscounted)));
    Optional<Account> account = customer.getAccounts().stream().filter(a ->
  (a.getBalance() > priceDiscounted)).findFirst();
    if (account.isPresent()) {
        order.setAccountId(account.get().getId());
        order.setStatus(OrderStatus.ACCEPTED);
        order.setPrice(priceDiscounted);
        LOGGER.info("Account found: {}",
        mapper.writeValueAsString(account.get()));
    } else {
        order.setStatus(OrderStatus.REJECTED);
        LOGGER.info("Account not found: {}",
        mapper.writeValueAsString(customer.getAccounts()));
    }
    return repository.add(order);
}
```

키바나 대시보드를 살펴보자. 이것은 http://192.168.99.100:5601에 있다. 이 대시보드를 보면 애플리케이션 로그가 쉽게 발견되고 분석될 것이다. 페이지(다음 그림의 1) 메뉴에서 필요한 인덱스 이름을 선택할 수 있다. 로그의 통계가 시간 그래프에 표시된다(2). 바 그래프를 선택해서 찾는 시간대를 좁혀갈 수 있다. 검색 시간대의 모든 로그가 그래프 아래에 표시된다(3).

각 엔트리를 확장해 상세내용을 볼 수 있다. 상세 테이블 보기에서 엘라스틱서치의 인덱스(_index)와 레벨 또는 마이크로서비스의 이름(appName) 등을 볼 수 있다. 대부분의 필드는 LoggingEventCompositeJsonEncoder로 설정된다. 여기서는 애플리케이션의 필드인 appName만 정의했다.

키바나는 특정 엔트리를 검색하는 대단한 기능을 제공한다. 검색 조건을 정의하기 위해 선택된 엔트리를 클릭해 필터를 정의할 수 있다. 앞 그림에서 들어오는 HTTP 요청을 어떻게 필터링 하는지 볼 수 있다. 기억하겠지만 org.springframework.web.filter.CommonsRequestLoggingFilter 클래스가 HTTP 요청의 로깅을 담당한다. 또한 완전히 정규화된 로거 클래스 이름과 똑같은 이름의 필터를 정의했다. 다음화면은 CommonsRequestLoggingFilter에 의해 생성된 로그만 표시하는 키바나 대시보드다.

## AMQP 어펜더와 메시지 브로커 사용하기

스프링 AMQP 어펜더와 메시지 브로커를 사용한 컨피규레이션은 간단한 TCP 어펜더를 사용한 방법보다 조금 더 복잡하다. 먼저 로컬 머신에 메시지 브로커를 실행해야 한다. 5장 **스프링 클라우드 컨피그를 사용한 분산 컨피규레이션**에서 스프링 클라우드 버스를 사용한 동적 컨피규레이션 재적재를 위한 래빗엠큐를 소개하면서 그 절차를 소개했다. 로컬 또는 도커 컨테이너로 래빗엠큐 인스턴스를 실행했다면 컨피규레이션을 진행할 수 있다. 들어오는 이벤트를 게시할 큐를 생성하고 익스체인지에 연결한다. 이를 위해 래빗(Rabbit) 관리 콘솔에 로그인한 후 **Queue** 섹션으로 간다. 여기서는 q_logstash라는 이름의 큐를 생성했다. 다음 화면에서처럼 ex_logstash라는 이름의 익스체인지를 정의했다. 큐가 예제의 모든 마이크로서비스의 라우팅 키를 사용해 익스체인지로 연결됐다.

래빗엠큐 인스턴스를 시작하고 구성한 후에는 애플리케이션 측에서 연동을 시작한다. 먼저 AMQP 클라이언트와 AMQP 어펜더의 구현체를 제공하기 위해 spring-boot-starter-amqp 의존성을 프로젝트에 포함해야 한다.

```xml
<dependency>
    <groupId>org.springframework.boot</groupId>
    <artifactId>spring-boot-starter-amqp</artifactId>
</dependency>
```

마지막으로 할 일은 org.springframework.amqp.rabbit.logback.AmqpAppender 클래스를 사용해 로그백 컨피규레이션 파일에 어펜더를 정의하는 것이다. 설정해야 할 가장 중요한 속성은 래빗엠큐 네트워크 주소(host, port)와 선언된 익스체인지 이름(exchangeName), 익스체인지 바인딩에 선언된 키 중 하나와 매칭되는 라우팅 키(routingKeyPattern)다. TCP 어펜더와 비교할 때 이 방식의 단점은 로그스태시로 보내는 JSON 메시지를 직접 준비해야 한다는 것이다. 다음은 order-service를 위한 로그백 컨피규레이션의 일부다.

```xml
<appender name="AMQP"
  class="org.springframework.amqp.rabbit.logback.AmqpAppender">
<layout>
 <pattern>
 {
 "time": "%date{ISO8601}",
 "thread": "%thread",
 "level": "%level",
 "class": "%logger{36}",
 "message": "%message"
 }
 </pattern>
</layout>
<host>192.168.99.100</host>
<port>5672</port>
<username>guest</username>
<password>guest</password>
<applicationId>order-service</applicationId>
<routingKeyPattern>order-service</routingKeyPattern>
<declareExchange>true</declareExchange>
<exchangeType>direct</exchangeType>
<exchangeName>ex_logstash</exchangeName>
<generateId>true</generateId>
<charset>UTF-8</charset>
<durable>true</durable>
<deliveryMode>PERSISTENT</deliveryMode>
</appender>
```

로그스태시는 rabbitmq(logstash-input-rabbitmq) 입력을 선언해 래빗엠큐와 쉽게 통합될 수 있다.

```
input {
  rabbitmq {
    host => "192.168.99.100"
    port => 5672
    durable => true
    exchange => "ex_logstash"
  }
}
output {
  elasticsearch {
    hosts => ["http://192.168.99.100:9200"]
  }
}
```

## 스프링 클라우드 슬루스

스프링 클라우드 슬루스(Sleuth)는 로깅과 추적을 위한 몇 가지 유용한 기능을 제공함에도 불구하고 다소 작은 프로젝트다. **LogstashTCPAppender 사용하기** 절에서 봤듯이 단일 요청과 관련된 로그만 필터링할 수 있는 방법은 없다. 마이크로서비스 기반 환경에서 시스템으로 들어오는 요청을 처리할 때 애플리케이션에 의해 교환되는 메시지를 연관 짓는 것은 매우 중요하다. 이것이 스프링 클라우드 슬루스 프로젝트가 탄생한 주요 동기다.

애플리케이션에서 스프링 클라우드 슬루스를 사용하면 들어오는 요청을 독립적인 애플리케이션 간에 (예를 들어 RESTful API를 통해) 교환되는 메시지와 응답에 연결할 수 있다. 이러한 연결은 기본적으로 두 개의 작업 단위인 스팬(span)과 트레이스(trace)로 정의된다. 각각은 유일한 64비트 ID로 식별된다. 트레이스 ID의 값은 최초의 스팬 ID와 같다. 스팬은 요청에 대한 반응으로 응답이 전송되는 단일 교환을 말한다. 트레이스는 일반적으로 **correlation IT**라고 하는데, 시스템으로 들어오는 요청을 처리하는 동안 다양한 애플리케이션에서 발생된 모든 로그를 연결할 수 있게 도와준다.

모든 트레이스와 스팬 ID는 Slf4J **MDC(mapped diagnostic context)**에 추가되므로 로그 aggregator에서 트레이스 또는 스팬과 관련된 모든 로그를 추출할 수 있다. MDC는 현재 스레드의 컨텍스트 데이터를 저장하는 맵이다. 서버로 들어오는 각 클라이언트 요청은 다른 스레드에서 처리된다.

덕분에 각 스레드는 스레드 생애주기 동안 자신의 MDC 값에 접근할 수 있다. spanId 및 traceId와 더불어 스프링 클라우드 슬루스는 MDC에 다음의 두 스팬을 추가한다.

- appName: 로그 엔트리를 생성하는 애플리케이션의 이름

- exportable: 로그를 집킨으로 내보낼지를 지정한다.

앞의 기능과 더불어 스프링 클라우드 슬루스는 다음 기능도 제공한다.

- 추상화된 일반적인 분산 추적 데이터 모델을 제공해 집킨과 통합할 수 있다.

- 지연 분석에 도움을 주기 위해 타이밍 정보를 기록한다. 여기에는 집킨으로 내보내는 데이터의 양을 관리하는 다양한 샘플링 정책이 포함된다.

- 서블릿 필터, 비동기 종단점, RestTemplate, 메시지 채널, 주울 필터, 페인 클라이언트 등과 같은 통신에 참여하는 공통의 스프링 구성요소와의 통합을 제공한다.

## 슬루스와 애플리케이션 통합하기

스프링 클라우드 슬루스 기능을 애플리케이션에서 사용하려면 spring-cloud-starter-sleuth 스타터를 의존성에 추가해야 한다.

```
<dependency>
    <groupId>org.springframework.cloud</groupId>
    <artifactId>spring-cloud-starter-sleuth</artifactId>
</dependency>
```

이 의존성을 포함하면 애플리케이션이 생성하는 로그의 포맷이 다음과 같이 변경된다.

```
    2017-12-30 00:21:31.639 INFO [order- service,9a3fef0169864e80,9a3fef0169864e80,false] 49212
--- [nio-8090- exec-6] p.p.s.order.controller.OrderController : Products found: [{"id":2,"name":"Te
st2","price":1500},{"id":9,"name":"Test9","price":2450}]
2017-12-30 00:21:31.683 INFO [order- service,9a3fef0169864e80,9a3fef0169864e80,false] 49212 ---
[nio-8090- exec-6]      p.p.s.order.controller.OrderController : Customer found: {"id":2,"name":"Adam
Smith","type":"REGULAR","accounts":[{"id":4,"number":"1234567893","balance" :5000},{"id":5,"number"
:"1234567894","balance":0},{"id":6,"number":"1234567
895","balance":5000}]}
    2017-12-30 00:21:31.684 INFO [order-
    service,9a3fef0169864e80,9a3fef0169864e80,false] 49212 --- [nio-8090-
    exec-6] p.p.s.order.controller.OrderController : Discounted price:
```

```
{"price":3752}
2017-12-30 00:21:31.684 INFO [order-
service,9a3fef0169864e80,9a3fef0169864e80,false] 49212 --- [nio-8090-
exec-6] p.p.s.order.controller.OrderController : Account found:
{"id":4,"number":"1234567893","balance":5000}
2017-12-30 00:21:31.711 INFO [order-
service,58b06c4c412c76cc,58b06c4c412c76cc,false] 49212 --- [nio-8090-
exec-7] p.p.s.order.controller.OrderController : Order found:
{"id":4,"status":"ACCEPTED","price":3752,"customerId":2,"accountId":4,"prod
uctIds":[9,2]}
2017-12-30 00:21:31.722 INFO [order-
service,58b06c4c412c76cc,58b06c4c412c76cc,false] 49212 --- [nio-8090-
exec-7] p.p.s.order.controller.OrderController : Account modified:
{"accountId":4,"price":3752}
2017-12-30 00:21:31.723 INFO [order-
service,58b06c4c412c76cc,58b06c4c412c76cc,false] 49212 --- [nio-8090-
exec-7] p.p.s.order.controller.OrderController : Order status changed:
{"status":"DONE"}
```

## 키바나를 사용해 이벤트 찾기

스프링 클라우드 슬루스는 모든 요청과 응답에 X-B3-SpandId와 X-B3-TraceId의 HTTP 헤더를 자동으로 추가한다. 또한 이 필드는 MDC에 spanId와 traceId로 포함되어 로그에서 조회할 수 있다. 키바나 대시보드로 이동하기 전에 다음 그림을 살펴보자. 이 다이어그램은 예제 마이크로서비스 간의 통신 흐름을 보여준다.

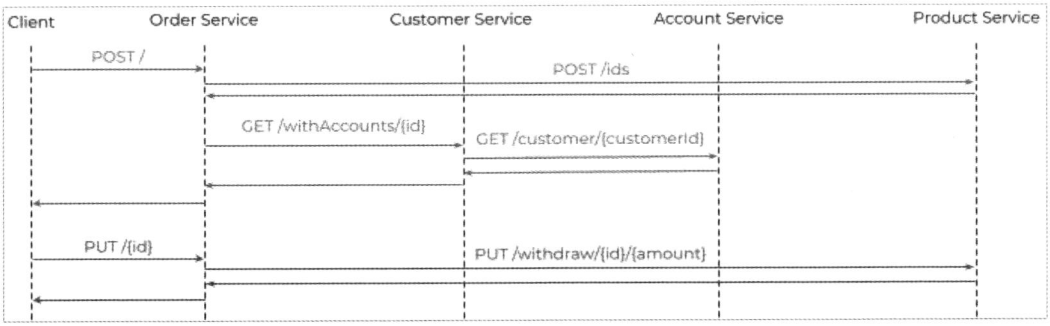

order-service는 두 개의 메서드를 노출한다. 첫 번째는 새로운 주문을 생성하기 위한 것이고 두 번째는 그것을 확정하기 위한 것이다. 첫 번째 POST / 메서드는 사실 다른 모든 마이크로서비스의 종단점을 호출하는데, customer-service와 product-service는 직접 호출하고 account-service는 customer-service를 통해 호출된다. 두 번째 PUT /{id} 메서드는 product-service의 종단점 하나와만 연동된다.

앞에서 설명한 흐름은 ELK 스택에 저장된 로그 엔트리와 매핑된다. 키바나를 스프링 클라우드 슬루스가 생성한 필드와 함께 통합 로그 수집기로 사용할 경우, 트레이스 또는 스팬 ID를 사용해 로그 엔트리를 쉽게 찾을 수 있다. 다음은 order-service의 POST / 종단점의 X-B3-TraceId 필드의 값이 103ec949877519c2인 모든 이벤트를 찾아낸 것이다.

다음은 PUT /{id} 종단점으로 보낸 요청을 처리하는 동안 저장된 모든 이벤트를 나타낸다. X-B3-TraceId 필드의 값이 7070b90bfb36c961인 엔트리를 필터링했다.

| Time ▾ | message | appName |
|---|---|---|
| ▸ December 29th 2017, 15:39:43.029 | Order status changed: {"status":"DONE"} | order-service |
| ▸ December 29th 2017, 15:39:43.029 | Account found: {"id":9,"number":"1234567898","balance":5000,"customerId":3} | account-service |
| ▸ December 29th 2017, 15:39:43.029 | Current balance: {"balance":2953} | account-service |
| ▸ December 29th 2017, 15:39:43.028 | Account modified: {"accountId":9,"price":2047} | order-service |
| ▸ December 29th 2017, 15:39:43.014 | Order found: {"id":20,"status":"ACCEPTED","price":2047,"customerId":3,"accountId":9,"productIds":[10,2]} | order-service |

마이크로서비스 애플리케이션에서 로그스태시로 보낸 모든 필드 목록을 볼 수 있다. X- 접두사를 사용한 필드가 스프링 클라우드 슬루스 라이브러리에 의해 메시지에 포함됐다.

## 집킨과 슬루스 통합하기

집킨은 마이크로서비스 기반 아키텍처에서 지연 문제를 분석하는 데 필요한 타이밍 데이터를 모으는 데 도움을 주는 인기 있는 오픈 소스 분산 추적 시스템이다. 그것은 웹 UI 콘솔에서 데이터를 수집하고 조회하고 시각화할 수 있다. 집킨 UI는 시스템의 모든 애플리케이션에서 추적된 요청을 얼마나 많이 처리했는지를 보여주는 의존성 다이어그램을 제공한다. 집킨은 네 개의 요소로 구성된다. 그중 하나는 이미 말한 웹 UI다. 두 번째는 들어오는 모든 트레이스 데이터의 유효성을 확인하고 저장하고 인덱스를 구성하는 집킨 콜렉터다. 집킨은 기본 백엔드 저장소로 카산드라(Cassandra)를 사용한다. 또한 엘라스틱서치와 MySQL을 저장소로 지원한다. 마지막 요소는 트레이스를 찾고 추출하기 위한 간단한 JSON API를 제공하는 질의 서비스다.

## 집킨 서버 실행하기

집킨 서버를 로컬에서 실행하는 몇 가지 방법이 있다. 그중 하나는 도커 컨테이너를 사용하는 것이다. 다음 명령은 메모리에 서버 인스턴스를 띄운다.

```
docker run -d --name zipkin -p 9411:9411 openzipkin/zipkin
```

도커 컨테이너를 띄우면 http://192.168.99.100:9411에서 집킨 API가 서비스된다. 다른 방법은 스프링 부트 애플리케이션과 자바 라이브러리를 이용해 서버를 시작하는 것이다. 애플리케이션에서 집킨을 사용하려면 다음 코드에서 보는 것처럼 메이븐 pom.xml에 의존성을 포함해야 한다. 기본 버전은 spring-cloud-dependencies가 관리한다. 예제 애플리케이션에서는 Edgware.RELEASE 스프링 클라우드 릴리즈 트레인을 사용했다.

```xml
<dependency>
    <groupId>io.zipkin.java</groupId>
    <artifactId>zipkin-server</artifactId>
</dependency>
<dependency>
    <groupId>io.zipkin.java</groupId>
    <artifactId>zipkin-autoconfigure-ui</artifactId>
</dependency>
```

이 책에서는 예제 시스템에 새로운 zipkin-service 모듈을 추가했다. 이것은 매우 간단한데, 메인 클래스에 @EnableZipkinServer 애노테이션을 추가한 것이다. 이 덕분에 스프링 부트 애플리케이션에 집킨 인스턴스가 내장됐다.

```java
@SpringBootApplication
@EnableZipkinServer
public class ZipkinApplication {
    public static void main(String[] args) {
        new SpringApplicationBuilder(ZipkinApplication.class).web(true).run(args);
    }
}
```

application.yml 파일의 기본 서버 포트를 설정하고 집킨 인스턴스를 기본 포트로 실행한다. 실행 후 http://localhost:9411에서 집킨 API를 사용할 수 있다.

```
spring:
 application:
  name: zipkin-service
server:
 port: ${PORT:9411}
```

## 클라이언트 애플리케이션 개발하기

프로젝트에서 스프링 클라우드 슬루스와 집킨을 함께 사용하려면 spring-cloud-starter-zipkin을 의존성에 포함하면 된다. 이렇게 하면 HTTP API를 통해 집킨과 통합된다. 스프링 부트 애플리케이션 내에 내장된 집킨 서버 인스턴스를 시작했다면 연결 주소가 담긴 추가적인 컨피규레이션을 제공할 필요가 없다. 도커 컨테이너를 사용한다면 applicaton.yml에 기본 URL을 재정의해야 한다.

```
spring:
 zipkin:
  baseUrl: http://192.168.99.100:9411/
```

서비스 디스커버리와의 통합은 항상 이용할 수 있다. 내장된 집킨 서버를 사용하는 애플리케이션에서 @EnableDiscoveryClient를 통해 디스커버리 클라이언트를 사용한다면 spring.zipkin.locator.discovery.enabled를 true로 한다. 이 경우, 기본 포트를 사용하지 않아도 모든 애플리케이션을 등록된 이름을 통해 조회하고 접근할 수 있다. spring.zipkin.baseUrl 속성에서 기본 집킨 애플리케이션 이름으로 재정의할 수 있다.

```
spring:
 zipkin:
  baseUrl: http://zipkin-service/
```

기본으로 스프링 클라우드 슬루스는 들어오는 요청 중 몇 개만 전달한다. 이것은 0.0과 1.0의 double 값을 갖는 spring.sleuth.sampler.percentage 속성에 의해 결정된다. 분산 시스템 간에 교환되는 데이터의 양이 매우 큰 경우가 있어서 별도의 샘플링 솔루션이 구현돼 있다. 스프링 클라우드 슬루스는 샘플링 알고리즘 제어를 위한 구현에 사용할 수 있는 샘플러 인터페이스를 제공한다. 기본 구현으로 PercentabeBasedSampler 클래스가 있다. 애플리케이션에서 교환되는 모든 요청을 추적하려면 AlwaysSampler 빈을 선언하기만 하면 된다. 이는 테스트할 때 유용할 수 있다.

```
@Bean
public Sampler defaultSampler() {
    return new AlwaysSampler();
}
```

### 집킨 UI를 사용해 데이터 분석하기

예제 시스템으로 돌아가보자. 이미 언급했듯이 새로운 zipkin-service 모듈이 추가됐다. gateway-service를 포함해 모든 마이크로서비스가 집킨 추적을 사용하도록 했다. 슬루스는 기본으로 spring.application.name의 값을 스팬의 서비스 이름으로 사용한다. 이 이름은 spring.zipkin.service.name 속성을 통해 재정의할 수 있다.

시스템에서 집킨을 성공적으로 테스트하기 위해 마이크로서비스, 게이트웨이, 디스커버리, 집킨 서버를 시작한다. pl.piomin.services.gateway.GatewayControllerTest 클래스를 구현한 JUnit 테스트를 실행해 테스트 데이터를 생성하고 전송한다. 이렇게 하면 gateway-service의 http://localhost:8080/api/order/**를 통해 order-service로 100개의 메시지가 전송된다.

그러면 집킨이 수집한 모든 서비스의 데이터를 분석해보자. 웹 UI 콘솔을 사용하면 쉽게 확인할 수 있다. 모든 트레이스는 스팬이라는 서비스 이름으로 태그됐다. 예를 들어, 다섯 개의 스팬을 가진 엔트리가 있다면 시스템으로 들어온 요청이 다섯 개의 다른 서비스에 의해 처리됐다는 뜻이다. 다음 화면에서 이를 확인할 수 있다.

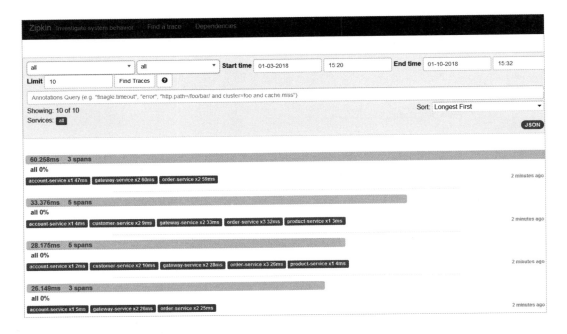

엔트리는 서비스 이름, 스팬 이름, 트레이스 ID, 요청 시간, 지속 시간 등의 다양한 조건으로 필터링할 수 있다. 또한 집킨은 실패한 요청을 시각화하고 지속 시간의 내림차순 또는 오름차순으로 정렬한다.

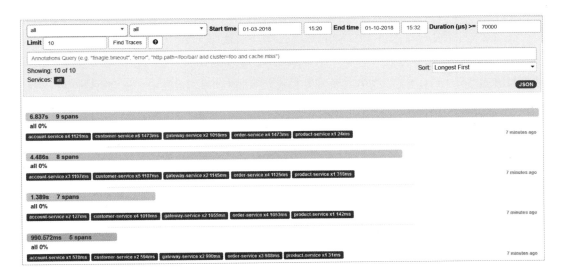

아울러 집킨은 각 엔트리의 상세정보를 보여주고 커뮤니케이션에 참여하는 모든 마이크로서비스 간의 흐름을 들어오는 각 요청의 타이밍 데이터를 고려해 시각화한다. 이를 이용해 시스템에서 지연의 원인을 찾을 수도 있다.

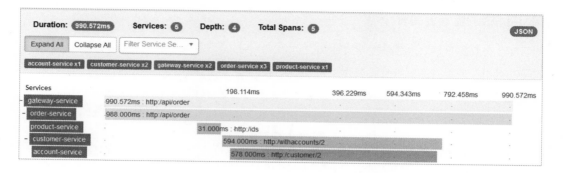

집킨은 추가로 흥미로운 몇 가지 기능을 제공한다. 그중 하나는 애플리케이션 간의 의존성을 시각화하는 능력이다. 다음 화면은 예제 시스템의 커뮤니케이션 흐름을 표현한다.

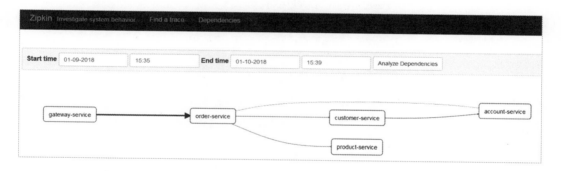

관련 요소를 클릭해 서비스 간에 얼마나 많은 메시지를 교환했는지 확인할 수 있다.

## 메시지 브로커를 통한 통합

집킨과의 통합은 HTTP를 통하는 방법만 있는 것이 아니다. 스프링 클라우드에서 일반적으로 그렇게 하듯이 메시지 브로커를 프록시로 사용할 수 있다. 여기에는 래빗엠큐와 카프카, 두 개의 브로커를 사용할 수 있다. 첫 번째는 `spring-rabbit` 의존성을 프로젝트에 포함하고 두 번째는 `spring-kafka`를 포함한다. 이 두 브로커의 기본 목적지 이름은 `zipkin`이다.

```xml
<dependency>
    <groupId>org.springframework.cloud</groupId>
    <artifactId>spring-cloud-starter-zipkin</artifactId>
</dependency>
<dependency>
    <groupId>org.springframework.amqp</groupId>
    <artifactId>spring-rabbit</artifactId>
</dependency>
```

이 기능을 사용하려면 집킨 서버 측의 변경도 필요하다. 래빗엠큐 또는 카프카 큐로 들어오는 데이터를 대기하는 컨슈머를 구성한다. 이를 위해 프로젝트에 다음의 의존성을 포함한다. 그리고 여전히 클래스 경로에 `zipkin-server`와 `zipkin-autoconfigure-ui` 아티팩트는 유지해야 한다.

```xml
<dependency>
    <groupId>org.springframework.cloud</groupId>
    <artifactId>spring-cloud-sleuth-zipkin-stream</artifactId>
</dependency>
<dependency>
    <groupId>org.springframework.cloud</groupId>
    <artifactId>spring-cloud-starter-stream-rabbit</artifactId>
</dependency>
```

메인 애플리케이션 클래스는 `@EnableZipkinServer` 대신 `@EnableZipkinStreamServer` 애노테이션을 사용한다. 다행히 `@EnableZipkinStreamServer`는 `@EnableZipkinServer` 애노테이션을 포함하는데, 이는 HTTP 상에서 스팬을 수집하는 데 표준 집킨 서버 종단점을 사용할 수 있고 UI 웹 콘솔을 사용해 스팬을 검색할 수 있다는 뜻이다.

```
@SpringBootApplication
@EnableZipkinStreamServer
public class ZipkinApplication {
    public static void main(String[] args) {
        new SpringApplicationBuilder(ZipkinApplication.class).web(true).run(args);
    }
}
```

## 요약

로깅과 추적은 보통 개발 중에는 중요하지 않지만, 시스템의 유지보수 시에는 중요하다. 이 장에서는 개발과 운영의 영역을 강조했다. 이 장에서 스프링 부트 마이크로서비스 애플리케이션과 로그스태시, 집킨을 통합하는 몇 가지 방법을 소개했다. 수많은 마이크로서비스 간의 호출을 쉽게 모니터링하기 위해 애플리케이션에 스프링 클라우드 슬루스 기능을 사용하는 방법을 설명하기 위한 몇 가지 예제도 소개했다. 이 장을 읽고 나면 통합 로그 수집기로 키바나를 효과적으로 사용하고 시스템 내에서 커뮤니케이션 병목을 찾아낼 때 추적 도구로 집킨을 사용할 수 있다.

스프링 클라우드 슬루스와 엘라스틱 스택, 집킨을 함께 사용하면 수많은 독립적인 마이크로서비스로 구성된 모니터링 시스템에서 발생하는 문제에 대해 가질 만한 의구심을 없애주는 매우 강력한 생태계를 구성할 수 있다.

# 10

# 추가 컨피규레이션 및
# 디스커버리 기능

4장 **서비스 디스커버리**와 5장 **스프링 클라우드 컨피그를 사용한 분산 컨피규레이션**에서 서비스 디스커버리와 분산 컨피규레이션에 관해 많은 이야기를 했다. 거기서 두 가지 솔루션에 관해 자세히 논의했다. 첫 번째는 넷플릭스 OSS가 제공하는 유레카로, 스프링 클라우드에서 서비스 디스커버리로 사용된다. 두 번째는 스프링 클라우드 컨피그 프로젝트로, 분산 컨피규레이션을 전담한다. 그런데 이 기능을 모두 효과적으로 통합하는 흥미로운 몇 가지 솔루션이 있다. 다음의 두 솔루션은 스프링 클라우드에서 모두 지원한다.

- **컨설(Consul)**: 이 프로젝트는 해시코프(HashiCorp)에서 개발했다. 동적이고 분산된 인프라에서 애플리케이션을 연결하고 구성하기 위해 설계된 고가용성과 분산 환경을 지원하는 솔루션이다. 컨설은 다소 복잡한 제품이고 다양한 구성요소를 가진다. 그러나 주요 기능은 모든 인프라에서 서비스를 발견하고 구성하는 것이다.

- **주키퍼(Zookeeper)**: 이 제품은 아파치 소프트웨어 재단에서 개발했다. 이것은 자바로 개발된 분산된 계층의 키/값 저장소로서 분산 환경에서 컨피규레이션 정보와 네이밍, 분산 동기화를 유지하려고 설계됐다. 컨설과 대조적으로 최신 서비스 디스커버리 도구보다는 좀 더 원시적인 키/값 저장소다. 그러나 이것은 여전히 인기가 있는데, 특히 아파치 소프트웨어 스택 기반의 솔루션을 사용할 때 그렇다.

이 영역에서 인기 있는 다음 두 제품에 대한 스프링 클라우드의 지원은 여전히 개발 단계에 있다. 그리고 이것들은 아직 스프링 클라우드 릴리즈 트레인에 공식으로 추가되지 않았다.

- **쿠버네티스(Kubernetes)**: 구글에서 시작한 컨테이너화된 애플리케이션의 배포, 스케일링, 관리 자동화를 위해 설계된 오픈 소스 솔루션이다. 이 도구는 현재 매우 인기가 있다. 최근에 도커 플랫폼에서 쿠버네티스를 지원하기 시작했다.

- **에티시디(Etcd)**: 이것은 분산 시스템에서 가장 중요한 데이터를 키/값으로 저장하는 고(Go)로 개발된 분산 저장소다. 이것은 쿠버네티스를 비롯해 수많은 회사와 다양한 소프트웨어 제품에서 운영용으로 사용한다.

이 장에서는 공식적으로 지원되는 솔루션인 컨설과 주키퍼를 소개할 것이다. 단순한 키/값 저장소나 서비스 레지스트리 이상의 기능을 하는 쿠버네티스에 관해서는 14장 **도커 지원**에서 논의할 것이다.

## 스프링 클라우드 컨설 사용하기

스프링 클라우드 컨설 프로젝트는 자동 컨피규레이션을 통해 컨설과 스프링 부트 애플리케이션의 통합을 제공한다. 스프링 프레임워크의 잘 알려진 스타일을 사용해서 마이크로서비스 기반 환경에서의 공통 패턴을 활성화하고 구성할 수 있다. 이런 패턴은 컨설 에이전트를 사용한 서비스 디스커버리, 컨설 키/값 저장소를 사용한 분산 컨피규레이션, 스프링 클라우드 버스를 사용한 분산 이벤트, 그리고 컨설 이벤트를 포함한다. 프로젝트는 넷플릭스 리본 기반의 클라이언트 측 부하 분산과 넷플릭스 주울 기반의 API 게이트웨이를 지원한다. 이런 기능에 대해 논의하기 전에 컨설 에이전트를 실행하고 구성해야 한다.

### 컨설 에이전트 실행하기

로컬 머신에서 컨설 에이전트를 실행하는 간단한 방법부터 알아보자. 독립 실행형 개발 모드는 도커 컨테이너로 쉽게 세팅할 수 있다. 다음 명령은 깃허브에 있는 해시코프의 공식 이미지를 사용해 컨설 컨테이너를 시작한다.

```
docker run -d --name consul -p 8500:8500 consul
```

컨설은 실행 후 http://192.168.99.100:8500 주소에서 사용할 수 있다. 여기에서 메인 인터페이스인 RESTful HTTP API를 노출한다. 모든 API 라우트는 /v1/을 접두사로 사용한다. 물론 API를 직접 사용할 필요는 없다. API를 좀 더 편리하게 사용할 수 있는 프로그래밍 라이브러리가 있다. 그중 하나는 자바로 개발된 consul-api 클라이언트인데, 스프링 클라우드 컨설 내부에서 사용된다. HTTP API와 같은 주소에 /ui/ 컨텍스트 경로에서 컨설이 제공하는 웹 UI 대시보드가 있다. 여기에서 등록된 모든 서비스와 노드를 볼 수 있고 모든 상태 검사와 현재 상태, 키/값 데이터를 읽고 설정할 수 있다.

앞 절에서 언급한 대로 에이전트, 이벤트, KV 저장소의 세 가지 다른 컨설의 기능을 사용할 것이다. 이들 각각은 /agent, /event/, /kv의 종단점 그룹에서 제공된다. 가장 흥미로운 에이전트 종단점은 서비스 등록과 관련된 것이다. 다음은 종단점 목록이다.

| 메서드 | 경로 | 설명 |
|--------|------|------|
| GET | /agent/services | 로컬 에이전트를 사용하는 등록된 서비스 목록을 반환한다. 컨설이 클러스터 모드로 동작한다면 클러스터 멤버 사이에 동기화가 수행되기 전 /catalog의 목록과 다를 수 있다. |
| PUT | /agent/service/register | 로컬 에이전트에 새로운 서비스를 추가한다. 에이전트는 로컬 서비스를 관리하고 글로벌 카탈로그의 동기화를 수행하는 서버에 업데이트를 전송한다. |
| PUT | /agent/service/deregister/:service_id | 로컬 에이전트에서 service_id를 사용하는 서비스를 제거한다. 에이전트는 글로벌 카탈로그에서 서비스의 등록 해제를 담당한다. |

/kv 종단점은 서비스 컨피규레이션이나 다른 메타데이터를 저장하기에 유용한 간단한 키/값 저장소 관리 전용이다. 각 데이터 센터는 자신의 KV 저장소가 있으므로 다른 여러 노드에 공유하기 위해 컨설 복제 데몬을 구성해야 한다. 다음 표는 키/값 저장소를 관리하기 위한 세 가지 종단점이다.

| 메서드 | 경로 | 설명 |
|--------|------|------|
| GET | /kv/:key | 주어진 키 이름의 값을 반환한다. 요청한 키가 존재하지 않으면 HTTP 상태 404를 응답으로 반환한다. |
| PUT | /kv/:key | 새로운 키를 저장소에 저장하거나 키와 매칭되는 것을 갱신한다. |
| DELETE | /kv/:key | 단일 키 또는 같은 접두사를 가지는 모든 키를 삭제하는 데 사용하는 마지막 CRUD 메서드다. |

스프링 클라우드는 동적으로 컨피규레이션 정보를 다시 적재하는 데 컨설 이벤트를 사용한다. 이를 위한 두 개의 간단한 API 메서드가 있다. 첫 번째로 PUT /event/fire/:name은 새로운 이벤트를 촉발한다. 두 번째 GET /event/list는 이름이나 태그, 노드, 서비스 이름으로 필터가 될 수 있는 이벤트 목록을 반환한다.

## 클라이언트 측에 통합하기

프로젝트에서 컨설 서비스 디스커버리를 활성화하려면 spring-cloud-starter-consul-discovery 스타터를 의존성에 포함해야 한다. 컨설을 사용한 분산 컨피규레이션을 사용하려면 spring-cloud-starter-consule-config를 포함한다. 또한 클라이언트 측 애플리케이션에서 둘 다 사용하고 싶은 경우에는 spring-cloud-starter-consul-all 아티팩트를 의존성에 선언한다.

```
<dependency>
    <groupId>org.springframework.cloud</groupId>
```

```
        <artifactId>spring-cloud-starter-consul-all</artifactId>
    </dependency>
```

기본으로 컨설 에이전트는 localhost:8500의 주소에서 사용할 수 있다. 애플리케이션에서 다른 것을 사용하려면 application.yml 또는 bootstrap.yml 파일에 적절한 주소를 제공한다.

```
spring:
  cloud:
   consul:
    host: 192.168.99.100
    port: 18500
```

## 서비스 디스커버리

컨설을 사용한 디스커버리는 애플리케이션의 메인 클래스에 제네릭 스프링 클라우드 @EnableDiscovery
Client를 사용해 활성화한다. 4장 **서비스 디스커버리**에서 다룬 내용을 기억하겠지만, 유레카와 비교했을 때 다른 것이 없다. 기본 서비스 흐름은 ${spring.application.name} 속성에서 가져온다. 컨설을 서비스 디스커버리 서버로 사용하는 예제 마이크로서비스는 깃허브의 https://github.com/piomin/
sample-spring-cloud-consul.git에 있다. 시스템 아키텍처는 이전 장의 예제와 똑같다. 여기에는 order-
service, product-service, customer-service, account-service라는 네 개의 마이크로서비스가 있고
API 게이트웨이는 gateway-service 모듈에 구현돼 있다. 서비스 간 통신을 위해 리본 부하 분산기와 페인 클라이언트를 사용한다.

```
@SpringBootApplication
@EnableDiscoveryClient
@EnableFeignClients
public class CustomerApplication {
    public static void main(String[] args) {
        new
SpringApplicationBuilder(CustomerApplication.class).web(true).run(args);
    }
}
```

스프링 부트 애플리케이션은 기본으로 spring.application.name, spring.profiles.active, server.port
속성의 값을 통해 생성한 인스턴스 ID를 컨설에 등록한다. 대부분의 경우 ID가 유일하지만, ID 형식에

대한 사용자 정의가 필요한 경우 spring.cloud.concul.discovery.instanceId 속성으로 쉽게 재정의할 수 있다.

```yaml
spring:
  cloud:
   consul:
    discovery:
      instanceId:
   ${spring.application.name}:${vcap.application.instance_id:${spring.applicat
ion.instance_id:${random.value}}}
```

모든 예제 마이크로서비스를 실행한 후 컨설 UI 대시보드를 보자. 다음과 같이 네 개의 다른 서비스가 등록된 것을 볼 수 있다.

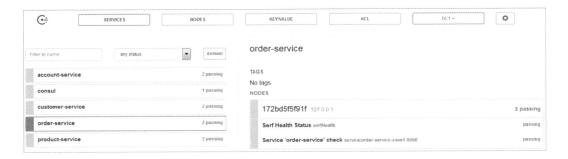

다른 방법으로 RESTful HTTP API 종단점 GET /v1/agent/services를 사용해 등록된 서비스의 목록을 가져올 수도 있다. 다음은 JSON 응답의 일부다.

```json
    "customer-service-zone1-8092": {
    "ID": "customer-service-zone1-8092",
    "Service": "customer-service",
    "Tags": [],
    "Address": "minkowp-l.p4.org",
    "Port": 8092,
    "EnableTagOverride": false,
    "CreateIndex": 0,
    "ModifyIndex": 0
    },
    "order-service-zone1-8090": {
```

```
    "ID": "order-service-zone1-8090",
    "Service": "order-service",
    "Tags": [],
    "Address": "minkowp-l.p4.org",
    "Port": 8090,
    "EnableTagOverride": false,
    "CreateIndex": 0,
    "ModifyIndex": 0
}
```

이제 pl.piomin.services.order.OrderControllerTest JUnit 테스트 클래스를 사용해 order-service에 몇 가지 테스트 요청을 보내서 전체 시스템을 쉽게 테스트할 수 있다. 유레카를 사용하는 디스커버리에서와 동일하게 모든 것이 잘 동작할 것이다.

## 서비스 상태 검사

컨설은 /health 종단점을 호출해 모든 등록된 인스턴스의 서비스 상태를 점검한다. 스프링 부트 액추에이터 라이브러리를 클래스 경로에 제공하고 싶지 않거나 서비스에 어떤 문제가 있다면 웹 대시보드에 나타날 것이다.

서비스 상태 검사 종단점이 어떤 이유로 다른 컨텍스트 경로에 있다면 spring.cloud.consul.discovery. healthCheckPath 속성을 사용해 경로를 재정의할 수 있다. 또한 상태 갱신 주기는 healthCheckInterval 에 초 단위는 10s, 분 단위는 2m 등과 같은 패턴을 사용해 변경할 수 있다.

```
spring:
  cloud:
```

```
consul:
 discovery:
  healthCheckPath: admin/health
  healthCheckInterval: 20s
```

## 존

4장 **서비스 디스커버리**에서 소개한 유레카를 사용한 디스커버리에서 사용할 수 있는 존(zone) 메커니즘을 기억할 것이다. 존 메커니즘은 호스트가 다른 곳에 위치할 때 되도록 같은 존에 등록된 인스턴스 사이에 커뮤니케이션하도록 하는 데 유용하다. 스프링 클라우드 컨설의 공식 문서(http://cloud.spring.io/spring-cloud-static/spring-cloud-consul/1.2.3.RELEASE/single/spring-cloud-consul.html)에는 이에 대한 언급이 없지만, 다행스럽게도 스프링 클라우드는 컨설 태그에 기반한 존 메커니즘을 제공한다. 애플리케이션의 기본 존은 spring.cloud.consul.discovery.instanceZone 속성을 사용해 구성할 수 있다. 이것은 전달된 값을 사용해 spring.cloud.consul.discovery.defaultZoneMetadataName 속성에 구성된 태그를 설정한다. 기본 메타데이터 태그 이름은 zone이다.

예제 애플리케이션으로 돌아가보자. 여기서는 두 개의 프로파일인 zone1과 zone2를 사용해 모든 컨피규레이션 파일을 확장했다. 다음은 order-service를 위한 bootstrap.yml 파일이다.

```
spring:
 application:
  name: order-service
 cloud:
  consul:
   host: 192.168.99.100
   port: 8500
---
spring:
 profiles: zone1
 cloud:
  consul:
   discovery:
    instanceZone: zone1
server:
 port: ${PORT:8090}
---
```

```
    spring:
     profiles: zone2
      cloud:
        consul:
         discovery:
           instanceZone: zone2
    server:
     port: ${PORT:9090}
```

다른 두 개의 존에는 마이크로서비스마다 두 개의 인스턴스가 실행 중이다. mvn clean install 명령으로 전체 프로젝트를 빌드한 후 java -jar --spring.profiles.active=zone1 target/order-service-1.0-SNAPSHOT.jar처럼 zone1 또는 zone2 액티브 프로파일로 스프링 부트 애플리케이션을 실행한다. **Node** 섹션에서 존으로 태그된 등록된 인스턴스의 전체 목록을 볼 수 있다. 다음 화면처럼 컨설 대시보드가 보일 것이다.

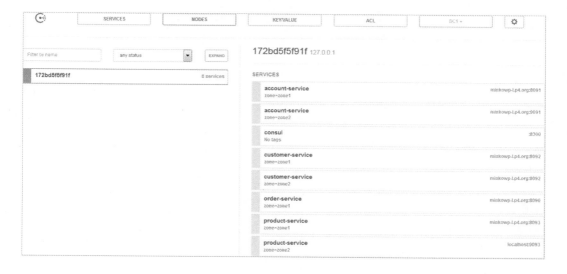

예제 아키텍처의 마지막 요소는 주울 기반의 API 게이트웨이다. 다른 존에 두 개의 gateway-service 인스턴스를 실행한다. 여기서는 컨설에 등록하지 않고 컨피규레이션만 가져와 리본 클라이언트가 부하 분산에 사용하게 할 것이다. 다음은 gateway-service의 bootstrap.yml 파일의 일부다. 등록은 spring.cloud.consul.discovery.register와 spring.cloud.consul.discovery.registerHealthCheck를 false로 설정해서 비활성화했다.

```
---
spring:
  profiles: zone1
  cloud:
  consul:
  discovery:
  instanceZone: zone1
  register: false
  registerHealthCheck: false
server:
    port: ${PORT:8080}
---
spring:
  profiles: zone2
  cloud:
  consul:
  discovery:
  instanceZone: zone2
  register: false
  registerHealthCheck: false
 server:
  port: ${PORT:9080}
```

## 클라이언트 설정 사용자 정의

스프링 클라우드 컨설 클라이언트는 컨피규레이션 파일의 속성을 통해 재정의할 수 있다. 이 설정 중 일부는 이 장의 앞에서 이미 소개했다. 다른 유용한 설정은 다음 표에 정리했다. 이들 모두 spring. cloud.consul.discovery 접두사를 사용한다.

| 속성 | 기본값 | 설명 |
|------|-------|------|
| enabled | true | 애플리케이션에서 컨설 디스커버리를 활성화할지 비활성화할지를 설정한다. |
| failFast | true | true면 서비스 등록 중 예외를 던지고, 아니면 경고 로그를 남긴다. |
| hostname | – | 컨설에 등록할 때 인스턴스의 호스트명을 설정한다. |
| preferIpAddress | false | 등록 중에 애플리케이션이 호스트명 대신 IP 주소를 보내도록 강제한다. |
| scheme | http | 서비스가 HTTP 또는 HTTPS 프로토콜을 사용할지 설정한다. |
| serverListQueryTags | – | 단일 태그로 서비스 목록을 필터링할 수 있게 한다. |

| 속성 | 기본값 | 설명 |
|---|---|---|
| serviceName | - | spring.application.name 속성에서 가져오는 기본 서비스 이름을 재정의한다. |
| tags | - | 서비스를 등록할 때 태그와 사용할 값의 목록을 설정한다. |

## 클러스터 모드로 실행하기

지금까지는 항상 단일의 독립 실행형 컨설 인스턴스를 실행했다. 이는 개발 모드 솔루션으로는 적절하지만 운영용으로는 부족하다. 그래서 클러스터에서 여러 노드가 함께 동작하도록 구성된 확장 가능한 운영급의 서비스 디스커버리 인프라를 구성하기로 했다. 컨설은 멤버의 통신과 리더 선출을 위한 래프트 컨센서스(Raft consensus)에 사용되는 가십(gossip) 프로토콜 기반의 클러스터링을 지원한다. 여기서는 이 프로세스에 관해 자세히 이야기하기보다는 컨설 아키텍처의 기본을 명확히 짚고 넘어갈 것이다.

컨설 에이전트에 관해 이야기하기는 했지만, 그것이 정확히 무엇이고 그 역할이 무엇인지는 설명하지 않았다. 이 에이전트는 모든 컨설 클러스터에서 오랜 기간 실행되는 데몬이다. 이것은 클라이언트 또는 서버 모드로 실행할 수 있다. 모든 에이전트는 전역적으로 여러 노드와 싱크해야 하는 환경에서 점검을 실행하고 서비스가 등록되도록 유지하는 역할을 한다.

이 절의 주요 목표는 도커 이미지를 사용해 컨설 클러스터를 설치하고 구성하는 것이다. 우선 클러스터에서 리더 역할을 하는 컨테이너를 실행할 것이다. 특히 독립 실행형 컨설 서버와 현재 사용하는 도커 명령의 유일한 차이점이 하나 있는데, 바로 클러스터 에이전트의 네트워크 주소를 127.0.0.1에서 다른 멤버 컨테이너에서 사용할 수 있는 것으로 바꾸기 위해 CONSUL_BIND_INTERFACE=eth0 환경 변수를 설정하는 것이다. 예제의 컨설 서버는 내부 주소인 172.17.0.2에서 실행된다. 주소(이것은 똑같아야 한다)를 알아내려면 docker logs consul 명령을 실행한다. 적절한 정보가 컨테이너 실행 후에 로그에 남는다.

```
docker run -d --name consul-1 -p 8500:8500 -e CONSUL_BIND_INTERFACE=eth0
consul
```

주소를 인지하는 것은 매우 중요한데, 클러스터에 참여하기 위한 입력값으로 모든 멤버 컨테이너의 시작 명령에 전달해야 하기 때문이다. 또한 클라이언트 주소를 0.0.0.0으로 설정해 모든 인터페이스에 연결할 수 있게 한다. 이제 -p 입력값을 사용해 클라이언트 에이전트 API를 컨테이너 외부로 쉽게 노출할 수 있다.

```
docker run -d --name consul-2 -p 8501:8500 consul agent -server -
client=0.0.0.0 -join=172.17.0.2
docker run -d --name consul-3 -p 8502:8500 consul agent -server -
client=0.0.0.0 -join=172.17.0.2
```

컨설 에이전트를 사용하는 두 개의 컨테이너를 실행한 후 리더 컨테이너에서 다음 명령을 실행해 클러스터 멤버의 전체 목록을 확인할 수 있다.

```
$ docker exec -t consul-1 consul members
Node             Address            Status   Type     Build   Protocol   DC    Segment
4b3c3c84dd96     172.17.0.3:8301    alive    server   0.9.3   2          dc1   <all>
7b4c661849ed     172.17.0.2:8301    alive    server   0.9.3   2          dc1   <all>
8429a8226624     172.17.0.4:8301    alive    server   0.9.3   2          dc1   <all>
```

컨설 서버 에이전트는 8500 포트로 노출하는 반면, 멤버 에이전트는 8501과 8502 포트를 사용한다. 마이크로서비스 인스턴스가 자신을 멤버 에이전트에 등록하더라도 클러스터의 모든 멤버가 볼 수 있다.

스프링 부트 애플리케이션의 컨설 에이전트의 기본 주소는 구성 속성을 변경해 쉽게 변경할 수 있다.

```
spring:
 application:
 name: customer-service
  cloud:
   consul:
     host: 192.168.99.100
     port: 8501
```

## 분산 컨피규레이션

클래스 경로에 스프링 클라우드 컨피그 라이브러리를 사용하는 애플리케이션은 부트스트랩할 때 컨설 키/값 저장소에서 컨피규레이션을 가져온다. 이것은 기본으로 /config 폴더에 저장돼 있다. 새로운 키를 처음 만들 때 폴더 경로를 지정해야 한다. 이 경로는 그 키를 식별하고 애플리케이션에 할당하는 데 사용된다. 스프링 클라우드 컨피그는 애플리케이션 이름과 활성화된 프로파일에 기반해 폴더에 저장된 속성을 찾으려고 한다. bootstrap.yml 파일에 spring.application.name을 order-service로 설정하고 spring.profiles.active가 zone1이라고 가정하면 다음 순서로 속성을 찾으려고 할 것이다: config/order-service,zone1/, config/order- service/, config/application,zone1/, config/application/.

config/application 접두사를 사용하는 모든 폴더는 서비스에 특화된 속성이 없는 모든 애플리케이션 전용으로 사용되는 기본 구성이다.

## 컨설에서 속성 관리하기

단일 키를 컨설에 추가하는 가장 편한 방법은 웹 대시보드를 사용하는 것이다. 다른 방법은 이 장의 초반에서 설명한 /kv HTTP 종단점을 사용하는 것이다. 웹 콘솔을 사용할 때는 **KEY/VALUE** 섹션으로 이동해야 한다. 그리고 존재하는 키를 조회하고 다양한 형식으로 완전한 경로와 값을 제공해 새로운 것을 생성한다. 다음 화면을 참고하자.

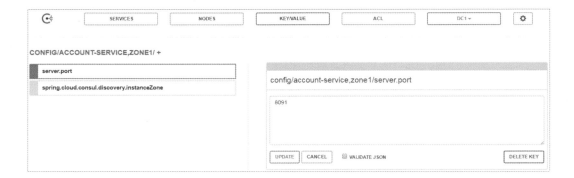

컨설에 저장된 속성을 사용하는 예제 애플리케이션에 접근하려면 이전 예제와 같은 저장소에서 브랜치를 변경해야 한다. 여기서는 각 마이크로서비스의 `application.yml` 또는 `bootstrap.yml` 파일에 정의하는 대신 컨설에 `server.port`와 `spring.cloud.consul.discovery.instanceZone`의 키를 생성했다.

## 클라이언트 사용자 정의

컨설 컨피그 클라이언트는 `spring.cloud.consul.config` 접두어를 사용하는 다음의 속성으로 재정의할 수 있다.

- **enabled**: 이 속성을 `false`로 하면 컨설 컨피그를 비활성화한다. 디스커버리와 분산 컨피규레이션을 모두 사용하는 `spring-cloud-starter-consul-all`을 포함한 경우에 유용하다.

- **fail-fast**: 컨피규레이션을 조회하는 동안에 오류를 던지거나 연결 설정 오류인 경우에 경고 로그를 남길지를 설정한다. `true`로 설정하면 애플리케이션이 계속해서 정상적으로 시작한다.

- **prefix**: 모든 컨피규레이션 값에 대해 기본 폴더를 설정한다. 기본값은 `/config`다.

- **defaultContext**: 특별한 컨피규레이션이 없는 모든 애플리케이션에서 사용되는 폴더 이름을 설정한다. 기본값은 `/application`이다. 이 값을 `app`으로 재정의하면 속성은 `/config/apps` 폴더에서 검색된다.

- **profieSeparator**: 기본적으로 프로파일은 애플리케이션 이름에 콤마를 사용해 분리한다. 이 속성은 구분자를 재정의한다. 예를 들어 구분자를 `::`로 설정하면 폴더는 `/config/order-service::zone1`으로 생성해야 한다. 다음의 예를 참고하자.

```
spring:
 cloud:
  consul:
   config:
    enabled: true
     prefix: props
```

```
        defaultContext: app
         profileSeparator: ':::'
```

때때로 개개의 키/값 짝과는 대조적으로 속성의 blob을 YAML 또는 Properties 형식으로 저장하고 싶은 경우가 있다. 이 경우 spring.cloud.consul.config.format 속성을 YAML 또는 PROPERTIES로 설정해야한다. 그러면 애플리케이션이 config/order-service, zone1/data, config/order-service/data, config/application, zone1/data, config/application/data와 같은 데이터 키를 사용한 폴더 내에서 컨피규레이션 속성을 찾는다. 기본 데이터 키는 spring.cloud.consul.config.data-key 속성을 사용해 변경할 수있다.

## 컨피규레이션 변경 모니터링하기

앞 절에서 논의한 예제는 애플리케이션이 시작할 때 컨피규레이션을 적재한다. 컨피규레이션을 적재하고 싶다면 HTTP /refresh 종단점에 요청을 보내야 한다. 예제 애플리케이션에서 갱신이 어떻게 이루어지는지 점검하기 위해 테스트 데이터를 생성하는 코드를 수정한다. 지금까지는 다음 코드에서처럼하드 코딩된 인메모리 객체를 저장한 @Bean 애노테이션을 사용하는 저장소를 제공해왔다.

```java
@Bean
CustomerRepository repository() {
    CustomerRepository repository = new CustomerRepository();
    repository.add(new Customer("John Scott", CustomerType.NEW));
    repository.add(new Customer("Adam Smith", CustomerType.REGULAR));
    repository.add(new Customer("Jacob Ryan", CustomerType.VIP));
    return repository;
}
```

여기서 목표는 이 코드를 컨설 키/값 기능을 사용하도록 구성하는 것이다. 이를 위해 id, name, type을가진 세 개의 객체별 키를 생성했다. 컨피규레이션은 repository라는 접두사를 사용하는 속성에서 적재된다.

```java
@RefreshScope
@Repository
@ConfigurationProperties(prefix = "repository")
public class CustomerRepository {
    private List<Customer> customers = new ArrayList<>();
    public List<Customer> getCustomers() {
```

```
        return customers;
    }
    public void setCustomers(List<Customer> customers) {
        this.customers = customers;
    }
    //
    ...
}
```

다음 단계는 컨설 웹 대시보드를 사용해 각 서비스의 적절한 키를 정의하는 것이다. 다음은 Customer 객체를 구성하는 목록을 위한 예제 컨피규레이션이다. 목록은 애플리케이션이 시작할 때 초기화된다.

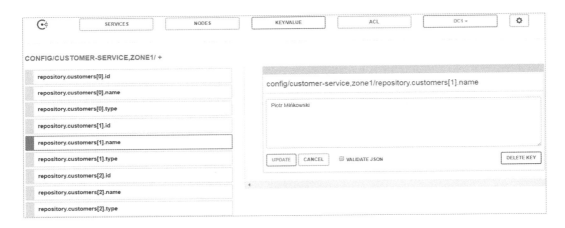

이미 각 속성을 변경했을 경우 컨설의 키 접두사를 감시하는 능력 덕분에 갱신 이벤트가 자동으로 애플리케이션에 전달된다. 새로운 컨피규레이션 데이터가 있다면 갱신 이벤트가 큐에 게시된다. 모든 큐와 익스체인지는 프로젝트에 spring-cloud-starter-consul-all 의존성으로 포함된 스프링 클라우드 버스에 의해 애플리케이션이 시작할 때 생성된다. 애플리케이션이 이벤트를 받으면 다음의 로그를 출력한다.

```
Refresh keys changed: [repository.customers[1].name]
```

## 스프링 클라우드 주키퍼 사용하기

스프링 클라우드는 마이크로서비스 아키텍처를 구성하는 다양한 제품을 지원한다. 이에 대한 정보는 서비스 디스커버리 도구로서 컨설을 유레카와 비교하거나 분산 컨피규레이션 도구로서 스프링 클라우드 컨피그와 비교하는 장을 통해 알 수 있다. 주키퍼는 앞서 나열한 선택의 대안이 되는 또 다른 솔루션이다. 프로젝트에서 스프링 클라우드 주키퍼를 사용하려면 서비스 디스커버리 기능을 위해 spring-cloud-starter-zookeeper-discovery 스타터를 포함하거나 컨피규레이션 서버 기능을 위해 spring-cloud-starter-zookeeper-config를 포함해야 한다. 또 다른 대안으로 애플리케이션에서 모든 기능을 사용하기 위해 spring-cloud-starter-zookeeper-all 의존성을 선언할 수도 있다. 하지만 여전히 웹 기능을 위해 필요한 spring-boot-starter-web은 포함해야 한다.

```
<dependency>
    <groupId>org.springframework.cloud</groupId>
    <artifactId>spring-cloud-starter-zookeeper-all</artifactId>
</dependency>
<dependency>
    <groupId>org.springframework.boot</groupId>
    <artifactId>spring-boot-starter-web</artifactId>
</dependency>
```

주키퍼의 연결 설정은 자동으로 구성된다. 기본으로 클라이언트는 localhost:2181을 통해 연결을 시도한다. 이것을 재설정하려면 spring.cloud.zookeeper.connect-string 속성에 현재 서버 네트워크 주소를 정의해야 한다.

```
spring:
 cloud:
  zookeeper:
   connect-string: 192.168.99.100:2181
```

스프링 클라우드 컨설에서처럼 주키퍼는 스프링 클라우드 넷플릭스에서 제공하는 페인, 리본, 주울, 히스트릭스와 같은 가장 인기 있는 통신 라이브러리를 지원한다. 예제 애플리케이션의 구현을 시작하기 전에 먼저 주키퍼 인스턴스를 시작한다.

## 주키퍼 실행하기

도커 이미지를 이용해 로컬 머신에 주키퍼를 실행할 것이다. 다음 명령은 주키퍼 서버 인스턴스를 실행한다. 시작 시 오류가 발생하면 프로세스가 **바로 실패하므로(fail fast)** 이 경우 가장 좋은 방법은 재시작하는 것이다.

```
docker run -d --name zookeeper --restart always -p 2181:2181 zookeeper
```

이전에 논의된 컨설 또는 유레카 같은 솔루션과 다르게 주키퍼는 관리를 위한 RESTful API 또는 웹 관리 콘솔을 제공하지 않는다. 이것은 공식적인 API 연계를 위한 자바와 C를 제공한다. 여기서는 도커 컨테이너로 쉽게 시작할 수 있는 커맨드라인 인터페이스를 사용할 수 있다. 다음 명령은 커맨드라인 클라이언트를 사용하는 컨테이너를 시작하고 주키퍼 서버 컨테이너와 연결한다.

```
docker run -it --rm --link zookeeper:zookeeper zookeeper zkCli.sh -server zookeeper
```

주키퍼 CLI는 다음과 같은 유용한 오퍼레이션을 수행한다.

- **지노드(znode) 생성하기**: 주어진 경로의 지노드(znode)를 생성하기 위해 create /path /data 명령을 사용한다.

- **데이터 조회하기**: get /path 명령은 지노드와 연결된 데이터와 메타데이터를 반환한다.

- **지노드의 변경 감시하기**: 지노드 또는 지노드 하위의 데이터 변경 알림을 보여준다. 감시는 get 명령으로만 설정할 수 있다.

- **데이터 설정하기**: 지노드에 데이터를 설정하려면 set /path /data 명령을 사용한다.

- **지노드의 자식노드 생성하기**: 이 명령은 지노드의 생성에 사용한 명령과 비슷하다. 다른 점은 지노드의 경로에 부모 경로도 포함한다는 것이다. 명령 예시는 다음과 같다: create /parent/path/subnode/path /data.

- **지노드의 자식노드 나열하기**: ls /path 명령을 사용해 표시할 수 있다.

- **상태 검사하기**: stat /path 명령를 사용해 확인할 수 있다. 상태는 지정된 지노드의 타임스탬프 또는 버전 번호 등의 메타데이터를 설명한다.

- **지노드 삭제하기**: rmr /path 명령을 사용해 지노드와 하위 자식을 삭제한다.

여기서 지노드(znode)라는 용어가 처음 등장했다. 주키퍼는 데이터를 저장할 때 트리 구조를 사용하는데, 각 노드를 **지노드**라고 한다. 지노드의 이름은 루트 노드로부터의 경로에 기반한다. 각 노드는 이름을 가진다. 루트 노드로부터 시작하는 절대 경로를 사용해 각 노드에 접근할 수 있다. 이 개념은 컨설 폴더와 비슷하고 키/값 저장소에 키를 생성하는 데 사용된다.

## 서비스 디스커버리

가장 많이 사용되는 아파치 주키퍼의 자바 클라이언트 라이브러리는 아파치 큐레이터다. 이것은 아파치 주키퍼를 매우 쉽게 사용하게 해주는 API 프레임워크와 도구를 제공한다. 또한 서비스 디스커버리 또는 자바 8 비동기 DSL 등과 같은 공통 유스케이스와 확장을 위한 레시피(recipe, 절차에 대한 안내 – 옮긴이)를 포함한다. 스프링 클라우드 주키퍼는 서비스 디스커버리 구현을 위한 확장을 활용한다. 스프링 클라우드 주키퍼에 의해 사용되는 큐레이터 라이브러리는 개발자에게 완전히 투명하므로 여기서 자세히 설명하지 않겠다.

## 클라이언트 구현

클라이언트 측의 사용법은 서비스 디스커버리와 관련된 다른 스프링 클라우드 프로젝트와 같다. 애플리케이션 메인 클래스 또는 @Configuration 클래스에 @EnableDiscoveryClient 애노테이션을 사용해야 한다. 기본 서비스 이름, 인스턴스 ID, 포트는 spring.application.name, 스프링 컨텍스트 ID, 그리고 server.port에서 각각 가져온다. 예제 애플리케이션 소스코드는 깃허브 저장소 https://github.com/piomin/sample-spring-cloud-zookeeper.git에 있다. 기본적으로 스프링 클라우드 주키퍼 디스커버리 의존성 외에는 컨설에서 소개했던 예제 시스템과 똑같다. 이것은 여전히 서로 통신하는 네 개의 마이크로서비스로 구성된다. 이제 저장소를 복제한 후 mvn clean install 명령으로 빌드한다. 그리고 java -jar --spring.profiles.active=zone1 order- service/target/order-service-1.0-SNAPSHOT.jar와 같이 java -jar 명령에 활성 프로파일을 사용해 모든 마이크로서비스를 실행한다.

ls와 get CLI 명령을 사용해 등록된 서비스와 인스턴스 목록을 볼 수 있다. 스프링 클라우드 주키퍼는 기본적으로 /services 루트 폴더에 모든 인스턴스를 등록한다. 이 설정은 spring.cloud.zookeeper.discovery.root 속성으로 재설정할 수 있다. 또한 도커 컨테이너에서 커맨드라인 클라이언트를 사용해 현재 등록된 서비스의 목록을 확인할 수 있다.

```
[zk: zookeeper(CONNECTED) 13] ls /services
[product-service, order-service, account-service, customer-service]
[zk: zookeeper(CONNECTED) 14] ls /services/order-service
[987ae9bd-6e80-41ad-899d-1ab68709717b, 1c5dcd1a-423c-487f-a006-de3d1caee224]
[zk: zookeeper(CONNECTED) 15] get /services/order-service/987ae9bd-6e80-41ad-899d-1ab68709717b
{"name":"order-service","id":"987ae9bd-6e80-41ad-899d-1ab68709717b","address":"minkowp-1.p4.org","port":9090,"sslPort":null,"payload":{"@class":"org.springframework.cloud.zookeeper.discovery.ZookeeperInstance","id":"order-service:zone2:9090","name":"order-service","metadata":{"instance_status":"UP"}},"registrationTimeUTC":1515075800204,"serviceType":"DYNAMIC","uriSpec":{"parts":[{"value":"scheme","variable":true},{"value":"://","variable":false},{"value":"address","variable":true},{"value":":","variable":false},{"value":"port","variable":true}]}}
cZxid = 0xb
ctime = Thu Jan 04 14:23:20 GMT 2018
mZxid = 0xb
mtime = Thu Jan 04 14:23:20 GMT 2018
pZxid = 0xb
cversion = 0
dataVersion = 0
aclVersion = 0
ephemeralOwner = 0x10000081d640002
dataLength = 552
numChildren = 0
```

## 주키퍼 의존성

스프링 클라우드 주키퍼는 **주키퍼 의존성(Zookeeper dependencies)**이라는 한 가지 추가 기능을 제공한다. 여기서 말하는 의존성은 주키퍼에 등록된 다양한 애플리케이션 같은 것인데, 페인 클라이언트 또는 스프링 RestTemplate을 통해 호출된다. 이런 의존성은 애플리케이션의 속성으로 설정될 수 있다. 이 기능은 프로젝트에 spring-cloud-starter-zookeeper-discovery를 포함한 후 자동 컨피규레이션을 통해 사용할 수 있다. 또한 spring.cloud.zookeeper.dependency.enabled를 false로 설정해 비활성화할 수 있다.

주키퍼 의존성 메커니즘의 컨피규레이션은 spring.cloud.zookeeper.dependencies.* 속성에 의해 제공된다. 다음은 order-service의 bootstrap.yml 파일의 일부다. 이 서비스는 다른 모든 서비스와 통합된다.

```
spring:
 application:
  name: order-service
 cloud:
  zookeeper:
   connect-string: 192.168.99.100:2181
  dependency:
   resttemplate:
    enabled: false
  dependencies:
   account:
    path: account-service
    loadBalancerType: ROUND_ROBIN
    required: true
   customer:
    path: customer-service
    loadBalancerType: ROUND_ROBIN
    required: true
   product:
    path: product-service
    loadBalancerType: ROUND_ROBIN
    required: true
```

앞의 컨피규레이션을 자세히 보자. 호출되는 각 서비스의 루트 속성은 별칭으로, 페인 클라이언트 또는 @LoadBalanced RestTemplate에서도 사용될 수 있다.

```
@FeignClient(name = "customer")
public interface CustomerClient {
    @GetMapping("/withAccounts/{customerId}")
    Customer findByIdWithAccounts(@PathVariable("customerId") Long
  customerId);
}
```

다음으로 컨피규레이션에서 가장 중요한 필드는 path다. 이것은 주키퍼에 의존성이 등록되는 경로를 설정한다. path의 값이 customer-service라면 스프링 클라우드 주키퍼가 /services/customer-service 하위에서 적절한 서비스 지노드를 조회한다는 것을 뜻한다. 이 외에도 클라이언트의 행동을 재정의할 수 있는 다른 속성이 있다. 그중 하나는 부하 분산 전략을 적용하는 데 사용하는 loadBalancerType이다. 이것은 ROUND_ROBIN, RANDOM, STICKY의 세 가지 중에 선택할 수 있다. 여기서는 모든 서비스 매핑에 대해 required 속성을 true로 설정했다. 이제 애플리케이션이 부팅하는 동안 필요한 의존성을 찾지 못하면 시작에 실패하게 된다. 스프링 클라우드 주키퍼 의존성은 API 버전(contentTypeTemplate 및 versions 속성)과 요청 헤더(headers 속성)를 관리할 수 있게 해준다.

스프링 클라우드 주키퍼는 의존성이 있는 서비스와 통신하기 위해 기본으로 RestTemplate을 사용한다. 깃허브(https://github.com/piomin/sample-spring-cloud-zookeeper/tree/dependencies)의 dependencies 브랜치에 있는 예제 애플리케이션에서 @LoadBalanced RestTemplate 대신에 페인 클라이언트를 사용한다. 이 기능을 비활성화하려면 spring.cloud.zookeeper.dependency.resttemplate.enabled 속성을 false 로 한다.

## 분산 컨피규레이션

주키퍼의 컨피규레이션 관리는 스프링 클라우드 컨설 컨피그에서 설명한 것과 매우 비슷하다. 모든 속성 소스는 /config 폴더(또는 주키퍼 명명법의 지노드)에 기본으로 저장된다. 다시 한번 정리하면 bootstrap.yml 파일에 spring.application.name 속성이 order-service로 설정돼 있고 spring.profiles. active가 zone1로 설정돼 있다면 속성 소스를 다음의 순서로 찾는다: config/order-service,zone1/, config/order-service/, config/application,zone1/, config/application/. 네임스페이스에 config/ application 접두사를 사용하는 폴더에 저장된 속성은 주키퍼를 분산 컨피규레이션으로 사용하는 모든 애플리케이션에서 사용할 수 있다.

예제 애플리케이션에 접근하려면 깃허브의 https://github.com/piomin/sample-spring-cloud-zookeeper. git에서 configuration 브랜치로 변경해야 한다. 로컬 application.yml 또는 bootstarp.yml 파일에 정의된 컨피규레이션은 주키퍼로 옮긴다. 깃허브 저장소 https://github.com/piomin/sample-spring-cloud-zookeeper.git에 정의된 컨피규레이션도 주키퍼로 옮긴다.

```
---
spring:
  profiles: zone1
```

```
server:
    port: ${PORT:8090}
---
spring:
    profiles: zone2
server:
    port: ${PORT:9090}
```

필요한 주키퍼 클라이언트는 CLI를 사용해 생성한다. 다음은 주어진 경로에 지노드를 생성하는 주키퍼 명령 목록이다. 여기서는 create /path /data 명령을 사용했다.

```
[zk: zookeeper(CONNECTED) 11] create /config ""
Created /config
[zk: zookeeper(CONNECTED) 12] create /config/order-service,zone1 ""
Created /config/order-service,zone1
[zk: zookeeper(CONNECTED) 13] create /config/order-service,zone1/server.port 8090
Created /config/order-service,zone1/server.port
[zk: zookeeper(CONNECTED) 14] create /config/order-service,zone2/server.port 9090
Node does not exist: /config/order-service,zone2/server.port
[zk: zookeeper(CONNECTED) 15] create /config/order-service,zone2 ""
Created /config/order-service,zone2
[zk: zookeeper(CONNECTED) 16] create /config/order-service,zone2/server.port 9090
Created /config/order-service,zone2/server.port
[zk: zookeeper(CONNECTED) 17] ls /config
[order-service,zone1, order-service,zone2]
```

## 요약

이 장에서는 두 개의 스프링 클라우드 프로젝트(컨설과 주키퍼)의 주요 기능을 안내했다. 스프링 클라우드의 기능을 집중적으로 다루지는 못했지만, 그것을 어떻게 시작하고 구성하고 도구의 인스턴스를 유지하는지 알아봤다. 좀 더 고급 시나리오로서 도커를 사용해 수많은 멤버로 구성된 클러스터를 구성하는 것과 같은 시나리오도 논의했다. 그 과정에서 개발 도구로서 도커의 강력함을 볼 수 있었다. 그리고 추가 컨피규레이션 없이 간단한 세 개의 명령을 사용해 세 멤버로 구성된 클러스터를 초기화할 수 있었다.

컨설은 스프링 클라우드를 사용할 때 디스커버리 서버로서 유레카를 대체할 수 있는 중요한 도구다. 하지만 이것이 주키퍼와 같다고는 말하기 힘들다. 눈치챘겠지만 이 책에서는 주키퍼보다 컨설에 더 많은 공간을 할애했다. 또한 스프링 클라우드도 주키퍼를 두 번째 대안으로 다루고 있다. 게다가 주키퍼는 스프링 클라우드 컨설과 대조적으로 존 메커니즘 또는 컨피규레이션의 변경을 감시하는 능력이 없다.

하지만 이는 놀랄 일이 아니다. 컨설은 마이크로서비스 기반 시스템과 같은 새로운 아키텍처의 요구사항을 만족시키기 위해 설계된 최신 솔루션인 반면 주키퍼는 분산 환경에서 실행 중인 애플리케이션을 위한 서비스 디스커버리 도구로서 적용되는 키/값 저장소다. 만약 시스템에서 아파치 재단 스택을 사용할 경우 주키퍼를 고려할 가치가 있다. 그 덕분에 주키퍼와 카멜(Camel), 카프카 같은 다양한 아파치 구성 요소와 통합하고 스프링 클라우드 프레임워크를 사용해 디스커버리 서비스를 쉽게 생성할 수 있다.

이 장을 읽고 나면 마이크로서비스 기반 아키텍처에서 스프링 클라우드 컨설과 스프링 클라우드 주키퍼의 주요 기능을 사용할 수 있게 된다. 그리고 시스템을 위한 가장 적절한 솔루션을 선택하기 위해 스프링 클라우드 내에서 사용할 수 있는 모든 디스커버리와 컨피규레이션 도구의 주요 장단점을 알게 된다.

# 11

# 메시지 주도
# 마이크로서비스

이 책에서 스프링 클라우드가 제공하는 마이크로서비스 기반 아키텍처를 둘러싼 수많은 기능을 이미 논의했다. 그러나 지금까지는 동기 방식의 RESTful 기반 서비스 간 통신만 고려했다. 1장 **마이크로서비스 소개**에서 게시/구독 또는 비동기 방식, 이벤트 기반 점대점 메시징과 같은 유명한 통신 스타일이 있다고 했다. 이 장에서는 앞에서 소개한 것과 다른 마이크로서비스로의 접근 방식을 소개할 것이다. 메시지 기반 마이크로서비스를 구축하기 위해 스프링 클라우드 스트림을 사용하는 방법을 자세히 이야기할 것이다.

이 장에서 다룰 주제는 다음과 같다.

- 스프링 클라우드 스트림과 관련된 주요 용어와 개념
- 래빗엠큐와 아파치 카프카 메시지 브로커를 바인더로 사용하기
- 스프링 클라우드 스트림 프로그래밍 모델
- 프로듀서와 컨슈머를 묶는 고급 컨피규레이션
- 확장, 그루핑, 파티셔닝 메커니즘의 구현
- 다수의 바인더 지원

## 스프링 클라우드 스트림 배우기

스프링 클라우드 스트림은 스프링 부트 기반으로 개발됐다. 이것은 운영급의 독립 실행형 스프링 애플리케이션을 생성하고 메시지 브로커를 사용한 통신을 구현하도록 도와주는 스프링 인테그레이션을 사

용할 수 있게 해준다. 스프링 클라우드 스트림을 사용해 생성된 모든 애플리케이션은 입력 및 출력 채널을 통해 다른 마이크로서비스와 통합된다. 이런 채널은 미들웨어 특화 바인더 구현을 통해 외부 메시지 브로커에 연결된다. 카프카와 래빗엠큐, 두 개의 내장된 바인더 구현을 사용할 수 있다.

스프링 인테그레이션은 잘 알려진 **엔터프라이즈 통합 패턴(Enterprise Integration Patterns, EIP)**을 지원하기 위한 스프링 프로그래밍 모델을 확장한다. EIP는 분산 시스템을 오케스트레이션하는 데 사용하는 전형적인 구성요소를 정의한다. 아마 메시지 채널이나 라우터, 애그리게이터(aggregator), 종단점 같은 패턴에 대해 들어봤을 것이다. 스프링 인테그레이션 프레임워크의 첫 번째 목표는 EIP에 기반한 스프링 애플리케이션 개발을 위한 간단한 모델을 제공하는 것이다. EIP에 대한 자세한 정보는 http://www.enterpriseintegrationpatterns.com/patterns/messaging/toc.html을 참고하라.

## 메시징 시스템 구축하기

개인적으로 스프링 클라우드 스트림의 주요 기능을 소개하는 가장 적절한 방법은 예제 마이크로서비스 기반 시스템을 통해서라고 생각한다. 이전 장에서 논의했던 시스템의 아키텍처를 이 장에서 살짝 수정할 것이다. 그 아키텍처를 잠시 돌이켜보자. 예제 시스템은 주문 처리를 담당하는 네 개의 독립적인 마이크로서비스로 이루어진다. order-service 마이크로서비스는 선택된 상품의 상세 정보를 얻기 위해 product-service와 첫 통신을 한다. 그리고 customer-service에서 고객 정보와 계좌 정보를 얻는다. 이제 order-service로 전달된 주문이 비동기 방식으로 처리될 것이다. 클라이언트가 새로운 주문을 요청하기 위한 RESTful HTTP API 종단점은 여전히 노출돼 있지만 요청이 애플리케이션에서 처리되지 않는다. 요청은 새로운 주문을 저장하고 주문을 메시지 브로커에 전송하기만 한다. 그리고 주문이 처리될 것이라고 고객에게 응답한다. 현재 논의되는 예제의 주요 목적은 점대점 통신을 보여주는 것이라서 메시지가 account-service 애플리케이션에서만 수신된다. 다음 그림은 예제 시스템 아키텍처를 보여준다.

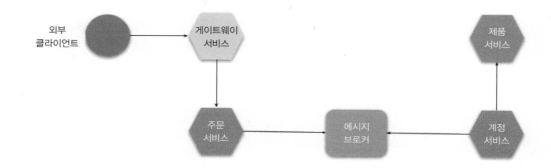

새로운 메시지를 수신한 후 account-service는 product-service를 호출해 가격을 조회한다. 계좌에서 돈을 인출한 후 현재 주문 상태를 order-service에 응답한다. 그 메시지는 메시지 브로커를 통해 전달된다. order-service 마이크로서비스가 메시지를 수신하고 주문 상태를 갱신한다. 외부 클라이언트가 현재 주문 상태를 조회하려면 노출된 find 메서드를 호출해 주문 상세 정보를 얻는다. 예제 애플리케이션의 소스코드는 깃허브에 있다(https://github.com/piomin/sample-spring-cloud-messaging.git).

## 스프링 클라우드 스트림 사용하기

스프링 클라우드 스트림을 프로젝트에 포함하려고 할 때 권장하는 방법은 의존성 관리 시스템을 사용하는 것이다. 스프링 클라우드 스트림은 전체 스프링 클라우드 프레임워크와는 별도로 독립적인 릴리즈 트레인 관리를 가진다. 그러나 dependencyManagement 섹션에 Edgware.RELEASE 버전의 spring-cloud-dependencies를 선언했다면 pom.xml에 다른 것을 선언할 필요가 없다. 스프링 클라우드 스트림 프로젝트만 사용하고 싶다면 다음 섹션을 정의해야 한다.

```xml
<dependencyManagement>
 <dependencies>
  <dependency>
   <groupId>org.springframework.cloud</groupId>
   <artifactId>spring-cloud-stream-dependencies</artifactId>
   <version>Ditmars.SR2</version>
   <type>pom</type>
   <scope>import</scope>
  </dependency>
 </dependencies>
</dependencyManagement>
```

다음으로 프로젝트 의존성에 spring-cloud-stream을 추가한다. 개인적으로는 spring-cloud-sleuth 라이브러리도 추천하는데, 주울 게이트웨이를 통해 order-service로 요청이 들어올 때 동일한 traceId를 메시지에 제공하기 위한 것이다.

```xml
<dependency>
 <groupId>org.springframework.cloud</groupId>
 <artifactId>spring-cloud-stream</artifactId>
</dependency>
<dependency>
 <groupId>org.springframework.cloud</groupId>
```

```
<artifactId>spring-cloud-sleuth</artifactId>
</dependency>
```

애플리케이션에서 메시지 브로커로의 연결을 활성화하려면 메인 클래스에 @EnableBinding 애노테이션을 사용한다. @EnableBinding 애노테이션은 하나 이상의 인터페이스를 입력값으로 받는다. 이때 스프링 클라우드 스트림이 제공하는 세 개의 인터페이스를 선택할 수 있다.

- 싱크(Sink): 메시지가 들어오는(inbound) 채널로부터 메시지를 수신하는 서비스를 표시하는 데 사용한다.

- 소스(Source): 메시지가 나가는(outbound) 채널에 메시지를 보낼 때 사용한다.

- 프로세서(Processor): 들어오는 채널과 나가는 채널이 모두 필요한 경우에 사용하는데, 프로세서가 소스와 싱크 인터페이스를 확장하기 때문이다. order-service는 메시지를 수신도 하고 송신도 하기 때문에 메인 클래스가 @EnableBinding(Processor.class) 애노테이션을 사용한다.

다음은 스프링 클라우드 스트림 바인딩을 사용하는 order-service의 메인 클래스다.

```
@SpringBootApplication
@EnableDiscoveryClient
@EnableBinding(Processor.class)
public class OrderApplication {
    public static void main(String[] args) {
        new
SpringApplicationBuilder(OrderApplication.class).web(true).run(args);
    }
}
```

## 채널을 선언하고 바인딩하기

스프링 인테그레이션을 사용한 덕분에 애플리케이션이 프로젝트에 포함된 메시지 브로커의 구현에서 자유롭다. 스프링 클라우드 스트림은 클래스 경로에서 자동으로 바인더를 찾아 사용한다. 이것은 다른 타입의 미들웨어를 선택해 같은 코드에 사용할 수 있다는 뜻이다. 미들웨어에 특화된 모든 설정은 스프링 부트에서 지원하는 애플리케이션 입력값이나 환경 변수, application.yml 파일 등의 형태에서 외부 컨피규레이션 설정으로 재정의할 수 있다. 스프링 클라우드 스트림은 카프카와 래빗엠큐를 위한 바인더 구현체를 제공한다. 카프카 지원을 포함하려면 프로젝트에 다음 의존성을 추가한다.

```xml
<dependency>
  <groupId>org.springframework.cloud</groupId>
  <artifactId>spring-cloud-starter-stream-kafka</artifactId>
</dependency>
```

개인적으로는 래빗엠큐를 선호하지만, 이 장에서는 래빗엠큐와 카프카 양쪽의 예제를 모두 생성할 것이다. 래빗엠큐의 기능을 이미 논의했으니 래빗엠큐 기반의 예제부터 살펴보자.

```xml
<dependency>
  <groupId>org.springframework.cloud</groupId>
  <artifactId>spring-cloud-starter-stream-rabbit</artifactId>
</dependency>
```

스프링 클라우드 스트림을 활성화하고 바인더 구현을 포함하고 나면 sender와 listener를 생성할 수 있다. 브로커에 새로운 주문 메시지를 보내는 것을 담당하는 producer를 만들어보자. 이것은 메시지를 보내는 데 Output 빈을 사용하는 order-service 내에 OrderSender로 구현된다.

```java
@Service
public class OrderSender {
    @Autowired
    private Source source;
    public boolean send(Order order) {
        return this.source.output().send(MessageBuilder.withPayload(order).build());
    }
}
```

이 빈은 새로운 주문을 할 수 있는 HTTP 메서드를 노출하는 controller에 의해 호출된다.

```java
@RestController
public class OrderController {
    private static final Logger LOGGER =
LoggerFactory.getLogger(OrderController.class);
    private ObjectMapper mapper = new ObjectMapper();
    @Autowired
    OrderRepository repository;
    @Autowired
    OrderSender sender;
    @PostMapping
```

```java
public Order process(@RequestBody Order order) throws JsonProcessingException {
    Order o = repository.add(order);
    LOGGER.info("Order saved: {}", mapper.writeValueAsString(order));
    boolean isSent = sender.send(o);
    LOGGER.info("Order sent: {}",
    mapper.writeValueAsString(Collections.singletonMap("isSent", isSent)));
    return o;
    }
}
```

주문 정보를 담은 메시지를 메시지 브로커로 보낸다. 그러면 account-service가 메시지를 수신해야 한다. 이를 위해 메시지 브로커에 생성된 큐에 들어오는 메시지를 기다리는 수신기를 선언해야 한다. 주문 데이터를 담은 메시지를 수신하려면 Order 객체를 입력값으로 받는 메서드에 @StreamListener 애노테이션을 사용한다.

```java
@SpringBootApplication
@EnableDiscoveryClient
@EnableBinding(Processor.class)
public class AccountApplication {
    @Autowired
    AccountService service;
    public static void main(String[] args) {
        new SpringApplicationBuilder(AccountApplication.class).web(true).run(args);
    }
    @Bean
    @StreamListener(Processor.INPUT)
    public void receiveOrder(Order order) throws JsonProcessingException {
        service.process(order);
    }
}
```

이제 예제 애플리케이션을 실행한다. 여기서 반드시 알아야 할 중요한 문제는 두 개의 애플리케이션이 로컬 호스트에서 실행 중인 래빗엠큐에 연결할 때 둘 다 입력과 출력으로 동일한 익스체인지(exchange)를 사용한다는 것이다. order-service는 출력 익스체인지에 메시지를 보내는 반면, account-service는 입력 익스체인지에 들어오는 메시지를 기다린다. 이 둘은 서로 다른 익스체인지다. 우선 메시지 브로커부터 살펴보자.

## 래빗엠큐 브로커를 사용해 사용자 정의 연결 설정하기

앞 장에서 도커 이미지를 사용해 래빗엠큐 브로커를 시작했다. 이 명령을 다시 살펴보자. 래빗엠큐를
가진 독립 실행형 도커 컨테이너는 5672 포트에, 웹 콘솔은 15672에 띄운다.

```
docker run -d --name rabbit -p 15672:15672 -p 5672:5672 rabbitmq:management
```

기본 래빗엠큐 주소는 application.yml 파일 내에 spring.rabbit.* 속성으로 재정의할 수 있다.

```
spring:
  rabbitmq:
    host: 192.168.99.100
    port: 5672
```

기본으로 스프링 클라우드 스트림은 통신을 위해 토픽 익스체인지를 생성한다. 이 형식의 exchange는
게시/구독 상호작용 모델에 적합하다. 이것은 다음 application.yml의 일부처럼 exchangeType 속성으로
재정의할 수 있다.

```
spring:
  cloud:
    stream:
      rabbit:
        bindings:
          output:
            producer:
              exchangeType: direct
          input:
            consumer:
              exchangeType: direct
```

동일한 컨피규레이션 설정이 order-service와 account-service에 제공된다. 이때 익스체인지는 애플리
케이션이 시작하는 동안 자동으로 생성되므로 수작업으로 익스체인지를 생성할 필요가 없다. 익스체인
지가 이미 존재한다면 애플리케이션은 그 익스체인지와 바인드한다. 기본으로 @Input 채널의 입력 이
름과 @Output 채널의 출력 이름으로 익스체인지를 생성한다. 이 이름은 입력과 출력이 채널의 이름인
spring.cloud.stream.bindings.output.destination과 spring.cloud.stream.bindings.input.destination
속성으로 재정의할 수 있다. 이 컨피규레이션 옵션은 스프링 클라우드 스트림 기능의 훌륭한 추가 기

능일 뿐만 아니라 서비스 간 통신에 있어 입력과 출력의 목적지를 연관 짓는 중요한 설정이기도 하다. 그 이유는 간단하게 설명할 수 있다. 예제에서 order-service는 메시지 소스 애플리케이션이다. 그래서 출력 채널로 메시지를 보낸다. 반면에 account-service는 입력 채널로 들어오는 메시지를 기다린다. order-service의 출력 채널과 account-service의 입력 채널이 브로커의 같은 목적지를 참조하지 않는다면 이들 간의 통신은 실패한다. 결국 orders-out과 orders-in의 목적지 이름을 사용하기로 했고 다음과 같이 order-service의 컨피규레이션 설정을 적용했다.

```
spring:
 cloud:
  stream:
   bindings:
    output:
     destination: orders-out
    input:
     destination: orders-in
```

account-service에도 비슷한 컨피규레이션 설정을 반대로 적용했다.

```
spring:
 cloud:
  stream:
   bindings:
    output:
     destination: orders-in
    input:
     destination: orders-out
```

양쪽 애플리케이션을 시작한 후 http://192.168.99.100:15672(guest/guest)에서 제공되는 웹 관리 콘솔을 사용해 래빗엠큐 브로커에 선언된 익스체인지 목록을 확인할 수 있다. 다음의 암시적으로 생성된 익스체인지에서 테스트 목적으로 생성된 두 개의 목적지를 확인할 수 있다.

기본적으로 스프링 클라우드 스트림은 하나의 입력 메시지 채널과 하나의 출력 메시지 채널을 제공한다. 예제 시스템에서 각 타입의 메시지 채널에 하나 이상의 목적지가 필요한 상황이 있을 수 있다. 잠시 예제 시스템 아키텍처로 돌아가서 모든 주문이 두 개의 마이크로서비스에 의해 비동기 방식으로 처리되는 상황을 고려해 보자. 지금까지는 account-service만 order-service로부터 들어오는 이벤트를 기다렸다. 예제에서 product-service는 들어오는 주문을 수신할 것이다. 이 시나리오의 주요 목표는 사용 가능한 제품의 수를 관리하고 주문 상세에 근거해 제품의 수를 줄이는 것이다. 이를 위해 order-service 내에 두 개의 입력과 출력 메시지 채널을 정의해야 한다. 왜냐하면 여기서는 각 메시지가 정확하게 하나의 컨슈머에 의해 처리되는 래빗엠큐 direct 익스체인지에 점대점 통신을 하고 있기 때문이다.

이 경우, @Input 및 @Output 메서드의 두 인터페이스를 선언해야 한다. 모든 메서드는 channel 객체를 반환해야 한다. 스프링 클라우드 스트림은 두 개의 바인드 가능한 메시지 구성 요소를 제공한다. 외부로 나가는 통신을 위한 MessageChannel과 그것의 확장으로 들어오는 통신을 위한 SubscribableChannel이 그것이다. 다음은 product-service와 상호작용하기 위한 인터페이스를 정의한 것인데, 앞에서 account-service와의 메시징을 위해 유사한 인터페이스를 생성했었다.

```
public interface ProductOrder {
    @Input
    SubscribableChannel productOrdersIn();
    @Output
    MessageChannel productOrdersOut();
}
```

다음 단계는 메인 클래스에 @EnableBinding(value={AccountOrder.class, ProductOrder.class} 애노테이션을 사용해 애플리케이션에 선언된 구성 요소를 활성화하는 것이다. 이제 spring.cloud.stream.bindings.productOrdersOut.destination=product-orders-in처럼 컨피규레이션 속성에서 이름을 사용해 채널을 가리킬 수 있다. 각 채널의 이름은 다음 예제처럼 @Input과 @Output 애노테이션을 사용할 때 채널 이름을 지정해 재정의할 수 있다.

```
public interface ProductOrder {
    @Input("productOrdersIn")
    SubscribableChannel ordersIn();
    @Output("productOrdersOut")
    MessageChannel ordersOut();
}
```

사용자가 정의한 인터페이스 선언에 근거해 스프링 클라우드 스트림이 그 인터페이스를 구현하는 빈을 생성할 것이다. 그러나 여전히 생성된 빈은 메시지 전송을 담당하는 빈에 접근할 필요가 있다. 이전 예제와 비교하면 연결 채널을 직접 주입하는 것이 더 편할 것이다. 다음은 현재 제품 주문 전송기의 빈을 구현한 것이다. account-service에 메시지를 전송하는 빈도 이와 유사하게 구현한다.

```
@Service
public class ProductOrderSender {
    @Autowired
    private MessageChannel output;
    @Autowired
```

```
    public SendingBean(@Qualifier("productOrdersOut") MessageChannel output) {
        this.output = output;
    }
    public boolean send(Order order) {
        return this.output.send(MessageBuilder.withPayload(order).build());
    }
}
```

모든 메시지 채널 사용자 정의 인터페이스는 타깃 서비스도 제공받아야 한다. 리스너는 올바른 메시지 채널과 메시지 브로커의 목적지에 연결돼야 한다.

```
@StreamListener(ProductOrder.INPUT)
public void receiveOrder(Order order) throws JsonProcessingException {
    service.process(order);
}
```

## 다른 스프링 클라우드 프로젝트와 통합하기

예제 시스템에는 다양한 서비스 간 통신 유형이 섞여 있다. 전형적인 RESTful HTTP API를 사용하는 마이크로서비스도 있고, 메시지 브로커를 사용하는 것도 있다. 단일 애플리케이션에서 다양한 통신 유형을 섞어 쓸 수도 있다. 예를 들어 스프링 클라우드 스트림과 함께 프로젝트에 spring-cloud-starter-feign을 포함하고 @EnableFeighClients 애노테이션을 사용해 활성화할 수 있다. 우리 예제 시스템에는 다른 두 개의 통신 유형이 account-service에 묶여 있는데, 메시지 브로커를 통해 order-service와 통합되고 REST API를 통해 product-service와 통합된다. 다음은 account-service 모듈 내 페인 클라이언트의 product-service를 구현한 것이다.

```
@FeignClient(name = "product-service")
public interface ProductClient {
    @PostMapping("/ids")
    List<Product> findByIds(@RequestBody List<Long> ids);
}
```

한 가지 좋은 소식은 스프링 클라우드 슬루스 덕분에 게이트웨이를 통해 시스템으로 들어오는 요청과 관련해 교환되는 메시지는 모두 동일한 traceId를 가진다는 사실이다. 동기 방식의 REST 통신이든, 비동기 방식의 메시지든 표준 로그 파일이나 엘라스틱 스택과 같은 로그 통합 도구를 사용해 마이크로서비스 간의 로그를 쉽게 추적하고 연관 지을 수 있다.

이제 예제 시스템을 실행하고 테스트해 보자. 우선, mvn clean install 명령으로 전체 프로젝트를 빌드한다. 두 개의 다른 익스체인지를 통해 메시지를 기다리는 두 마이크로서비스의 예제는 깃허브의 advanced 브랜치에 있다(https://github.com/piomin/sample-spring-cloud-messaging/tree/advanced). 모든 마이크로서비스를 실행한다. 게이트웨이, 디스커버리, 세 개의 마이크로서비스(account-service, order-service, product- service), 도커 컨테이너를 이용해 논의된 래빗엠큐, 로그스태시, 엘라스틱서치, 키바나를 실행한다. 도커 이미지를 사용해 엘라스틱 스택을 로컬에 실행하는 방법은 9장 **분산 로깅과 추적**을 참고한다. 다음 그림은 자세한 시스템 아키텍처를 보여준다.

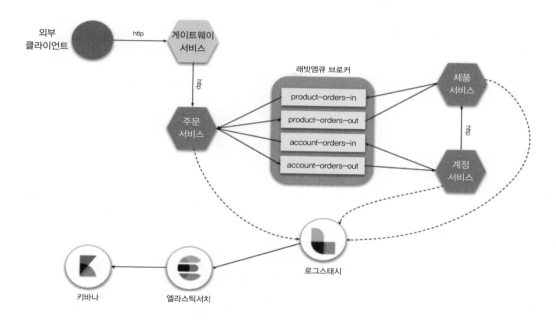

필요한 모든 애플리케이션과 도구를 실행하고 나면 테스트를 시작할 수 있다. 다음은 API 게이트웨이를 통해 order-service로 보낼 수 있는 예제 요청이다.

```
curl -H "Content-Type: application/json" -X POST -d
  '{"customerId":1,"productIds":[1,3,4],"status":"NEW"}'
  http://localhost:8080/api/order
```

앞에서 설명한 대로 구성한 애플리케이션에 처음으로 테스트를 실행하면 동작하지 않는다. 기본 설정으로 테스트된 것이라서 약간 혼란스러운 사람도 있을 것이다. 적절히 동작하게 하려면 applicaton.yml에 다음 속성을 추가해야 한다. spring.cloud.stream.rabbit.bindings.output.producer. routingKeyExpression: '"#"'

이것은 애플리케이션이 시작될 때 생성한 익스체인지의 라우팅 키와 일치하는 라우팅 키를 기본 프로듀서에 설정한다. 다음 화면에서 출력 익스체인지 정의를 볼 수 있다.

앞에서 설명한 대로 수정하고 나면 테스트에 성공할 것이다. 마이크로서비스가 출력하는 로그는 traceId로 상호 연관된다. 여기서는 logback-spring.xml에서 기본 슬루스 로깅 형식을 약간 수정했고 %d{HH:mm:ss.SSS} %-5level [%X{X-B3-TraceId:-},%X{X-B3- SpanId:-}] %msg%n와 같이 구성했다. order-service로 테스트 요청을 보내고 나면 다음과 같은 정보가 로그로 남는다.

```
12:34:48.696 INFO [68038cdd653f7b0b,68038cdd653f7b0b] Order saved: {"id":1,"status":"NEW","price":0,"customerId":1,"accountId":null,"productId s":[1,3,4]}
12:34:49.821 INFO [68038cdd653f7b0b,68038cdd653f7b0b] Order sent: {"isSent":true}
```

account-service도 order-service와 같은 로그 형식을 사용하고 같은 traceId를 출력한다.

12:34:50.079 INFO [**68038cdd653f7b0b**,23432d962ec92f7a] Order processed: {"id":1,"status":"NEW","pric
e":0,"customerId":1,"accountId":null,"productId s":[1,3,4]}

12:34:50.332 INFO [**68038cdd653f7b0b**,23432d962ec92f7a] Account found: {"id":1,"number":"1234567890",
"balance":50000,"customerId":1}

12:34:52.344 INFO [**68038cdd653f7b0b**,23432d962ec92f7a] Products found: [{"id":1,"name":"Test1","pric
e":1000},{"id":3,"name":"Test3","price":2000}, {"id":4,"name":"Test4","price":3000}]

단일 트랜잭션 동안 생성된 모든 로그는 엘라스틱 스택을 사용해 통합할 수 있다. 예를 들어 9da1e5c83094390d와 같은 X-B3-TraceId를 사용해 엔트리를 필터링할 수 있다.

## 게시/구독 모델

스프링 클라우드 스트림 프로젝트가 탄생한 주요 동기는 사실 지속적인 게시/구독 모델을 지원하는 것이다. 이전 절에서 추가적인 기능인 마이크로서비스 간의 점대점 통신에 관해 논의했다. 그러나 프로그래밍 모델은 점대점 또는 게시/구독 모델의 사용 여부에 상관없이 똑같다.

게시/구독 통신에서 데이터는 공유되는 토픽을 통해 전파된다. 이것은 프로듀서와 컨슈머 양쪽의 복잡도를 줄여줘 새로운 애플리케이션이 흐름의 변경 없이 기존 토폴로지에 추가될 수 있다. 이 사실은 소스 마이크로서비스에서 생성되는 이벤트를 소비하는 두 번째 애플리케이션을 추가하기로 결정한 마지막 예제 시스템에서 명확하게 확인할 수 있다. 초기 아키텍처와 비교하면 각 목표 애플리케이션에서 전용으로 사용하는 맞춤형 메시지 채널을 정의해야 했다. 큐를 통한 직접 통신을 사용하면 하나의 애플리케이션 인스턴스에서만 메시지를 소비하므로 솔루션이 필요하다. 게시/구독 모델을 사용하면 이 아키텍처를 간단하게 설계하고 구축할 수 있다.

## 예제 시스템 실행하기

게시/구독 모델을 사용해 예제 애플리케이션을 개발하는 것이 점대점 통신보다 간단하다. 이 경우 하나 이상의 수신자와 상호작용하기 위해 기본 메시지 채널을 재정의할 필요가 없다. 단일 목표 애플리케이션(account-service)에 대한 메시징을 설명했던 초기 예제와 달리 컨피규레이션 설정만 약간 변경하면 된다. 스프링 클라우드 스트림은 기본적으로 토픽에 연결되므로 입력 메시지 채널을 위한 exchangeType을 재정의할 필요가 없기 때문이다. 이를 위한 컨피규레이션 설정을 보면 여전히 order-service로의 응답에 점대점 통신을 사용한다. 그 이유는 order-service 마이크로서비스는 account-service와 product-service가 모두 수신해야 하는 메시지를 보내는 반면에 이들의 응답은 order-service로만 보내기 때문이다.

```yaml
spring:
  application:
    name: product-service
  rabbitmq:
    host: 192.168.99.100
    port: 5672
  cloud:
    stream:
      bindings:
        output:
          destination: orders-in
        input:
          destination: orders-out
      rabbit:
        bindings:
          output:
            producer:
              exchangeType: direct
              routingKeyExpression: '"#"'
```

product-service의 주요 처리 메서드의 로직은 매우 간단하다. 수신된 주문에서 모든 productId를 찾아내 각각에 대해 저장된 제품의 수를 변경하고 order-service에 응답을 보내는 것이다.

```java
@Autowired
ProductRepository productRepository;
@Autowired
```

```
OrderSender orderSender;
public void process(final Order order) throws JsonProcessingException {
  LOGGER.info("Order processed: {}", mapper.writeValueAsString(order));
  for (Long productId : order.getProductIds()) {
      Product product = productRepository.findById(productId);
      if (product.getCount() == 0) {
          order.setStatus(OrderStatus.REJECTED);
          break; }
      product.setCount(product.getCount() - 1);
      productRepository.update(product);
      LOGGER.info("Product updated: {}",
mapper.writeValueAsString(product));
  }
  if (order.getStatus() != OrderStatus.REJECTED) {
      order.setStatus(OrderStatus.ACCEPTED);
  }
  LOGGER.info("Order response sent: {}",
  mapper.writeValueAsString(Collections.singletonMap("status",
  order.getStatus())));
  orderSender.send(order);
}
```

현재 예제의 소스코드에 접근하려면 깃허브의 https://github.com/piomin/sample-spring-cloud-messaging/tree/publish_subscribe로 이동해야 한다. 그리고 앞의 예제와 동일하게 부모 프로젝트를 빌드하고 모든 마이크로서비스를 실행한다. 테스트를 하면 account-service와 product-service의 인스턴스가 하나가 될 때까지 잘 작동할 것이다. 이 문제를 좀 더 자세히 논의해 보자.

## 확장 및 그루핑(grouping)

마이크로서비스 기반 아키텍처에 대해 이야기할 때 확장성은 항상 주요 장점으로 제시된다. 애플리케이션에 다수의 인스턴스를 생성해 시스템을 확장하는 능력은 매우 중요하다. 이 경우에 하나의 인스턴스만 메시지를 처리할 것으로 기대하는 상황에서 애플리케이션의 다른 인스턴스가 메시지 소비를 위해 경쟁을 한다. 점대점 통신에서는 이것이 문제가 안되지만, 모든 수신자가 메시지를 소비하는 게시/구독 모델에서는 문제가 될 수 있다.

## 다수의 인스턴스 실행하기

마이크로서비스의 인스턴스 수를 확장하는 능력은 스프링 클라우드 스트림의 주요 개념 중 하나다. 그러나 이 개념에 숨겨진 마법의 공식 같은 것은 없다. 수많은 애플리케이션 인스턴스를 실행하는 것이 스프링 클라우드 스트림에서는 매우 쉽다. 그 이유 중 하나는 수많은 컨슈머와 대규모의 트래픽을 처리하도록 설계된 메시지 브로커를 기본으로 지원하기 때문이다.

예제에서는 모든 메시징 마이크로서비스가 RESTful HTTP API를 노출하기 때문에 우선 인스턴스마다 서버 포트를 재정의해야 했다. 이 작업은 이미 예전에 수행했다. 다른 고려사항은 두 개의 스프링 클라우드 스트림 속성인 spring.cloud.stream.instanceCount와 spring.cloud.stream.instanceIndex를 설정하는 것이다. 이 속성 덕분에 마이크로서비스의 각 인스턴스가 총 인스턴스의 개수, 자신의 인덱스 번호 등의 정보를 수신할 수 있다. 이러한 속성의 정확한 설정은 파티셔닝 기능을 사용할 때만 필요하다. 이 메커니즘에 대해서는 곧 이야기할 것이다. 이제 애플리케이션의 규모를 확장한 컨피규레이션 설정에 대해 살펴보자. account-service와 product-service는 애플리케이션의 여러 인스턴스를 실행할 목적으로 두 개의 프로파일을 정의한다. 여기서는 서버의 HTTP 포트, 인스턴스의 수, 인스턴스 인덱스를 재정의했다.

```
---
spring:
 profiles: instance1
 cloud:
  stream:
   instanceCount: 2
   instanceIndex: 0
server:
 port: ${PORT:8091}
---
spring:
 profiles: instance2
 cloud:
  stream:
   instanceCount: 2
   instanceIndex: 1
server:
 port: ${PORT:9091}
```

부모 프로젝트를 빌드하고 나면 애플리케이션의 인스턴스 두 개를 실행할 수 있다. 각 인스턴스는 시작할 때 전달된 프로파일에 할당된 속성으로 초기화를 수행한다. 예를 들면 다음과 같다: java -jar --spring.profiles.active=instance1 target/account- service-1.0-SNAPSHOT.jar. order-service 종단점에 POST / 요청을 보내면 새로운 주문이 account-service와 product-service가 수신하기로 한 래빗엠큐 토픽 익스체인지에 전달된다. 문제는 메시지가 각 서비스의 모든 인스턴스에 수신되는 것인데, 이렇게 되는 것은 바람직하지 않다. 이런 경우 그루핑 메커니즘이 도움을 준다.

## 컨슈머 그룹

가령 동일한 토픽으로부터 메시지를 소비하는 수많은 마이크로서비스가 있을 때 애플리케이션의 다른 인스턴스가 컨슈머 관계에서 경쟁하고 있지만 주어진 메시지는 그중 하나에서만 처리되어야 하는 경우가 있다. 스프링 클라우드 스트림은 이런 행동을 모델링하는 컨슈머 그룹이라는 개념을 소개한다. 이 행동을 활성화하려면 spring.cloud.stream.bindings.<channelName>.group 속성을 그룹 이름과 함께 설정해야 한다. 설정 후 주어진 목적지를 구독하는 모든 그룹은 게시된 데이터의 사본을 받지만, 각 그룹의 한 멤버만 목적지(destination)로부터 메시지를 수신하고 처리한다. 예제에는 두 개의 그룹이 있다. 첫째는 모든 account-service 인스턴스를 위한 account 그룹, 둘째는 product-service를 위한 product 그룹이다.

다음은 account-service를 위한 바인딩 구성이다. orders-in 목적지는 order-service와 직접 통신하기 위한 큐이므로 orders-out만 서비스 이름으로 그루핑됐다. product-service도 유사한 컨피규레이션을 가진다.

```
spring:
  cloud:
    stream:
      bindings:
        output:
          destination: orders-in
        input:
          destination: orders-out
          group: account
```

그루핑 적용 전과의 첫 번째 차이점은 래빗엠큐의 익스체인지에 자동으로 생성된 큐의 이름이다. 이것은 orders- in.anonymous.qNxjzDq5Qra-yqHLUv50PQ와 같이 무작위로 생성된 이름이 아니라 목적지와 그룹 이름으로 구성된 문자열로 결정된다. 다음 화면은 래빗엠큐에 존재하는 모든 큐를 보여준다.

| Overview | | | Messages | | | Message rates | | |
| --- | --- | --- | --- | --- | --- | --- | --- | --- |
| Name | Features | State | Ready | Unacked | Total | incoming | deliver / get | ack |
| orders-in.anonymous.qNxjzDq5Qra-yqHLUv50PQ | AD  Excl | idle | 24 | 1 | 25 | 2.6/s | 0.20/s | 0.00/s |
| orders-out.account | D | running | 11 | 2 | 13 | 0.20/s | 2.4/s | 2.4/s |
| orders-out.product | D | idle | 0 | 0 | 0 | 0.20/s | 0.20/s | 0.20/s |

직접 테스트해서 같은 그룹에서 하나의 애플리케이션에서만 메시지를 수신하는지 검증할 수 있다. 그러나 어떤 인스턴스가 들어오는 메시지를 처리하는지는 확실하게 알 수가 없다. 이것을 결정하려면 파티셔닝 메커니즘을 사용해야 한다.

## 파티셔닝

스프링 클라우드 스트림은 애플리케이션의 여러 인스턴스 간에 데이터 파티셔닝을 지원한다. 일반적으로 파티셔닝이 적용되면 목적지가 여러 파티션으로 분할된다고 여긴다. 각 프로듀서는 다수의 컨슈머 인스턴스가 수신할 메시지를 보낼 때 그 데이터가 구성된 필드에 의해 식별되게 해서 같은 컨슈머 인스턴스가 처리하도록 만든다.

예제 애플리케이션에서 파티셔닝 기능을 사용하려면 partitionKeyExpression 또는 partitionKey ExtractorClass 속성을 정의하고 프로듀서 컨피규레이션 설정에 partionCount을 설정한다. 다음은 애플리케이션에 사용할 수 있는 예제 컨피규레이션이다.

```
spring.cloud.stream.bindings.output.producer.partitionKeyExpression=payload.customerId
spring.cloud.stream.bindings.output.producer.partitionCount=2
```

파티셔닝 메커니즘에서는 컨슈머 측에 spring.cloud.stream.instanceCount와 spring.cloud.stream.instanceIndex 속성을 설정해야 한다. 이때 spring.cloud.stream.bindings.input.consumer.partitioned 속성을 true로 설정해 명시적으로 사용하게 해야 한다. 인스턴스 인덱스는 특정 인스턴스가 데이터를 수신하도록 파티션을 식별하는 일을 담당한다. 일반적으로 프로듀서 측의 partitionCount와 컨슈머 측의 instanceCount는 같아야 한다.

스프링 클라우드 스트림에서 제공되는 파티셔닝 메커니즘과 좀 더 친숙해져 보자. 우선 partionKeyExpression 기반으로 파티션 키를 계산하는데, partionKeyExpression은 외부로 나가는 메시지 또는 PartionKeyExtractorStrategy 인터페이스를 기반으로 평가된다. PartionKeyExtractorStrategy 는 메시지의 키를 추출하는 알고리즘을 정의한다. 일단 메시지 키가 계산되면 목표 파티션은 0과

partionCount -1 사이의 값으로 결정된다. 기본 계산 공식은 key.hashCode() % partionCount이다. 이것은 partitionSelectorExpression 속성 또는 org.springframework.cloud.stream.binder.PartitionSelectorStrategy 인터페이스를 구현해 재정의할 수 있다. 계산된 키는 컨슈머 측의 instanceIndex에 매칭된다.

파티셔닝의 주요 개념을 설명했으니, 이제 예제로 들어가보자. 다음은 product-service를 위한 입력 채널의 컨피규레이션이다(account-service의 계정 그룹 이름 세트의 경우와 같음).

```
spring:
  cloud:
    stream:
      bindings:
        input:
          consumer:
            partitioned: true
          destination: orders-out
          group: product
```

토픽 익스체인지로부터 얻은 데이터를 소비하는 마이크로서비스마다 두 개의 인스턴스가 있다.

order-service 내에도 프로듀서를 위한 두 개의 파티션 세트가 있다. 메시지 키는 Order 객체의 customerId 필드를 기반으로 계산된다. 인덱스가 0인 파티션은 customerId 필드가 짝수인 주문을 전담하고 인덱스가 1인 파티션은 customerId 필드가 홀수인 주문을 전담한다.

사실 래빗엠큐는 파티셔닝을 지원하지 않는다. 스프링 클라우드 스트림이 래빗엠큐의 파티셔닝 프로세스를 구현하는 방법은 흥미롭다. 다음 화면은 래빗엠큐에 생성된 익스체인지의 바인딩 목록을 보여준다. 익스체인지에 대해 orders-out-0과 orders-out-1에 두 개의 라우팅 키가 정의돼 있다.

예를 들어 {"customerId": 1,"productIds": [4],"status": "NEW"}와 같이 JSON 메시지에 customerId를 1로 해서 주문을 보내면 그것은 항상 instanceIndex=1인 인스턴스에 의해 처리될 것이다. 이것은 애플리케이션 로그 또는 래빗엠큐 웹 콘솔을 통해 확인할 수 있다. 다음 다이어그램은 customerId=1의 메시지가 여러 번 전송된 각 큐의 메시지 속도를 보여준다.

| Overview | | | Messages | | | Message rates | | |
|---|---|---|---|---|---|---|---|---|
| Name | Features | State | Ready | Unacked | Total | incoming | deliver / get | ack |
| orders-in.anonymous.IoLFDyEMTZCsMl2R7-ac9Q | AD Excl | running | 44 | 1 | 45 | 8.8/s | 0.40/s | 0.00/s |
| orders-out.account-0 | D | idle | 0 | 0 | 0 | | | |
| orders-out.account-1 | D | running | 0 | 0 | 0 | 4.4/s | 4.4/s | 4.4/s |
| orders-out.product-0 | D | idle | 0 | 0 | 0 | | | |
| orders-out.product-1 | D | running | 0 | 0 | 0 | 4.4/s | 4.4/s | 4.4/s |

# 컨피규레이션 옵션

스프링 클라우드 스트림 컨피규레이션 설정은 스프링 부트가 제공하는 애플리케이션 입력값과 환경 변수, YAML 또는 속성 파일 등과 같은 메커니즘을 통해 재정의할 수 있다. 이것은 모든 바인더에 적용될 수 있는 일반 컨피규레이션 옵션을 정의한다. 하지만 애플리케이션의 특정 메시지 브로커에 지정되는 추가 속성도 있다.

## 스프링 클라우드 스트림 속성

현재의 속성 그룹은 모든 스프링 클라우드 스트림 애플리케이션에 적용된다. 다음의 모든 속성은 spring.cloud.stream이라는 접두사를 사용한다.

| 이름 | 기본값 | 설명 |
|------|--------|------|
| instanceCount | 1 | 애플리케이션에 실행 중인 인스턴스의 수. 자세한 정보는 **확장 및 그루핑** 절을 참고한다. |
| instanceIndex | 0 | 애플리케이션 인스턴스의 인덱스. 자세한 정보는 **확장 및 그루핑** 절을 참고한다. |
| dynamicDestinations | – | 동적으로 연결될 수 있는 목적지의 목록 |
| defaultBinder | – | 다수의 바인더가 정의된 경우의 기본 바인더. 자세한 정보는 **다양한 바인더** 절을 참고한다. |
| overrideCloudConnectors | false | 이것은 클라우드가 활성화되고 스프링 클라우드 커넥터가 클래스 경로에서 발견된 경우에만 사용된다. 이것이 true로 설정되면 바인더는 연결된 서비스를 완전히 무시하고 spring.rabbitmq.* 또는 spring.kafka.* 스프링 부트 속성에 의존한다. |

## 속성 바인드하기

다음의 속성 그룹은 메시지 채널과 관련이 있다. 스프링 클라우드의 명명법에 따르면 이것은 바인딩 속성들이다. 이것은 컨슈머와 프로듀서에 각각 또는 동시에 할당될 수 있다. 다음은 기본값과 설명이 있는 속성의 목록이다.

| 이름 | 기본값 | 설명 |
|------|--------|------|
| destination | – | 메시지 채널을 위해 구성된 브로커상의 목적지 이름. 채널이 하나의 컨슈머에 의해 사용된다면 콤마로 구분된 목적지의 목록이 지정될 수 있다. |
| group | null | 채널의 컨슈머 그룹. **확장 및 그루핑** 절을 참고하라. |
| contentType | null | 지정된 채널을 통해 메시지가 교환되는 콘텐츠 타입. 예를 들어 application/json이라는 값을 설정하면 애플리케이션에서 보내는 모든 객체가 자동으로 JSON 문자열로 변환된다. |
| binder | null | 채널에서 사용하는 기본 바인더. **다양한 바인더** 절을 참고한다. |

## 컨슈머

다음의 속성 목록은 입력 바인딩에서만 사용할 수 있다. 그리고 spring.cloud.stream.bindings.<channelName>.consumer 접두사를 사용해야 한다. 그중 가장 중요한 속성을 다음 표에 정리했다.

| 이름 | 기본값 | 설명 |
|------|--------|------|
| concurrency | 1 | 단일 입력 채널당 컨슈머의 수 |
| partitioned | false | 파티셔닝된 프로듀서로부터 데이터 수신을 활성화한다. |
| headerMode | embeddedHeaders | raw로 설정되면 입력 헤더를 파싱하지 않는다. |
| maxAttempts | 3 | 메시지 처리 실패 시 재시도의 수. 재시도 메커니즘을 사용하지 않으려면 1로 설정한다. |

## 프로듀서

다음의 바인딩 속성은 출력 바인딩에서만 사용할 수 있다. 그리고 spring.cloud.stream.bindings.<channelName>.producer라는 접두사를 사용해야 한다. 그중 가장 중요한 속성을 다음 표에 정리했다.

| 이름 | 기본값 | 설명 |
|------|--------|------|
| requiredGroups | – | 메시지 브로커에 생성돼야 하는 콤마로 구분된 그룹의 목록 |
| headerMode | embeddedHeaders | raw로 설정되면 입력 헤더를 파싱하지 않는다. |
| userNativeEncoding | false | true로 설정하면 나가는 메시지가 클라이언트 라이브러리에 의해 직접 직렬화된다. |
| errorChannelEnabled | false | true로 설정하면 실패 메시지가 목적지를 위한 에러 채널로 전송된다. |

## 고급 프로그래밍 모델

이 책의 예제에서는 스프링 클라우드 스트림의 기본 프로그래밍 모델을 점대점 통신과 게시/구독 통신에서 함께 제시했다. 여기서는 좀 더 고급의 기능을 논의해 보자.

### 메시지 생성하기

이 장의 모든 예제에서는 테스트 목적으로 RESTful API를 통해 주문을 보냈다. 그러나 애플리케이션 내에서 메시지 소스를 정의해 테스트 데이터를 쉽게 생성할 수도 있다. 다음은 @Poller를 사용해 매초 하나의 메시지를 생성해 출력 채널로 보내는 빈이다.

```
@Bean
@InboundChannelAdapter(value = Source.OUTPUT, poller = @Poller(fixedDelay =
"1000", maxMessagesPerPoll = "1"))
public MessageSource<Order> ordersSource() {
    Random r = new Random();
    return () -> new GenericMessage<>(new Order(OrderStatus.NEW, (long)
r.nextInt(5), Collections.singletonList((long) r.nextInt(10))));
}
```

## 변환(transformation)

account-service와 product-service는 order-service로부터 이벤트를 받고 응답 메시지를 되돌려 보낸다. 여기서는 응답 payload를 준비하고 출력 채널로 보내는 것을 담당하는 OrderSender 빈을 생성했다. 메서드에 @SendTo 애노테이션을 붙이고 응답 객체를 반환하면 간단하게 구현할 수 있다.

```
@StreamListener(Processor.INPUT)
@SendTo(Processor.OUTPUT)
public Order receiveAndSendOrder(Order order) throws
JsonProcessingException {
    LOGGER.info("Order received: {}", mapper.writeValueAsString(order));
    return service.process(order);
}
```

심지어 @StreamListener를 사용하지 않고 다음과 같이 구현할 수도 있다. 트랜스포머 패턴은 객체의 양식을 변경하는 일을 담당한다. 다음 예제는 order의 두 필드인 status와 price를 변경한다.

```
@EnableBinding(Processor.class)
public class OrderProcessor {
    @Transformer(inputChannel = Processor.INPUT, outputChannel = Processor.OUTPUT)
    public Order process(final Order order) throws JsonProcessingException
    {
        LOGGER.info("Order processed: {}",
          mapper.writeValueAsString(order));
        // ...
        products.forEach(p -> order.setPrice(order.getPrice() +
          p.getPrice()));
        if (order.getPrice() <= account.getBalance()) {
            order.setStatus(OrderStatus.ACCEPTED);
            account.setBalance(account.getBalance() - order.getPrice());
        } else {
            order.setStatus(OrderStatus.REJECTED);
        }
        return order;
    }
}
```

## 조건에 따라 메시지 소비하기

같은 메시지 채널에 들어오는 메시지를 다르게 처리하고 싶은 경우에는 조건 기반 디스패칭을 사용할 수 있다. 스프링 클라우드 스트림은 조건에 따라 입력 채널에 등록된 여러 @StreamListener 메서드에 메시지를 디스패칭할 수 있다. 그 조건은 @StreamListener 애노테이션의 condition 속성에 정의된 **Spring Expression Lanaguage(SpEL)** 표현이다.

```
public boolean send(Order order) {
    Message<Order> orderMessage =
        MessageBuilder.withPayload(order).build();
    orderMessage.getHeaders().put("processor", "account");
    return this.source.output().send(orderMessage);
}
```

다음은 같은 토픽으로부터 메시지 수신을 대기하는 @StreamListener 애노테이션이 적용된 두 메서드를 구현한 예제다. 하나는 account-service로부터 들어오는 메시지만 전담하고 다른 하나는 product-service만 전담한다. 들어오는 메시지는 그 헤더의 processor 이름으로 구분해 가져온다.

```
@SpringBootApplication
@EnableDiscoveryClient
@EnableBinding(Processor.class)
public class OrderApplication {
    @StreamListener(target = Processor.INPUT, condition =
        "headers['processor']=='account'")
    public void receiveOrder(Order order) throws JsonProcessingException {
        LOGGER.info("Order received from account: {}",
        mapper.writeValueAsString(order));
        // ...
    }
    @StreamListener(target = Processor.INPUT, condition =
        "headers['processor']=='product'")
    public void receiveOrder(Order order) throws JsonProcessingException {
        LOGGER.info("Order received from product: {}",
        mapper.writeValueAsString(order));
        // ...
    }
}
```

## 아파치 카프카 사용하기

앞에서 메시지 브로커를 사용하는 스프링 클라우드 인테그레이션(Spring Cloud Integration)에 대해 논의할 때 아파치 카프카에 대해 몇 차례 언급했다. 그러나 아직 그 플랫폼상에서 어떤 예제도 실행하지 않았다. 사실 스프링 클라우드 프로젝트를 사용할 때는 래빗엠큐를 선호한다. 그러나 카프카에도 관심을 가져볼 만하다. 래빗엠큐와 비교했을 때 카프카의 장점 중 하나는 스프링 클라우드 스트림의 가장 중요한 기능 중 하나인 파티셔닝을 지원하는 것이다.

카프카는 전형적인 메시지 브로커가 아니다. 이것은 분산 스트리밍 성격의 플랫폼이다. 그 주요 기능은 레코드의 스트림을 게시하고 구독할 수 있게 하는 것이다. 이것은 특히 데이터 스트림을 변환하고 반응하는 실시간 스트림 애플리케이션에 유용하다. 이것은 하나 이상의 서버로 구성되는 클러스터로 동작하고 레코드 스트림을 토픽에 저장한다.

## 카프카 실행하기

안타깝지만 아파치 카프카의 공식 도커 이미지는 없다. 그러나 비공식 도커 이미지, 즉 스포티파이 (Spotify)가 공유한 도커 이미지를 사용할 수 있다. 다른 카프카 도커 이미지와 달리 이것은 주키퍼와 카프카를 같은 컨테이너에서 실행한다. 다음은 카프카를 실행하고 9092 포트에 노출하는 도커 명령이 다. 주키퍼도 2181 포트로 사용할 수 있다.

```
docker run -d --name kafka -p 2181:2181 -p 9092:9092 --env
ADVERTISED_HOST=192.168.99.100 --env ADVERTISED_PORT=9092 spotify/kafka
```

## 애플리케이션을 맞춤형으로 설정하기

아파치 카프카를 애플리케이션에서 사용하려면 spring-cloud-starter-stream-kafka 스타터를 의존성에 포함하면 된다. 이 예제는 **게시/구독 모델** 절에서 봤던 래빗엠큐 게시/구독에 그루핑과 파티셔닝을 사 용하는 게시/구독의 예제와 매우 비슷하다. 유일한 차이점은 의존성과 컨피규레이션 설정이다.

스프링 클라우드 스트림은 클래스 경로에서 바인더를 자동으로 찾아 사용한다. 연결 설정은 spring. kafka.* 속성으로 재정의할 수 있다. 여기서는 자동 컨피규레이션된 카프카 클라이언트 주소를 도커 머 신 주소인 192.168.99.100으로 수정해야 한다. 카프카 클라이언트가 사용하는 주키퍼에 대해서도 같은 작업을 수행한다.

```
spring:
  application:
   name: order-service
   kafka:
    bootstrap-servers: 192.168.99.100:9092
  cloud:
   stream:
    bindings:
     output:
      destination: orders-out
      producer:
       partitionKeyExpression: payload.customerId
       partitionCount: 2
     input:
      destination: orders-in
```

```
kafka:
  binder:
    zkNodes: 192.168.99.100
```

디스커버리, 게이트웨이, 그리고 모든 필요한 마이크로서비스 인스턴스를 시작하고 나서 이전 예제와 같은 테스트를 수행한다. 모든 것이 정확하게 구성됐다면 애플리케이션이 시작하는 동안 다음 로그를 확인할 수 있다. 테스트 결과는 래빗엠큐 기반의 예제와 똑같다.

```
16:58:30.008 INFO [,] Discovered coordinator 192.168.99.100:9092 (id:
2147483647 rack: null) for group account.
16:58:30.038 INFO [,] Successfully joined group account with generation 1
16:58:30.039 INFO [,] Setting newly assigned partitions [orders-out-0,
orders-out-1] for group account
16:58:30.081 INFO [,] partitions assigned:[orders-out-0, orders-out-1]
```

## 카프카 스트림 API 지원

스프링 클라우드 스트림 카프카는 카프카 스트림 바인딩을 위해 특별히 설계된 바인더를 제공한다. 이 바인더를 사용하면 애플리케이션이 카프카 스트림 API를 활용할 수 있다. 애플리케이션에서 이 기능을 사용하려면 다음의 의존성을 프로젝트에 포함한다.

```
<dependency>
<groupId>org.springframework.cloud</groupId>
<artifactId>spring-cloud-stream-binder-kstream</artifactId>
</dependency>
```

카프카 스트림 API는 고수준의 스트림 DSL을 제공한다. 이것은 KStream 인터페이스를 입력값으로 받는 @StreamListener 메서드를 선언해 접근할 수 있다. KStream은 스트림 조작을 위한 유용한 방법으로 map이나 flatmap, join, filter와 같은 잘 알려진 스트리밍 API를 제공한다. 또한 카프카 스트림에 특화된 몇 가지 메서드를 제공하는데, 스트림을 토픽으로 전송하기 위한 to(…), to와 동일하지만 토픽에서 새로운 KStream 인스턴스를 생성하는 through(…)를 제공한다.

```
@SpringBootApplication
@EnableBinding(KStreamProcessor.class)
public class AccountApplication {
    @StreamListener("input")
```

```
    @SendTo("output")
    public KStream<?, Order> process(KStream<?, Order> input) {
        // ..
    }
    public static void main(String[] args) {
        SpringApplication.run(AccountApplication.class, args);
    }
}
```

## 컨피규레이션 속성

카프카를 위한 몇 가지 스프링 클라우드 컨피규레이션 속성은 예제 애플리케이션을 구현할 때 보여줬다. 다음 표는 아파치 카프카 바인더를 재정의할 때 설정할 수 있는 가장 중요한 속성이다. 이 모든 속성은 spring.cloud.stream.kafka.binder라는 접두사를 가진다.

| 이름 | 기본값 | 설명 |
| --- | --- | --- |
| brokers | localhost | 포트 정보를 가지고 있거나 가지고 있지 않은, 콤마로 구분된 브로커의 목록이다. |
| defaultBrokerPort | 9092 | brokers 속성을 사용해 포트를 정의하지 않은 경우 기본 포트를 설정한다. |
| zkNodes | localhost | 포트 정보를 가지고 있거나 가지고 있지 않은, 콤마로 구분된 주키퍼 목록이다. |
| defaultZkPort | 2181 | zkNodes 속성으로 포트를 정의하지 않은 경우 기본 주키퍼 포트를 설정한다. |
| configuration | - | 카프카 클라이언트 속성의 키/값 맵. 바인더에 의해 생성된 모든 클라이언트에 적용된다. |
| headers | - | 바인더에 의해 전달되는 커스텀 헤더의 목록 |
| autoCreateTopics | true | true로 설정하면 바인더가 새로운 토픽을 자동 생성한다. |
| autoAddPartitions | false | true로 설정하면 바인더가 새로운 파티션을 자동 생성한다. |

## 다양한 바인더

스프링 클라우드 스트림의 명명법에서 외부 미들웨어에서 물리적 목적지의 연결을 지원하기 위해 구현한 인터페이스를 **바인더(binder)**라고 한다. 현재 카프카와 래빗엠큐, 두 개의 내장된 바인더 구현이 있다. 맞춤형 바인더 라이브러리를 제공하고자 할 때 외부 미들웨어로 입력과 출력을 연결하기 위한 핵심 추상화 인터페이스는 bindConsumer와 bindProducer의 두 메서드를 가지는 바인더다. 자세한 정보는 스프링 클라우드 스트림 명세를 참고하라.

중요한 것은 단일 애플리케이션에 여러 바인더를 사용하는 능력이다. 예를 들어 래빗엠큐와 카프카와 같은 다른 구현을 섞어 쓸 수도 있다. 스프링 클라우드 스트림은 바인딩 처리 시 스프링 부트의 자동 컨피규레이션을 활용한다. 이때 클래스 경로에 있는 구현을 자동으로 사용한다. 기본 바인더를 둘 다 사용하려면 프로젝트에 다음 의존성을 포함한다.

```xml
<dependency>
  <groupId>org.springframework.cloud</groupId>
  <artifactId>spring-cloud-stream-binder-rabbit</artifactId>
</dependency>
<dependency>
  <groupId>org.springframework.cloud</groupId>
  <artifactId>spring-cloud-stream-binder-kafka</artifactId>
</dependency>
```

하나 이상의 바인더가 클래스 경로상에 발견되면 애플리케이션은 특정 채널 바인딩에 무엇을 사용할지 결정해야 한다. spring.cloud.stream.defaultBinder 속성으로 전역적인 기본 바인더를 구성하거나 spring.cloud.stream.bindings.<channelName>.binder 속성으로 채널 별로 구성할 수 있다. 그럼 예제에 여러 바인더를 구성해 보자. account-service와 order-service 간의 직접 통신에 래빗엠큐를 정의하고 order-service와 다른 마이크로서비스 간의 게시/구독 모델에는 카프카를 정의한다.

다음 코드는 https://github.com/piomin/sample-spring-cloud-messaging/tree/publish_subscribe에 있는 account-service의 컨피규레이션과 동일하지만 두 개의 다른 바인더를 사용한다.

```yaml
spring:
 cloud:
  stream:
   bindings:
    output:
     destination: orders-in
     binder: rabbit1
    input:
     consumer:
      partitioned: true
     destination: orders-out
     binder: kafka1
     group: account
   rabbit:
```

```
      bindings:
        output:
          producer:
            exchangeType: direct
            routingKeyExpression: '"#"'
      binders:
        rabbit1:
          type: rabbit
          environment:
            spring:
              rabbitmq:
                host: 192.168.99.100
        kafka1:
          type: kafka
          environment:
            spring:
              kafka:
                bootstrap-servers: 192.168.99.100:9092
```

## 요약

스프링 클라우드 스트림은 다른 스프링 클라우드 프로젝트와 달리 별도의 영역으로 취급할 수 있다. 또한 스프링 클라우드 스트림은 종종 다른 프로젝트와 관련되는데, 그중 하나가 현재 피보탈이 강력하게 추진하는 스프링 클라우드 데이터 플로우 프로젝트다. 스프링 클라우드 데이터 플로우는 데이터 통합과 실시간 데이터 처리 파이프라인을 위한 도구상자다. 다만 이 프로젝트는 매우 방대한 주제여서 이 책에서는 다루지 않는다.

중요한 것은 스프링 클라우드 스트림이 스프링 애노테이션 스타일을 사용해 쉽게 구현할 수 있는 비동기 메시징을 지원한다는 사실이다. 서비스 간 통신 스타일이 RESTful API 모델만큼 명확하지 않은 것을 경험한 사람도 있을 것이다. 그래서 이 책에서는 스프링 클라우드 스트림을 사용한 점대점 통신과 게시/구독 통신의 예제를 보여주는 데 중점을 뒀다. 또한 두 메시징 스타일의 차이점에 대해서도 설명했다.

게시/구독 모델은 새로운 것은 아니지만 스프링 클라우드 스트림 덕분에 마이크로서비스 기반 시스템에 쉽게 포함됐다. 컨슈머 그룹이나 파티셔닝 같은 몇 가지 중요한 개념 또한 이 장에서 설명했다. 이 장을 읽고 나면 메시징 모델 기반의 마이크로서비스를 구현할 수 있고 로깅 및 추적을 제공하기 위해 마이크로서비스를 다른 스프링 클라우드 라이브러리와 통합할 수 있다. 또한 마이크로서비스를 이미 존재하는 REST 기반 마이크로서비스 시스템의 일부로 배포할 수도 있다.

# 12

## API
## 보안 강화하기

보안은 마이크로서비스 기반 아키텍처에서 가장 자주 논의되는 문제의 하나다. 모든 보안 이슈에서 네트워크는 항상 주요한 문제다. 모놀리식 애플리케이션보다 네트워크를 통해 더 많은 통신을 하는 마이크로서비스에서의 인증과 권한 부여 방법은 더욱 신중하게 고려해야 한다. 전통적인 시스템에서는 보통 시스템 경계를 보호하고 프론트엔드 서비스가 백엔드 구성 요소에 대한 모든 접근 권한을 갖도록 한다. 반면에 마이크로서비스로 이전하면 그런 방식에서 접근 관리 위임(delegated-access management) 방식으로 변경하도록 강제한다.

스프링 프레임워크는 어떻게 마이크로서비스 기반의 아키텍처에서 보안 문제를 처리할까? 이 장에서는 인증과 권한 부여에 관한 다양한 패턴을 구현하는 여러 프로젝트를 제공한다. 우선 스프링 시큐리티는 스프링 기반 자바 애플리케이션의 보안을 위한 사실상의 업계 표준이다. 이는 SAML, OAuth2, 커버로스(Kerberos)를 사용하도록 도와주는 몇 개의 하위 모듈로 구성된다. 또한 스프링 클라우드 시큐리티 프로젝트도 있다. 그리고 스프링 클라우드 시큐리티의 기능에 게이트웨이, 부하 분산기, REST HTTP 클라이언트와 같은 마이크로서비스 아키텍처의 주요 요소를 통합할 수 있다.

이 장에서는 마이크로서비스 기반 시스템의 주요 구성 요소를 안전하게 만드는 방법을 소개한다. 이 주제와 관련된 특정 요소를 이 책의 후반부에서 순서대로 설명할 것이다. 유레카를 사용한 서비스 디스커버리에서 시작해 스프링 클라우드 컨피그 서버와 서비스 간 통신, 마지막으로 API 게이트웨이 보안까지 논의할 것이다.

이 장에서 다룰 주제는 다음과 같다.

- 단일 스프링 부트 애플리케이션에서 안전한 연결 구성하기

- 마이크로서비스 기반 아키텍처의 가장 중요한 요소에서 HTTPS 통신 사용하기

- 컨피그 서버에 저장된 컨피규레이션 파일의 속성값을 암호화하고 복호화하기

- 마이크로서비스에서 OAuth2를 사용한 간단한 인메모리(in-memory) 기반 인증

- JDBC 백엔드 저장소와 JWT 토큰을 사용해 좀 더 고급의 OAuth2 구성하기

- 페인 클라이언트를 적용한 서비스 간 통신에 OAuth2 권한 부여 사용하기

우선 기본부터 시작하자. 먼저 HTTPS상에서 API를 노출하는 안전한 마이크로서비스를 생성하는 방법을 살펴보자.

## 스프링 부트에서 HTTPS 사용하기

SSL을 사용하고 HTTPS상에서 RESTful API를 서비스하려면 인증서를 생성해야 한다. 이를 위한 가장 빠른 방법은 개발 모드에서라면 충분한 사설 인증서를 통하는 것이다. JRE는 간단한 인증서 관리 도구인 키툴(keytool)을 제공한다. 이것은 JRE_HOME/bin 디렉터리에 있다. 다음 명령은 사설 인증서를 생성해 PKCS12 KeyStore에 저장한다. KeyStore의 타입뿐만 아니라 유효성, 별칭, 파일명까지 설정해야 한다. 생성 절차를 시작하기 전에 키툴은 비밀번호와 몇 가지 추가정보를 물어본다.

```
keytool -genkeypair -alias account-key -keyalg RSA -keysize 2048 -storetype
  PKCS12 -keystore account-key.p12 -validity 3650
  Enter keystore password:
  Re-enter new password:
  What is your first and last name?
   [Unknown]: localhost
  What is the name of your organizational unit?
   [Unknown]: =
  What is the name of your organization?
   [Unknown]: piomin
  What is the name of your City or Locality?
   [Unknown]: Warsaw
  What is the name of your State or Province?
   [Unknown]: mazowieckie
```

```
What is the two-letter country code for this unit?
 [Unknown]: PL
Is CN=localhost, OU=Unknown, O=piomin, L=Warsaw, ST=mazowieckie, C=PL
correct?
[no]: yes
```

생성된 인증서를 스프링 부트 애플리케이션의 src/main/resources 디렉터리에 복사했다. 애플리케이션을 빌드하고 시작하면 인증서가 클래스 경로상에 올라온다. SSL을 활성화하려면 application.yml 파일에 몇 가지 컨피규레이션 설정을 제공해야 한다. SSL은 다양한 server.ssl.* 속성을 통해 스프링에 재정의될 수 있다.

```
server:
 port: ${PORT:8090}
 ssl:
  key-store: classpath:account-key.p12
  key-store-password: 123456
  key-store-type: PKCS12
  key-alias: account-key
security:
 require-ssl: true
```

## 디스커버리 보안 강화

앞에서 본 것처럼 마이크로서비스 애플리케이션에 SSL을 구성하는 것은 어려운 작업이 아니다. 그럼이제 난이도를 올려보자. 이미 HTTPS 기반의 RESTful API 서비스를 제공하는 단일 마이크로서비스를 실행했다. 이제 마이크로서비스를 디스커버리 서버와 통합해 보자. 여기에는 두 가지 문제가 있다. 첫째, 유레카에 안전한 마이크로서비스 인스턴스 정보를 게시해야 한다. 둘째는 HTTPS로 유레카 서버를 노출하고 개인 키를 사용해 디스커버리 서버에 인증하도록 디스커버리 클라이언트를 강제한다는 점이다. 이 두 문제를 자세히 논의해 보자.

### 안전한 애플리케이션 등록하기

애플리케이션이 안전한 SSL 포트를 통해 노출됐다면 플래그 EurekaInstanceConfig—nonSecurePortEnabled를 false, securePortEnabled를 true로 변경해야 한다. 이렇게 하면 유레카 서버가 안전한 통신을 사용해 인스턴스 정보를 게시할 것이라고 명시적으로 선언한다. 스프링 클라우드 DiscoveryClient 는 이렇게 구성된 서비스의 경우 항상 HTTPS로 시작하는 URL을 반환하며 유레카 인스턴스 정보는 안전한 상태 점검 URL을 가지게 된다.

```
eureka:
    instance:
        nonSecurePortEnabled: false
        securePortEnabled: true
        securePort: ${PORT:8091}
        statusPageUrl: https://localhost:${eureka.instance.securePort}/info
        healthCheckUrl: https://localhost:${eureka.instance.securePort}/health
        homePageUrl: https://localhost:${eureka.instance.securePort}
```

## HTTPS상에서 유레카 서비스하기

유레카 서버가 스프링 부트로 실행되면 내장된 톰캣 컨테이너상에서 배포되므로 표준 마이크로서비스 와 SSL 구성이 똑같다. 유일한 차이점은 HTTPS상에서 디스커버리 서버와 안전한 연결을 맺는 클라이 언트 측 애플리케이션을 고려해야 한다는 것이다. 디스커버리 클라이언트는 유레카 서버와 직접 인증 을 해야 하고 서버의 인증서도 검증해야 한다. 그런 클라이언트와 서버의 통신 절차를 **양방향 SSL 인 증** 또는 **상호 인증**이라고 한다. 클라이언트가 서버의 공개 키만 검증하는 단방향 인증도 기본으로 선 택할 수 있다. 자바 애플리케이션은 공개 키와 대응되는 개인 키와 인증서를 저장하기 위해 KeyStore와 trustStore를 사용한다. trustStore와 KeyStore의 유일한 차이점은 무슨 목적으로 무엇을 저장하는지에 있다. 클라이언트와 서버 간에 SSL 핸드쉐이크가 수행되면 trustStore는 자격증명을 검증하는 데 사용 되고 KeyStore는 자격증명을 제공하는 데 사용된다. 다시 말해, KeyStore는 개인 키와 애플리케이션을 위한 인증서를 보관하고 trustStore는 서드파티를 확인하는 데 사용되는 인증서를 보관한다. 보안 연결 을 구성할 때 이런 용어에 신경 쓰지 않는 개발자가 많지만, 제대로 이해하고 있으면 나중에 무슨 일이 발생할지 쉽게 예상할 수 있다.

전형적인 마이크로서비스 기반 아키텍처에는 수많은 독립 애플리케이션과 단일 디스커버리 서버가 있 다. 모든 애플리케이션은 자신의 개인 키와 인증서를 KeyStore에 저장하고 디스커버리 서버의 공개 키 에 대응하는 인증서를 trustStore에 저장한다. 반면에 서버는 클라이언트 측 애플리케이션에서 생성한 모든 인증서를 보관한다. 지금은 이 정도 이론이면 충분하다. 다음 그림을 살펴보자. 이 그림은 이전 장 에서 예제로 사용된 시스템의 현재 상황을 보여준다.

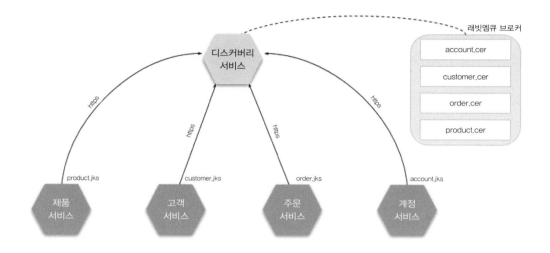

## 키스토어 생성

자바의 보안 관련 기본 사항을 알아봤으니 이제 마이크로서비스에 사용할 개인 키와 공개 키를 생성할 수 있다. 이전과 마찬가지로 JRE가 제공하는 유명한 커맨드라인 도구인 keytool을 사용해 보자. 한 개의 KeyStore는 디스커버리 서버용으로 다른 하나는 선택된 마이크로서비스용인데, 여기서는 account-service용으로 생성했다.

```
keytool -genkey -alias account -store  type JKS -keyalg RSA -keysize 2048 -
    keystore account.jks -validity 3650
    keytool -genkey -alias discovery -storetype JKS -keyalg RSA -keysize 2048 -
    keystore discovery.jks -validity 3650
```

그리고 사설 인증서는 KeyStore에서 .cer 또는 .crt 같은 확장자의 파일로 추출해야 한다. 그러면 비밀 번호를 요구하는데, KeyStore 생성 중에 썼던 것을 입력하면 된다.

```
keytool -exportcert -alias account -keystore account.jks -file account.cer
    keytool -exportcert -alias discovery -keystore discovery.jks -file
    discovery.cer
```

KeyStore에서 공개 키와 대응되는 인증서를 추출했으니 관심 있는 모든 단체에 인증서를 배포할 수 있다. account-service의 공개 인증서는 디스커버리 서버의 trustStore에 포함해야 한다. 반대로 디스커버리 서버의 공개 인증서도 account-service의 trustStore에 포함한다

```
keytool -importcert -alias discovery -keystore account.jks -file
    discovery.cer
    keytool -importcert -alias account -keystore discovery.jks -file
    account.cer
```

유레카 서버에 등록해야 하는 각 마이크로서비스에 대해 account-service가 했던 절차를 반복적으로 수행한다. 다음은 order-service에 대해 SSL 키와 인증서를 생성하는 데 사용한 keytool 명령이다.

```
keytool -genkey -alias order -storetype JKS -keyalg RSA -keysize 2048 -
    keystore order.jks -validity 3650
    keytool -exportcert -alias order -keystore order.jks -file order.cer
    keytool -importcert -alias discovery -keystore order.jks -file
    discovery.cer
    keytool -importcert -alias order -keystore discovery.jks -file order.cer
```

### 마이크로서비스와 유레카 서버를 위한 SSL 구성하기

각 keystore 파일은 모든 보안이 강화된 마이크로서비스와 서비스 디스커버리의 src/main/resources 디렉터리에 있다. 모든 마이크로서비스의 SSL 컨피규레이션 설정은 **스프링 부트에서 HTTPS사용하기** 절의 예제와 매우 비슷하다. 차이점은 KeyStore의 유형으로 PKCS12 대신 JKS를 사용한다는 것이다. 또한 서비스 디스커버리 컨피규레이션도 다른데, 여기서는 server.ssl.client-auth 속성을 need로 설정해 클라이언트 인증서 인증을 사용하도록 했다. 그에 따라 server.ssl.trust-store 속성으로 trustStore를 제공해야 한다. 다음은 디스커버리 서비스에 대한 application.yml의 현재 SSL 컨피규레이션 설정이다.

```
server:
    port: ${PORT:8761}
    ssl:
     enabled: true
     client-auth: need
     key-store: classpath:discovery.jks
     key-store-password: 123456
     trust-store: classpath:discovery.jks
     trust-store-password: 123456
     key-alias: discovery
```

앞의 설정으로 유레카 애플리케이션을 실행하고 `https://localhost:8761/`의 웹 대시보드에 접속하면 아마도 `SSL_ERROR_BAD_CERT_ALERT`라는 에러 코드가 나올 것이다. 이 에러는 웹 브라우저에 신뢰하는 인증서가 없기 때문에 발생한다. 시험삼아 클라이언트 애플리케이션 `KeyStore` 중 하나인 `account-service` 예제에 인증서를 포함해 보자. 그 전에 JKS 형식을 웹브라우저가 지원하는 형식인 PKCS12와 같은 것으로 변환해야 한다. 다음 명령은 `KeyStore`에서 JKS 인증서를 PKCS12 형식으로 변환하는 명령이다.

```
keytool -importkeystore -srckeystore account.jks -srcstoretype JKS -
deststoretype PKCS12 -destkeystore account.p12
```

PKCS12는 구글 크롬과 모질라 파이어폭스 같이 대부분의 인기 있는 웹브라우저에서 지원한다. 구글 크롬에 PKCS12 `KeyStore`를 포함하려면 **Settings | Show advanced settings... | HTTPS/SSL | Manage certificates** 섹션으로 이동한다. 다시 유레카 웹 대시보드를 방문하면 성공적으로 인증돼 등록된 서비스 목록을 볼 수 있을 것이다. 그러나 등록된 애플리케이션은 없을 것이다. 디스커버리 클라이언트와 서버 간에 보안이 강화된 통신을 하도록 하려면 모든 마이크로서비스에 `DiscoveryClientOptionalArgs` 타입의 `@Bean`을 생성해 디스커버리 클라이언트의 구현을 덮어써야 한다. 흥미로운 점은 유레카가 REST 클라이언트로 Jersey를 사용한다는 것이다. `EurekaJerseyClientBuilder`를 사용하면 새로운 클라이언트 구현을 쉽게 구축할 수 있고 keystore와 truststore 파일의 위치를 전달할 수 있다. 다음은 `EurekaJerseyClient` 객체를 생성하고 `DiscoveryClientOptionalArgs` 입력값을 설정하는 `account-service`의 코드다.

```
@Bean
public DiscoveryClient.DiscoveryClientOptionalArgs
  discoveryClientOptionalArgs() throws NoSuchAlgorithmException {
    DiscoveryClient.DiscoveryClientOptionalArgs args = new
  DiscoveryClient.DiscoveryClientOptionalArgs();
    System.setProperty("javax.net.ssl.keyStore",
      "src/main/resources/account.jks");
    System.setProperty("javax.net.ssl.keyStorePassword", "123456");
    System.setProperty("javax.net.ssl.trustStore",
      "src/main/resources/account.jks");
    System.setProperty("javax.net.ssl.trustStorePassword", "123456");
    EurekaJerseyClientBuilder builder = new EurekaJerseyClientBuilder();
    builder.withClientName("account-client");
    builder.withSystemSSLConfiguration();
    builder.withMaxTotalConnections(10);
```

```
    builder.withMaxConnectionsPerHost(10);
    args.setEurekaJerseyClient(builder.build());
    return args;
}
```

예제 시스템의 모든 마이크로서비스에 비슷한 구현을 해야 한다. 예제 애플리케이션 소스코드는 깃허브의 https://github.com/piomin/sample-spring-cloud-security.git에 있다. 깃허브를 복제하고 IDE에서 모든 스프링 부트 애플리케이션을 실행한다. 모든 것이 순조롭다면 유레카 대시보드에서 다음 화면과 동일하게 등록된 서비스의 목록을 볼 수 있을 것이다. SSL 연결에서 어떤 문제가 있다면 SSL 핸드쉐이크 과정의 전체 로그를 보기 위해 애플리케이션이 부팅할 때 VM 입력 값에 -Djava.net.debug=ssl을 설정해 본다.

## Instances currently registered with Eureka

| Application | AMIs | Availability Zones | Status |
| --- | --- | --- | --- |
| ACCOUNT-SERVICE | n/a (1) | (1) | UP (1) - minkowp-l.p4.org:account-service:8091 |
| CUSTOMER-SERVICE | n/a (1) | (1) | UP (1) - minkowp-l.p4.org:customer-service:8092 |
| ORDER-SERVICE | n/a (1) | (1) | UP (1) - minkowp-l.p4.org:order-service:8090 |
| PRODUCT-SERVICE | n/a (1) | (1) | UP (1) - minkowp-l.p4.org:product-service:8093 |

## 컨피규레이션 서버 보안 강화

예제 아키텍처에서 보안과 관련해 고려해야 할 다른 주요 요소가 있는데, 바로 스프링 클라우드 컨피그 서버다. 개인적으로는 디스커버리 서버보다 컨피그 서버를 보호하는 것이 더 중요하다고 말하고 싶다. 왜냐하면 일반적으로 허가되지 않은 접근과 사용으로부터 보호해야 하는 데이터와 인증 자격 증명을 컨피그 서버와 같은 외부 시스템에 저장하기 때문이다. 컨피그 서버의 보안을 강화하는 몇 가지 방법이 있다. 예를 들어, HTTP 기본 인증이나 보안 SSL 연결, 민감한 데이터의 암/복호화 데이터를 구성하거나 **5장 스프링 클라우드 컨피그를 사용한 분산 컨피규레이션**에서 소개한 서드파티 도구를 사용할 수 있다. 이에 관해 좀 더 자세히 살펴보자.

### 암호화와 복호화

먼저 오라클에서 제공하는 **Java Cryptography Extension(JCE)**을 내려받아 설치해야 한다. 이 것은 두 개의 JAR 파일(local_policy.jar 및 US_export_policy.jar)로 이루어져 있는데, JRE의 lib/security 디렉터리의 정책 파일을 재정의할 때 필요하다.

컨피그 서버에 저장된 원격 속성 원본이 암호화된 데이터이면 값에 {ciper}라는 접두어를 붙이고 YAML 파일용으로 지정하기 위해 인용부호로 감싸야 한다. .properties 파일이면 인용부호로 감싸지 않아도 된다. 값을 복호화할 수 없으면 같은 키에 invalid 접두어를 붙이고 <n/a>와 같은 추가 값을 붙여서 대체한다.

마지막 예제에서 키스토어 파일을 보호하기 위한 패스프레이즈(passphrase)를 애플리케이션 컨피규레이션 설정에 저장했다. 패스프레이즈를 평문으로 저장하는 것은 좋은 생각이 아니므로 첫 번째로 암호화해야 할 대상이다. 그렇다면 어떻게 암호화해야 할까? 다행히도 스프링 부트가 이를 위해 두 개의 RESTful 종단점을 제공한다.

그럼 어떻게 동작하는지 알아보자. 우선 컨피그 서버에 --spring.profiles.active=native 프로파일로 인스턴스를 시작한다. 이것은 로컬 클래스 경로 또는 파일 시스템을 원천 속성으로 해서 서버를 시작한다. 인스턴스에는 /encrypt와 /decrypt의 두 개의 POST 종단점이 있다. /encrypt 메서드는 평문의 비밀번호를 입력값으로 받는다. 반대로 /decrypt 메서드는 암호화된 결과를 입력받아 복호화한다.

```
$ curl http://localhost:8888/encrypt -d 123456
AQAzI8jv26K3n6ff+iFzQA9DUpWmg79emWu4ndEXyvjYnKFSG7rBmJP0oFTb8RzjZbTwt4ehRiKWqu5qXkH8SAv/8mr2kdwB28k
fVvPj/Lb5hdUkH1TVrylcnpZaKaQYBaxlsa0RWAKQDk8MQKRw1nJ5HM4LY9yjda0YQFNYAy0/KRnwUFihiV5xDk5lM0iG4b77AV
Lmz+9aSAODKLO57w0QUzM1tSA7l09HyDQW2Hzl1q93u0CaP5VQLCJAjmHcHvhlvM442bU3B29JNjH+2nFS0RhEyUvpUqzo+PBi4
RoAKJH9XZ8G7RaT0eWIcJhentKRf0U/EgWIVW21NpsE29BHwf4F2JZiWY2+WqcHuHk367X21vk11AVl9tJk9aUVNRk=
```

암호화는 공개 키로 하고 복호화는 개인 키로 한다. 그러므로 암호화만 하고 싶다면 서버에 공개 키만 제공하면 된다. 테스트를 위해 키툴을 사용해 KeyStore를 생성한다. 이전에 이미 수행했으므로 생성된 파일은 클래스 경로에 있을 것이다. encrypt.keyStore.* 속성을 사용해 config-server의 컨피규레이션을 설정한다.

```
encrypt:
  keyStore:
    location: classpath:/config.jks
    password: 123456
    alias: config
    secret: 123456
```

이제 각 마이크로서비스의 컨피규레이션 설정을 컨피그 서버로 옮기면 다음 예제처럼 모든 비밀번호를
암호화할 수 있다.

```
server:
    port: ${PORT:8091}
    ssl:
    enabled: true
    key-store: classpath:account.jks
    key-store-password:
    '{cipher}AQAzI8jv26K3n6ff+iFzQA9DUpWmg79emWu4ndEXyvjYnKFSG7rBmJP0oFTb8RzjZbTwt4ehRiKWqu5qXkH8SAv
/8mr2kdwB28kfVvPj/Lb5hdUkH1TVrylcnpZaKaQYBaxlsa0RWAKQDk8MQKRw1nJ5HM4LY9yjda0YQFNYAy0/KRnwUFihiV5xDk
5lMOiG4b77AVLmz+9aSA0DKLO57wOQUzM1tSA7l09HyDQW2Hzl1q93u0CaP5VQLCJAjmHcHvhlvM442bU3B29JNjH+2nFS0RhEy
UvpUqzo+PBi4RoAKJH9XZ8G7RaTOeWIcJhentKRf0U/EgWIVW21NpsE29BHwf4F2JZiWY2+WqcHuHk367X21vk11AVl9tJk9aUV
NRk='
    key-alias: account
```

## 클라이언트와 서버를 위한 인증 구성하기

스프링 클라우드 컨피그 서버의 인증 구현은 유레카 서버와 똑같다. 표준 스프링 시큐리티 메커니즘에
따라 HTTP 기본 인증을 사용할 수 있다. 우선 spring-security 아티팩트가 클래스 경로에 있도록 해
야 한다. 그리고 security.basic.enabled를 true로 설정해 활성화하고 사용자명과 비밀번호를 정의한다.
예제 컨피규레이션은 다음 코드와 같다.

```
security:
  basic:
   enabled: true
  user:
   name: admin
   password: admin123
```

클라이언트 측에서 반드시 기본 인증을 활성화해야 한다. 방법은 두 가지가 있는데, 첫 번째 방법은 컨
피그 서버 URL을 통해서다.

```
spring:
  cloud:
   config:
    uri: http://admin:admin123@localhost:8888
```

두 번째 방법은 username과 password 속성을 분리하는 것이다.

```
spring:
 cloud:
  config:
   uri: http://localhost:8888
   username: admin
   password: admin123
```

SSL 인증을 설정하려면 **안전한 디스커버리** 절에서 설명한 절차를 참고한다. 개인 키와 인증서를 KeyStore에 생성하고 적절하게 구성한 후 컨피그 서버를 시작할 수 있다. 이제 HTTPS상에 RESTful API가 서비스된다. 유일한 차이점은 클라이언트 측의 구현에 있다. 이는 스프링 클라우드 컨피그가 스프링 클라우드 넷플릭스 유레카와는 다른 HTTP 클라이언트를 사용한다는 사실이다. 짐작대로 RestTemplate을 사용하는데, 이것은 스프링 클라우드 프로젝트에서 완전히 새로 개발한 HTTP 클라이언트다.

클라이언트 측 애플리케이션에서 안전하지 않는 표준의 HTTP 연결 대신 양방향 SSL 인증을 사용하도록 강제하려면 우선 PropertySourceLocator 인터페이스를 구현하는 @Configuration 빈을 생성해야 한다. 이제 안전한 HTTP connection factory를 사용하는 맞춤형 RestTemplate을 개발할 수 있다.

```
@Configuration
public class SSLConfigServiceBootstrapConfiguration {
    @Autowired
    ConfigClientProperties properties;
    @Bean
    public ConfigServicePropertySourceLocator
configServicePropertySourceLocator() throws Exception {
        final char[] password = "123456".toCharArray();
        final File keyStoreFile = new
File("src/main/resources/discovery.jks");
        SSLContext sslContext = SSLContexts.custom()
            .loadKeyMaterial(keyStoreFile, password, password)
            .loadTrustMaterial(keyStoreFile).build();
        CloseableHttpClient httpClient =
HttpClients.custom().setSSLContext(sslContext).build();
        HttpComponentsClientHttpRequestFactory requestFactory = new
HttpComponentsClientHttpRequestFactory(httpClient);
```

```
        ConfigServicePropertySourceLocator
configServicePropertySourceLocator = new
ConfigServicePropertySourceLocator(properties);
        configServicePropertySourceLocator.setRestTemplate(new
RestTemplate(requestFactory));
        return configServicePropertySourceLocator;
    }
}
```

그러나 기본적으로 이 빈은 애플리케이션이 컨피그 서버와 연결을 맺으려고 할 때까지 생성되지 않는다. 이 행동을 변경하려면 /src/main/resources/META-INF에 spring.factories 파일을 생성하고 사용자정의의 부트스트랩 컨피규레이션 클래스를 지정한다.

```
org.springframework.cloud.bootstrap.BootstrapConfiguration =
pl.piomin.services.account.SSLConfigServiceBootstrapConfiguration
```

## OAuth2로 권한 부여

마이크로서비스 환경에서 인증과 관련된 몇 가지 개념과 솔루션에 관해 이미 논의했다. 또한 마이크로서비스와 서비스 디스커버리 간의 기본 인증과 SSL 인증의 예제, 마이크로서비스와 컨피그 서버 간의 예제를 이미 보여줬다. 특히 서비스 간 통신에서의 권한 부여는 엣지 시스템(Edge system)에 구현된 인증보다 더 중요하다. 우선 인증과 권한 부여의 차이를 이해해야 한다. 간단히 설명하자면 인증은 사용자가 누구인지를 검증하는 것이고 권한 부여는 사용자가 무엇을 할 수 있는지 인증하는 것이다.

RESTful HTTP API의 가장 인기 있는 인증 방법은 OAuth2와 JWT(Java Web Tokens)다. 이 둘은 완전히 다른 솔루션이 아니라 상호 보완 관계에 있기 때문에 함께 사용할 수 있다. 스프링은 OAuth 제공자와 소비자 모두를 지원한다. 스프링 부트와 스프링 시큐리티 OAuth2를 사용하면 싱글 사인 온, 토큰 릴레이, 토큰 교환 같은 일반적인 보안 패턴을 빠르게 구현할 수 있다. 그러나 이러한 프로젝트와 다른 개발 상세와 관련된 자세한 내용을 알아보기 전에 앞에서 소개한 솔루션의 기본 지식을 습득해야 한다.

## OAuth2 소개

OAuth2는 공용의 API를 통해 리소스에 접근하게 해주는 대부분의 웹사이트에서 사용되는 표준이다. 이것은 사용자 인증을 사용자 자격 증명과 사용자 계정에 관한 공유 정보에 접근하기 위한 서드파티 애플리케이션 권한 부여를 독립적으로 서비스하는 사용자 인증 시스템에 위임한다. OAuth2는 계정의 자격 증명을 보호하면서 사용자가 데이터에 접근하게 하는 데 사용된다. 그리고 웹, 데스크톱, 모바일 애플리케이션을 위한 흐름을 제공한다. 다음은 OAuth2에 관한 기본적인 용어와 역할이다.

- **리소스 소유자(Resource owner):** 이 역할은 리소스에 대한 접근을 통제한다. 이 접근은 허가된 권한 부여의 범위에 제한을 받는다.
- **권한 부여(Authorization grant):** 접근을 위한 권한을 부여한다. 접근 제어를 위한 다양한 옵션이 제공된다(권한 부여 코드, 암묵적, 자원 소유자 비밀번호 자격 증명, 클라이언트 자격 증명).
- **리소스 서버(Resource Server):** 이것은 특별한 토큰을 사용해서 공유할 수 있는 소유자의 자원을 저장하는 서버다.
- **권한 부여 서버(Authorization server):** 이것은 자원에 접근하기 위한 키의 할당, 토큰, 그리고 다른 임시 자원 접근 코드를 관리한다. 이것은 관련된 사용자에게 접근이 허락되도록 보장한다.
- **액세스 토큰(Access Token):** 자원에 대한 접근을 허용하는 키다.

실제 작업에서 이런 용어와 역할이 어떤 의미를 갖는지 이해하기 위해 다음 그림을 살펴보자. 다음 그림은 OAuth 프로토콜을 사용한 전형적인 권한 부여 프로세스의 흐름을 시각화한 것이다.

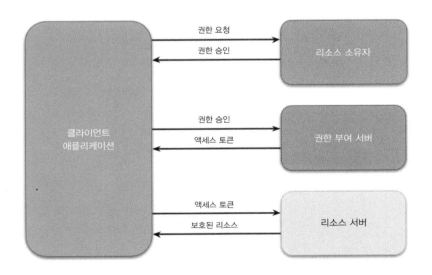

앞에서 소개한 개별 구성 요소 간의 상호작용을 좀 더 살펴보자. 애플리케이션은 요청받은 서비스에 접

근하기 위해 리소스 주인으로부터 권한 부여를 요청한다. 리소스는 권한 부여를 허가한다고 응답하고 애플리케이션은 그 응답을 자신의 자격 증명과 함께 권한 부여 서버에 보낸다. 권한 부여 서버는 애플리케이션의 자격 증명과 권한 부여 허가를 검증하고 액세스 토큰을 응답으로 보낸다. 애플리케이션은 액세스 토큰을 사용해 리소스 서버에 리소스 요청을 보낸다. 결국 액세스 토큰이 유효하면 애플리케이션은 서비스를 호출할 수 있게 된다.

## 권한 부여 서버 구축하기

모놀리식 애플리케이션에서 마이크로서비스로 이동한 후에는 권한 부여 서비스를 만들어 권한 부여 활동을 중앙화하는 것이 확실한 방법이다. 스프링 부트와 스프링 시큐리티를 사용하면 권한 부여 서버의 생성, 컨피규레이션, 실행을 쉽게 할 수 있다. 우선 프로젝트에 다음의 스타터 의존성을 추가한다.

```
<dependency>
    <groupId>org.springframework.cloud</groupId>
    <artifactId>spring-cloud-starter-oauth2</artifactId>
</dependency>
<dependency>
    <groupId>org.springframework.cloud</groupId>
    <artifactId>spring-cloud-starter-security</artifactId>
</dependency>
```

스프링 부트를 사용해 권한 부여 서버 패턴을 구현하기는 매우 쉽다. 메인 클래스에 애노테이션을 사용하거나 컨피규레이션 클래스에 @EnableAuthorizationServer를 적용하고 application.yml 파일에 security.oauth2.client.client-id와 security.oauth2.client.client-secret 속성을 제공하면 된다. 변경 또한 매우 간단한데, 클라이언트의 자세한 서비스를 메모리로 구현하기 때문이다.

예제 애플리케이션은 이 장의 앞에서 소개한 예제와 같은 저장소(https://github.com/piomin/sample-spring-cloud-security.git)의 oauth2 브랜치에 있다(https://github.com/piomin/sample-spring-cloud-security/tree/oauth2). 권한 부여 서버는 auth-service 모듈에 있다. 다음은 auth-service의 메인 클래스다.

```
@SpringBootApplication
@EnableAuthorizationServer
public class AuthApplication {
    public static void main(String[] args) {
```

```
        new SpringApplicationBuilder(AuthApplication.class).web(true).run(args);
    }
}
```

다음은 애플리케이션의 컨피규레이션 설정의 일부다. 클라이언트 ID와 비밀번호뿐만 아니라 기본 스코프와 전체 프로젝트의 기본 보안도 활성화했다.

```
security:
  user:
    name: root
    password: password
oauth2:
  client:
    client-id: piotr.minkowski
    client-secret: 123456
    scope: read
```

권한 부여 서버를 실행하고 나서 몇 가지 테스트를 수행한다. 예를 들어 다음 명령처럼 리소스 소유자 비밀번호 자격 증명을 사용해 액세스 토큰을 생성하기 위해 POST /oauth/token 메서드를 호출할 수 있다.

```
$ curl piotr.minkowski:123456@localhost:9999/oauth/token -d grant_type=password -d username=root -d
password=password
```

또한 웹브라우저에서 GET /oauth/authorize 종단점을 호출해 권한 부여 코드 허가 유형을 사용할 수 있다.

```
http://localhost:9999/oauth/authorize?response_type=token&client_id=piotr.minkowski&redirect_uri=ht
tp://example.com&scope=read
```

그리고 나서 승인 페이지로 이동할 것이다. 최종적으로 액세스 토큰을 얻기 위해 액션을 승인한다. 그러면 초기 요청에서 redirect_uri 입력값으로 제공된 콜백 URL로 이동한다. 다음은 테스트에서 받은 예제 응답이다.

```
http://example.com/#access_token=dd736a4a-1408-4f3f-b3ca-43dcc05e6df0&token_type=bearer&expires_
in=43200
```

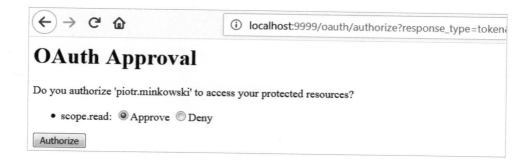

application.yml 파일에서 제공한 것과 동일한 OAuth2 컨피규레이션을 프로그래밍 방식으로 구현할 수도 있다. 이를 위해 AuthorizationServerConfigurer를 구현한 @Beans를 선언한다. 그중 하나는 다음의 각 컨피규어러(configurers)의 사용자 정의를 생성할 수 있도록 비어 있는 메서드를 제공하는 AuthorizationServerConfigurerAdapter 어댑터다.

- ClientDetailsServiceConfigurer: 클라이언트 상세 서비스를 정의한다. 클라이언트 상세는 초기화되거나 기존의 저장소를 참조할 수 있다.

- AuthorizationServerSecurityConfigurer: 토큰 종단점인 /oauth/token_key와 /oauth/check_token의 보안 제약을 정의한다.

- AuthorizationServerEndpointsConfigurer: 권한 부여, 토큰 종단점, 토큰 서비스를 정의한다.

이러한 방식으로 권한 부여 서버를 구현하면 시스템 구성 시 더 많은 선택을 할 수 있다. 예를 들어 다음 코드에서처럼 ID와 비밀번호를 가진 하나 이상의 클라이언트를 정의할 수 있다. 이 장의 뒤에서 더 고급 예제를 보여줄 것이다.

```
@Configuration
@EnableAuthorizationServer
public class AuthServerConfig extends AuthorizationServerConfigurerAdapter
{
    @Override
    public void configure(AuthorizationServerSecurityConfigurer
oauthServer) throws        Exception {
        oauthServer
          .tokenKeyAccess("permitAll()")
          .checkTokenAccess("isAuthenticated()");
    }
    @Override
    public void configure(ClientDetailsServiceConfigurer clients) throws Exception {
```

```
        clients.inMemory()
            .withClient("piotr.minkowski").secret("123456")
                .scopes("read")
                .authorities("ROLE_CLIENT")
                .authorizedGrantTypes("authorization_code",
                    "refresh_token", "implicit")
                .autoApprove(true)
            .and()
            .withClient("john.smith").secret("123456")
                .scopes("read", "write")
                .authorities("ROLE_CLIENT")
                .authorizedGrantTypes("authorization_code",
                    "refresh_token", "implicit")
                .autoApprove(true);
    }
}
```

권한 부여 서버에서 마지막으로 구성해야 할 것은 웹 보안이다. WebSecurityConfigurerAdapter를 확장한 클래스에서 로그인 페이지 같은 특정 리소스에 접근할 수 있는 메모리 기반 사용자 자격 증명 저장소와 허가를 정의한다.

```
@Configuration
public class SecurityConfig extends WebSecurityConfigurerAdapter {
    @Autowired
    private AuthenticationManager authenticationManager;
    @Override
    protected void configure(HttpSecurity http) throws Exception {
        http.requestMatchers()
          .antMatchers("/login", "/oauth/authorize")
          .and()
          .authorizeRequests()
          .anyRequest().authenticated()
          .and()
          .formLogin().permitAll();
    }
    @Override
    protected void configure(AuthenticationManagerBuilder auth) throws Exception {
        auth.parentAuthenticationManager(authenticationManager)
            .inMemoryAuthentication()
```

```
            .withUser("piotr.minkowski").password("123456").roles("USERS");
    }
}
```

## 클라이언트 컨피규레이션

애플리케이션에서 두 가지 방식으로 OAuth2 클라이언트를 사용할 수 있다. 첫 번째는 요청과 컨텍스트 저장을 담당하는 oauth2ClientContextFilter의 ID와 함께 필터 빈을 생성하는 @EnableOAuth2Client 애노테이션을 통해서다. 이것은 애플리케이션과 권한 부여 서버 간의 통신도 관리한다. OAuth2의 클라이언트 측 구현의 두 번째 방법은 @EnableOauth2Sso를 통해서다. **Single sign-on(SSO)**은 사용자가 한 세트의 로그인 자격 증명을 통해 여러 애플리케이션에 접근할 수 있도록 하는 잘 알려진 보안 패턴이다. 이 애노테이션에는 OAuth2 클라이언트와 인증의 두 기능이 제공된다. 인증 요소는 로그인 폼 같은 일반적인 스프링 시큐리티 메커니즘을 사용하는 애플리케이션과 잘 맞는다. 클라이언트 요소는 @EnableOAuth2Client가 제공하는 것과 같은 기능을 가진다. 따라서 @EnableOAuth2Sso가 @EnableOAuth2Client보다 좀 더 높은 레벨의 애노테이션이라고 생각할 수 있다.

다음의 예제 코드에서는 WebSecurityConfigurerAdapter를 확장한 클래스에 @EnableOAuth2Sso 애노테이션을 사용했다. 이런 확장 덕분에 스프링 부트가 OAuth2 인증 처리기를 포함한 보안 필터 체인을 구성할 수 있다. 이 경우, 다른 모든 요청은 인증이 필요하지만 /login 페이지는 허용된다. 로그인 폼 경로는 security.oauth2.sso.login-path 속성으로 재정의할 수 있다. 재정의하고 나서 WebSecurityConfig 내의 경로 패턴도 변경해야 한다.

```
@Configuration
@EnableOAuth2Sso
public class WebSecurityConfig extends WebSecurityConfigurerAdapter {
    @Override
    protected void configure(HttpSecurity http) throws Exception {
        http.antMatcher("/**")
            .authorizeRequests()
            .antMatchers("/login**")
            .permitAll()
            .anyRequest()
            .authenticated();
    }
}
```

추가로 설정해야 하는 컨피규레이션이 있는데, 우선 @EnableOAuth2Sso 애노테이션과 함께 로그인 폼 메서드를 사용하므로 기본 인증을 비활성화해야 한다. 그리고 클라이언트 자격 증명과 권한 부여 서버에 의해 노출되는 HTTP API 종단점의 주소 등과 같은 몇 가지 기본 OAuth2 클라이언트 속성을 제공해야 한다.

```
security:
  basic:
    enabled: false
  oauth2:
    client:
      clientId: piotr.minkowski
      clientSecret: 123456
      accessTokenUri: http://localhost:9999/oauth/token
      userAuthorizationUri: http://localhost:9999/oauth/authorize
    resource:
      userInfoUri: http://localhost:9999/user
```

application.yml 파일에 마지막으로 설정할 속성은 서버 측에 추가적인 종단점을 요구하는 security.oauth2.resource.userInfoUri다. 이 종단점은 현재 인증된 사용자의 java.security.Principal 객체를 반환하는 UserController에 의해 구현된다.

```
@RestController
public class UserController {
    @RequestMapping("/user")
    public Principal user(Principal user) {
        return user;
    }
}
```

이제 예제 마이크로서비스에서 노출된 모든 종단점 호출은 자동으로 로그인 페이지로 이동하게 된다. 메모리 기반 클라이언트 상세 저장소에 autoApprove 옵션을 설정했기 때문에 권한 부여 허가와 액세스 토큰이 사용자의 조작 없이 자동으로 생성된다. 로그인 페이지에 자격 증명을 제공하면 요청한 자원으로부터 응답을 받을 수 있다.

## JDBC 백엔드 저장소 사용하기

앞 절에서 리소스 서버에 의해 보호되는 자원에 접근을 허락하는 인증 서버와 클라이언트 애플리케이션을 구성했다. 그러나 전체 권한 부여 서버는 메모리 기반 저장소에서 제공됐다. 이런 솔루션은 개발하는 동안에는 요건에 맞지만 운영 모드에는 바람직하지 않다. 목표 솔루션에서는 모든 인증 자격 증명과 토큰을 데이터베이스에 저장해야 한다. 이때 스프링에서 제공하는 수많은 관계형 데이터베이스 중에서 선택할 수 있다. 여기서는 MySQL을 선택했다.

우선 로컬에서 MySQL을 시작한다. 가장 편리한 방법은 도커 컨테이너를 사용하는 것이다. 다음 명령은 데이터베이스를 시작하고 스키마와 oauth2 사용자를 생성한다.

```
docker run -d --name mysql -e MYSQL_DATABASE=oauth2 -e MYSQL_USER=oauth2 -e
MYSQL_PASSWORD=oauth2 -e MYSQL_ALLOW_EMPTY_PASSWORD=yes -p 33306:3306 mysql
```

MySQL이 시작되면 클라이언트 측에 연결 설정을 제공해야 한다. 윈도우 머신에서 도커를 실행한다면 MySQL은 192.168.99.100 호스트 주소와 33306 포트에 있다. 데이터 소스 속성은 auth-service의 application.yml에 설정해야 한다. 스프링 부트는 애플리케이션이 시작할 때 선택된 데이터 소스에 몇 가지 SQL 스크립트를 실행할 수 있다. 이것은 좋은 소식인데, OAuth2 프로세스의 전용 스키마에 테이블을 몇 개 생성해야 하기 때문이다.

```yaml
spring:
 application:
  name: auth-service
 datasource:
  url: jdbc:mysql://192.168.99.100:33306/oauth2?useSSL=false
  username: oauth2
  password: oauth2
  driver-class-name: com.mysql.jdbc.Driver
  schema: classpath:/script/schema.sql
  data: classpath:/script/data.sql
```

생성된 스키마에는 OAuth2 자격 증명과 토큰을 저장하기 위한 몇 가지 테이블이 있다. oauth_client_details, oauth_client_token, oauth_access_token, oauth_refresh_token, oauth_code, oauth_approvals 가 그것이다. SQL 생성 명령의 전체 스크립트는 /src/main/resources/script/schema.sql에 있다. 두 번째 SQL 스크립트 /src/main/resources/script/data.sql에는 테스트 목적의 몇 가지 insert 명령이 있다. 가장 중요한 것은 몇 가지 클라이언트 ID와 클라이언트 비밀번호를 추가하는 것이다.

```
INSERT INTO `oauth_client_details` (`client_id`, `client_secret`, `scope`,
`authorized_grant_types`, `access_token_validity`,
`additional_information`) VALUES ('piotr.minkowski', '123456', 'read',
'authorization_code,password,refresh_token,implicit', '900', '{}');
INSERT INTO `oauth_client_details` (`client_id`, `client_secret`, `scope`,
`authorized_grant_types`, `access_token_validity`,
`additional_information`) VALUES ('john.smith', '123456', 'write',
'authorization_code,password,refresh_token,implicit', '900', '{}');
```

현재 버전의 인증 서버와 기본 예제에서 설명한 버전에는 구현상 몇 가지 차이가 있다. 첫 번째로 중요한 것은 JdbcTokenStore 빈에 기본 데이터 소스 입력값을 제공해 기본 토큰 저장소를 데이터베이스로 설정한 것이다. 둘째, 현재 모든 토큰이 데이터베이스에 저장돼 있기는 하지만, 여전히 JWT 형식으로 생성하기를 원한다. 이것이 두 번째 빈인 JwtAccessTokenConverter가 그 클래스에 제공되는 이유다. 베이스 클래스로부터 상속받은 configure 메서드를 재정의해 OAuth2 클라이언트 상세의 기본 저장소를 설정할 수 있고 HTTP 헤더에 제출된 API 키를 항상 검증하도록 권한 부여 서버를 구성할 수도 있다.

```
@Configuration
@EnableAuthorizationServer
public class OAuth2Config extends AuthorizationServerConfigurerAdapter {
    @Autowired
    private DataSource dataSource;
    @Autowired
    private AuthenticationManager authenticationManager;
    @Override
    public void configure(AuthorizationServerEndpointsConfigurer endpoints)
throws Exception {
        endpoints.authenticationManager(this.authenticationManager)
            .tokenStore(tokenStore())
            .accessTokenConverter(accessTokenConverter());
    }
    @Override
    public void configure(AuthorizationServerSecurityConfigurer oauthServer) throws Exception {
        oauthServer.checkTokenAccess("permitAll()");
    }
    @Bean
    public JwtAccessTokenConverter accessTokenConverter() {
        return new JwtAccessTokenConverter();
```

```
        }
        @Override
        public void configure(ClientDetailsServiceConfigurer clients) throws Exception {
            clients.jdbc(dataSource);
        }
        @Bean
        public JdbcTokenStore tokenStore() {
            return new JdbcTokenStore(dataSource);
        }
    }
```

마지막으로 스프링 애플리케이션은 맞춤형 인증 메커니즘을 제공한다. 애플리케이션에서 이것을 사용하려면 UserDetailsService 인터페이스를 구현하고 loadUserByUsername 메서드를 재정의해야 한다. 예제 애플리케이션에서 사용자 자격 증명과 authorities는 데이터베이스에 저장되므로 맞춤형 UserDetailsService 클래스에 UserRepository 빈을 주입한다.

```
@Component("userDetailsService")
  public class UserDetailsServiceImpl implements UserDetailsService {
    private final Logger log =
  LoggerFactory.getLogger(UserDetailsServiceImpl.class);
    @Autowired
    private UserRepository userRepository;
    @Override
    @Transactional
    public UserDetails loadUserByUsername(final String login) {
        log.debug("Authenticating {}", login);
        String lowercaseLogin = login.toLowerCase();
        User userFromDatabase;
        if(lowercaseLogin.contains("@")) {
            userFromDatabase = userRepository.findByEmail(lowercaseLogin);
        } else {          userFromDatabase =
userRepository.findByUsernameCaseInsensitive(lowercaseLogin);
        }
        if (userFromDatabase == null) {
            throw new UsernameNotFoundException("User " + lowercaseLogin +
" was not found in the database");
        } else if (!userFromDatabase.isActivated()) {
            throw new UserNotActivatedException("User " + lowercaseLogin +
```

```
" is not activated");
        }
        Collection<GrantedAuthority> grantedAuthorities = new
ArrayList<>();
        for (Authority authority : userFromDatabase.getAuthorities()) {
            GrantedAuthority grantedAuthority = new
SimpleGrantedAuthority(authority.getName());
            grantedAuthorities.add(grantedAuthority);
        }
        return new
org.springframework.security.core.userdetails.User(userFromDatabase.getUser
name(), userFromDatabase.getPassword(), grantedAuthorities);
    }
}
```

## 서비스 간 권한 부여

예제에서 서비스 간 통신에 페인 클라이언트를 사용했다. 다음은 그 구현 중 하나인데, 이 경우 order-service에서 customer-service 종단점을 호출한다.

```
@FeignClient(name = "customer-service")
public interface CustomerClient {
    @GetMapping("/withAccounts/{customerId}")
    Customer findByIdWithAccounts(@PathVariable("customerId") Long
customerId);
}
```

다른 서비스와 동일한 방식으로 customer-service의 모든 사용 가능한 메서드는 OAuth 토큰 스코프 기반의 사전 권한 부여(preauthorization) 메커니즘에 의해 보호된다. 모든 메서드에 @PreAuthorize 애노테이션을 적용하고 필요한 스코프를 정의한다.

```
@PreAuthorize("#oauth2.hasScope('write')")
@PutMapping
public Customer update(@RequestBody Customer customer) {
    return repository.update(customer);
}
@PreAuthorize("#oauth2.hasScope('read')")
```

```
@GetMapping("/withAccounts/{id}")
public Customer findByIdWithAccounts(@PathVariable("id") Long id) throws
JsonProcessingException {
    List<Account> accounts = accountClient.findByCustomer(id);
    LOGGER.info("Accounts found: {}", mapper.writeValueAsString(accounts));
    Customer c = repository.findById(id);
    c.setAccounts(accounts);
    return c;
}
```

사전 권한 부여는 기본으로 비활성화된다. API 메서드에 이것을 사용하려면 @EnableGlobalMethod Security 애노테이션을 사용해야 한다. 또한 사전 권한 부여가 OAuth2 토큰 스코프 기반이라는 것을 명시해야 한다.

```
@Configuration
@EnableResourceServer
@EnableGlobalMethodSecurity(prePostEnabled = true)
public class OAuth2ResourceServerConfig extends
GlobalMethodSecurityConfiguration {
    @Override
    protected MethodSecurityExpressionHandler createExpressionHandler() {
        return new OAuth2MethodSecurityExpressionHandler();
    }
}
```

페인 클라이언트로 account-service의 종단점을 호출하면 다음과 같은 예외가 발생한다.

```
feign.FeignException: status 401 reading
CustomerClient#findByIdWithAccounts();
content:{"error":"unauthorized","error_description":"Full authentication is
required to access this resource"}
```

왜 이런 에러가 발생할까? customer-service는 OAuth2 토큰 권한 부여로 보호되는데, 페인 클라이언트가 요청 헤더에 권한 부여 토큰을 보내지 않았기 때문이다. 이 에러는 페인 클라이언트에 사용자 정의 컨피규레이션 클래스를 정의해 변경할 수 있다. 요청 인터셉터를 선언할 수 있는데, 예제의 경우 스프링 클라우드 OAuth2 라이브러리의 OAuth2FeignRequestInterceptor가 제공하는 OAuth2 구현을 사용할 수 있다. 테스트의 편의를 위해 리소스 소유자 비밀번호 허가 유형을 사용할 것이다.

```
public class CustomerClientConfiguration {
    @Value("${security.oauth2.client.access-token-uri}")
    private String accessTokenUri;
    @Value("${security.oauth2.client.client-id}")
    private String clientId;
    @Value("${security.oauth2.client.client-secret}")
    private String clientSecret;
    @Value("${security.oauth2.client.scope}")
    private String scope;
    @Bean
    RequestInterceptor oauth2FeignRequestInterceptor() {
        return new OAuth2FeignRequestInterceptor(new
DefaultOAuth2ClientContext(), resource());
    }
    @Bean
    Logger.Level feignLoggerLevel() {
        return Logger.Level.FULL;
    }
    private OAuth2ProtectedResourceDetails resource() {
        ResourceOwnerPasswordResourceDetails resourceDetails = new
ResourceOwnerPasswordResourceDetails();
        resourceDetails.setUsername("root");
        resourceDetails.setPassword("password");
        resourceDetails.setAccessTokenUri(accessTokenUri);
        resourceDetails.setClientId(clientId);
        resourceDetails.setClientSecret(clientSecret);
        resourceDetails.setGrantType("password");
        resourceDetails.setScope(Arrays.asList(scope));
        return resourceDetails;
    }
}
```

드디어 구현된 솔루션을 테스트할 수 있게 됐다. 이번에는 웹브라우저에서 클릭하거나 다른 도구를 이용해 요청을 보내는 대신 자동화된 JUnit 테스트를 생성할 것이다. 다음 페이지에 테스트 코드가 있다. ResourceOwnerPasswordResourceDetails에서 OAuth2RestTemplate를 사용해 리소스 소유자 자격 증명 허가를 수행하고 요청 헤더에 OAuth2 토큰을 담아 POST / API 메서드를 호출할 것이다. 물론 테스트를 실행하기 전에 디스커버리와 권한 부여 서버는 물론 모든 마이크로서비스를 시작해야 한다.

```java
@Test
public void testClient() {
    ResourceOwnerPasswordResourceDetails resourceDetails = new
ResourceOwnerPasswordResourceDetails();
    resourceDetails.setUsername("root");
    resourceDetails.setPassword("password");
    resourceDetails.setAccessTokenUri("http://localhost:9999/oauth/token");
    resourceDetails.setClientId("piotr.minkowski");
    resourceDetails.setClientSecret("123456");
    resourceDetails.setGrantType("password");
    resourceDetails.setScope(Arrays.asList("read"));
    DefaultOAuth2ClientContext clientContext = new
DefaultOAuth2ClientContext();
    OAuth2RestTemplate restTemplate = new
OAuth2RestTemplate(resourceDetails, clientContext);
    restTemplate.setMessageConverters(Arrays.asList(new
MappingJackson2HttpMessageConverter()));
    Random r = new Random();
    Order order = new Order();
    order.setCustomerId((long) r.nextInt(3) + 1);
    order.setProductIds(Arrays.asList(new Long[] { (long) r.nextInt(10) +
1, (long) r.nextInt(10) + 1 }));
    order = restTemplate.postForObject("http://localhost:8090", order,
Order.class);
    if (order.getStatus() != OrderStatus.REJECTED) {
        restTemplate.put("http://localhost:8090/{id}", null,
order.getId());
    }
}
```

## API 게이트웨이에서 SSO 사용하기

메인 클래스에 @EnableOAuth2Sso 애노테이션을 사용해 API 게이트웨이에 싱글사인온을 사용할 수 있
다. 이것이 마이크로서비스 아키텍처에서 주울이 현재 인증된 사용자의 액세스 토큰을 생성하거나 얻
도록 하는 가장 좋은 방법이다.

```
@SpringBootApplication
@EnableOAuth2Sso
@EnableZuulProxy
public class GatewayApplication {
    public static void main(String[] args) {
        new
SpringApplicationBuilder(GatewayApplication.class).web(true).run(args);
    }
}
```

예제처럼 @EnableOAuth2Sso를 사용해 주울 필터를 위한 자동 컨피규레이션을 시작할 수 있다. 필터는 현재 인증된 사용자의 액세스 토큰을 추출해서 게이트웨이 뒤에 숨겨져 있는 마이크로서비스에 전달할 요청 헤더에 담는다. 이런 서비스에 @EnableResourceServer를 사용하면 Authorization HTTP 헤더에서 기대했던 토큰을 수신할 것이다. @EnableZuulProxy의 권한 부여 행동 다운스트림은 proxy.auth.* 속성을 선언해 제어할 수 있다(@EnableZuulProxy 애노테이션의 권한 제어에 관한 자세한 사항은 다음 문서를 참고한다: https://cloud.spring.io/spring-cloud-static/Dalston.SR4/multi/multi__configuring_authentication_downstream_of_a_zuul_proxy.html – 옮긴이).

아키텍처에 게이트웨이를 사용할 때 권한 부여 서버를 뒤로 숨길 수도 있다. 이 경우, 주울의 컨피규레이션 설정에 uaa와 같은 추가적인 라우트를 제공한다. 그러면 OAuth2 클라이언트와 서버 간의 모든 메시지 교환이 게이트웨이를 통해서 이루어진다. 다음은 게이트웨이의 application.yml 파일 컨피규레이션이다.

```
security:
  oauth2:
    client:
      accessTokenUri: /uaa/oauth/token
      userAuthorizationUri: /uaa/oauth/authorize
      clientId: piotr.minkowski
      clientSecret: 123456
    resource:
      userInfoUri: http://localhost:9999/user
zuul:
  routes:
    account-service:
      path: /account/**
```

```
    customer-service:
      path: /customer/**
    order-service:
      path: /order/**
    product-service:
      path: /product/**
    uaa:
      sensitiveHeaders:
      path: /uaa/**
      url: http://localhost:9999
add-proxy-headers: true
```

## 요약

보안은 마이크로서비스 아키텍처에서 가장 많이 논의되는 공통 주제이므로 이 책의 두 번째 장부터 각 장마다 보안에 관한 내용을 다뤘어도 전혀 이상할 것이 없을 것이다. 그러나 이 주제를 따로 빼서 하나의 단원을 만든 것은 마이크로서비스 기반 아키텍처에서 중요한 요소를 어떻게 확보하는지 그 단계별 절차를 보여주기 위해서다. 보안과 관련된 주제는 일반적으로 다른 주제에 비해 좀 더 난이도가 있어 실무와 관련된 기본 개념을 설명하는 데 좀 더 많은 시간을 할애했다. 양방향 SSL 인증, 민감한 데이터에 대한 암/복호화, 스프링 시큐리티 인증, JWT 토큰을 사용한 OAuth2 인증에 관해 설명하는 예제를 보여줬다. 시스템 아키텍처에서 원하는 수준의 보안을 제공하기 위해 그중 어떤 것을 선택할지는 각자의 선택으로 남겨놓겠다.

이 장을 읽고 나면 애플리케이션을 위한 기본 및 고급 보안 컨피규레이션을 처리할 수 있게 된다. 아울러 시스템 아키텍처의 모든 구성 요소를 안전하게 만들 수 있다. 또한 몇 가지 사용 가능한 솔루션과 프레임워크에 대해서도 논의했다. 예를 들면 인증 서버 제공자로 스프링에만 의존할 필요가 없었다. 대신 Keycloak과 같은 마이크로서비스 기반 시스템에서 인증 및 권한 부여 서버 역할을 하는 서드파티 도구를 사용할 수 있다. Keycloak은 스프링 부트 애플리케이션과 쉽게 통합될 수 있고 OAuth2, OpenId Connect, SAML과 같은 유명한 프로토콜을 제공한다. 사실 Keycloak은 매우 강력한 도구이고 특히 대규모의 시스템과 좀 더 고급 사용 사례에서 스프링 권한 부여 서버의 대안이 될 수 있다.

다음 장에서는 마이크로서비스 테스팅의 다양한 전략을 논의할 것이다.

# 13

# 자바 마이크로서비스 테스팅

새로운 애플리케이션을 개발하는 동안 테스트 자동화를 잊으면 안 된다. 마이크로서비스 기반 아키텍처를 생각하는 경우 테스트 자동화는 특히 더 중요하다. 마이크로서비스를 테스트하는 것은 모놀리식 애플리케이션을 테스트하려고 생성한 테스트와는 다른 접근 방법이 필요하다. 모놀리식을 고려하는 경우 주로 데이터베이스 레이어를 함께 사용하는 단위 테스트와 통합 테스트에 집중한다. 마이크로서비스의 경우, 가장 중요한 것은 각 통신에 대해 가능한 한 작은 크기로 커버리지를 제공하는 것이다. 비록 각 마이크로서비스는 독립적으로 개발되고 출시되지만, 그중 하나가 변경돼도 협업하는 다른 마이크로서비스에 영향을 줄 수 있다. 일반적으로 이런 메시지는 REST 또는 AMQP 프로토콜을 통해 보낸다.

이 장에서 다루는 주제는 다음과 같다.

- 테스트 자동화를 지원하는 스프링

- 스프링 부트 마이크로서비스에서 컴포넌트 테스트와 통합 테스트의 차이점

- 팩트(Pact)를 사용한 컨트랙트 테스트 구현

- 스프링 클라우드 컨트랙트를 사용한 컨트랙트 테스트 구현

- 개틀링(Gatling)을 사용한 성능 테스트 구현

## 테스팅 전략

마이크로서비스 테스팅 전략에는 다섯 가지가 있다. 첫 세 가지는 모놀리식 애플리케이션과 동일하다.

- **단위 테스트(unit tests)**: 단위 테스트에서는 가장 작은 코드 조각을 테스트한다. 예를 들어 단일 메서드 또는 구성 요소, 다른 메서드와 구성 요소를 호출하는 모든 Mock 등이 있다. 자바에는 단위 테스트를 지원하는 수많은 유명한 프레임워크가 있다. 예를 들어 JUnit, TestNG, Mockito(mocking을 위한) 등이 있다. 이런 유형의 테스트에서 주요 작업은 구현이 요구사항을 만족하는지를 확인하는 것이다. 단위 테스트는 특히 테스트 주도 개발의 경우에 강력한 도구가 될 수 있다.

- **통합 테스트(integration tests)**: 단위 테스트만으로는 전체 시스템의 행동을 검증했다고 할 수 없다. 통합 테스트는 모듈을 사용해 모두 함께 테스트한다. 이 방식은 하위 시스템 내의 통신 경로를 시험할 수 있는 기회를 준다. 구성 요소 인터페이스 기반으로 외부 세계의 서비스 목업과 통신하고 상호작용하는 것을 테스트한다. 마이크로서비스 기반 시스템에서 통합 테스트는 다른 마이크로서비스나 데이터 소스, 캐시를 포함할 목적으로 사용된다.

- **엔드–투–엔드 테스트(end-to-end tests)**: 엔드–투–엔드 테스트는 **기능 테스트(functional tests)**로도 알려져 있다. 이 테스트의 주요 목적은 시스템이 외부 세계의 요구사항을 만족하는지 검증하는 것이다. 이것은 테스트 시나리오를 설계할 때 이 과정에 참여하는 모든 마이크로서비스를 테스트해야 한다는 뜻이다. 좋은 엔드–투–엔드 테스트를 설계하는 것은 쉬운 일이 아니다. 전체 시스템을 테스트해야 하므로 테스트 시나리오 설계를 특히 강조한다.

- **컨트랙트 테스트(contract tests)**: 이것은 마이크로서비스의 명시적 또는 암시적인 컨트랙이 기대한 대로 동작하는지를 확인하기 위해 사용된다. 컨트랙트는 컨슈머가 사용하려는 구성 요소의 인스페이스와 통합할 때 항상 형성된다. 일반적으로 마이크로서비스 기반 시스템에 단일 구성 요소의 수많은 컨슈머가 있다. 이들 각자가 요구사항을 만족하는 다양한 컨트랙트를 요구한다. 이런 가정에 따라 모든 컨슈머는 원천 구성 요소 인터페이스의 행동에 대한 책임이 있다.

- **컴포넌트 테스트(component tests)**: 마이크로서비스 내의 모든 객체와 메서드에 대한 단위 테스트를 완료한 후 외부 세계와 격리된 상태에서 마이크로서비스 전체를 테스트한다. 격리된 상태에서 테스트를 수행하기 위해 다른 마이크로서비스의 호출에 대한 목(mock) 또는 스텁(stub)이 필요하다. 외부 데이터 저장소는 동등한 메모리 기반 데이터 저장소로 대체돼야 하는데, 이것으로 또한 테스트의 성능이 상당히 향상된다.

컨트랙트 테스트와 컴포넌트 테스트의 차이는 명백하다. 다음 그림은 order-service 예제 마이크로서비스에서의 이런 차이점을 설명한다.

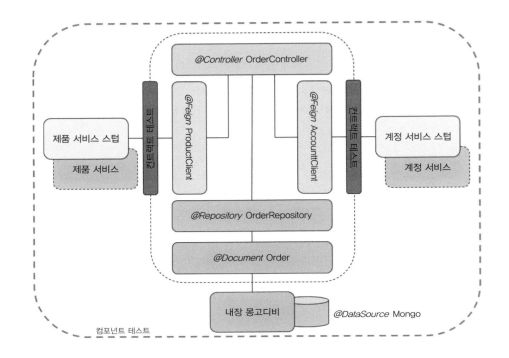

컴포넌트 테스트

마이크로서비스 기반 시스템에서 두 개의 추가적인 테스트 전략이 정말 필요한지 의문을 가질 수 있다. 적절한 단위 테스트와 통합 테스트를 통하면 마이크로서비스를 이루는 각 구성 요소의 구현이 올바른지 확신할 수 있다. 그러나 마이크로서비스를 위한 특유의 테스트 전략 없이는 비즈니스 요구사항을 만족시키기 위해 어떻게 이들이 함께 동작하는지 확실하게 알 수가 없다. 그래서 컴포넌트 테스트와 컨트랙트 테스트가 추가됐다. 이것은 컴포넌트 테스트와 컨트랙트 테스트, 통합 테스트의 차이를 이해하는 데 큰 도움이 된다. 컴포넌트 테스트가 외부 세계와 격리된 상태에서 수행되므로 통합 테스트가 외부 세계와의 연동에 대한 검증을 담당한다. 이것이 바로 컴포넌트 테스트와는 대조적으로 통합 테스트에서 외부 세계의 서비스에 대한 스텁을 제공하는 이유다. 컨트랙트 테스트는 통합 테스트와 비슷하게 마이크로서비스 간의 상호작용을 강조하지만, 다른 마이크로서비스를 블랙박스로 취급하고 응답 형식만 검증한다.

일단 마이크로서비스를 위한 기능 테스트를 수행했다면 성능 테스트도 생각해 봐야 한다. 성능 테스팅 전략은 다음과 같이 구분된다.

- **부하 테스트(load tests):** 정상 또는 예상되는 부하 조건 하에서 시스템의 행동을 판단하는 데 사용한다. 이 테스트의 주 목적은 응답 시간 지연, 비정상적인 중단, 네트워크 타임아웃이 적절하게 설정되지 않은 경우 너무 많은 재시도 등과 같은 약점을 식별하려는 것이다.

- **한계 테스트(stress tests):** 극도로 무거운 부하에서 시스템의 작동을 검사해 성능상 한계를 점검한다. 부하 테스트 외에도 메모리 누수, 보안 문제, 데이터 손상을 점검한다. 부하 테스트와 같은 도구를 사용할 수 있다.

다음 그림은 시스템에서 테스트 전략을 수행하는 논리적인 순서를 보여준다. 작은 소프트웨어 조각을 검사하는 가장 간단한 단위 테스트에서 시작해 다음 단계로 나아가 전체 시스템을 극한으로 몰아붙이는 부하 테스트에서 끝난다.

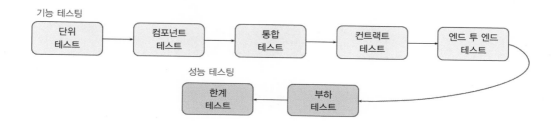

## 스프링 부트 애플리케이션 테스팅

이전 절에서 설명한 것처럼 애플리케이션을 테스트하기 위한 다양한 전략과 방법이 있다. 그 모든 전략과 방법을 간략히 알아봤으니 이제 실제적인 관점으로 나가보자. 스프링 부트는 테스트 자동화를 구현하는 데 도움을 주는 도구를 제공한다. 프로젝트에서 이런 기능을 사용하려면 spring-boot-starter-test 스타터를 의존성에 포함해야 한다. 이것은 spring-test와 spring-boot-test 아티팩트뿐만 아니라 JUnit, 모키토(Mockito), AssertJ와 같은 유용한 테스트 라이브러리를 임포트한다.

```
<dependency>
    <groupId>org.springframework.boot</groupId>
    <artifactId>spring-boot-starter-test</artifactId>
    <scope>test</scope>
</dependency>
```

## 예제 애플리케이션 개발하기

테스트 자동화를 시작하기 전에 테스트 목적의 예제 비즈니스 로직을 준비해야 한다. 앞 장과 동일한 예제 시스템을 사용할 수는 있지만 약간 수정해야 한다. 지금까지는 테스트 데이터를 저장하고 수집하는 데 외부 데이터 소스를 사용하지 않았다. 그러나 이 장의 예제에서는 외부 데이터 소스를 사용하는 것이 영속성 테스트 이슈에 대한 다양한 전략적 접근을 이해하는 데 도움이 될 것이다. 각 서비스는 자기만의 데이터베이스를 가지지만, 일반적으로 어떤 데이터베이스를 선택하느냐는 문제가 되지 않는다. 관계형 및 NoSQL 데이터베이스를 포함해 스프링 부트가 지원하는 수많은 솔루션이 있다. 이 책에서는 몽고(Mongo)를 사용하기로 했다. 예제 시스템의 아키텍처를 다시 살펴보자. 다음 그림에서 보여주는 모델은 앞에서 설명한 서비스별 전용 데이터베이스에 관한 가정을 보여준다.

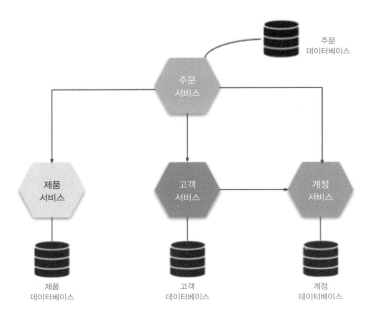

## 데이터베이스와 통합

스프링 부트 애플리케이션에서 몽고를 사용하려면 spring-boot-starter-data-mongo 스타터를 의존성에 추가해야 한다. 이 프로젝트는 몽고디비와 통합을 간단하게 하는 몇 가지 흥미로운 기능을 제공한다. 이런 기능 중 특히 풍부한 객체 매핑을 제공하는 MongoTemplate과 다른 스프링 데이터 프로젝트에서 잘 알려진 저장소를 작성하는 스타일의 지원은 언급할 가치가 있다. 다음은 pom.xml에 선언된 필요한 의존성이다.

```xml
<dependency>
 <groupId>org.springframework.boot</groupId>
 <artifactId>spring-boot-starter-data-mongodb</artifactId>
</dependency>
```

몽고디비 인스턴스는 도커 이미지를 사용해 쉽게 시작할 수 있다. 다음 명령을 시작하면 도커 컨테이너를 시작하고 몽고 데이터베이스를 27017 포트로 노출한다.

```
docker run --name mongo -p 27017:27017 -d mongo
```

앞서 시작한 몽고 데이터 소스에 애플리케이션을 연결하려면 application.yml에 몇 가지 자동 컨피규레이션 설정을 재정의해야 한다. 이 작업은 spring.data.mongodb.* 속성으로 할 수 있다.

```
spring:
    application:
     name: account-service
    data:
     mongodb:
      host: 192.168.99.100
      port: 27017
      database: micro
      username: micro
      password: micro123
```

앞에서 언급한 객체 매핑 기능과 관련해 스프링 데이터 몽고가 몇 가지 애노테이션을 제공한다. 데이터베이스에 저장된 모든 객체는 @Document 애노테이션을 적용해야 한다. 타깃 컬렉션의 프라이머리 키는 12바이트 스트링인데, 매핑된 모든 클래스에 스프링 데이터 @Id 애노테이션으로 표시해야 한다. 다음은 Account 객체를 구현한 일부 코드다.

```
@Document
public class Account {
    @Id
    private String id;
    private String number;
    private int balance;
    private String customerId;
    // ...
}
```

# 단위 테스트

앞 절에서 몽고디비와의 통합을 설명하는 데 많은 시간을 할애했다. 하지만 데이터 영속성을 테스트하는 것 또한 테스트 자동화의 중요한 포인트 중 하나라서 그것을 제대로 구성하는 것이 매우 중요하다. 이제 테스트를 구현할 것이다. 스프링 테스트는 REST 클라이언트를 통해 다른 서비스와 통합하거나 데이터베이스와 통합하는 등의 전형적인 테스트 시나리오를 지원한다. 또한 단위 테스트에 특히 매우 중요한 외부 서비스를 쉽게 목(Mock) 처리할 수 있는 라이브러리 세트가 제공된다.

다음의 테스트 클래스는 스프링 부트 애플리케이션을 위한 전형적인 단위 테스트를 구현한 것이다. 여기서는 자바를 위한 사실상의 표준인 JUnit 프레임워크를 사용했다. 실제 저장소와 컨트롤러를 스텁으로 대체할 목적으로 모키토(Mockito) 라이브러리를 사용한다. 이런 방법을 이용하면 @Controller 클래스가 구현한 모든 메서드가 정확한지 쉽게 검증할 수 있다. 테스트는 외부 구성 요소로부터 격리돼 수행되는데, 이것이 단위 테스트의 핵심 가정이다.

```
@RunWith(SpringRunner.class)
@WebMvcTest(AccountController.class)
public class AccountControllerUnitTest {
 ObjectMapper mapper = new ObjectMapper();
 @Autowired
 MockMvc mvc;
 @MockBean
 AccountRepository repository;
 @Test
 public void testAdd() throws Exception {
     Account account = new Account("1234567890", 5000, "1");
       when(repository.save(Mockito.any(Account.class))).thenReturn(new Account("1","1234567890",
5000, "1")); mvc.perform(post("/").contentType(MediaType.APPLICATION_JSON).content(mapper.writeValu
eAsString(account)))
 .andExpect(status().isOk());
    }
 @Test
 public void testWithdraw() throws Exception {
     Account account = new Account("1", "1234567890", 5000, "1");
     when(repository.findOne("1")).thenReturn(account);
     when(repository.save(Mockito.any(Account.class))).thenAnswer(new
Answer<Account>() {
         @Override
```

```
        public Account answer(InvocationOnMock invocation) throws Throwable {
            Account a = invocation.getArgumentAt(0, Account.class);
            return a; }
        });
        mvc.perform(put("/withdraw/1/1000"))
            .andExpect(status().isOk())
   .andExpect(content().contentType(MediaType.APPLICATION_JSON_UTF8))
            .andExpect(jsonPath("$.balance", is(4000)));
    }
}
```

특히 마이크로서비스에서 좋은 소식은 페인 클라이언트 통신에 쉽게 목을 적용할 수 있다는 것이다. 다음 예제 테스트 클래스는 account-service가 노출한 종단점을 호출해 돈을 인출하는 데 사용된 order-service의 종단점을 검증한다. 눈치 챘겠지만, account-service의 돈을 인출하는 종단점은 앞서 소개한 테스트 클래스에 의해 이미 테스트했다. 다음은 order-service를 위한 단위 테스트를 구현한 것이다.

```
    @RunWith(SpringRunner.class)
    @WebMvcTest(OrderController.class)
    public class OrderControllerTest {
        @Autowired
        MockMvc mvc;
        @MockBean
        OrderRepository repository;
        @MockBean
        AccountClient accountClient;
        @Test
        public void testAccept() throws Exception {
            Order order = new Order("1", OrderStatus.ACCEPTED, 2000, "1", "1", null);
            when(repository.findOne("1")).thenReturn(order);
            when(accountClient.withdraw(order.getAccountId(),
    order.getPrice())).thenReturn(new Account("1", "123", 0));
            when(repository.save(Mockito.any(Order.class))).thenAnswer(new
    Answer<Order>() {
                @Override
                public Order answer(InvocationOnMock invocation) throws Throwable {
                    Order o = invocation.getArgumentAt(0, Order.class);
                    return o; }
            });
```

```
        mvc.perform(put("/1"))
            .andExpect(status().isOk())
    .andExpect(content().contentType(MediaType.APPLICATION_JSON_UTF8))
            .andExpect(jsonPath("$.status", is("DONE")));
    }
}
```

## 컴포넌트 테스트

애플리케이션의 모든 주요 클래스와 인터페이스에 단위 테스트를 제공했다면 컴포넌트 테스트를 진행할 수 있다. 컴포넌트 테스트의 주요 개념은 메모리 기반의 테스트 데이터 저장소를 사용해 전체 마이크로서비스를 메모리에 인스턴스로 띄우는 것이다. 이렇게 하면 네트워크 연결을 건너뛸 수 있다. 단위테스트에서는 모든 데이터베이스 또는 HTTP 클라이언트에 목을 적용했지만, 여기서는 목을 사용하지 않는다. 데이터베이스 클라이언트를 위해 메모리 기반 데이터 소스를 제공하고 REST 클라이언트에 대한 HTTP 응답을 시뮬레이션한다.

### 메모리 기반 데이터베이스를 사용해 테스트 실행하기

몽고디비를 선택한 이유 중 하나는 테스트 목적으로 스프링 부트 애플리케이션에 쉽게 내장할 수 있기 때문이다. 프로젝트에서 내장된 몽고디비를 사용하려면 메이븐 pom.xml에 다음 의존성을 포함하면된다.

```xml
<dependency>
    <groupId>de.flapdoodle.embed</groupId>
    <artifactId>de.flapdoodle.embed.mongo</artifactId>
    <scope>test</scope>
</dependency>
```

스프링 부트는 내장된 몽고디비에 대해 자동 컨피규레이션을 제공하므로 application.yml에 로컬 주소와 포트를 설정하는 것 외에는 아무것도 설정할 필요가 없다. 도커 컨테이너에서 실행하는 몽고디비를 사용하므로 이를 위한 구성을 별도의 스프링 프로파일에 선언해야 한다. 테스트 클래스에 사용된 @ActiveProfiles 애노테이션에 의해 테스트 케이스가 실행되는 동안 특정 프로파일이 활성화된다. 다음은 application.yml의 일부로, dev와 test가 서로 다른 몽고디비 연결 설정을 정의한다.

```
---
spring:
    profiles: dev
    data:
     mongodb:
       host: 192.168.99.100
       port: 27017
       database: micro
       username: micro
       password: micro123
---
spring:
    profiles: test
    data:
     mongodb:
       host: localhost
       port: 27017
```

몽고디비 대신 MySQL 또는 포스트그레스(Postgres) 같은 데이터베이스를 사용한다면 H2 또는 더비 (Derby) 같은 메모리 기반 내장 관계형 데이터베이스로 쉽게 대체할 수 있다. 스프링 부트는 이들을 지원하고 @DataJpaTest로 활성화되는 테스트의 자동 컨피규레이션을 제공한다. 내장 몽고디비를 위해 @SpringBootTest 대신 @DataMongoTest 애노테이션을 사용할 수 있다. 이것은 메모리 기반 내장형 몽고디 비뿐만 아니라 MongoTemplate을 구성하고 @Document 클래스를 검색하고 스프링 데이터 몽고디비 저장소 를 구성한다.

## HTTP 클라이언트와 서비스 디스커버리 다루기

메모리 기반 데이터베이스를 사용해 영속성 테스트와 관련된 문제는 해결했다. 그러나 다른 서비스의 HTTP 응답을 시뮬레이션하거나 서비스 디스커버리와 통합하는 등의 몇 가지 다른 테스트 관점은 여 전히 고려할 필요가 있다. 마이크로서비스를 위한 몇 가지 테스트를 구현할 때 서비스 디스커버리와 관 련해 두 가지 접근 방법을 선택할 수 있다. 첫 번째는 테스트 케이스를 실행하는 동안 애플리케이션에 디스커버리 서버를 내장하는 것이고 두 번째는 클라이언트 측에 디스커버리를 비활성화하는 것이다. 두 번째 옵션은 상대적으로 스프링 클라우드에서 쉽게 구성할 수 있다. 유레카 서버에서 eureka.client. enabled 속성을 false로 설정해 디스커버리 클라이언트를 비활성화할 수 있다.

이것은 연습의 시작에 불과하다. 아울러 서비스 간 통신에서 부하 분산을 담당하는 리본 클라이언트의 디스커버리를 비활성화해야 한다. 하나 이상의 타깃 서비스가 있다면 모든 클라이언트를 서비스 이름으로 명명해야 한다. 다음에서 소개하는 컨피규레이션의 마지막 속성인 listOfServers의 값은 자동화된 테스트 구현에 사용된 프레임워크와 절대적으로 관련이 있다. 여기서는 호버플라이 자바 라이브러리에 기반한 예제를 준비했다. 호버플라이는 7장 **고급 부하 분산과 서킷 브레이커**에서 소개했다. 리본 클라이언트와 히스트릭스가 네트워크 타임아웃을 어떻게 다루는지 보여주기 위해 타깃 서비스 호출에 지연을 시뮬레이션하는 데 그것을 사용했다. 여기서는 컴포넌트 테스트에서 네트워크 통신을 하도록 준비된 응답을 반환하는 데 사용할 것이다. 다음은 유레카의 디스커버리를 비활성화하는 프로파일을 구성하고 리본 클라이언트의 테스트 속성을 구성한 컨피규레이션 파일의 일부다. 이 프로파일은 테스트 클래스에 @ActiveProfiles 애노테이션을 사용해서 활성화해야 한다.

```yaml
---
spring:
 profiles: no-discovery
eureka:
 client:
  enabled: false
account-service:
 ribbon:
  eureka:
   enable: false
  listOfServers: account-service:8080
customer-service:
 ribbon:
  eureka:
   enable: false
  listOfServers: customer-service:8080
product-service:
 ribbon:
  eureka:
   enable: false
  listOfServers: product-service:8080
```

호버플라이의 사용은 7장 **고급 부하 분산과 서킷 브레이커**에서 이미 논의했기 때문에 자세히 설명하지 않을 것이다. 호버플라이는 시뮬레이션할 서비스와 종단점의 목록을 정의한 HoverflyRule에

@ClassRule을 선언해 JUnit 테스트에서 활성화할 수 있다. 각 서비스의 이름은 listOfServers 속성에 선언된 주소와 같아야 한다. 다음은 세 개의 다른 서비스의 응답을 시뮬레이션한 호버플라이 테스트 룰을 정의한 것이다.

```
@ClassRule
public static HoverflyRule hoverflyRule = HoverflyRule
 .inSimulationMode(dsl(
 service("account-service:8080")
 .put(startsWith("/withdraw/"))
.willReturn(success("{\"id\":\"1\",\"number\":\"1234567890\",\"balance\":50
00}", "application/json")),
 service("customer-service:8080")
 .get("/withAccounts/1")
 .willReturn(success("{\"id\":\"{{ Request.Path.[1]
}}\",\"name\":\"Test1\",\"type\":\"REGULAR\",\"accounts\":[{\"id\":\"1\",\"
number\":\"1234567890\",\"balance\":5000}]}", "application/json")),
 service("product-service:8080")
 .post("/ids").anyBody()
 .willReturn(success("[{\"id\":\"1\",\"name\":\"Test1\",\"price\":1000}]",
"application/json"))))
 .printSimulationData();
```

## 예제 테스트 구현하기

앞의 두 절에서 언급한 모든 것을 마무리하기 위해 메모리 기반 내장 몽고디비, 호버플라이(HTTP 응답을 시뮬레이션을 위해), 서비스 디스커버리를 비활성화해 컴포넌트 테스트를 준비해 보자. 테스트 목적으로 정확하게 구성한 설정은 test 프로파일과 no-discovery 프로파일에 있다. 모든 컴포넌트 테스트는 order-service HTTP 종단점을 호출하는 TestRetTemplate이 초기화한다. 테스트 결과 검증은 HTTP 응답 또는 내장 몽고디비에 저장된 데이터에 근거해서 수행된다. 다음은 order-service의 컴포넌트 테스트 예제를 구현한 것이다.

```
@RunWith(SpringRunner.class)
@SpringBootTest(webEnvironment = WebEnvironment.RANDOM_PORT)
@FixMethodOrder(MethodSorters.NAME_ASCENDING)
@ActiveProfiles({"test", "no-discovery"})
public class OrderComponentTest {
```

```
    @Autowired
    TestRestTemplate restTemplate;
    @Autowired
    OrderRepository orderRepository;
    // ...
    @Test
    public void testAccept() {
        Order order = new Order(null, OrderStatus.ACCEPTED, 1000, "1", "1",
Collections.singletonList("1"));
        order = orderRepository.save(order);
        restTemplate.put("/{id}", null, order.getId());
        order = orderRepository.findOne(order.getId());
        Assert.assertEquals(OrderStatus.DONE, order.getStatus());
    }
    @Test
    public void testPrepare() {
        Order order = new Order(null, OrderStatus.NEW, 1000, "1", "1",
Collections.singletonList("1"));
        order = restTemplate.postForObject("/", order, Order.class);
        Assert.assertNotNull(order);
        Assert.assertEquals(OrderStatus.ACCEPTED, order.getStatus());
        Assert.assertEquals(940, order.getPrice());
    }
}
```

## 통합 테스트

단위 테스트와 컴포넌트 테스트를 생성한 후 마이크로서비스 내의 모든 기능을 검증했다. 그러나 다른 서비스, 외부 데이터 저장소, 캐시와 연동하는 테스트는 여전히 필요하다. 마이크로서비스 기반 아키텍처에서 테스트는 모놀리식 애플리케이션에서의 테스트와 다르게 취급된다. 컴포넌트 테스트에서 내부 모듈 간의 모든 관계를 테스트했으니 외부 구성 요소와 연동하는 모듈만 테스트하면 된다.

## 테스트 분류하기

외부 장애가 프로젝트의 빌드를 멈추거나 망가뜨리지 않기 위해 CI 파이프라인의 통합 테스트를 분리하는 것이 상식이다. 이를 위해 @Category 애노테이션을 사용해 테스트를 분류하는 것을 고려할 수 있다. 우선 통합 테스트만을 위한 IntergrationTest 인터페이스를 생성한다.

```
public interface IntegrationTest { }
```

그리고 @Category 애노테이션을 사용해 테스트에 그 인터페이스를 표시한다.

```
@Category(IntegrationTest.class)
public class OrderIntegrationTest { ... }
```

마지막으로 선택된 유형의 테스트만 실행하도록 maven-failsafe-plugin을 구성한다.

```
<plugin>
  <artifactId>maven-failsafe-plugin</artifactId>
  <dependencies>
    <dependency>
      <groupId>org.apache.maven.surefire</groupId>
      <artifactId>surefire-JUnit47</artifactId>
    </dependency>
  </dependencies>
  <configuration>
    <groups>pl.piomin.services.order.IntegrationTest</groups>
  </configuration>
  <executions>
    <execution>
      <goals>
        <goal>integration-test</goal>
      </goals>
      <configuration>
        <includes>
          <include>**/*.class</include>
        </includes>
      </configuration>
    </execution>
  </executions>
</plugin>
```

## HTTP 트래픽 포착하기

분류는 테스트 자동화에서 외부 마이크로서비스와 통신하는 문제를 다루는 방법의 하나다. 이 문제와
관련해 많이 사용하는 다른 방법은 추후에 외부 서비스에 연결을 설정하지 않기 위해 나가는 요청과 들
어오는 응답을 기록하는 것이다.

이전 예제에서는 호버플라이를 시뮬레이션 모드로만 사용했지만 캡처 모드로도 실행할 수 있다. 이것은 정상 상태처럼 실제 서비스에 요청을 보내지만, 호버플라이가 그 요청을 가로채 기록하고 파일에 저장한다. 트래픽을 가로채 JSON 형태로 저장한 파일은 시뮬레이션 모드에서 사용할 수 있다. JUnit 테스트 클래스에 호버플라이 룰을 생성할 수 있는데, 시뮬레이션 파일이 있으면 캡처 모드로 시작하고 없으면 시뮬레이션 모드로 시작한다. 이것은 항상 src/test/resources/hoverfly 디렉터리에 저장된다.

이렇게 하면 외부 서비스의 의존성을 간단하게 끊을 수 있다. 예를 들어 외부 서비스에 변경이 없다는 것을 안다면 실제 서비스와 연동할 필요가 없다. 서비스가 수정됐다면 JSON 시뮬레이션 파일을 삭제한다. 그러면 캡처 모드로 전환한다. 테스트가 실패하면 수정이 서비스에 영향을 미쳤다는 뜻이고 캡처 모드로 돌아가기 전에 수정 작업을 수행하면 된다.

다음은 order-service 안에 있는 통합 테스트 예제다. 새로운 계정을 추가하고 그 계정에서 돈을 인출하기 위해 메서드를 호출한다. inCaptureOrSimulationMode 메서드 덕분에 account.json 파일이 없을 경우에만 실제 서비스를 호출하고 그렇지 않으면 테스트의 서비스에 전달된 입력 데이터를 변경한다.

```java
@RunWith(SpringRunner.class)
@SpringBootTest
@ActiveProfiles("dev")
@Category(IntegrationTest.class)
public class OrderIntegrationTest {
    @Autowired
    AccountClient accountClient;
    @Autowired
    CustomerClient customerClient;
    @Autowired
    ProductClient productClient;
    @Autowired
    OrderRepository orderRepository;
    @ClassRule
    public static HoverflyRule hoverflyRule =
     HoverflyRule.inCaptureOrSimulationMode("account.json").printSimulationData(
    );
    @Test
    public void testAccount() {
        Account account = accountClient.add(new Account(null, "123", 5000));
        account = accountClient.withdraw(account.getId(), 1000);
        Assert.notNull(account);
```

```
          Assert.equals(account.getBalance(), 4000);
    }
  }
```

## 컨트랙트 테스트

컨트랙트 테스트에 전용으로 사용하는 흥미로운 도구가 있다. 가장 유명한 도구인 팩트(Pact)와 스프링 클라우드 컨트랙트에 대해 알아보고 그 개념을 논의할 것이다.

### 팩트 사용하기

컨트랙트 테스트의 주요 개념은 컨슈머와 프로바이더 사이에 계약(contract)을 정의하는 것이다. 그리고 각 서비스를 독립적으로 검증한다. 계약을 생성하고 유지하는 것은 주로 컨슈머 측에 있기 때문에 이런 유형의 테스트를 컨슈머 주도 테스트(consumer driven test)라고도 한다. 팩트(Pact) JVM에서는 컨슈머와 프로바이더 측의 구분이 명확하다. 두 개의 분리된 라이브러리를 제공하는데, 첫째는 pact-jvm-consumer라는 접두사이고 둘째는 pact-jvm-provider라는 접두사를 쓴다. 물론 다음 그림에서 설명하는 것처럼 계약은 프로바이더와의 합의 아래 컨슈머에 의해 생성된다.

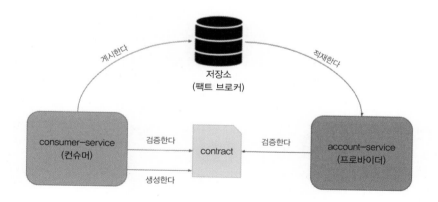

사실 팩트는 컨슈머 주도 컨트랙트 테스팅을 지원하는 프레임워크의 모음이다. 이런 구현은 다양한 개발 언어와 프레임워크를 지원한다. 다행히도 팩트를 JUnit와 스프링 부트와 함께 사용할 수 있다. 예제 시스템에서 consumer-service와 account-service의 통합을 구현해 볼 것이다. consumer-service 마이크로서비스는 페인 클라이언트를 통해 account-service와 통신한다. 컨슈머 측의 페인 클라이언트 정의가 사실상 컨트랙트를 표현한다.

```
@FeignClient(name = "account-service")
public interface AccountClient {
    @GetMapping("/customer/{customerId}")
    List<Account> findByCustomer(@PathVariable("customerId") String customerId);
}
```

## 컨슈머 측

컨슈머 측 JUnit에서 팩트를 사용하려면 다음의 의존성을 프로젝트에 포함해야 한다.

```
<dependency>
    <groupId>au.com.dius</groupId>
    <artifactId>pact-jvm-consumer-JUnit_2.12</artifactId>
    <version>3.5.12</version>
    <scope>test</scope>
</dependency>
```

우선 JUnit 테스트 클래스를 생성한다. @SpringBootTest 애노테이션을 사용해 표준 스프링 부트 테스트로 구현한 후 스프링 러너(Spring Runner)를 사용해 실행한다. 생성된 테스트를 성공적으로 수행하려면 우선 디스커버리 클라이언트를 비활성화하고 리본 클라이언트가 @RulePactProviderRuleMk2에 제시된 account-service의 스텁과 통신하도록 해야 한다. 테스트에서 중요한 것은 @Pact 애노테이션이 적용되고 RequestResponsePact를 반환하는 callAccountClient 메서드다. 이것은 요청의 형식과 응답의 내용을 정의한다. 테스트 케이스를 실행하는 동안 팩트는 target/pacts/addressClient-customerServiceProvider.json 파일에 정의된 것을 JSON 표현으로 자동으로 생성한다. 마지막으로 페인 클라이언트에 구현된 메서드가 호출되고 @PactVerification이 적용된 테스트 메서드에서 팩트 @Rule에 의해 반환되는 응답을 검증한다. 다음은 consumer-service의 컨슈머 측 컨트랙트 테스트의 예제를 구현한 것이다.

```
@RunWith(SpringRunner.class)
@SpringBootTest(properties = {
  "account-service.ribbon.listOfServers: localhost:8092",
  "account-service.ribbon.eureka.enabled: false",
  "eureka.client.enabled: false",
})
public class CustomerConsumerContractTest {
    @Rule
    public PactProviderRuleMk2 stubProvider = new
```

```
PactProviderRuleMk2("customerServiceProvider", "localhost", 8092, this);
    @Autowired
    private AccountClient accountClient;
    @Pact(state = "list-of-3-accounts", provider =
"customerServiceProvider", consumer = "accountClient")
    public RequestResponsePact callAccountClient(PactDslWithProvider
builder) {
        return builder.given("list-of-3-accounts").uponReceiving("test-
account-service")
.path("/customer/1").method("GET").willRespondWith().status(200)
.body("[{\"id\":\"1\",\"number\":\"123\",\"balance\":5000},{\"id\":\"2\",\"
number\":\"124\",\"balance\":5000},{\"id\":\"3\",\"number\":\"125\",\"balan
ce\":5000}]", "application/json").toPact();
    }
    @Test
    @PactVerification(fragment = "callAccountClient")
    public void verifyAddressCollectionPact() {
        List<Account> accounts = accountClient.findByCustomer("1");
        Assert.assertEquals(3, accounts.size());
    }
}
```

target/pacts 디렉터리에 생성된 JSON 테스트 파일은 프로바이더 측에서도 사용할 수 있어야 한다. 가
장 간단한 솔루션은 @PactFolder 애노테이션을 사용해 생성된 파일에 접근하는 것이다. 물론 프로바이
더가 target/pacts 디렉터리에 접근할 수 있어야 한다. 소스 코드가 같은 깃 저장소에 저장돼 있기 때문
에 예제에서 작동은 하겠지만, 이는 우리가 원하는 솔루션이 아니다. 다행히도 팩트 테스트 결과를 팩
트 브로커를 사용해 네트워크를 통해 게시할 수 있다. 팩트 브로커는 팩트 파일의 게시와 소비를 위한
HTTP API를 제공하는 저장소 서버다. 도커 이미지를 사용해 로컬에 팩트 브로커를 시작할 수 있다.
이 경우 백엔드 저장소로 포스트그레스(Postgres) 데이터베이스가 필요하므로 컨테이너로 포스트그레
스를 시작한다. 다음은 이때 필요한 도커 명령이다.

```
docker run -d --name postgres -p 5432:5432 -e POSTGRES_USER=oauth -e
POSTGRES_PASSWORD=oauth123 -e POSTGRES_DB=oauth postgres
docker run -d --name pact-broker --link postgres:postgres -e
PACT_BROKER_DATABASE_USERNAME=oauth -e
PACT_BROKER_DATABASE_PASSWORD=oauth123 -e
PACT_BROKER_DATABASE_HOST=postgres -e PACT_BROKER_DATABASE_NAME=oauth -p
9080:80 dius/pact_broker
```

도커에 팩트 브로커를 실행한 후 테스트 리포트를 게시해야 한다. 이것은 메이븐 플러그인 pact-jvm-provider-maven_2.12를 사용해 쉽게 수행할 수 있다. `mvn clean install pack:publish` 명령을 실행하면 /target/pacts 디렉터리의 모든 파일이 브로커의 HTTP API로 전송될 것이다.

```
<plugin>
      <groupId>au.com.dius</groupId>
      <artifactId>pact-jvm-provider-maven_2.12</artifactId>
      <version>3.5.12</version>
      <configuration>
          <pactBrokerUrl>http://192.168.99.100:9080</pactBrokerUrl>
      </configuration>
</plugin>
```

게시된 팩트의 전체 목록은 http://192.168.99.100:9080의 웹 콘솔에서 조회된다. 이것은 다음 그림에서처럼 목록의 모든 팩트의 최종 검사 날짜와 상세 정보를 제공한다.

## Pacts

| Consumer ↕ | | Provider ↕ | Latest pact published | Webhook status | Last verified |
|---|---|---|---|---|---|
| accountClient | 📄 | customerServiceProvider | 1 day ago | Create | about 1 hour ago |
| accountClient | 📄 | orderServiceProvider | 1 minute ago | Create | |

2 pacts

## 프로듀서 측

컨슈머가 팩트를 생성하고 브로커에 게시했다고 가정하면 프로바이더 측에서 검증 테스트의 구현을 진행할 수 있다. 프로바이더 측에서 JUnit에 팩트를 사용하려면 pact-jvm-provider-JUnit 의존성을 프로젝트에 추가하면 된다. 이 라이브러리는 스프링과 JUnit를 사용해 프로바이더의 컨트랙트 테스트를 실행하게 해준다. 필요한 의존성 목록은 다음의 메이븐 pom.xml에서 확인할 수 있다.

```
<dependency>
    <groupId>au.com.dius</groupId>
    <artifactId>pact-jvm-provider-JUnit_2.12</artifactId>
    <version>3.5.12</version>
    <scope>test</scope>
</dependency>
```

```xml
<dependency>
    <groupId>au.com.dius</groupId>
    <artifactId>pact-jvm-provider-spring_2.12</artifactId>
    <version>3.5.12</version>
    <scope>test</scope>
</dependency>
```

스프링의 전용 라이브러리 덕분에 기본 PactRunner 대신 SpringRestPactRunner를 사용할 수 있다. SpringRestPactRunner는 @MockBean 같은 스프링 테스트 애노테이션을 사용할 수 있게 해준다. 다음의 JUnit 테스트에서 AccountRespository 빈에 목을 적용했다. 이것은 컨슈머 측의 테스트에서 기대되는 세 개의 account 객체를 반환한다. 테스트는 자동으로 스프링 부트 애플리케이션을 시작하고 /consumer/{customerId} 종단점을 호출한다. 여기서 두 가지 중요한 것이 있다. 우선 컨슈머 측의 @Pact 애노테이션 내에서 테스트를 위해 설정한 것과 동일한 이름을 @Provider와 @State 애노테이션을 사용해서 설정해야 한다. 그리고 테스트 클래스에 @PactBroker를 선언해 팩트 저장소의 연결 설정을 제공해야 한다. 다음은 팩트를 사용해 consumer-service가 게시한 컨트랙트를 검증하는 예제다.

```java
@RunWith(SpringRestPactRunner.class)
@Provider("customerServiceProvider")
@PactBroker(host = "192.168.99.100", port = "9080")
@SpringBootTest(webEnvironment =
SpringBootTest.WebEnvironment.DEFINED_PORT, properties = {
"eureka.client.enabled: false" })
public class AccountProviderContractTest {
    @MockBean
    private AccountRepository repository;
    @TestTarget
    public final Target target = new HttpTarget(8091);
    @State("list-of-3-accounts")
    public void toDefaultState() {
      List<Account> accounts = new ArrayList<>();
      accounts.add(new Account("1", "123", 5000, "1"));
      accounts.add(new Account("2", "124", 5000, "1"));
      accounts.add(new Account("3", "125", 5000, "1"));
      when(repository.findByCustomerId("1")).thenReturn(accounts);
    }
}
```

## 스프링 클라우드 컨트랙트 사용하기

스프링 클라우드 컨트랙트는 팩트와 달리 컨트랙트에 대해 약간 다른 접근 방법을 제시한다.

팩트에서는 컨슈머가 컨트랙트 게시를 담당하지만, 스프링 클라우드 컨트랙트에서는 이 작업을 프로바이더가 시작한다. 컨트랙트는 컨트랙트 정의 파일로부터 스텁이 자동으로 생성돼 JAR 파일 형태로 메이븐 저장소에 저장된다. 컨트랙트 정의는 Groovy DSL syntax를 사용해 생성된다. 컨트랙트 파일은 요청과 응답의 정의, 두 부분으로 구성된다. 이 두 파일을 근거로 스프링 클라우드 컨트랙트는 클라이언트 측에서 통합 테스트에 와이어목(WireMock)이 사용할 JSON 스텁 정의를 생성한다. REST API를 위한 컨슈머 주도 컨트랙트 테스팅을 지원하는 도구로 사용하는 팩트와 달리 스프링 클라우드 컨트랙트는 특별히 JVM 기반 마이크로서비스의 테스팅을 위해 설계됐다. 이것은 세 개의 하위 프로젝트로 구성된다.

- 스프링 클라우드 컨트랙트 베리파이어(Verifier)
- 스프링 클라이드 컨트랙트 스텁 러너(Stub Runner)
- 스프링 클라우드 컨트랙트 와이어목(WireMock)

팩트 프레임워크를 설명한 절에서 소개한 예제 기반의 컨트랙트 테스트에 이들이 어떻게 사용되는지 분석해 보자.

 와이어목(WireMock)은 HTTP 기반 API 시뮬레이터다. 어떤 이는 서비스 가상화 도구 또는 목 서버로 간주하기도 한다. 이것은 존재하는 API로부터 트래픽을 포착하거나 전달해 빠르게 시작하고 실행된다.

## 컨트랙트를 정의하고 스텁 생성하기

팩트와는 다르게 스프링 클라우드 컨트랙트에서는 프로바이더(서버 측)가 컨트랙트 명세의 게시를 담당한다. 그래서 consumer-service가 호출하는 종단점을 제공하는 account-service부터 구현할 것이다. 구현을 진행하기에 앞서 다음 그림을 살펴보자. 이것은 테스트 프로세스에 참여하는 주요 구성 요소를 설명한다. 예제 애플리케이션의 소스 코드는 앞의 예제와 동일한 깃허브 저장소의 contract 브랜치에 있다.

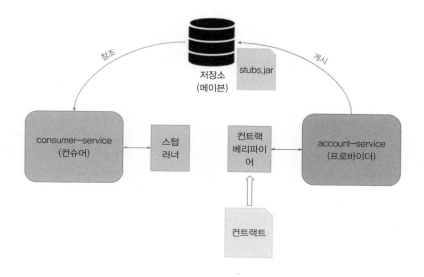

프로바이더 측 애플리케이션에서 스프링 클라우드 컨트랙트의 기능을 사용하려면 우선 스프링 클라우드 컨트렉트 베리파이어를 프로젝트 의존성에 추가해야 한다.

```
<dependency>
    <groupId>org.springframework.cloud</groupId>
    <artifactId>spring-cloud-starter-contract-verifier</artifactId>
    <scope>test</scope>
</dependency>
```

그리고 스프링 클라우드 컨트랙트 베리파이어 메이븐 플러그인을 추가한다. 이것은 컨트랙트 테스트를 생성하고 실행한다. 또한 스텁을 생성해 로컬 메이븐 저장소에 설치한다. 각자 정의해야 할 입력값은 생성될 테스트 클래스가 확장할 베이스 클래스의 위치다.

```
<plugin>
    <groupId>org.springframework.cloud</groupId>
    <artifactId>spring-cloud-contract-maven-plugin</artifactId>
    <version>1.2.0.RELEASE</version>
    <extensions>true</extensions>
    <configuration>
        <packageWithBaseClasses>pl.piomin.services.account</packageWithBaseClasses>
    </configuration>
</plugin>
```

이제 컨트랙트 테스트를 위한 베이스 클래스를 생성해야 한다. 패키지 위치는 `pl.piomin.services.account`다. `@SpringBootTest` 애노테이션으로 스프링 부트 애플리케이션을 설정하고 `AccountRepository`를 목으로 설정한다. 또한 스프링 MVC를 목으로 설정하기 위해 RestAssured를 사용하고 요청을 컨트롤러로만 보낸다. 이런 목 덕분에 테스트는 데이터베이스 또는 HTTP 종단점 같은 어떠한 외부의 구성요소와도 연동하지 않고 컨트랙트만 테스트한다.

```
@RunWith(SpringRunner.class)
@SpringBootTest(classes = {AccountApplication.class})
public abstract class AccountProviderTestBase {
    @Autowired
    private WebApplicationContext context;
    @MockBean
    private AccountRepository repository;
    @Before
    public void setup() {
        RestAssuredMockMvc.webAppContextSetup(context);
        List<Account> accounts = new ArrayList<>();
        accounts.add(new Account("1", "123", 5000, "1"));
        accounts.add(new Account("2", "124", 5000, "1"));
        accounts.add(new Account("3", "125", 5000, "1"));
        when(repository.findByCustomerId("1")).thenReturn(accounts);
    }
}
```

이렇게 해서 스프링 클라우드 컨트랙트를 사용해 테스트를 실행하기 위해 필요한 모든 컨피규레이션과 베이스 클래스를 제공했다. 이번에는 가장 중요한 부분인 스프링 클라우드 컨트랙트 그루비(Groovy) DSL을 사용해 컨트랙트를 정의할 것이다. 모든 컨트랙트의 명세는 /src/test/resources/contracts 디렉터리에 위치해야 한다. 이 디렉터리 아래 스텁 정의를 저장하는 디렉터리는 베이스 테스트 클래스 이름으로 취급된다. 각 스텁 정의는 단일 컨트랙트 테스트를 나타낸다. 이 규칙에 따라 spring-cloud-contract-maven-plugin은 자동으로 컨트랙트를 찾고 베이스 테스트 클래스에 할당한다. 지금 논의하는 예제에서 스텁은 /src/test/resources/contracts/accountService 디렉터리에 있다. 따라서 생성된 테스트 클래스 이름은 AccountServiceTest이고 AccountServiceBase 클래스를 상속한다.

다음은 고객에게 속한 계정의 목록을 반환하는 컨트랙트 명세 예제다. 이 컨트랙트는 중요하기 때문에 설명이 필요하다. 컨트랙트 DSL에 요청을 작성할 때 정규식을 사용할 수 있다. 또한 통신하는 컨슈머와 프로듀서 측에 따라 모든 속성에 다양한 값을 제공할 수도 있다. 컨트랙트 DSL은 `fromRequest` 메서드를 사용해 요청을 참조해서 응답할 수 있게 해준다. 다음의 컨트랙트는 요청 경로에서 `customerId` 필드를 입력받아 다섯 자리 숫자로 이루어진 `id` 필드를 가지는 세 개의 계정 목록을 반환한다.

```
org.springframework.cloud.contract.spec.Contract.make {
    request {
method 'GET'
        url value(consumer(regex('/customer/[0-9]{3}')), producer('/customer/1'))
    }
    response {
     status 200
     body([
      [
       id: $(regex('[0-9]{5}')),
       number: '123',
       balance: 5000,
       customerId: fromRequest().path(1)
      ], [
       id: $(regex('[0-9]{5}')),
       number: '124',
       balance: 5000,
       customerId: fromRequest().path(1)
      ], [
       id: $(regex('[0-9]{5}')),
       number: '125',
       balance: 5000,
       customerId: fromRequest().path(1)
      ]
     ])
     headers {
      contentType(applicationJson())
     }
    }
}
```

테스트 클래스는 메이븐 빌드의 테스트 단계에서 target/generated-test-sources 디렉터리 아래에 생성된다. 다음은 앞서 설명한 컨트랙트 명세로부터 생성된 클래스다.

```
public class AccountServiceTest extends AccountServiceBase {
    @Test
    public void validate_customerContract() throws Exception {
        // given:
        MockMvcRequestSpecification request = given();
        // when:
        ResponseOptions response = given().spec(request)
.get("/customer/1");
        // then:
        assertThat(response.statusCode()).isEqualTo(200);
        assertThat(response.header("Content-
Type")).matches("application/json.*");
// and:
        DocumentContext parsedJson =
JsonPath.parse(response.getBody().asString());
assertThatJson(parsedJson).array().contains("['number']").isEqualTo("123");
assertThatJson(parsedJson).array().contains("['balance']").isEqualTo(5000);
assertThatJson(parsedJson).array().contains("['number']").isEqualTo("124");
assertThatJson(parsedJson).array().contains("['customerId']").isEqualTo("1"
);
assertThatJson(parsedJson).array().contains("['id']").matches("[0-9]{5}");
    }
}
```

## 컨슈머 측에서 컨트랙트 검증하기

프로바이더 측에서 빌드와 테스트 실행에 성공했다면 스텁이 생성돼 로컬 메이븐 저장소에 게시될 것이다. 생성된 스텁을 컨슈머 애플리케이션 테스트에서 사용하려면 스프링 클라우드 컨트랙트 스텁 러너(stub runner)를 프로젝트의 의존성에 추가해야 한다.

```
<dependency>
    <groupId>org.springframework.cloud</groupId>
    <artifactId>spring-cloud-starter-contract-stub-runner</artifactId>
    <scope>test</scope>
</dependency>
```

그리고 테스트 클래스에 @AutoConfigureStubRunner 애노테이션을 적용해야 한다. 이것은 ids와 workOffline 입력값을 받는다. Ids 필드는 artifactId, groupId, 버전 번호, 스텁 퀄리파이어(stubs qualifier), 포트 번호, 그리고 일반적으로 프로바이더가 게시한 스텁 JAR를 연결해 구성한다. workOffline 플래그는 스텁이 위치한 저장소를 가리킨다. 기본적으로 컨슈머는 넥슈스(Nexus) 또는 아티팩토리(Artifactory)에서 자동으로 아티펙트를 내려받으려고 한다. 스프링 클라우드 컨트랙트 스 텁 러너가 로컬 메이븐 저장소에서만 스텁을 내려받게 하려면 workOffline 입력값을 true로 전환한다.

다음은 프로바이더 측이 게시한 스텁의 종단점을 호출하기 위한 페인 클라이언트를 사용하는 JUnit 테스트 클래스다. 스프링 클라우드 컨트랙트는 최신 버전의 pl.piomin.services:account-service 아 티팩트를 찾는다. 이것은 @AutoConfigureStubRunner 애노테이션 내 스텁의 버전에 + 부호를 전달 해 표시한다. 이 아티팩트의 특정 버전을 사용하려면 + 기호 대신 pom.xml 파일에서 현재 버전을 확 인해 테스트 코드에 @AutoConfigureStubRunner(ids = {"pl.piomin.services:account-service:1.0-SNAPSHOT:stubs:8091"})와 같이 설정한다.

```java
@RunWith(SpringRunner.class)
@SpringBootTest(properties = {
 "eureka.client.enabled: false"
})
@AutoConfigureStubRunner(ids = {"pl.piomin.services:account-
service:+:stubs:8091"}, workOffline = true)
public class AccountContractTest {
    @Autowired
    private AccountClient accountClient;
    @Test
    public void verifyAccounts() {
        List<Account> accounts = accountClient.findByCustomer("1");
        Assert.assertEquals(3, accounts.size());
    }
}
```

이제 테스트가 성공적인지를 검증하기 위해 mvn clean install 명령으로 전체 프로젝트를 빌드한다. 그 러나 이 테스트는 customer-service와 account-service 간의 통합만 테스트한다. 예제 시스템에서는 또 다른 마이크로서비스 간의 통합도 검증해야 한다. 여기서 전체 시스템을 테스트하는 예제를 하나 보여 줄 것이다. 이것은 다른 모든 마이크로서비스와 통신하는 order-service가 노출하는 메서드를 테스트한 다. 이를 위해 흥미로운 기능인 스프링 클라우드 컨트랙트 시나리오를 사용할 것이다.

## 시나리오

스프링 클라우드 컨트랙트를 사용해 시나리오를 정의하는 것은 어렵지 않다. 컨트랙트를 생성할 때 적절한 이름을 부여하면 된다. 명명 규칙은 시나리오를 구성하는 모든 컨트랙트의 이름에 시나리오 순서와 언더스코어(_)를 접두어로 붙이는 것이라고 가정하자. 단일 시나리오에 포함된 모든 컨트랙트는 같은 디렉터리에 위치해야 한다. 스프링 클라우드 컨트랙트 시나리오는 와이어목의 시나리오에 기반한다. 다음은 주문을 생성하고 받는 시나리오를 정의한 컨트랙트의 디렉터리 구조다.

```
src\main\resources\contracts
    orderService\
     1_createOrder.groovy
     2_acceptOrder.groovy
```

다음은 이 시나리오에서 생성된 테스트의 소스코드다.

```
@FixMethodOrder(MethodSorters.NAME_ASCENDING)
public class OrderScenarioTest extends OrderScenarioBase {
    @Test
    public void validate_1_createOrder() throws Exception {
      // ...
    }
    @Test
    public void validate_2_acceptOrder() throws Exception {
      // ...
    }
}
```

가령 수많은 마이크로서비스가 있고 대부분 다른 마이크로서비스와 통신한다고 가정해 보자. 이 경우 단일 컨트랙트를 테스트하더라도 서비스 간 통신을 할 때 모든 컨트랙트가 기대한 대로 동작할지 확신할 수 없다. 그러나 스프링 클라우드 컨트랙트를 사용하면 테스트 클래스에 필요한 모든 스텁을 쉽게 포함할 수 있다. 그래서 정의된 시나리오의 모든 컨트랙트를 검증할 수 있게 해준다. 이를 위해 프로젝트에 spring-cloud-starter-contract-verifier와 spring-cloud-starter-contract-stub-runner 의존성을 추가해야 한다. 다음 클래스 정의는 스프링 클라우드 컨트랙트의 베이스 클래스 역할을 하고 다른 마이크로서비스가 생성한 스텁을 포함한다. order-service 종단점을 위해 생성된 스텁은 order-service의 컨트랙트를 검증할 필요가 있는 다른 외부 서비스가 사용할 수 있다. 다음과 같은 테스트 코드는 이 서비스와 order-service의 컨트랙트를 검증할 뿐만 아니라 order-service와 이 서비스가 사용하는 다른 서비스의 컨트랙트도 검증한다.

```java
@RunWith(SpringRunner.class)
@SpringBootTest(properties = {
    "eureka.client.enabled: false"
})
@AutoConfigureStubRunner(ids = {
        "pl.piomin.services:account-service:+:stubs:8091",
        "pl.piomin.services:customer-service:+:stubs:8092",
        "pl.piomin.services:product-service:+:stubs:8093"
}, workOffline = true)
public class OrderScenarioBase {
    @Autowired
    private WebApplicationContext context;
    @MockBean
    private OrderRepository repository;
    @Before
    public void setup() {
        RestAssuredMockMvc.webAppContextSetup(context);
when(repository.countByCustomerId(Matchers.anyString())).thenReturn(0);
        when(repository.save(Mockito.any(Order.class))).thenAnswer(new
        Answer<Order>() {
            @Override
            public Order answer(InvocationOnMock invocation) throws Throwable {
                Order o = invocation.getArgumentAt(0, Order.class);
                o.setId("12345");
                return o;
            }
        }
    );
}
```

## 성능 테스트

테스트 자동화의 마지막 유형을 알아보자. 이에 관해서는 이 장의 초반에 이미 이야기했다. 성능 테스트를 생성하고 실행하는 것을 도와주는 정말 흥미로운 도구와 프레임워크가 몇 가지 있다. 특히 HTTP

API 테스트의 경우에는 수많은 도구가 있다. 그중 도움이 되는 프레임워크 하나를 소개한다. 바로 개틀링(Gatling)이다. 이에 대해 자세히 살펴보자.

## 개틀링

개틀링은 스칼라(Scala)로 작성된 오픈 소스 성능 테스트 도구다. 이것은 테스트를 읽고 쓰기 쉬운 **DSL(domain-specific language)**로 개발할 수 있게 해준다. 이것은 테스트 케이스에서 수집된 모든 메트릭을 표현하는 그래픽 형태의 부하 테스트 보고서를 생성해서 경쟁력을 드러냈다. Gradle, Maven, Jenkins와 통합되는 개틀링 플러그인이 있다.

## 개틀링 사용하기

프로젝트에서 개틀링 프레임워크를 사용하려면 프로젝트에 `io.gatling.highcharts:gatling-charts-highcharts` 의존성을 추가하면 된다.

## 테스트 시나리오 정의하기

모든 개틀링 테스트 슈트는 `Simulation` 클래스를 상속해야 한다. 모든 테스트 클래스에서 개틀링 스칼라 DSL을 사용해 시나리오의 목록을 선언할 수 있다. 일반적으로 HTTP 종단점을 호출하는 동시 스레드 수와 단일 스레드 별로 보낼 전체 요청 수를 선언한다. 개틀링의 명명 규칙에 따라 스레드의 수는 `atOnceUsers` 메서드를 사용해 설정된 사용자의 수에 의해 결정된다. 테스트 클래스는 src/test/scala 디렉터리에 위치해야 한다.

order-service가 노출하는 두 개의 종단점을 테스트하는 데 20개의 클라이언트가 각각 500개의 요청을 순서대로 보내서 결국 20,000개의 요청을 보낸다. 단기간에 모든 요청을 보내 애플리케이션의 성능을 테스트할 것이다.

다음 테스트 시나리오는 스칼라로 작성됐다. 자세히 살펴보자. 테스트를 실행하기 전에 account-service와 product-service의 HTTP API를 호출해 몇 개의 계정과 제품을 생성한다. 이들 서비스는 외부 데이터베이스와 연결되므로 ID가 자동으로 생성된다. 테스트 데이터를 제공하기 위해 이것들을 테스트 클래스에 복제한다. 그리고 매번 반복하면서 목록에서 필요한 값을 무작위로 뽑는다. 테스트 시나리오는 `AddAndConfirmOrder`인데, 두 개의 exec 메서드로 구성된다. 첫 번째는 `POST /order` HTTP 메서드를 호출해 새로운 주문을 생성한다. 주문 ID는 서비스가 자동으로 생성하므로 변수로 저장해야 한다. 그리고 다음 exec 메서드를 호출하는데, 여기서는 PUT /order/{id} 종단점을 호출해 주문을 확정한다. 테스트하고 나서 HTTP 상태 코드만 확인한다.

```
    val rCustomer = Iterator.continually(Map("customer" ->
List("5aa8f5deb44f3f188896f56f", "5aa8f5ecb44f3f188896f570",
"5aa8f5fbb44f3f188896f571",
"5aa8f620b44f3f188896f572").lift(Random.nextInt(4)).get))
    val rProduct = Iterator.continually(Map("product" ->
List("5aa8fad2b44f3f18f8856ac9","5aa8fad8b44f3f18f8856aca","5aa8fadeb44f3f1
8f8856acb","5aa8fae3b44f3f18f8856acc","5aa8fae7b44f3f18f8856acd","5aa8faedb
44f3f18f8856ace","5aa8faf2b44f3f18f8856acf").lift(Random.nextInt(7)).get))
    val scn =
scenario("AddAndConfirmOrder").feed(rCustomer).feed(rProduct).repeat(500,
"n") {
        exec(
            http("AddOrder-API")
                .post("http://localhost:8090/order")
                .header("Content-Type", "application/json")
    .body(StringBody("""{"productIds":["${product}"],"customerId":"${customer}"
,"status":"NEW"}"""))
                .check(status.is(200), jsonPath("$.id").saveAs("orderId"))
)
. exec(
            http("ConfirmOrder-API")
                .put("http://localhost:8090/order/${orderId}")
                .header("Content-Type", "application/json")
                .check(status.is(200))
    )
  }
 setUp(scn.inject(atOnceUsers(20))).maxDuration(FiniteDuration.apply(10,
  "minutes"))
}
```

## 테스트 시나리오 실행하기

머신에서 개틀링 성능 테스트를 실행하는 방법은 다양하다. 그중 하나는 그래들(gradle) 플러그인을 통하는 것으로, 프로젝트를 빌드하는 중에 테스트를 실행하는 것을 지원한다. 이는 메이븐 플러그인 또는 IDE에서 실행할 수 있다. 그래들을 사용해 프로젝트를 빌드하면 io.gatling.app.Gatling 메인 클래스를 실행해 테스트를 수행하는 간단한 태스크를 정의할 수 있다. 다음은 그것을 수행하는 gradle.build 파일의 태스크 정의다.

```
task loadTest(type: JavaExec) {
    dependsOn testClasses
    description = "Load Test With Gatling"
    group = "Load Test"
    classpath = sourceSets.test.runtimeClasspath
    jvmArgs = [
        "-
Dgatling.core.directory.binaries=${sourceSets.test.output.classesDir.toStri
ng()}"
    ]
    main = "io.gatling.app.Gatling"
    args = [
        "--simulation",
"pl.piomin.services.gatling.OrderApiGatlingSimulationTest",
        "--results-folder", "${buildDir}/gatling-results",
        "--binaries-folder", sourceSets.test.output.classesDir.toString(),
        "--bodies-folder",
sourceSets.test.resources.srcDirs.toList().first().toString() +
"/gatling/bodies",
] }
```

이제 gradle loadTest 명령을 호출해 태스크를 실행할 수 있다. 물론 테스트를 실행하기 전에 모든 예제 마이크로서비스, 몽고디비, discover-service가 실행 중이어야 한다. 기본적으로 개틀링은 모든 전송된 요청, 수신된 응답, 시간 통계와 API 성공 실패 수를 포함한 최종 테스트 결과를 출력한다. 좀 더 상세한 정보를 원하면 테스트하고 나서 build/gatling-results 디렉터리에 자동으로 생성된 파일을 참조한다. 다이어그램과 그래프 형태의 시각화를 제공하는 HTML 파일이 있을 것이다. 그중 첫 번째는 다음 그림에 있는 것처럼 생성된 총 요청과 최대 응답시간을 백분위로 요약해준다. 예를 들어 AddOrder API의 응답 중 95%의 최대 응답 시간은 835ms다.

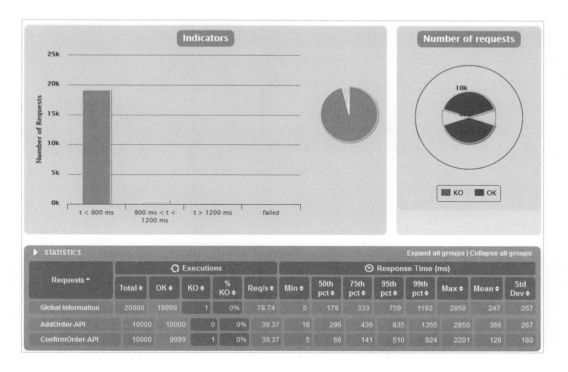

| Requests ▲ | Executions | | | | | Response Time (ms) | | | | | | | |
|---|---|---|---|---|---|---|---|---|---|---|---|---|---|
| | Total ⬍ | OK ⬍ | KO ⬍ | % KO ⬍ | Req/s ⬍ | Min ⬍ | 50th pct ⬍ | 75th pct ⬍ | 95th pct ⬍ | 99th pct ⬍ | Max ⬍ | Mean ⬍ | Std Dev ⬍ |
| Global Information | 20000 | 19999 | 1 | 0% | 78.74 | 5 | 179 | 333 | 759 | 1192 | 2850 | 247 | 257 |
| AddOrder-API | 10000 | 10000 | 0 | 0% | 39.37 | 18 | 296 | 436 | 835 | 1355 | 2850 | 366 | 267 |
| ConfirmOrder-API | 10000 | 9999 | 1 | 0% | 39.37 | 5 | 66 | 141 | 510 | 924 | 2201 | 128 | 180 |

또 다른 흥미로운 시각화 양식으로 다음의 두 보고서를 살펴보자. 첫 번째는 평균 응답시간을 기준으로 묶은 요청의 퍼센트를 표시하고 두 번째는 백분위에 따른 평균 응답 시간의 타임라인을 보여준다.

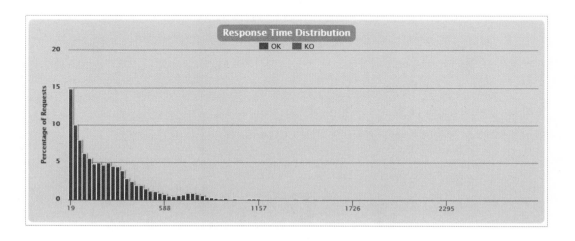

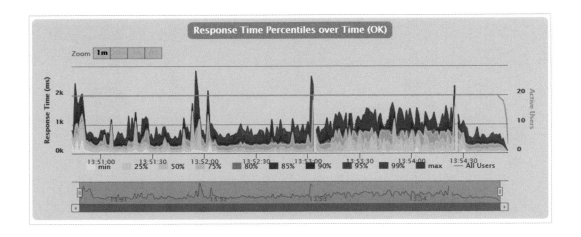

## 요약

이 장에서는 자바로 작성된 REST 기반 애플리케이션을 효과적으로 테스트하게 도와주는 몇 가지 프레임워크를 소개했다. 각 솔루션은 특정 테스트 유형을 담당한다. 여기서는 컨트랙트 테스트와 컴포넌트 테스트 같은 마이크로서비스와 관련된 테스트를 집중적으로 다뤘다. 이 장의 주요 목표는 컨트랙트 테스트에 사용되는 두 개의 가장 인기 있는 프레임워크인 팩트(Pact)와 스프링 클라우드 컨트랙트를 비교하는 것이었다. 겉모습은 비슷하지만 둘 사이에는 많은 차이점이 있다. 이전 장에서 봤던 예제 애플리케이션을 기반으로 가장 중요한 유사점과 차이점을 보여주려고 했다.

마이크로서비스는 철저하게 자동화와 관련이 있다. 모놀리식 애플리케이션을 마이크로서비스로 이전하는 것은 코드를 리팩토링하고 나아가 코드 품질을 개선하고 테스트 자동화의 코드 커버리지를 높일 수 있는 기회를 준다. 모키토(Mockito), 스프링 테스트, 스프링 클라우드 컨트랙트, 팩트와 같은 프레임워크는 함께 사용하면 REST 기반 자바 마이크로서비스의 테스트를 개발하기 위한 강력한 솔루션을 제공한다. 테스트 자동화는 다음 장에서 논의할 CI/CD 프로세스의 중요한 부분이다.

# 14

## 도커
## 지원

이 책의 처음에 마이크로서비스 아키텍처의 기본과 스프링 클라우드 프로젝트에 대해 논의했다. 그리고 아키텍처의 공통 요소를 살펴보고 스프링 클라우드를 사용해 어떻게 구현할지를 논의했다. 이어서 지금까지 마이크로서비스로 이관하기 위한 중요한 주제, 예를 들어 통합 로그 수집, 분산 추적, 보안, 테스트 자동화 등을 이야기했다. 이제 마지막으로 이런 지식을 기반으로 한 클라우드 네이티브 개발 접근법 같은 마이크로서비스의 진정한 힘에 대해 논의할 것이다. 컨테이너화 도구를 사용해 애플리케이션을 서로 격리하는 능력과 소프트웨어 프로세스에서 지속적인 배포를 구현하는 능력, 애플리케이션의 스케일을 쉽게 확장하는 능력은 모두 마이크로서비스의 급격한 인기 상승에 기여했다.

앞에서 서드파티가 제공하는 도구와 솔루션을 로컬 머신에서 구동하기 위해 도커 이미지를 사용했다. 이를 염두에 두고 도커의 기본 명령과 사용 사례와 같은 도커의 주요 개념을 소개하고자 한다. 이런 정보는 앞의 장에서 소개한 예제를 실행하는 데 도움이 된다. 그다음, 스프링 부트 예제 애플리케이션을 사용해 이미지를 빌드하는 방법과 로컬 머신의 컨테이너 내에서 이미지를 실행하는 방법을 논의할 것이다. 이를 위해 간단한 도커 명령뿐만 아니라 젠킨스(Jenkins) 서버와 같이 조직에 전체적이고 지속적인 배포를 수행하고 지속적인 통합 프로세스를 가능하게 하는 고급 도구를 사용할 것이다. 마지막으로 컨테이너화된 애플리케이션을 자동으로 배포하고 확장하고 관리하는 데 사용하는 가장 인기 있는 도구 중 하나인 쿠버네티스(kubernetes)를 소개할 것이다. 모든 예제는 미니큐브(Minikube)를 통해 단일 노드 쿠버네티스상에서 실행할 것이다.

이 장에서 다룰 주제는 다음과 같다.

- 가장 유용한 도커 명령
- 스프링 부트 마이크로서비스를 사용해 도커 컨테이너 빌드하기
- 도커상에 스프링 클라우드 구성 요소 실행하기
- 젠킨스와 도커를 사용한 지속적인 통합 및 배포
- 미니큐브에서 마이크로서비스를 배포하고 실행하기

## 도커 소개

도커는 컨테이너를 사용해 애플리케이션을 생성, 배포, 실행하도록 도와주는 도구다. 이것은 DevOps 철학을 따르는 개발자와 시스템 관리자 모두에게 혜택을 주기 위해 설계됐다. 도커는 이와 관련된 중요한 문제를 해결해 소프트웨어 제공 프로세스를 개선하는 데 도움을 준다. 이러한 문제 중 하나로 **내 환경에서는 잘 동작합니다(it works for me)**라는 것과 관련이 있는 불변의 전달(immutable delivery) 문제가 있다. 이 문제와 관련해 개발자가 도커로 작업하면 운영에 사용된 것과 같은 이미지를 테스트에 사용한다는 것이 된다. 도커를 사용할 때 유일한 차이는 컨피규레이션에 있다. 소프트웨어 전달에서 불변의 전달 패턴은 마이크로서비스 기반 시스템에서 특히 중요한데, 수많은 애플리케이션이 독립적으로 배포되기 때문이다. 도커 덕분에 개발자는 (애플리케이션이 실행될) 목표 OS에 대한 걱정 없이 코드 작성에 집중할 수 있다. 즉, 도커를 사용하면 배포되고 시작되고 운영되는 모든 애플리케이션이 동일한 인터페이스를 사용하게 된다.

도커의 인기가 높아지는 데는 많은 이유가 있다. 결국 컨테이너화 아이디어는 정보 기술 세계에서 새로운 것이 아니다. 리눅스 컨테이너는 수년 전에 소개됐고 2008년부터 커널의 일부가 됐다. 그러나 도커는 다른 기술이 가지지 못한 몇 가지 새로운 기능과 솔루션을 소개했다. 우선 수많은 버전과 구현의 리눅스 커널을 넘어서 단일 컨테이너만으로 애플리케이션을 쉽게 패키지할 수 있는 간단한 인터페이스를 제공한다. 컨테이너는 도커 지원 서버에서 로컬이나 원격에서 실행될 수 있고 수초 단위로 시작된다. 컨테이너 내부에 들어가지 않고도 모든 명령을 실행할 수 있다. 게다가 도커 이미지를 공유하고 배포하는 메커니즘은 깃을 이용해 소스 코드를 공유하듯이 개발자가 변경을 반영하고 이미지를 올리고 내릴 수 있게 한다. 현재 인기 있는 대부분의 소프트웨어 도구는 도커 허브에 이미지로 게시되고 일부는 예제 애플리케이션에서 필요한 도구를 실행하는 데 성공적으로 사용했다.

도커 아키텍처를 구성하는 필수 정의와 요소가 있는데, 그중 가장 중요한 것은 컨테이너다. 컨테이너는 단일 머신에서 실행되고 머신의 OS 커널을 공유한다. 여기에는 런타임, 시스템 도구, 시스템 라이브러리, 설정 등의 시스템 코드에서 특정 소프트웨어를 실행하는 데 필요한 모든 것이 담겨 있다. 컨테이너는 도커 이미지에서 발견된 지시대로 생성된다. 이미지는 컨테이너에서 필요한 소프트웨어를 설치하고 실행하는 절차를 정의하는 일종의 레시피 또는 템플릿 같은 것이다. 컨테이너는 VM과 비교할 수 있는데, 리소스 격리와 할당의 혜택이 비슷하기 때문이다. 그러나 하드웨어 대신 운영 시스템을 가상화해 VM보다 높은 이식성과 효율을 제공한다. 다음 그림은 도커 컨테이너와 가상 머신(VM)의 차이점을 보여주는 아키텍처다.

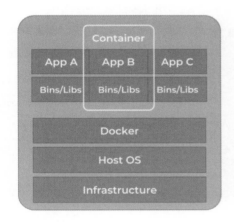 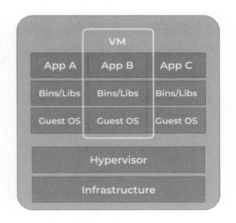

모든 컨테이너는 **도커 호스트(Docker host)**라는 물리적 또는 가상 머신에서 실행된다. 도커 호스트는 차례로 도커 클라이언트가 도커 API를 통해 호출하는 명령을 기다리는 도커 데몬을 실행한다. 도커 클라이언트는 커맨드라인 도구 또는 키네마틱(kinematic)과 같은 소프트웨어다. 데몬을 실행하는 것 외에도 도커 호스트는 도커 이미지에 의해 생성된 캐시 이미지와 컨테이너를 저장하는 일을 담당한다. 모든 이미지는 레이어의 집합으로 구성된다. 각 레이어는 부모 레이어에서 증분만 담는다. 이런 이미지는 작지 않으며 어딘가에 저장돼야 한다. 이 장소를 **도커 레지스트리(Docker registry)**라고 부른다. 자신만의 개인 저장소를 만들거나 웹에 공개된 저장소를 사용할 수 있다. 가장 인기 있는 저장소는 도커 허브로, 필요한 거의 모든 이미지를 담고 있다.

## 도커 설치하기

리눅스용 도커 설치 지시자는 배포판마다 다르다(https://docs.docker.com/install/#supported-platforms). 어쨌든 설치 후에 도커 데몬을 실행해야 하는 경우도 있는데, 다음 명령으로 수행할 수 있다.

```
dockerd --host=unix:///var/run/docker.sock --host=tcp://0.0.0.0:2375
```

이 절에서는 윈도우즈 플랫폼의 지시자에 집중할 것이다. 일반적으로 윈도우즈 또는 맥에서 도커 커뮤니티 에디션(CE)을 설치할 때는 두 가지 옵션이 있다. 가장 빠르고 쉬운 방법은 https://www.docker.com/docker-windows에 있는 윈도우즈용 도커를 사용하는 것이다. 이것은 네이티브 윈도우즈 애플리케이션으로 컨테이너화된 애플리케이션을 빌드하고 배포하고 실행하는 사용하기 쉬운 개발 환경을 제공한다. 이것이 최고의 옵션인데, 윈도우즈 네이티브 하이퍼-브이(Hyper-V) 가상화와 네트워킹을 사용하기 때문이다. 단점은 마이크로소프트 윈도우즈 10 프로페셔널 또는 엔터프라이즈 64-bit에서만 사용할 수 있다는 것이다. 이전 버전의 윈도우즈에서는 https://docs.docker.com/toolbox/toolbox_install_windows/에서 내려받을 수 있는 도커 툴박스를 사용해야 한다. 여기에는 도커 플랫폼, 도커 머신을 사용하는 커맨드라인, 도커 컴포즈(Docker Compose), 키네마틱(kinematic), 버추얼박스(VirtualBox)가 포함돼 있다. 윈도우즈에서 도커 툴박스를 사용하면 네이티브하게(윈도우즈 플랫폼에서 직접 도커를 지원한다는 뜻 – 옮긴이) 도커 엔진을 실행할 수 없다. 도커 툴박스가 리눅스의 특정 커널 기능을 사용하기 때문이다. 대신, 윈도우즈에서는 도커 머신(docker-machine) 명령을 사용해야 한다. 도커 머신 명령은 버추얼박스를 사용해 로컬 머신에 리눅스 VM을 생성하고 실행한다. 이 VM은 로컬 머신에서 가상 기본 주소인 192.168.99.100을 사용해 접근할 수 있다. 앞에서 소개한 모든 예제는 이 IP 주소를 사용하는 도커 도구를 사용했다.

## 자주 사용하는 도커 명령

윈도우즈에 도커 툴박스를 설치한 후 도커 퀵스타트 터미널(Docker Quickstart Terminal)을 실행한다. 이것은 필요한 모든 작업을 대신해주는데, 도커 머신을 생성하고 시작하고 커맨드라인 인터페이스를 제공한다. 아무런 입력값 없이 도커 명령을 실행하면 도커 클라이언트에서 가능한 모든 명령의 목록과 설명을 볼 수 있다. 다음과 같은 명령을 볼 수 있을 것이다.

- 컨테이너 실행하고 중지하기
- 컨테이너 목록 표시하고 삭제하기

- 이미지 내려받고 올리기

- 이미지 빌드하기

- 네트워킹

## 컨테이너 시작 및 중지하기

설치 후에 자주 실행하는 첫 도커 명령은 docker run이다. 이 명령이 앞의 예제에서 가장 일반적으로 사용한 명령이다. 이 명령은 두 가지 기능을 하는데, 로컬에 캐싱되지 않은 경우를 대비해 레지스트리에서 이미지 정의를 당겨와 내려받고 컨테이너를 시작하는 일이 그것이다. 이 명령에는 수많은 옵션이 있으며 docker run - help를 실행하면 쉽게 확인할 수 있다. 그중 가장 자주 사용하는 몇 가지 옵션은 한 글자로 된 단축 옵션이다. -d 옵션은 컨테이너를 백그라운드로 실행하고 -i는 컨테이너에 접속하지 않아도 stdin을 열린 상태로 유지한다. 컨테이너가 포트를 외부에 노출할 경우, -p 옵션에 <port_outside_container>:<port_inside_container> 정의를 사용해 활성화할 수 있다. 몇 가지 이미지는 -e 옵션으로 재정의할 수 있는 환경변수를 통해 추가 설정을 해야 할 수도 있다. 또한 다른 명령을 쉽게 실행할 목적으로 --name 옵션을 사용해 컨테이너에 친숙한 이름을 설정하는 것도 유용한 때가 있다. 다음의 예제 도커 명령을 보자. 포스트그레스(Postgres) 컨테이너를 실행하고 데이터베이스 사용자와 패스워드를 생성하고 55432 포트로 서비스를 노출한다. 이제 Postgres 데이터베이스를 192.168.99.100:55432에서 사용할 수 있다.

```
$ docker run -d --name pg -e POSTGRES_PASSWORD=123456 -e
        POSTGRES_USER=piomin -e POSTGRES_DB=example -p 55432:5432 postgres
```

포스트그레스 컨테이너는 데이터를 영구적으로 저장한다. 외부 애플리케이션이 접근하는 데이터를 컨테이너에 저장하는 추천 메커니즘은 볼륨(volume)을 통한 것이다. 볼륨은 -v 옵션으로 컨테이너에 전달되는데, 값은 콜론(:)으로 구분한다. 첫 필드는 볼륨의 이름이다. 두 번째는 컨테이너 안에서 마운트할 파일 또는 디렉터리의 경로다. 다음으로 -m 옵션을 사용하면 컨테이너에 할당된 램의 최대치를 제한할 수 있다. 다음 명령은 새로운 볼륨을 생성하고 실행된 컨테이너에 마운트한다. 램의 최대치는 500MB이다. 컨테이너는 다음과 같이 --rm 옵션으로 멈춘 후 자동으로 제거된다.

```
$ docker volume create pgdata
$ docker run --rm -it -e -m 500M -v pgdata:/var/lib/postgresql/data -p 55432:5432 postgres
```

모든 실행 중인 컨테이너는 docker stop 명령으로 중지할 수 있다. 여기서는 컨테이너에 이름을 설정했기 때문에 다음처럼 이름을 레이블로 사용할 수 있다.

```
$ docker stop pg
```

컨테이너의 전체 상태가 디스크에 기록돼서 다음 명령으로 중지했던 때의 데이터 그대로 다시 실행할 수 있다.

```
$ docker start pg
```

컨테이너를 재시작하고 싶으면 컨테이너의 중지/시작 대신 다음 명령을 사용한다.

```
$ docker restart  pg
```

## 컨테이너 목록 조회 및 제거하기

컨테이너 몇 개를 실행하고 나면 도커 머신에서 실행 중인 모든 컨테이너의 목록을 표시하고 싶을 것이다. 이 작업에는 docker ps 명령을 사용한다. 이 명령은 노출된 포트의 목록과 소스 이미지의 이름 같은 컨테이너의 몇 가지 기본 정보를 표시한다. 이 명령은 현재 시작된 컨테이너만 출력한다. 중지됐거나 비활성화된 컨테이너를 보고 싶다면 도커 명령에 -a 옵션을 사용한다.

컨테이너가 필요 없어지면 docker rm 명령으로 제거할 수 있다. 때로는 실행 중인 컨테이너를 제거할 필요가 있는데, 이것은 기본적으로 막혀 있다. 이 옵션을 강제로 실행하려면 다음처럼 도커 명령에 -f 옵션을 사용한다.

```
$ docker rm -f pg
```

docker ps 명령은 컨테이너만 제거한다는 것을 기억해야 한다. 컨테이너에서 생성된 이미지는 여전히 로컬에 캐싱돼 있다. 그런 이미지는 메가바이트에서 수백 기가 범위의 상당한 양의 공간을 차지한다. docker rmi 명령에 이미지 ID 또는 이름을 입력값으로 써서 모든 이미지를 제거할 수 있다.

```
$ docker rmi 875263695ab8
```

아직 도커 이미지를 생성하지 않았지만, 이미지 생성 과정에서 원하지 않는 이름이 없는 큰 용량의 이미지가 생성되는 것이 일반적이다. 도커 명명 규칙에서는 이것을 **댕글링 이미지(dangling image)**라고 부르고 다음 명령으로 쉽게 제거할 수 있다. 현재 캐싱된 이미지의 목록은 docker images 명령으로 나타낼 수 있다.

```
$ docker rmi
$(docker images -q -f dangling=true)
```

## 이미지 당겨오기 및 올리기

도커 허브는 이미 이야기했듯이 웹상에서 가장 크고 가장 인기 있는 도커 저장소다. https://hub.docker.com에서 사용할 수 있다. 도커 클라이언트는 기본으로 모든 이미지를 이 저장소에서 당겨온다. 레디스(Redis), 자바(Java), 엔진엑스(Nginx), 몽고(Mongo)와 같은 일반적인 소프트웨어에도 인증받은 공식 이미지가 많이 있지만, 다른 사람이 만든 수십만 개의 이미지도 찾을 수 있다. docker run 명령을 사용할 때 로컬에 캐싱된 이미지가 없으면 저장소에서 당겨온다. docker pull 명령은 이미지를 내려받는다.

```
$ docker pull postgres
```

앞의 명령은 최신 버전의 이미지를 내려받는다(기본으로 최신 태그를 사용한다). 오래된 버전의 포스트그레스 도커 이미지를 사용하려면 태그에 지정된 버전 번호를 사용해야 한다. 사용할 수 있는 전체 버전 목록은 이미지의 사이트에 게시돼 있는데, 이 경우에는 차이가 없다. https://hub.docker.com/r/library/postgres/tags/ 사이트에서 사용 가능한 목록을 조회한다.

```
$ docker pull postgres:9.3
```

이미지를 실행하고 검증했다면 원격 저장소에 저장해야 한다. 가장 적절한 장소는 물론 도커 허브다. 그러나 때로는 프라이빗 저장소와 같은 다른 곳에 저장하고 싶을 수 있다. 이미지를 업로드하기 전에 이미지에 태그를 붙여야 하는데, 이때 저장소의 사용자명, 이미지 이름, 버전 번호 등을 사용한다. 다음 명령은 piomin/postgres라는 이름과 1.0의 버전 태그를 사용하는 포스트그레스 소스 이미지를 생성한다.

```
$ docker tag postgres piomin/postgres:1.0
```

이제 docker image 명령을 실행하면 똑같은 ID를 가진 두 이미지가 보일 것이다. 첫 번째는 포스트그레스라는 이름의 최신 태그를 가지는 반면에 두 번째는 piomin/postgres라는 이름과 1.0이라는 태그를 가진다. 여기서 piomin은 예제의 도커 허브 사용자 이름이다. 그래서 더 진행하려면 이미지를 거기에 등록해야 한다. 그리고 나서 docker login 명령으로 도커 클라이언트에 로그인해야 한다. 그다음 등록할 때 사용한 사용자 이름과 비밀번호, 이메일 주소를 입력해야 한다. 그리고 docker login 명령으로 도커 클라이언트에 로그인해야 한다. 등록 시에 사용한 사용자명, 비밀번호, 이메일 주소가 깜빡일 것이다. 마지막으로 docker push 명령을 사용해 태그된 이미지를 업로드한다.

```
$ docker push piomin/postgres:1.0
```

이제 남은 것은 웹브라우저에서 도커 허브(Docker Hub) 계정에 로그인해 업로드된 이미지가 나타나는지 확인하는 것이다. 모든 것이 정확하게 작동했다면 이미지가 공개 저장소에 보일 것이다. 다음 화면은 예제 도커 허브 계정에 게시된 이미지를 보여준다.

## 이미지 빌드하기

앞 절에서 포스트그레스 도커 이미지의 복제본을 도커 허브 저장소에 올렸다. 일반적으로 컨테이너에 소프트웨어를 설치하고 구성하는 데 필요한 모든 지침을 정의하는 Dockerfile로부터 생성된 이미지를 올린다. Dockerfile의 자세한 구조는 나중에 논의할 것이다. 지금 중요한 것은 도커 이미지를 빌드하는 데 사용된 docker build 명령이다. 이 명령은 Dockerfile이 위치한 폴더에서 실행해야 한다. 새로운 이미지를 빌드할 때는 -t 옵션을 사용해 이름과 태그를 지정할 것을 추천한다. 다음 명령은 piomin/order-service에 1.0 버전 태그를 사용한 이미지를 생성한다. 다음 명령으로 앞의 포스트그레스 이미지와 같은 도커 허브 계정에 이미지를 올릴 수 있다.

```
$ docker build -t piomin/order-service:1.0 .
```

## 네트워킹

네트워킹은 도커 아키텍처에서 중요한 측면인데, 다른 컨테이너에서 실행하는 애플리케이션 간에 통신을 제공해야 하기 때문이다. 예를 들면 데이터베이스에 접근해야 하는 웹 애플리케이션에서 주로 사용될 것이다. 11장 **메시지 기반 마이크로서비스**에서 소개한 예제를 참조할 것이다. 아파치 카프카와 주키퍼 간의 통신이 바로 그것이다. 카프카는 다양한 컨피규레이션을 키/값의 짝으로 ZK 데이터 트리에 저장하고 클러스터 간에 사용하기 때문에 주키퍼가 필요하다. 기억하겠지만, 사용자 정의 네트워크를 생성하고 두 개의 컨테이너를 그곳에서 실행해야 한다. 다음 명령은 도커 호스트에 사용자 정의 네트워크를 생성한다.

```
$ docker network create kafka-network
```

앞의 명령이 종료된 후 다음 명령으로 네트워크 목록을 조회할 수 있다. 도커가 기본적으로 세 개의 네트워크를 생성하므로 bridge, host, none, kafka-network의 네 개의 네트워크가 보일 것이다.

```
$ docker network ls
```

다음 절차는 docker run 명령으로 생성된 컨테이너에 네트워크 이름을 전달하는 것이다. 이것은 다음 예제처럼 --network 입력값을 주면 된다. 두 개의 다른 컨테이너에 같은 네트워크 이름을 설정하면 동일한 네트워크에서 실행될 것이다. 이것이 실제로 무슨 뜻인지 분석해 보자. 어떤 컨테이너 내부에 있으면 IP 주소 대신 이름을 호출할 수 있다. 이것이 아파치 카프카 컨테이너를 시작할 때 ZOOKEEPER_IP 환경 변수에 zookeeper를 설정한 이유다. 컨테이너 안의 카프카는 다음과 같이 기본 포트로 주키퍼 인스턴스에 연결된다.

```
$ docker run -d --name zookeeper --network kafka-net zookeeper:3.4
$ docker run -d --name kafka --network kafka-net -e ZOOKEEPER_IP=zookeeper ches/kafka
```

## 마이크로서비스의 도커 이미지 생성하기

컨테이너를 실행하고 생성하고 관리하는 기본 도커 명령을 살펴봤다. 이제 앞 장에서 소개한 예제 마이크로서비스를 시작하는 첫 번째 도커 이미지를 생성하고 빌드할 때가 됐다. 이를 위해 도커 저장소 https://github.com/piomin/sample-spring-cloud-comm.git에서 feign_with_discovery 브랜치로 전환해 https://github.com/piomin/sample-spring-cloud-comm/tree/feign_with_discovery로 이동하자. 마이크로서비스, 게이트웨이, 디스커버리마다 Dockefile이 있을 것이다. 하지만 예제에 대해 논의하기 전에 Dockerfile에 사용할 기본 명령을 이해하기 위해 Dockerfile의 레퍼런스를 참조해야 한다. 사실 Dockerfile이 도커 이미지를 빌드하는 유일한 방법은 아니다. 메이븐 플러그인을 사용해 마이크로서비스의 이미지를 생성하는 방법도 있다.

## 도커 파일

도커는 이미지를 조립하기 위해 커맨드라인에서 호출되는 모든 명령을 담는 문서인 Dockerfile에서 제공된 지시자를 읽고 이미지를 자동으로 빌드한다. 모든 명령은 Dockerfile 명세에 정의된 키워드 다음에 나와야 한다. 다음은 가장 자주 사용되는 지시자의 목록이다. 이들은 Dockerfile에서 발견된 순서대로 실행된다. 또한 # 문자 뒤에 주석을 추가할 수 있다.

| 지시자 | 설명 |
| --- | --- |
| FROM | 새로운 빌드 단계를 초기화하고 이어지는 지시자를 위한 기본 이미지를 설정한다. 사실 모든 유효한 Dockerfile은 FROM 지시자로 시작해야 한다. |
| MAINTAINER | 생성된 이미지에 저자 식별자를 설정한다. 이 지시자는 더는 사용되지 않아 오래된 이미지에서 발견할 수 있다. 다음처럼 MAINTAINER 대신 LABEL 지시자를 사용해야 한다: LABEL maintainer="piotr.minkowski@gmail.com". |
| RUN | 현재 이미지상의 새로운 층에 필요한 소프트웨어를 설치하고 구성하기 위한 리눅스 명령을 실행하고 결과를 커밋한다: RUN <command> 또는 RUN ["executable", "param1", "param2"]. |
| ENTRYPOINT | 컨테이너가 시작될 때 사용되는 최종 스크립트를 구성한다. 이것은 CMD를 사용해 지정된 모든 요소를 재정의한다. 이것은 두 개의 양식을 가진다: ENTRYPOINT ["executable", "param1", "param2"] 및 ENTRYPOINT 명령 param1 param2. Dockerfile의 마지막 ENTRYPOINT 지시자만 유효하다. |
| CMD | Dockerfile은 한 개의 CMD 지시자만 가질 수 있다. 이 지시자는 기본 입력값을 JSON 배열 형태로 ENTRYPOINT에 제공한다. |
| ENV | 컨테이너에 키/값 형태의 환경 변수를 설정한다. |
| COPY | 지정된 파일 또는 디렉터리를 컨테이너 내부의 지정된 목표 경로로 복사한다. 그 형태는 다음과 같다: COPY [--chown=<user>:<group>] <src>... <dest>. |
| ADD | 이것은 COPY 지시자의 대안이다. COPY보다 더 많은 기능이 있는데, 예를 들어 <src>에 URL 주소를 사용할 수 있다. |
| WORKDIR | 이것은 RUN, CMD, ENTRYPOINT, COPY, ADD가 사용할 작업 디렉터리를 설정한다. |

| 지시자 | 설명 |
|--------|------|
| EXPOSE | 실행 중에 지정된 네트워크 포트로 대기하도록 도커에게 알려준다. 이것은 실제로 포트를 게시하지 않는다. 포트는 docker run 명령에 -p 옵션을 써서 게시한다. |
| VOLUME | 지정된 이름으로 마운트 포인트를 생성한다. 볼륨은 도커 컨테이너에서 데이터를 보관하기 위해 선호하는 메커니즘이다. |
| USER | 이미지를 사용할 때뿐만 아니라 RUN, CMD, ENTRYPOINT 지시자에서 사용되는 사용자명을 설정하고 선택적으로 사용자 그룹을 설정한다. |

실제로 어떻게 동작하는지 살펴보자. 모든 마이크로서비스에 Dockerfile을 정의해 Git 프로젝트의 루트 디렉터리에 넣어야 한다. 다음은 account-service를 위한 Dockerfile이다.

```
FROM openjdk:8u151-jdk-slim-stretch
MAINTAINER Piotr Minkowski <piotr.minkowski@gmail.com>
ENV SPRING_PROFILES_ACTIVE zone1
ENV EUREKA_DEFAULT_ZONE http://localhost:8761/eureka/
ADD target/account-service-1.0-SNAPSHOT.jar app.jar
ENTRYPOINT ["java", "-Xmx160m", "-jar", "-
Dspring.profiles.active=${SPRING_PROFILES_ACTIVE}", "-
Deureka.client.serviceUrl.defaultZone=${EUREKA_DEFAULT_ZONE}",
"/app.jar"]
EXPOSE 8091
```

앞의 예제는 그리 복잡하지 않다. 마이크로서비스 팻 JAR 파일을 도커 컨테이너에 추가하고 java -jar 명령을 ENTRYPOINT로 사용한다. 순서대로 살펴보자. 예제 Dockerfile은 다음 지시자를 수행한다.

- 이미지는 자바 플랫폼 스탠다드 에디션의 공식 오픈 소스 구현인 오픈 JDK(open JDK)를 확장한다. 다른 비슷한 이미지와 가장 큰 차이점은 이미지 크기다. 8u151-jdk-slim-stretch 태그 이미지는 JDK8과 스프링 부트 마이크로서비스를 실행하는 데 필요한 모든 라이브러리를 포함한다. 이 이미지는 자바 8u151-jdk 버전의 기본 이미지보다 작다.

- 두 개의 환경 변수를 정의했다. 이것은 docker run 명령의 -e 옵션으로 실행 중에 재정의할 수 있다. 첫 번째는 활성화된 스프링 프로파일 이름으로, 기본값 zone1으로 초기화된다. 두 번째는 디스커버리 서버의 주소로, 기본값이 http://loclahost:8761/eureka다.

- 팻 JAR 파일은 필요한 모든 의존성을 애플리케이션 바이너리에 담고 있다. 그래서 생성된 JAR 파일을 ADD 지시자를 사용해 컨테이너에 넣어야 한다.

- 컨테이너에서 자바 애플리케이션을 실행하도록 구성한다. ENTRYPOINT는 로컬 머신에서 다음 명령을 실행하는 것과 똑같이 정의된다.

```
java -Xmx160m -jar  - Dspring.profiles.active=zone1 - Deureka.client.serviceUrl.
defaultZone=http://localhost:8761/eureka/ app.jar
```

- EXPOSE 지시자를 사용해 애플리케이션의 HTTP API가 컨테이너 내부에서 8091 포트에 노출되도록 도커에 설정했다.

## 컨테이너화된 마이크로서비스 실행하기

각 마이크로서비스에 유효한 Dockerfile을 준비했다면 다음 순서는 각 마이크로서비스의 도커 이미지를 빌드하기 전에 mvn clean install 명령으로 전체 메이븐 프로젝트를 빌드하는 것이다.

도커 이미지를 빌드할 때 항상 모든 마이크로서비스 소스코드의 루트 디렉터리에서 해야 한다. 마이크로서비스 기반 시스템에서 실행할 첫 번째 컨테이너는 디스커버리 서버다. 이 도커 이미지의 이름은 piomin/discovery-service로 명명했다. 도커의 build 명령을 실행하기 전에 discovery-service 모듈로 가보자. Dockerfile이 다른 마이크로서비스보다 간단하다. 다음과 같이 컨테이너 내부에 설정할 환경변수가 없기 때문이다.

```
FROM openjdk:8u151-jdk-slim-stretch
MAINTAINER Piotr Minkowski <piotr.minkowski@gmail.com>
ADD target/discovery-service-1.0-SNAPSHOT.jar app.jar
ENTRYPOINT ["java", "-Xmx144m", "-jar", "/app.jar"]
EXPOSE 8761
```

docker build 명령을 실행하면 타깃 이미지 빌드 로그를 볼 수 있는데, 다섯 개의 과정밖에 없다. 모든 것이 순조롭다면 Dockerfile에 정의된 다섯 가지 과정의 진행 상황과 다음처럼 이미지가 성공적으로 빌드되고 태그가 붙여졌다는 마지막 메시지를 볼 수 있다.

```
$ docker build -t piomin/discovery-service:1.0 .
Sending build context to Docker daemon 39.9MB
Step 1/5 : FROM openjdk:8u151-jdk-slim-stretch
8u151-jdk-slim-stretch: Pulling from library/openjdk
8176e34d5d92: Pull complete
2208661344b7: Pull complete
99f28966f0b2: Pull complete
e991b55a8065: Pull complete
aee568884a84: Pull complete
```

```
18b6b371c215: Pull complete
Digest:
sha256:bd394fdc76e8aa73adba2a7547fcb6cde3281f70d6b3cae6fa62ef1fbde327e3
Status: Downloaded newer image for openjdk:8u151-jdk-slim-stretch
 ---> 52de5d98a41d
Step 2/5 : MAINTAINER Piotr Minkowski <piotr.minkowski@gmail.com>
---> Running in 78fc78cc21f0
 ---> 0eba7a369e43
Removing intermediate container 78fc78cc21f0
Step 3/5 : ADD target/discovery-service-1.0-SNAPSHOT.jar app.jar
 ---> 1c6a2e04c4dc
Removing intermediate container 98138425b5a0
Step 4/5 : ENTRYPOINT java -Xmx144m -jar /app.jar
---> Running in 7369ba693689
---> c246470366e4
Removing intermediate container 7369ba693689
Step 5/5 : EXPOSE 8761
---> Running in 74493ae54220
 ---> 06af6a3c2d41
Removing intermediate container 74493ae54220
Successfully built 06af6a3c2d41
Successfully tagged piomin/discovery-service:1.0
```

성공적으로 이미지를 빌드하고 나면 이미지를 실행할 수 있다. 마이크로서비스를 담은 모든 컨테이너가 실행될 네트워크를 생성할 것을 추천한다. 새롭게 생성된 네트워크 내에서 컨테이너를 실행하려면 docker run 명령에 --network 입력값을 사용해 이름을 전달해야 한다. 컨테이너가 성공적으로 실행됐는지 점검하려면 docker logs 명령을 실행한다. 이 명령은 애플리케이션이 남긴 모든 로그를 콘솔에 출력한다.

```
$ docker network create sample-spring-cloud-network
$ docker run -d --name discovery -p 8761:8761 --network sample-spring-
        cloud-network piomin/discovery-service:1.0
        de2fac673806e134faedee3c0addaa31f2bbadcffbdff42a53f8e4ee44ca0674
$ docker logs -f discovery
```

다음 순서는 네 개의 마이크로서비스 account-service, customer-service, order-service, product-service를 빌드하고 실행하는 것이다. 절차는 모두 똑같다. 예를 들어 account-service를 빌드하려면 우선 예제 프로젝트 소스코드 디렉터리로 이동한다. build 명령은 디스커버리 서비스와 같다. 다른 점은 다음처럼 이미지 이름이다.

```
$ docker build -t piomin/account-service:1.0 .
```

도커 이미지를 실행하는 명령은 디스커버리 서비스보다 약간 복잡하다. 이 경우, 시작하는 컨테이너에 유레카 서버의 주소를 전달해야 한다. 컨테이너가 디스커버리 서비스와 같은 네트워크에서 실행되기 때문에 IP 주소나 다른 식별자 대신 네트워크 이름을 사용할 수 있다. 선택적으로 -m 입력값으로 256MB와 같이 컨테이너의 메모리 한계를 지정할 수 있다. 마지막으로 docker logs 명령으로 컨테이너에서 실행되는 애플리케이션의 로그를 볼 수 있다.

```
$ docker run -d --name account -p 8091:8091 -e
        EUREKA_DEFAULT_ZONE=http://discovery:8761/eureka -m 256M --network
        sample-spring-cloud-network piomin/account-service:1.0
$ docker logs -f account
```

모든 마이크로서비스에 대해 앞에서 설명한 작업을 순서대로 반복한다. 최종 결과는 다음 화면처럼 docker ps 명령으로 다섯 개의 실행 중인 컨테이너가 보이는 것이다.

이렇게 해서 모든 마이크로서비스가 유레카 서버에 등록됐다. 유레카 대시보드는 http://192.168.99.100:8761/에서 확인할 수 있으며 다음 화면과 같은 모습이다.

| Instances currently registered with Eureka | | | |
|---|---|---|---|
| Application | AMIs | Availability Zones | Status |
| ACCOUNT-SERVICE | n/a (1) | (1) | UP (1) - 8020c04e6bf0:account-service:8091 |
| CUSTOMER-SERVICE | n/a (1) | (1) | UP (1) - dae7e9271c1d:customer-service:8092 |
| ORDER-SERVICE | n/a (1) | (1) | UP (1) - 93a7423f9d8b:order-service:8090 |
| PRODUCT-SERVICE | n/a (1) | (1) | UP (1) - c313d0a426bc:product-service:8093 |

한 가지 더 흥미로운 도커 명령은 docker stats다. 이 명령은 실행된 컨테이너의 메모리 또는 CPU 사용률 같은 통계를 출력한다. --format 입력값을 사용해 출력되는 통계를 조절할 수 있다. 예를 들어, 컨테이너의 ID 대신 컨테이너의 이름을 출력할 수 있다. 그 명령을 실행하기 전에 모든 것이 잘 작동하는지 확인하기 위해 몇 가지 테스트를 수행할 수 있다. 컨테이너에서 시작된 마이크로서비스 간 통신이 성공적으로 완료됐는지를 점검해야 한다. 또한 account-service가 노출하는 종단점을 호출하는 customer-service의 GET /withAccounts/{id} 종단점을 호출하고 싶을 수 있다. 다음 명령을 실행하면 된다.

```
docker stats --format "table
  {{.Name}}\t{{.Container}}\t{{.CPUPerc}}\t{{.MemUsage}}"
```

그러면 다음 화면이 출력된다.

```
NAME        CONTAINER      CPU %      MEM USAGE / LIMIT
order       f2c679a1c866   0.14%      208.9MiB / 256MiB
product     83f1761de51f   0.22%      199.6MiB / 256MiB
customer    59e747bdd022   0.23%      210.2MiB / 256MiB
account     28cc8ffcc5f7   0.15%      209.8MiB / 256MiB
discovery   de2fac673806   1.31%      255.3MiB / 1.955GiB
```

## 메이븐 플러그인을 사용해 이미지 빌드하기

앞서 말했듯이 Dockerfile이 컨테이너를 생성하고 빌드하는 유일한 방법은 아니다. 메이븐 플러그인을 사용하는 것처럼 몇 가지 다른 방법이 있다. mvn 명령으로 사용할 수 있는 몇 가지 이미지 빌드 전용 플러그인이 있다. 그중 인기 있는 것은 com.spotify:docker-maven-plugin이다. 이것은 컨피규레이션 설정에 Dockerfile 지시자 대신 사용할 수 있는 태그를 가지고 있다. account-service의 pom.xml 내 플러그인 컨피규레이션은 다음과 같다.

```xml
<plugin>
  <groupId>com.spotify</groupId>
  <artifactId>docker-maven-plugin</artifactId>
  <version>1.0.0</version>
  <configuration>
  <imageName>piomin/${project.artifactId}</imageName>
  <imageTags>${project.version}</imageTags>
  <baseImage>openjdk:8u151-jdk-slim-stretch</baseImage>
  <entryPoint>["java", "-Xmx160m", "-jar",
"-Dspring.profiles.active=${SPRING_PROFILES_ACTIVE}",
"- Deureka.client.serviceUrl.defaultZone=${EUREKA_DEFAULT_ZONE}",
 "/${project.build.finalName}.jar"] </entryPoint>
```

```xml
  <env>
    <SPRING_PROFILES_ACTIVE>zone1</SPRING_PROFILES_ACTIVE>
      <EUREKA_DEFAULT_ZONE>http://localhost:8761/eureka/</EUREKA_DEFAULT_ZONE>
  </env>
  <exposes>8091</exposes>
  <maintainer>piotr.minkowski@gmail.com</maintainer>
  <dockerHost>https://192.168.99.100:2376</dockerHost>
  <dockerCertPath>C:\Users\Piotr\.docker\machine\machines\default</dockerCertPath>
  <resources>
    <resource>
        <directory>${project.build.directory}</directory>
        <include>${project.build.finalName}.jar</include>
    </resource>
  </resources>
  </configuration>
</plugin>
```

이 플러그인은 메이븐 build 명령으로 호출할 수 있다. 애플리케이션 빌드 후에 도커 이미지를 빌드하고 싶다면 다음 메이븐 명령을 사용한다.

```
$ mvn clean install docker:build
```

대안으로 Dockerfile 기반으로 빌드하려면 dockerDirectory를 설정하면 된다. 어떤 방식을 선택하든 결과는 같다. 애플리케이션에서 빌드한 새로운 이미지는 도커 이미지에서 사용할 수 있다. docker-maven-plugin을 사용할 경우, 다음과 같이 pushImage를 true로 설정해서 자동으로 이미지를 저장소에 올릴 수 있다.

```xml
  <plugin>
      <groupId>com.spotify</groupId>
      <artifactId>docker-maven-plugin</artifactId>
      <version>1.0.0</version>
      <configuration>
        <imageName>piomin/${project.artifactId}</imageName>
        <imageTags>${project.version}</imageTags>
        <pushImage>true</pushImage>
        <dockerDirectory>src/main/docker</dockerDirectory>
        <dockerHost>https://192.168.99.100:2376</dockerHost>
      <dockerCertPath>C:\Users\Piotr\.docker\machine\machines\default</docker
```

```
          CertPath>
           <resources>
            <resource>
              <directory>${project.build.directory}</directory>
              <include>${project.build.finalName}.jar</include>
            </resource>
           </resources>
          </configuration>
        </plugin>
```

## 고급 도커 이미지

지금까지는 다소 간단한 도커 이미지를 빌드했다. 그러나 때때로 좀 더 진보된 이미지를 생성할 필요가 있다. 지속적인 전달을 위해 이런 이미지가 필요하다. 젠킨스 슬레이브를 도커 컨테이너로 실행하고 도커 컨테이너로 실행 중인 젠킨스 마스터에 연결한다. 도커 허브에 이런 이미지가 없기 때문에 직접 생성할 것이다. 이미지에는 깃, 메이븐, JDK8, 도커가 담겨 있어야 한다. 이런 도구는 젠킨스 슬레이브를 사용해서 예제 마이크로서비스를 빌드하기 위해 필요하다. 이 장의 마지막 절에서 젠킨스 서버를 사용한 지속 배포와 관련해 간단하게 요약할 것이다. 지금은 필요한 이미지를 빌드하는 데 집중하자. 다음은 Dockerfile에서 제공하는 이미지의 전체 정의다.

```
FROM docker:18-dind
MAINTAINER Piotr Minkowski <piotr.minkowski@gmail.com>
ENV JENKINS_MASTER http://localhost:8080
ENV JENKINS_SLAVE_NAME dind-node
ENV JENKINS_SLAVE_SECRET ""
ENV JENKINS_HOME /home/jenkins
ENV JENKINS_REMOTING_VERSION 3.17
ENV DOCKER_HOST tcp://0.0.0.0:2375
RUN apk --update add curl tar git bash openjdk8 sudo
ARG MAVEN_VERSION=3.5.2
ARG USER_HOME_DIR="/root"
ARG
SHA=707b1f6e390a65bde4af4cdaf2a24d45fc19a6ded00fff02e91626e3e42ceaff
ARG
BASE_URL=https://apache.osuosl.org/maven/maven-3/${MAVEN_VERSION}/binar
ies
RUN mkdir -p /usr/share/maven /usr/share/maven/ref \
```

```
  && curl -fsSL -o /tmp/apache-maven.tar.gz ${BASE_URL}/apache-maven-
  ${MAVEN_VERSION}-bin.tar.gz \
  && echo "${SHA} /tmp/apache-maven.tar.gz" | sha256sum -c - \
  && tar -xzf /tmp/apache-maven.tar.gz -C /usr/share/maven --strip-
  components=1 \
  && rm -f /tmp/apache-maven.tar.gz \
  && ln -s /usr/share/maven/bin/mvn /usr/bin/mvn
ENV MAVEN_HOME /usr/share/maven
ENV MAVEN_CONFIG "$USER_HOME_DIR/.m2"
RUN adduser -D -h $JENKINS_HOME -s /bin/sh jenkins jenkins && chmod
a+rwx $JENKINS_HOME
RUN echo "jenkins ALL=(ALL) NOPASSWD: /usr/local/bin/dockerd" >
/etc/sudoers.d/00jenkins && chmod 440 /etc/sudoers.d/00jenkins
RUN echo "jenkins ALL=(ALL) NOPASSWD: /usr/local/bin/docker" >
/etc/sudoers.d/01jenkins && chmod 440 /etc/sudoers.d/01jenkins
RUN curl --create-dirs -sSLo /usr/share/jenkins/slave.jar
http://repo.jenkins-ci.org/public/org/jenkins-ci/main/remoting/$JENKINS
_REMOTING_VERSION/remoting-$JENKINS_REMOTING_VERSION.jar && chmod 755
/usr/share/jenkins && chmod 644 /usr/share/jenkins/slave.jar


COPY entrypoint.sh /usr/local/bin/entrypoint
VOLUME $JENKINS_HOME
WORKDIR $JENKINS_HOME
USER jenkins
  ENTRYPOINT ["/usr/local/bin/entrypoint"]
  RUN echo "jenkins ALL=(ALL) NOPASSWD: /usr/local/bin/docker" >
  /etc/sudoers.d/01jenkins && chmod 440 /etc/sudoers.d/01jenkins
  RUN curl --create-dirs -sSLo /usr/share/jenkins/slave.jar
  http://repo.jenkins-ci.org/public/org/jenkins-ci/main/remoting/$JENKINS
  _REMOTING_VERSION/remoting-$JENKINS_REMOTING_VERSION.jar && chmod 755
  /usr/share/jenkins && chmod 644 /usr/share/jenkins/slave.jar


COPY entrypoint.sh /usr/local/bin/entrypoint
VOLUME $JENKINS_HOME
WORKDIR $JENKINS_HOME
USER jenkins
  ENTRYPOINT ["/usr/local/bin/entrypoint"]
```

코드를 하나씩 분석해 보자. 우선 도커 베이스 이미지를 확장했다. 이것은 매우 현명한 솔루션으로, 이미지가 도커 내부에 도커를 제공한다. 도커 내부에서 도커를 실행하는 것을 일반적으로 권장하지는 않지만, 도커를 사용한 지속 배포의 경우에는 이러한 조치가 필요하다. 도커와 더불어 RUN 지시자를 사용해 깃, JDK, 메이븐, Curl 등의 다른 소프트웨어를 설치했다. 그리고 도커 데몬의 실행을 담당하는 dockerd 스크립트에 대해 sudoers 권한을 가진 OS 사용자를 추가했다. 컨테이너를 실행하려면 도커 데몬 프로세스는 물론이고 젠킨스 슬레이브에서 JAR를 실행하는 것도 필요하다. 이미지의 ENTRYPOINT 에 설정된 entrypoint.sh 내부에서 두 개의 명령이 실행된다. 도커 이미지의 전체 소스코드는 https://github.com/piomin/jenkins-slave-dind-jnlp.git에 있다. 소스코드로부터 빌드하는 대신 다음 명령으로 도커 허브 계정에서 이미지를 내려받을 수도 있다.

```
docker pull piomin/jenkins-slave-dind-jnlp
```

다음은 도커 이미지 내의 entryscript.sh로, 이 코드가 도커 데몬과 젠킨스 슬레이브를 시작한다.

```
#!/bin/sh
set -e
echo "starting dockerd..."
sudo dockerd --host=unix:///var/run/docker.sock --
host=tcp://0.0.0.0:2375 --storage-driver=vfs &
echo "starting jnlp slave..."
exec java -jar /usr/share/jenkins/slave.jar \
 -jnlpUrl $JENKINS_URL/computer/$JENKINS_SLAVE_NAME/slave-agent.jnlp \
 -secret $JENKINS_SLAVE_SECRET
```

## 지속적인 배포

마이크로서비스 기반 아키텍처로 이관하는 주요 혜택 중 하나는 빠른 소프트웨어 전달이다. 이것이 바로 조직에서 지속적인 전달 또는 지속 배포 프로세스를 구현하는 주요 동기다. 요약하면 지속적인 전달 프로세스는 소프트웨어 전달의 모든 단계, 즉 빌드, 코드 테스트, 애플리케이션 출시 등을 자동화하려고 시도하는 접근 방식이다. 이런 프로세스를 강화하는 도구가 많이 있다. 그중 하나가 자바로 개발된 오픈 소스 자동화 도구 젠킨스다. 도커는 **지속적인 통합(CI)** 또는 **지속적인 전달(CD)** 프로세스를 높은 레벨로 개선하는 도구다. 예를 들어, 변경 불가능한 전달은 도커의 장점 중 하나다.

## 도커에 젠킨스 통합하기

이 절의 목적은 젠킨스와 도커를 사용해 로컬에 지속 전달 프로세스를 설계하고 실행하는 것이다. 이 프로세스에는 네 개의 요소가 있다. 첫 번째 요소는 이미 준비됐다. 바로 깃허브에 있는 마이크로서비스의 소스코드 저장소다. 두 번째 요소는 구성되고 실행될 젠킨스다. 젠킨스는 지속 전달 시스템의 핵심 요소다. 깃허브 저장소에서 애플리케이션의 소스코드를 내려받고 빌드하고 결과 JAR를 도커 이미지로 만들고 도커 허브에 업로드한 후 최종적으로 마이크로서비스를 담은 컨테이너를 실행한다. 이 절차의 모든 태스크는 젠킨스 마스터와 젠킨스 슬레이브에서 실행된다. 그리고 젠킨스 마스터와 젠킨스 슬레이브는 도커 컨테이너로 실행된다. 다음은 이 솔루션의 아키텍처를 보여준다.

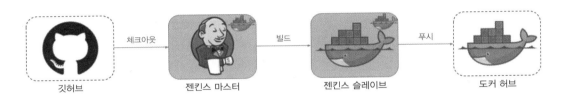

젠킨스는 플러그인 개념을 기반으로 만들어졌다. 젠킨스의 코어는 자동화된 빌드를 위한 엔진으로는 너무 간단하다. 젠킨스의 진정한 힘은 플러그인에 있고 그 업데이트 센터에는 수백 개의 플러그인이 있다. 지금은 젠킨스 서버에서 활용할 수 있는 몇 가지 방법을 논의할 것이다. 도커 컨테이너에서 마이크로서비스를 빌드하고 실행하기 위해서는 다음 플러그인이 필요하다.

- 파이프라인(Pipeline): 파이프라인의 코드화(Pipeline as code, `https://wiki.jenkins.io/display/JENKINS/Pipeline+Plugin`)라는 아이디어를 따르는 그루비(Groovy) 스크립트를 사용한 자동화를 도와주는 플러그인의 모음
- 도커 파이프라인(Docker pipeline): 파이프라인에서 도커 컨테이너를 빌드하게 해준다(`https://wiki.jenkins.io/display/JENKINS/Docker+Pipeline+Plugin`).
- 깃(Git): 젠킨스와 깃을 통합(`https://wiki.jenkins.io/display/JENKINS/Git+Plugin`)
- 메이븐 통합(Maven integration): 메이븐과 젠킨스를 사용해 애플리케이션을 빌드할 때 유용한 명령을 제공한다(`https://plugins.jenkins.io/maven-plugin`).

필요한 플러그인은 두 가지 방식으로 설치할 수 있다. 수동으로 설치할 경우, 플러그인을 다운로드 받아 젠킨스 홈디렉터리에 놓고 시작한 후 UI 대시보드에서 구성한다. 또 다른 방식은 젠킨스의 **Manage Jenkins | Manage Plugins** 메뉴에서 플러그인을 검색해 설치한 후 UI 대시보드에서 구성하는 것이다. 젠킨스를 로컬에서 실행하기 위해 도커 이미지를 사용할 것이다. 다음 명령은 `jenkins`

라는 네트워크를 생성하고 젠킨스 마스터 컨테이너를 시작하고 UI 대시보드를 38080 포트에 노출한다. 젠킨스 컨테이너를 시작하고 웹 콘솔을 처음 시작할 때 초기에 생성된 비밀번호를 사용해 설정해야 한다. docker logs Jenkins 명령에 나오는 젠킨스 로그에서 비밀번호를 쉽게 추출할 수 있다.

```
$ docker network create jenkins
$ docker run -d --name jenkins -p 38080:8080 -p 50000:50000 - network jenkins jenkins/jenkins:lts
```

필요한 플러그인으로 젠킨스 마스터를 성공적으로 구성하고 나면 새로운 슬레이브 노드를 추가해야 한다. 이를 위해 **Manage Jenkins | Manage Nodes** 섹션으로 가서 **New Node**를 선택한다. 이때 표시되는 화면에서 /home/jenkins를 원격 루트 디렉터리로 설정해야 한다. 그리고 자바 웹 스타트로 에이전트를 실행한다. 이제 이전에 논의한 대로 젠킨스 슬레이브를 도커 컨테이너로 실행할 수 있다. 슬레이브의 이름과 비밀번호를 지칭하는 두 개의 환경 변수를 재정의해야 한다. name 입력값은 노드 생성 중에 설정되는 반면, 비밀번호는 서버가 자동으로 생성한다. 다음 화면처럼 더 많은 정보는 노드의 상세 정보에서 확인할 수 있다.

다음은 도커 내부에서 젠킨스 슬레이브를 도커 컨테이너로 시작하는 도커 명령이다.

```
$ docker run --privileged -d --name slave --network jenkins -e
      JENKINS_SLAVE_SECRET=5664fe146104b89a1d2c78920fd9c5eebac3bd7344432e0668
      e366e2d3432d3e -e JENKINS_SLAVE_NAME=dind-node-1 -e
      JENKINS_URL=http://jenkins:38080 piomin/jenkins-slave-dind-jnlp
```

젠킨스 컨피규레이션에 대한 간단한 소개가 머신에 지속적인 배포 프로세스를 반복하는 데 도움이 될 것이다. 이 책에서는 마이크로서비스 기반 시스템에 CI 또는 CD 환경을 구축하고 설정하는 데 도움을 주는 젠킨스와 관련된 일부 측면만 살펴봤다. 이 주제에 대해 깊이 알고 싶으면 https://jenkins.io/doc 에 있는 문서를 참고하라.

## 파이프라인 구축하기

오래된 버전의 젠킨스 서버에서는 작업의 기본 단위가 잡(job)이었다. 현재는 파이프라인을 코드로 정의하는 것이 주요 기능이다. 이러한 변화는 배포되는 애플리케이션만큼이나 애플리케이션 배포도 중요하게 고려하는 IT 아키텍처의 최근 경향과 관련이 있다. 애플리케이션 스택의 모든 구성 요소는 이미 버전 컨트롤 시스템에 코드로 자동화되고 표현되기 때문에 동일한 혜택을 CI 또는 CD 파이프라인에서 누릴 수 있다.

젠킨스 파이프라인은 간단하고 좀 더 진보된 배포 파이프라인을 코드로 모델링하기 위해 설계된 도구를 제공한다. 이런 파이프라인의 정의는 Jenkinsfile로 불리는 텍스트 파일에 작성된다. 이것은 **Shared Libraries** 기능에서 제공하는 추가적인 특정 스텝과 함께 DSL(domain-specific language)을 지원한다. 파이프라인은 Declarative(파이프라인 2.5에서 도입됐다)와 스크립트 파이프라인의 두 가지 신택스(syntaxs)를 지원한다. 어떤 신택스를 사용하더라도 논리적으로 스테이지(stage)와 스텝(step)으로 나뉜다. 스텝은 젠킨스가 무엇을 해야 할지 알려주기 때문에 파이프라인의 가장 기본적인 부분이다. 스테이지는 스텝의 논리적인 그룹으로 파이프라인의 결과 화면에 표시된다. 다음 코드는 파이프라인 스크립트의 예제이고 account-service를 위한 빌드 프로세스를 정의한다. 다른 마이크로서비스에 대해서도 비슷한 정의를 생성해야 한다. 이런 모든 정의는 Jenkinsfile에 담겨 각 애플리케이션 소스코드의 루트 디렉터리에 위치한다.

```
node('dind-node-1') {
  withMaven(maven:'M3') {
    stage('Checkout') {
      git url: 'https://github.com/piomin/sample-spring-cloud-comm.git',
          credentialsId: 'github-piomin',
    }
    stage('Build') {
      dir('account-service') {
        sh 'mvn clean install'
      }
      branch: 'master'
      def pom = readMavenPom file:'pom.xml'
      print pom.version
      env.version = pom.version
      currentBuild.description = "Release: ${env.version}"
    }
    stage('Image') {
      dir ('account-service') {
```

```
        def app = docker.build "piomin/account-service:${env.version}"
        app.push()
    }
}
stage ('Run') {
    docker.image("piomin/account-service:${env.version}").run('-p
    8091:8091 -d --name account --network sample-spring-cloud-network')
}
}
```

앞의 정의는 네 개의 스테이지로 나뉜다. 첫째 스테이지는 Checkout으로 모든 예제 애플리케이션의 소스코드가 있는 깃 저장소를 복제한다. 둘째 스테이지 Build는 account-service 모듈에서 애플리케이션을 빌드하고 루트에 있는 pom.xml로부터 전체 메이븐 프로젝트의 버전 번호를 읽는다. Image 스테이지에서는 Dockerfile로부터 이미지를 빌드하고 그것을 도커 저장소에 올린다. 마지막으로 Run 스테이지에서 account-service 애플리케이션을 담은 컨테이너를 실행한다. 이 모든 스테이지는 파이프라인 정의에서 다른 모든 요소의 루트인 node 요소의 정의에 따라 dind-node-1에서 실행된다.

이제 젠킨스 웹 콘솔에서 파이프라인을 정의해 보자. **New Item**을 선택하고 파이프라인 아이템 타입을 확인하고 이름을 입력한다. 확인하면 파이프라인의 컨피규레이션 페이지로 전환된다. 여기서는 깃 저장소에서 Jenkinsfile의 위치를 제공하기만 한다. 그리고 다음 화면처럼 SCM 인증 자격 증명을 설정한다.

변경을 저장하면 파이프라인 컨피규레이션이 준비된다. **Build Now** 버튼을 클릭해 빌드를 시작한다. 이 스테이지에서 명확히 해야 할 점이 있다. 운영 모드에서는 깃허브(GitHub), 빗버킷(BitBucket), 깃랩(GitLab)을 포함한 가장 인기 있는 깃 호스트 벤더가 제공하는 웹훅(webhook) 메커니즘을 사용할 수 있다. 이 메커니즘은 저장소에 변경을 올리면 젠킨스에 있는 빌드를 자동으로 시작한다. 이를 시연하려면 깃랩 같은 버전 컨트롤 시스템을 도커로 로컬에 실행해야 한다. 그리고 또 다른 간단한 테스트 방법이 있다. 컨테이너화된 애플리케이션은 도커 슬레이브에서 젠킨스 도커상에 직접 실행할 수 있다. 정상 환경이었다면 애플리케이션의 배포만 담당하는 분리된 원격 머신에서 실행했을 것이다. 다음 화면은 product-service를 위해 다양한 스테이지로 분리된 빌드 프로세스를 보여주는 젠킨스의 웹 콘솔이다.

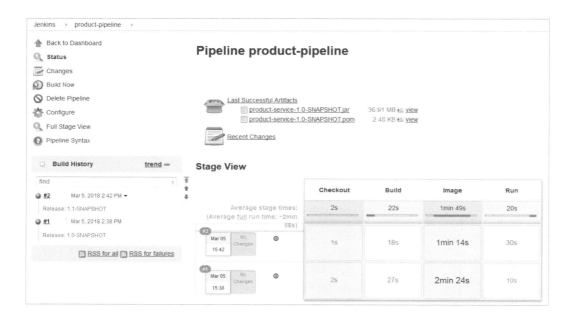

이제 마이크로서비스마다 파이프라인을 만든다. 다음은 생성된 전체 파이프라인의 목록이다.

# 쿠버네티스와 함께 사용하기

이미 예제 마이크로서비스를 도커 컨테이너에서 실행했다. 심지어 이것들을 로컬 머신에서 실행하기 위해 CI 및 CD 자동화 파이프라인을 사용했다. 그러나 다음과 같은 중요한 질문을 할 수도 있다. 다수의 머신에서 수많은 컨테이너를 실행해야 하는 대규모 운영 환경에서 어떻게 환경을 구성할 것인가? 이것이 바로 클라우드 네이티브 개발의 개념에 따라 마이크로서비스를 구현할 때 해야 할 일이다. 여기에는 수많은 도전 과제가 남아 있다. 마이크로서비스가 다수의 인스턴스로 실행된다고 가정하면 수많은 컨테이너를 관리해야 한다. 정확한 시간에 정확한 컨테이너 시작하기, 스토리지 고려사항 다루기, 스케일링 업 또는 스케일링 다운, 장애를 수작업으로 해결하는 것 등은 악몽과도 같다. 다행히도 대규모의 도커 컨테이너를 클러스터로 만들고 조율하는 것을 도와주는 몇 개의 플랫폼이 있다.

쿠버네티스는 컨테이너화된 워크로드를 관리하고 서비스하는 오픈 소스 플랫폼이다. 이것은 컨테이너 플랫폼, 마이크로서비스 플랫폼, 클라우드 플랫폼을 비롯해 수많은 다른 역할을 수행한다. 이것은 다양한 머신에 걸쳐 컨테이너를 실행하고 스케일링하며 부하를 컨테이너에 분산하고 애플리케이션의 여러 인스턴스 간에 저장소에 대한 일관성을 유지하는 등의 일을 자동화한다. 그 외에도 서비스 디스커버리, 부하 분산, 컨피규레이션 관리, 서비스 네이밍, 롤링 업데이트 등의 수많은 기능이 있다. 스프링 클라우드가 제공하는 비슷한 기능이 많기 때문에 이런 기능 모두가 유용한 것은 아니다.

쿠버네티스가 유일한 컨테이너 관리 도구는 아니다. 도커 스웜(Swarm)은 도커가 제공하는 네이티브 도구다. 그러나 도커가 쿠버네티스에 대해 기본으로 지원한다고 발표했기 때문에 쿠버네티스가 자연스러운 선택 같다. 실제 예제로 넘어가기 전에 쿠버네티스에 관해 알아야 할 몇 가지 중요한 개념과 구성 요소를 소개한다.

## 개념과 구성 요소

쿠버네티스를 사용할 때 가장 먼저 다루는 용어는 쿠버네티스를 이루는 가장 기초적인 블록인 파드(pod)일 것이다. 파드는 클러스터에서 실행 중인 프로세스를 나타낸다. 파드를 구성하는 하나 이상의 컨테이너는 반드시 같은 호스트 머신에서 실행된다. 파드당 하나의 컨테이너를 사용하는 것이 쿠버네티스에서 가장 일반적이다. 각 파드는 클러스터 내에서 유일한 IP를 가지지만 같은 파드 안에 배포된 모든 컨테이너가 localhost를 통해 서로 통신할 수 있다.

다른 공통 구성 요소는 서비스다. 서비스는 파드 세트의 논리적인 그룹이고 접근 정책을 정의한다. 이것을 종종 마이크로서비스라고 한다. 기본적으로 서비스는 클러스터 내에 노출되지만, 외부 IP 주소를 통해 노출될 수도 있다. 다음 네 가지 행동 중 하나를 선택해서 서비스를 노출할 수 있다: ClusterIP, NodePot, LoadBalancer, ExternalName. 기본 옵션은 ClusterIP다. 이것은 클러스터 내부에서만 접근할 수 있는 클러스터 내부 IP를 통해 서비스를 노출한다. NodePort는 각 노드의 IP와 정적인 서비를 통해 서비스를 노출하고 자동으로 ClusterIP를 생성해 클러스터 내부에 서비스를 노출한다. 다음 순서로 LoadBalancer는 클라우드 제공자의 부하 분산기를 사용해 서비스를 외부에 노출한다. ExternalName은 서비스를 externalName 필드의 콘텐츠에 매핑한다. 여기서 잠깐 쿠버네티스의 리플리케이션 컨트롤러에 대해 알아보자. 이것은 클러스터에 지정된 수의 파드의 사본을 실행해 복제하고 확장한다. 하위 노드가 실패하면 파드를 교체하는 일을 담당한다. 쿠버네티스의 모든 컨트롤러는 kube-controller-manager에 의해 실행되는 독립 프로세스다. 쿠버네티스를 구성하는 노드 컨트롤러, 종단점 컨트롤러, 서비스 계정 및 토큰 컨트롤러도 있다.

쿠버네티스는 모든 클러스터의 백엔드 저장소로서 에티시디(etcd) 키/값 저장소를 사용한다. 클러스터의 각 노드 내에는 **쿠블렛(kubelet)**이라는 에이전트가 있는데, 컨테이너가 항상 실행되도록 하는 일을 담당한다. 사용자가 쿠버네티스에 보내는 모든 명령은 kubeapi-server가 노출하는 쿠버네티스 API가 처리한다.

물론 이것은 쿠버네티스의 아키텍처를 매우 간단히 설명한 것이다. 가용성이 높은 쿠버네티스 클러스터를 성공적으로 운영하기 위해서는 수많은 구성 요소와 도구를 적절히 구성해야 한다. 이를 수행하기는 결코 간단하지 않으며 플랫폼에 대한 상당한 이해를 필요로 한다. 다행히도 쿠버네티스 클러스터를 로컬에서 쉽게 실행하게 해주는 미니큐브(Minikube)라는 도구가 있다.

## 미니큐브를 통해 로컬에 쿠버네티스 실행하기

미니큐브(Minikube)는 쿠버네티스를 로컬에 쉽게 실행하게 해주는 도구다. 이것은 로컬 머신의 VM에 단일 노드 쿠버네티스 클러스터를 실행한다. 이는 당연히 개발 모드에 가장 적절한 선택이다. 물론 쿠버네티스가 제공하는 모든 기능을 지원하지는 않는다. DNS, NodePort, 컨피그 맵(Config Map), 대시보드, 인그레스(Ingress) 등을 포함해 가장 중요한 것만 지원한다.

윈도우즈에서 미니큐브를 실행하려면 가상화 도구를 설치해야 한다. 그러나 이미 도커를 실행했다면 아마 오라클 VM 버추얼박스가 설치됐을 것이다. 이 경우에는 https://storage.googleapis.com/kubernetes-release/release/stable.txt에 설명된 버전의 kubectl.exe와 https://github.com/kubernetes/minikube/releases에서 미니큐브의 최신 릴리즈를 내려받아 설치하기만 하면 된다(자세한 설치 방법은 https://kubernetes.io/docs/tasks/tools/install-kubectl/#install-kubectl를 참고하라 – 옮긴이).
minikube.exe와 kubectl.exe 파일 모두 PATH 환경 변수에 포함한다. 또 미니큐브는 자체 설치 파일인
minikube-installer.exe를 제공하는데, 이것이 minikube.exe를 경로에 자동으로 추가한다. 다음 명령을
커맨드라인에서 실행해 미니큐브를 시작한다.

```
$ minikube start
```

앞의 명령은 minikube라 불리는 kubectl 컨텍스트를 초기화한다. 이것은 미니큐브 클러스터와 통신하게
하는 컨피규레이션을 담고 있다. 미니큐브가 생성한 로컬 클러스터를 유지하기 위해 kubectl 명령을 사
용할 수 있고 그곳에 컨테이너를 배포할 수 있다. 커맨드라인 인터페이스 외의 다른 솔루션으로는 쿠버
네티스 대시보드가 있다. 쿠버네티스 대시보드는 minikube 대시보드를 호출해 노드에서 활성화할 수 있
다. 이 대시보드를 사용해 배포 클러스터를 생성, 갱신, 삭제할 수 있을 뿐만 아니라 모든 파드, 서비스,
인그레스, 리플리케이션 컨트롤러의 컨피규레이션 목록과 내용을 볼 수 있다. 다음 명령을 호출해서 로
컬 클러스터를 쉽게 정지하고 제거할 수 있다.

```
$ minikube stop
$ minikube delete
```

## 애플리케이션 배포하기

쿠버네티스 클러스터에 존재하는 모든 컨피규레이션은 쿠버네티스 객체로 표현된다. 이러한 객체는 쿠
버네티스 API를 통해 관리하고 YAML 형식으로 노출한다. 이 API를 직접 사용할 수도 있지만, 필요한
모든 호출을 위해 kubectl 커맨드라인 인터페이스를 사용하기로 할 가능성이 크다. 쿠버네티스에 새로
생성된 객체에 대한 설명은 기본 정보뿐만 아니라 유지해야 하는 상태를 설명하는 명세를 제공해야 한
다. 다음은 항상 설정해야 하는 YAML 컨피규레이션 파일의 필수 필드다.

- apiVersion: 객체를 생성하는 데 사용된 쿠버네티스 API 버전을 나타낸다. API는 항상 요청에 JSON 형식을 요구하지만
  kubectl이 자동으로 YAML을 JSON 형식으로 변환한다.

- kind: 생성할 객체의 종류를 설정한다. Deployment, Service, 인그레스(Ingress), 컨피그 맵(ConfigMap) 같은 미리 정의
  된 타입이 있다.

- metadata: 객체를 식별할 수 있는 이름. UID 또는 선택적으로 네임스페이스.

- spec: 객체에 대한 적절한 정의다. 정확한 명세의 형식은 객체의 종류에 따라 다르고 그 객체에 특정된 중첩 필드를 포함
  한다.

일반적으로 쿠버네티스에 새로운 객체를 생성할 때 그것의 kind는 배포(deployment)다. 다음 deployment YAML 파일에서 보듯이 두 개의 중요한 필드 설정이 있다. 첫째 리플리카(replicas)는 기대하는 파드의 수를 지정한다. 실제로 두 개의 컨테이너화된 애플리케이션 인스턴스를 실행한다는 의미다. 둘째 spec.template.spec.containers.image는 이름과 파드 안에서 실행될 도커 이미지의 버전을 설정한다. 컨테이너는 8090 포트를 노출하는데, 여기에서 order-service가 HTTP 연결을 기다린다.

```yaml
apiVersion: apps/v1
kind: Deployment
metadata:
  name: order-service
spec:
  replicas: 2
  selector:
    matchLabels:
      app: order-service
  template:
    metadata:
      labels:
        app: order-service
    spec:
      containers:
      - name: order-service
        image: piomin/order-service:1.0
        env:
        - name: EUREKA_DEFAULT_ZONE
          value: http://discovery-service:8761/eureka
        ports:
        - containerPort: 8090
          protocol: TCP
```

이 코드를 order-deployment.yaml 파일에 저장했다면 이제 다음과 같은 명령형 관리를 사용해 컨테이너화된 애플리케이션을 쿠버네티스에 배포할 수 있다.

```
$ kubectl create -f order-deployment.yaml
```

또는 다음과 같이 선언적인 관리 방식으로 동일한 작업을 수행할 수 있다.

```
$ kubectl apply -f order-deployment.yaml
```

모든 마이크로서비스와 discovery-service를 위한 동일한 배포 파일을 생성해야 한다. discovery-service의 역할은 매우 흥미롭다. 파드와 서비스를 대상으로 하는 쿠버네티스에 내장된 디스커버리를 사용할 수 있지만, 여기서 하고자 하는 것은 플랫폼에 스프링 클라우드 구성 요소를 배포하고 실행하는 것이다. 그래서 마이크로서비스를 배포하기 전에 쿠버네티스에 유레카를 배포하고 실행해 노출해야 한다. 다음은 kubectl apply 명령으로 쿠버네티스에 적용할 수 있는 discovery-service의 배포 파일이다.

```yaml
apiVersion: apps/v1
kind: Deployment
metadata:
 name: discovery-service
 labels:
  run: discovery-service
spec:
 replicas: 1
 selector:
  matchLabels:
   app: discovery-service
 template:
  metadata:
   labels:
    app: discovery-service
  spec:
   containers:
   - name: discovery-service
     image: piomin/discovery-service:1.0
   ports:
   - containerPort: 8761
     protocol: TCP
```

배포 파일을 만들면 쿠버네티스가 자동으로 파드를 생성한다. 파드의 수는 replicas 필드에 설정된 값과 같다. 파드는 컨테이너에 배포된 애플리케이션에 의해 제공되는 API를 노출할 수는 없으며 단지 클러스터에 프로세스가 실행 중이라는 것을 표현할 뿐이다. 파드에 실행 중인 마이크로서비스가 제공하는 API에 접근하려면 서비스를 정의해야 한다. 서비스가 무엇인지 다시 한번 생각해 보자. 서비스는 파드의 논리적인 집합과 접근 정책을 정의한다. 서비스가 가리키는 파드의 집합은 일반적으로 레이블 셀렉터가 결정한다. 쿠버네티스에는 네 가지 서비스 타입이 있다. 가장 간단한 기본 타입은 서비스를 내부에 노출하는 ClusterIP다. 클러스터 외부에서 서비스에 접근하려면 NodePort 타입을 정의해야 한다. 이 옵션을 다음의 예제 YAML 파일에 설정했다. 모든 마이크로서비스는 쿠버네티스 서비스 이름을 사용해서 유레카와 통신할 수 있다.

```yaml
apiVersion: v1
kind: Service
metadata:
 name: discovery-service
  labels:
    app: discovery-service
spec:
 type: NodePort
 ports:
   - protocol: TCP
     port: 8761
     targetPort: 8761
 selector:
   app: discovery-service
```

사실 미니큐브에 배포된 모든 마이크로서비스의 API는 클러스터 외부에서 사용할 수 있어야 한다. 이를 위해 앞의 예제 YAML 컨피규레이션과 비슷한 것을 제공해야 하는데, 앞의 예제에서 서비스 이름과 레이블, 포트만 변경하면 된다.

예제 아키텍처에서 설명할 마지막 구성 요소는 API 게이트웨이다. 주울 프록시를 컨테이너에 배포할 수도 있지만, 쿠버네티스의 인기 있는 객체인 인그레스(Ingress)를 소개하려고 한다. 이 구성 요소는 일반적으로 HTTP를 통해 외부에서 서비스에 접근하는 것을 관리한다. 인그레스는 부하 분산, SSL 종료, 이름 기반 가상 호스팅을 제공한다. 인그레스 컨피규레이션 YAML 파일은 다음과 같다. 모든 서비스가 80 포트에서 다른 URL 경로로 접근할 수 있다.

```yaml
apiVersion: extensions/v1beta1
kind: Ingress
metadata:
 name: gateway-ingress
spec:
 backend:
```

```
        serviceName: default-http-backend
        servicePort: 80
  rules:
  - host: microservices.example.pl
    http:
    paths:
    - path: /account
      backend:
        serviceName: account-service
        servicePort: 8091
    - path: /customer
      backend:
        serviceName: customer-service
        servicePort: 8092
    - path: /order
      backend:
        serviceName: order-service
        servicePort: 8090
    - path: /product
      backend:
        serviceName: product-service
        servicePort: 8093
```

## 클러스터 관리하기

쿠버네티스 클러스터를 관리하는 것은 다소 복잡하다. 이 절에서는 클러스터에 현재 존재하는 객체를 확인하기 위한 몇 가지 기본 명령과 UI 대시보드를 사용하는 방법을 보여줄 것이다. 우선 예제 마이크로서비스 기반 시스템을 실행하기 위해 생성된 요소를 나열해 보자. kubectl get deployments 명령을 실행하면 다음 결과처럼 배포의 목록을 보여준다.

하나의 배포는 하나의 파드를 생성할 수 있다. kubectl get pods 명령으로 파드의 목록을 조회할 수 있다.

```
C:\Users\minkowp>kubectl get pods
NAME                                 READY   STATUS     RESTARTS   AGE
account-service-56fdc7cf79-nkrfn     1/1     Running    0          3h
discovery-service-dcdb86b7b-sz15b    1/1     Running    1          4h
order-service-796bbf6975-fbd9z       1/1     Running    0          3h
order-service-796bbf6975-z45f6       1/1     Running    0          3h
product-service-78dd7b555c-rnmkp     1/1     Running.   0          2h
```

UI 대시보드에서도 같은 목록을 확인할 수 있다. 다음 화면처럼 각 행을 클릭해 상세 정보를 조회하거나 각 행의 오른쪽에 있는 아이콘을 클릭해 컨테이너 로그를 조회할 수 있다.

| Pods | | | | | | |
|---|---|---|---|---|---|---|
| Name ⇕ | Node | Status ⇕ | | Restarts | Age ⇕ | |
| product-service-78dd7b555c-rnmkp | minikube | Running | | 0 | 12 minutes | |
| order-service-796bbf6975-fbd9z | minikube | Running | | 0 | 16 minutes | |
| order-service-796bbf6975-z45f6 | minikube | Running | | 0 | 16 minutes | |
| account-service-56fdc7ef79-nkrfn | minikube | Running | | 0 | an hour | |
| discovery-service-dcdb86b7b-sz15b | minikube | Running | | 1 | an hour | |

사용 가능한 전체 서비스 목록은 kubectl get services 명령을 사용해 조회할 수 있다. 흥미로운 필드로, **CLUSTER-IP**는 클러스터 내에서 사용 가능한 서비스의 IP 주소를 나타내고 **PORT(S)**는 서비스가 노출된 내부와 외부 포트의 짝을 나타난다. 다음과 같이 account-service의 HTTP API는 http://192.168.99.100:31099에서 호출할 수 있고 유레카 UI 대시보드는 http://192.168.99.100:31931에 있다.

```
C:\Users\minkowp>kubectl get services
NAME                TYPE        CLUSTER-IP      EXTERNAL-IP   PORT(S)           AGE
account-service     NodePort    10.111.189.70   <none>        8091:31099/TCP    3h
discovery-service   NodePort    10.98.219.32    <none>        8761:31931/TCP    3h
kubernetes          ClusterIP   10.96.0.1       <none>        443/TCP           4h
order-service       NodePort    10.98.218.69    <none>        8090:30837/TCP    3h
product-service     NodePort    10.98.83.89     <none>        8093:30565/TCP    2h
```

이전 객체와 유사하게 서비스가 쿠버네티스 대시보드에 다음 화면처럼 표시된다.

| Services | | | | | |
|---|---|---|---|---|---|
| Name ⬍ | Labels | Cluster IP | Internal endpoints | External endpoints | Age ⬍ |
| ✓ product-service | app: product-service | 10.98.83.89 | product-service:8093 TCP product-service:30565 TCP | - | 0 seconds |
| ✓ order-service | app: order-service | 10.98.218.69 | order-service:8090 TCP order-service:30837 TCP | - | 17 minutes |
| ✓ account-service | app: account-service | 10.111.189.70 | account-service:8091 TCP account-service:31099 TCP | - | 28 minutes |
| ✓ discovery-service | app: discovery-service | 10.98.219.32 | discovery-service:8761 TCP discovery-service:31931 TCP | - | 47 minutes |
| ✓ kubernetes | component: apiserver provider: kubernetes | 10.96.0.1 | kubernetes:443 TCP kubernetes:0 TCP | - | an hour |

## 요약

이 장에서는 스프링 클라우드와 뚜렷한 관련이 없는 많은 주제를 다뤘지만, 이 장에서 설명한 여러 도구를 이용해 마이크로서비스 기반 아키텍처로 옮겨갈 수 있다. CI 또는 CD를 위해 도커와 쿠버네티스 등의 도구를 사용하면 스프링 클라우드를 사용해 클라우드 네이티브 개발을 할 때 분명 장점이 있다. 물론 제시된 모든 예제가 로컬 머신에서 실행됐지만, 이런 프로세스가 원격 머신의 클러스터 운영 환경에서 어떻게 설계될지 상상해 볼 수 있다.

이 장에서는 로컬 머신에서 수동으로 실행한 스프링 마이크로서비스를 소스코드로부터 애플리케이션을 빌드하고 애플리케이션을 도커 이미지로 실행하고 다수의 머신으로 구성된 클러스터에 배포하는 완전 자동화된 프로세스로 얼마나 간단하고 빠르게 옮겨갈 수 있는지 보여주려고 했다. 여기에서 도커, 쿠버네티스, 젠킨스 같은 복잡한 도구에서 제공하는 모든 기능을 설명하기는 어렵다. 이 장의 주요 목적은 컨테이너화, 자동화된 배포, 확장, 프라이빗 클라우드와 같은 개념 기반의 현대화된 아키텍처를 설계하고 유지하는 방법에 대한 큰 그림을 제시하는 것이었다.

이제 이 책의 막바지에 왔다. 지금까지 스프링 클라우드 프레임워크와 관련한 대부분의 주제를 다뤘다. 다음 장에서는 스프링 클라우드 애플리케이션을 지속적으로 전달할 수 있게 해주는 웹상에서 사용할 수 있는 가장 인기 있는 두 개의 클라우드 플랫폼을 사용하는 방법을 보여줄 것이다.

# 15

# 클라우드 플랫폼상의
# 스프링 마이크로서비스

피보탈(Pivotal)은 스프링 클라우드를 클라우드 네이티브 애플리케이션 개발을 가속하는 프레임워크로 정의한다. 오늘날 클라우드 네이티브 애플리케이션을 이야기할 때 가장 먼저 떠오르는 것은 빠르게 소프트웨어를 전달하는 능력이다. 이런 요구사항을 만족하기 위해 애플리케이션을 빠르게 빌드할 수 있어야 하고 확장 가능하고 이식이 용이한 아키텍처를 설계하고 잦은 업데이트에 대한 준비가 돼 있어야 한다. 특히 컨테이너화와 오케스트레이션을 위한 메커니즘을 제공하는 도구는 이런 아키텍처를 구성하고 유지하는 데 도움을 준다. 사실 이전 장에서 봤던 도커 또는 쿠버네티스 같은 도구는 자신만의 프라이빗 클라우드를 생성하고 스프링 클라우드 마이크로서비스를 실행할 수 있게 해준다. 애플리케이션이 퍼블릭 클라우드에 배포될 필요는 없지만, 클라우드 네이티브 애플리케이션은 클라우드 소프트웨어의 가장 중요한 모든 특징을 가지고 있다.

스프링 애플리케이션을 퍼블릭 클라우드에 배포하는 것은 가능하지만 필수는 아니다. 그러나 수분 만에 마이크로서비스를 쉽게 실행하고 웹상에 노출하게 해주는 정말 흥미로운 클라우드 플랫폼이 있다. 이런 플랫폼 중 하나가 **피보탈 클라우드 파운드리(PCF, Pivotal Cloud Foundry)**다. 다른 플랫폼 대비 장점은 유레카 디스커버리, 컨피그 서버, 히스트릭스 서킷 브레이커를 포함한 스프링 클라우드 서비스를 플랫폼상에서 지원하는 것이다. 피보탈에서 제공하는 브로커 서비스를 사용해 전체 마이크로서비스 환경을 쉽게 구축할 수 있다.

또 다른 클라우드 플랫폼은 히로쿠(Heroku)다. PCF와 달리 이것은 특별히 선호하는 프로그래밍 프레임워크가 없다. 히로쿠는 빠르게 소프트웨어를 전달할 수 있게 해주는 완벽하게 관리되는 다중 언어 플랫폼이다. 소스코드 변경사항을 깃허브 저장소에 올리기만 하면 자동으로 애플리케이션을 빌드하고 실행한다. 또한 단일 명령으로 수많은 부가 서비스를 배포하고 확장할 수 있다.

이 장에서 다룰 주제는 다음과 같다.

- 피보탈 웹 서비스 플랫폼 소개

- CLI, 메이븐 플러그인, UI 대시보드를 사용해 피보탈 클라우드 파운드리상에 애플리케이션 배포하고 관리하기

- 플랫폼상에서 애플리케이션이 적절하게 동작하도록 준비하기 위한 스프링 클라우드 파운드리 라이브러리 사용하기

- 히로쿠 플랫폼에 스프링 클라우드 마이크로서비스 배포하기

- 브로커 서비스 관리하기

## 피보탈 클라우드 파운드리

피보탈 플랫폼은 자바, 닷넷, 루비, 자바스크립트, 파이썬, PHP, 고(Go)를 포함한 수많은 언어로 작성된 애플리케이션을 실행할 수 있게 해주지만, 특히 스프링 클라우드 서비스와 넷플릭스 OSS 도구를 가장 잘 지원한다. 피보탈 플랫폼은 스프링 클라우드를 개발한 사람들이 만든 것이기 때문에 그럴 만도 하다. 다음 다이어그램은 피보탈 클라우드 플랫폼이 제공하는 마이크로서비스 기반 아키텍처를 설명한다. 클라우드 파운드리상에서 분산 컨피규레이션 관리, 서비스 디스커버리, 동적 라우팅, 부하 분산, 장애 내성을 포함한 일반적인 마이크로서비스 패턴을 빠르게 활용하기 위해 스프링 클라우드를 사용한다.

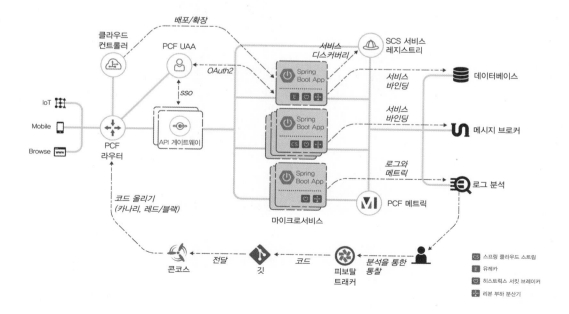

## 사용 모델

피보탈 플랫폼은 3가지 다른 모델로 사용할 수 있다. 모델은 애플리케이션이 배포되는 호스트로 구분한다. 다음은 사용할 수 있는 솔루션의 목록이다.

- **PCF 데브(Dev)**: 피보탈 플랫폼의 인스턴스는 로컬의 단일 가상 머신에서 실행될 수 있다. 이것은 실험적이고 개발 목적으로 설계됐다. 이것은 제한적인 기능과 서비스를 제공한다. 예를 들어 레디스, MySQL, 래빗엠큐 같은 몇 가지 내장 서비스뿐이다. 그러나 PCF 데브는 PCF 풀 버전에서 지원되는 모든 언어와 **스프링 클라우드 서비스(SCS)**도 지원한다. 로컬에 SCS와 함께 PCF 데브를 실행하려면 6GB 이상의 메모리가 필요하다.

- **피보탈 웹 서비스(Pivotal Web Services)**: 온라인에서 제공되는 클라우드 네이티브 플랫폼으로 `https://run.pivotal.io/`에서 사용할 수 있다. 이것은 시간당 과금으로 운영되는 피보탈 클라우드 파운드리와 같다. 이것은 피보탈 클라우드 파운드리에서 사용할 수 있는 모든 기능과 서비스를 제공하지는 않는다. 예를 들어 피보탈의 SaaS 파트너가 제공하는 서비스만 사용할 수도 있다. 피보탈 웹 서비스는 스타트업과 개인 팀에게 가장 적절하다. 이 장의 다음 절에서 피보탈 플랫폼을 호스팅하는 이 모델을 예로 들 것이다.

- **피보탈 클라우드 파운드리(Pivotal Cloud Foundry)**: AWS, Azure, 구글 클라우드 플랫폼을 포함한 대부분의 공개(public) IaaS와 오픈 스택, VMware vSphere와 같은 사설(private) IaaS에서 운영되는 완전한 기능을 갖춘 클라우드 네이티브 플랫폼이다. 이것은 대규모 엔터프라이즈 환경을 위한 상용 솔루션이다.

## 애플리케이션 준비

피보털 웹 서비스는 스프링 클라우드 애플리케이션을 플랫폼에서 지원하므로 배포 프로세스가 매우 직관적이다. 그러나 애플리케이션 측면에서 특정 의존성과 구성이 필요하다. 특히 마이크로서비스가 피보탈 플랫폼에서 제공하는 서비스 레지스트리, 컨피규레이션 서버, 서킷 브레이커와 같은 플랫폼에서 제공하는 서비스와 통합돼야 할 경우에 그렇다. 스프링 클라우드의 표준 의존성 관리 외에도 다음처럼 Edgware.SR2 릴리즈 트레인과 함께 작동하는 최신 버전을 사용하도록 pom.xml에 spring-cloud-services-dependencies를 포함한다.

```
<dependencyManagement>
    <dependencies>
        <dependency>
            <groupId>org.springframework.cloud</groupId>
            <artifactId>spring-cloud-dependencies</artifactId>
            <version>Edgware.SR2</version>
            <type>pom</type>
            <scope>import</scope>
        </dependency>
</dependency>
```

```xml
            <dependency>
                <groupId>io.pivotal.spring.cloud</groupId>
                <artifactId>spring-cloud-services-dependencies</artifactId>
                <version>1.6.1.RELEASE</version>
                <type>pom</type>
                <scope>import</scope>
            </dependency>
        </dependencies>
    </dependencyManagement>
```

통합을 위해 다음 아티팩트를 프로젝트에 포함할 것이다. 피보탈 플랫폼에서 제공하는 모든 스프링 클라우드 기능을 사용하기로 했기 때문에 마이크로서비스가 컨피규레이션 서버에서 속성을 가져오고 유레카에 자신을 등록하고 히스트릭스 명령을 사용해 서비스 간 통신을 감싼다. 다음은 피보탈 플랫폼에 배포된 애플리케이션의 디스커버리 클라이언트, 컨피규레이션 클라이언트, 서킷 브레이커를 사용하기 위해 필요한 의존성을 보여준다.

```xml
<dependency>
    <groupId>io.pivotal.spring.cloud</groupId>
    <artifactId>spring-cloud-services-starter-circuit-breaker</artifactId>
</dependency>
<dependency>
    <groupId>io.pivotal.spring.cloud</groupId>
    <artifactId>spring-cloud-services-starter-config-client</artifactId>
</dependency>
<dependency>
    <groupId>io.pivotal.spring.cloud</groupId>
    <artifactId>spring-cloud-services-starter-service-registry</artifactId>
</dependency>
```

예제 애플리케이션에 한 가지 더 추가할 것이 있는데, 모든 애플리케이션이 피보탈 플랫폼에 서비스로 사용할 수 있는 몽고디비에 데이터를 저장할 것이므로 프로젝트 의존성에 spring-boot-starter-data-mongodb 스타터를 포함해야 한다.

```xml
<dependency>
 <groupId>org.springframework.boot</groupId>
 <artifactId>spring-boot-starter-data-mongodb</artifactId>
</dependency>
```

몽고디비 주소는 spring.data.mongodb.uri 속성을 사용해 컨피규레이션 설정에 제공한다. 애플리케이션이 몽고디비에 접속할 수 있도록 피보탈 플랫폼의 마켓플레이스에서 mLab 서비스를 생성하고 애플리케이션에 연결한다. 연결된 서비스와 관련된 메타데이터는 플랫폼에서 자동으로 애플리케이션의 $VCAP_SERVICES 환경 변수에 노출해준다. 이러한 접근 방식의 주요 동기는 클라우드 파운드리가 빌드팩을 통해 다양한 언어와 플랫폼을 지원하도록 하는 폴리글랏(polyglot)을 위해 설계됐기 때문이다. 클라우드 파운드리의 모든 속성은 vcap 접두사를 사용해 주입된다. 피보탈의 서비스에 접근하려면 다음과 같이 vcap.services 접두사를 사용해 서비스의 이름을 전달한다.

```
spring:
  data:
    mongodb:
      uri: ${vcap.services.mlab.credentials.uri}
```

사실 피보탈 플랫폼에서 생성된 구성 요소와 잘 동작하게 하기 위해 애플리케이션 측에서 해야 할 일은 이게 전부다. 이제 다음 예제처럼 스프링으로 작성된 표준 마이크로서비스에서 했던 것과 같은 방식으로 스프링 클라우드 기능을 활성화한다.

```
@SpringBootApplication
@EnableDiscoveryClient
@EnableFeignClients
@EnableCircuitBreaker
public class OrderApplication {
    public static void main(String[] args) {
        SpringApplication.run(OrderApplication.class, args);
    }
}
```

## 애플리케이션 배포

애플리케이션은 두 가지 다른 방식으로 **피보탈 웹 서비스(PWS)**에서 관리할 수 있다. 첫째는 https://console.run.pivotal.io에서 제공하는 웹 콘솔을 통해서다. 이 방법으로 배포된 애플리케이션의 모니터링, 확장, 재시작, 서비스 활성화 및 비활성화, 새로운 할당량 정의, 계정 설정 변경 등의 작업을 수행할 수 있다. 그러나 초기 애플리케이션 배포는 웹 콘솔을 사용해서 할 수 없다. 이것은 **커맨드 라인 인터페이스(CLI)**를 사용해서 할 수 있다. 필요한 설치 파일은 pivotal.io 웹사이트에서 내려받을 수 있다. 설치가 끝나면 cf help 같은 cf 명령어를 사용해 머신에서 클라우드 파운드리 CLI를 호출할 수 있다.

## CLI 사용하기

CLI는 클라우드 파운드리상에서 애플리케이션, 브로커 서비스, 스페이스, 도메인, 다른 구성 요소를 관리할 수 있는 명령을 제공한다. PWS상에서 애플리케이션을 실행하기 위해 알아야 할 가장 중요한 명령은 다음과 같다.

**01.** 애플리케이션을 배포하려면 애플리케이션의 디렉터리로 이동한다. 다음의 cf login 명령을 사용해 PWS에 로그인한다.

```
$ cf login -a https://api.run.pivotal.io
```

**02.** 다음 코드는 cf push 명령에 서비스의 이름을 지정해 PWS에 애플리케이션을 올린다.

```
$ cf push account-service -p target/account-service-1.0.0-SNAPSHOT.jar
```

**03.** 다른 방법으로, 애플리케이션 루트 디렉터리에 필요한 모든 배포 설정을 담은 manifest.yml 파일을 제공할 수 있다. 이 경우, 다음과 같이 아무런 추가 입력값 없이 cf push 명령만 실행하면 된다.

```
---
applications:
- name: account-service
  memory: 300M
  random-route: true
  path: target/account-service-1.0-SNAPSHOT.jar
```

**04.** 앞의 예제에서 manifest.yml에서 제공된 컨피규레이션 설정으로 배포하면 실패할 것이다. 그 이유는 cf logs 명령을 실행해 확인할 수 있다. 힙(heap) 메모리 부족이 바로 그 이유다.

```
$ cf logs account-service --recent
```

플랫폼은 기본적으로 코드 캐시를 위해 240MB, 메타스페이스에 140MB, 그리고 톰캣 커넥터에 최대 200개의 스레드를 가정해 각 스레드에 1MB를 할당한다. 대충 계산해도 각 애플리케이션에 약 650MB의 메모리 할당이 필요하다. 이런 설정은 다음 예제처럼 cf set-env 명령과 JAVA_OPTS 입력값으로 변경할 수 있다. 이런 메모리 설정은 운영 모드에서는 충분하지 않지만, 테스트 목적에서는 괜찮다. 이 변경이 효과적이려면 다음처럼 cf restage 명령을 사용해야 한다.

```
$ cf set-env account-service JAVA_OPTS "-Xmx150M -Xss250K -XX:ReservedCodeCacheSize=70M
-XX:MaxMetaspaceSize=90M"
$ cf restage account-service
```

할당된 메모리는 중요하다. 특히 무료 계정에는 2GB 메모리만 사용할 수 있다. 기본 메모리 설정을 적용하면 1GB 메모리를 사용하는 애플리케이션을 피보탈 플랫폼에 2개밖에 배포할 수 없다. 앞에서 설명한 대로 문제를 고쳐도 예제 애플리케이션은 여전히 제대로 작동하지 않는다.

## 서비스 바인딩하기

애플리케이션이 부트하는 동안 애플리케이션을 필요한 서비스에 연결할 수가 없다. 문제는 서비스가 애플리케이션에 기본적으로 연결되지 않았기 때문에 발생한 것이다. cf services 명령으로 스페이스에 생성된 모든 서비스를 조회하고 cf bind-service 명령으로 마이크로서비스에 서비스를 연결할 수 있다. 다음 예제 명령을 실행하면 유레카, 컨피규레이션 서버, 몽고디비를 account-service에 연결할 수 있다. 마지막으로 다음과 같이 cf restage를 한 번 더 실행하면 모든 것이 정상적으로 작동할 것이다.

```
$ cf bind-service account-service discovery-service
$ cf bind-service account-service config-service
$ cf bind-service account-service sample-db
```

## 메이븐 플러그인 사용하기

앞에서 말했듯이 CLI와 웹 콘솔이 피보탈 플랫폼에서 애플리케이션을 관리하는 유일한 방법은 아니다. 클라우드 파운드리 팀은 애플리케이션 배포를 용이하게 하고 가속화하기 위해 메이븐 플러그인을 구현했다. 흥미로운 점은 동일한 플러그인을 피보탈이 제공하는 플랫폼뿐만 아니라 다른 클라우드 파운드리 인스턴스에도 배포하고 업데이트하는 데 사용할 수 있다는 것이다.

클라우드 파운드리 메이븐 플러그인을 사용하면 클라우드 배포를 메이븐 프로젝트의 라이프 사이클에 쉽게 통합할 수 있다. 이것은 클라우드 파운드리에 프로젝트를 배포, 삭제, 갱신할 수 있게 해준다. 메이븐을 사용해 프로젝트를 배포하고 싶으면 다음 명령을 실행하자.

```
$ mvn clean install cf:push
```

일반적으로 메이븐 플러그인이 제공하는 명령은 CLI가 제공하는 명령과 매우 비슷하다. 예를 들어 mvn cf:apps 명령을 실행해 애플리케이션의 목록을 조회할 수 있다. 애플리케이션을 삭제하려면 다음 명령을 실행한다.

```
$ mvn cf:delete -Dcf.appname=product-service
```

이미 존재하는 애플리케이션에 변경을 반영하려면 다음처럼 cf:update 명령을 사용한다.

```
$ mvn clean install cf:update
```

명령을 실행하기 전에 플러그인을 적절히 구성해야 한다. 첫째, 클라우드 파운드리 로그인 자격 증명을 제공해야 한다. 이때 메이븐의 settings.xml과 분리해서 저장하기를 권고한다. 서버 태그 내의 전형적인 엔트리는 다음과 같다.

```xml
<settings>
    ...
    <servers>
        <server>
            <id>cloud-foundry-credentials</id>
            <username>piotr.minkowski@play.pl</username>
            <password>123456</password>
        </server>
    </servers>
    ...
</settings>
```

CLI 명령 대신 메이븐 플러그인을 사용했을 때의 중요한 장점이 하나 있다. 필요한 모든 컨피규레이션 설정을 한곳에 구성하고 애플리케이션 빌드 중에 단일 명령을 사용해 적용할 수 있다는 점이 그것이다. 플러그인의 전체 컨피규레이션은 다음 코드에 있다. 스페이스, 메모리, 인스턴스의 개수를 포함한 기본 설정 외에 JAVA_OPTS 환경 변수를 사용해 메모리 제한을 변경할 수 있고 애플리케이션에서 필요한 서비스 연결을 변경할 수도 있다. cf:push 명령을 실행한 후 product-service는 https://product-service-piomin.cfapps.io/ 주소에서 사용 준비 상태가 된다.

```xml
<plugin>
    <groupId>org.cloudfoundry</groupId>
    <artifactId>cf-maven-plugin</artifactId>
    <version>1.1.3</version>
    <configuration>
        <target>http://api.run.pivotal.io</target>
        <org>piotr.minkowski</org>
        <space>development</space>
        <appname>${project.artifactId}</appname>
        <memory>300</memory>
```

```xml
                <instances>1</instances>
                <server>cloud-foundry-credentials</server>
                <url>https://product-service-piomin.cfapps.io/</url>
                <env>
                    <JAVA_OPTS>-Xmx150M -Xss250K -XX:ReservedCodeCacheSize=70M -
XX:MaxMetaspaceSize=90M</JAVA_OPTS>
                </env>
                <services>
                    <service>
                        <name>sample-db</name>
                        <label>mlab</label>
                        <plan>sandbox</plan>
                    </service>
                    <service>
                        <name>discovery-service</name>
                        <label>p-service-registry</label>
                        <plan>standard</plan>
                    </service>
                    <service>
                        <name>config-service</name>
                        <label>p-config-server</label>
                        <plan>standard</plan>
                    </service>
                </services>
            </configuration>
        </plugin>
```

## 유지보수

예제 마이크로서비스 기반 시스템을 구성하는 모든 애플리케이션이 성공적으로 배포됐다고 가정하면 피보탈 웹 서비스 대시보드 또는 CLI 명령만으로도 쉽게 관리하고 모니터링할 수 있다. 피보탈 플랫폼에서 제공하는 무료 트라이얼은 애플리케이션을 관리하기 위한 수많은 가능성과 도구를 제공하는데, 그중 가장 흥미로운 몇 가지 기능을 살펴보자.

## 배포 상세 정보 접근하기

cf apps 명령을 실행하거나 웹 콘솔에서 스페이스로 이동해 배포된 모든 애플리케이션을 나열할 수 있다. 다음 화면에서 그 목록을 확인할 수 있다. 테이블의 각 행은 단일 애플리케이션을 나타낸다. 이름뿐만 아니라 상태 정보, 인스턴스의 수, 할당된 메모리, 배포 시간, 플랫폼 외부에서 사용 가능한 서비스의 URL에 대한 정보가 있다. 애플리케이션을 배포하는 동안 URL 주소를 지정하지 않았다면 자동으로 생성된다.

애플리케이션의 상세 정보를 보려면 각 행을 클릭한다. 비슷한 정보에 CLI 명령 cf app <app-name> 또는 cf app order-service를 사용해서 접근할 수도 있다. 다음 화면은 각 인스턴스의 이벤트, 요약, 메모리, 디스크, CPU 사용 이력을 담고 있는 애플리케이션 상세 뷰의 메인 패널을 보여준다. 이 패널에서 **Scale** 버튼을 클릭해 애플리케이션의 규모를 조절할 수 있다. 몇 가지 탭이 있는데, 이들을 전환하면 연결된 모든 서비스를 확인하고(**Services**), 외부 URL을 할당하고(**Rules**), 로그를 표시하고(**Logs**) 들어오는 요청의 이력을 보여준다(**Trace**).

물론 앞의 예제에서 보여준 것과 같은 상세 정보를 얻기 위해 항상 CLI를 사용할 수도 있다. `cf logs <app-name>` 명령을 실행하면 애플리케이션이 생성한 `stdout`에 접속된다. 다음 그림에서처럼 연결된 애플리케이션의 목록과 함께 피보탈 관리형 서비스의 목록을 표시할 수 있다.

### 애플리케이션 생명주기 관리하기

피보탈 웹 서비스에서 제공하는 다른 중요한 기능은 애플리케이션의 생명 주기를 관리하는 것이다. 다시 말해, 클릭 한 번으로 애플리케이션을 중지, 시작, 재시작할 수 있다. 요청된 명령을 실행하기 전에 다음 그림처럼 확인창이 뜰 것이다.

다음 CLI 명령 중에 하나를 실행해도 똑같은 결과를 얻을 수 있다.

```
$ cf stop <app-name>
$ cf restart <app-name>
$ cf start <app-name>
```

### 규모 조절하기

클라우드 솔루션을 사용하는 가장 중요한 이유의 하나는 애플리케이션의 규모를 쉽게 조절할 수 있기 때문이다. 피보탈 플랫폼은 이런 이슈를 매우 직관적인 방식으로 처리한다. 우선 배포할 때 얼마나 많은 애플리케이션 인스턴스를 시작할지 결정할 수 있다. 예를 들어 `manifest.yml`을 사용하기로 결정하고 `cf push` 명령을 사용해 배포하면 생성된 인스턴스의 수가 다음 코드에서처럼 `instances` 필드에 의해 결정된다.

```
---
applications:
- name: account-service
  memory: 300M
  instances: 2
  host: account-service-piomin
  domain: cfapps.io
  path: target/account-service-1.0-SNAPSHOT.jar
```

실행된 애플리케이션에 대해 CPU 제한은 물론이고 실행 중인 인스턴스의 수도 변경할 수 있다. 사실 두 가지 방식으로 규모를 조절할 수 있다. 수동으로 얼마나 많은 인스턴스를 실행할지 설정하거나 오토 스케일링을 활성화하고 선택된 메트릭의 임계치 조건을 정의하면 된다. 피보탈 플랫폼의 오토스케일링 은 **PCF App Autoscaler**라는 도구로 구현된다. 다음 다섯 개의 규칙을 선택할 수 있다.

- CPU 사용률

- 메모리 사용률

- HTTP 대기 시간

- HTTTP 처리량

- 래빗엠큐 깊이

여기서 하나 이상의 활성 규칙을 정의할 수 있다. 각 룰에는 메트릭마다 축소를 위한 최솟값과 확장 을 위한 최댓값이 있다. customer-service의 오토스케일 구성은 다음 화면에 나온다. HTTP 처리량과 HTTP 대기 시간 규칙을 적용할 것이다. 99% 트래픽의 대기 시간이 20ms미만이면 애플리케이션의 인 스턴스가 하나 이상일 경우 인스턴스 하나를 비활성화한다. 마찬가지로 대기 시간이 200ms를 초과하 면 플랫폼은 인스턴스 하나를 추가한다.

customer-service
**ENABLED**

**Edit Scaling Rules**

*Apps scale by 1 instance per event. Apps will scale up when any metric maximum is met and scale down only when all metric minimums are met.*

HTTP Throughput ▼    ✪ delete
Scale down if less than:    10    /s
Scale up if more than:    100    /s

HTTP Latency ▼    ✪ delete
Scale down if less than:    20    ms
Scale up if more than:    200    ms
Percent of traffic to apply:    ○ 95%    ● 99%

Cancel    Save

실행 중인 인스턴스의 개수를 수동으로 조절할 수도 있다. 오토스케일링은 많은 장점이 있지만, 수동 방식을 이용하면 프로세스를 더 많이 제어할 수 있다. 각 애플리케이션의 메모리 제한 덕분에 아직 다른 인스턴스를 위한 공간이 있다. 예제 시스템에서 가장 부하가 많은 애플리케이션은 account-service 이다. 주문의 생성은 물론이고 주문의 확정 중에도 호출되기 때문이다. 그래서 이 마이크로서비스에 인스턴스 하나를 추가하기로 하자. account-service 상세 패널로 이동해서 **Process and Instance** 아래 **Scale**을 클릭한다. 인스턴스의 숫자를 올리고 **APPLY CHANGES**를 클릭해 필요한 변경을 반영한다. 다음 화면처럼 두 개의 account-service 인스턴스가 보일 것이다.

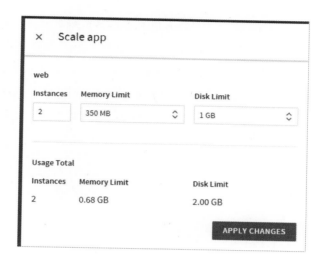

## 브로커 서비스 배포하기

cf bind-service 명령과 메이븐 플러그인을 사용해 애플리케이션을 서비스에 어떻게 연결하는지 살펴봤다. 이제 어떻게 서비스를 활성화하고 구성하는지 살펴볼 차례다. 피보탈 플랫폼의 대시보드를 사용해 쉽게 사용할 수 있는 서비스 목록을 조회하고 활성화할 수 있다. 대시보드는 **Marketplace** 하위에 있다.

피보탈 웹 서비스에서 브로커 서비스를 프로비저닝하는 것은 매우 쉽다. 설치 후에 일부 서비스는 추가 구성이 없어도 사용할 수 있다. 선택된 애플리케이션에 연결하고 애플리케이션의 설정에 서비스의 네트워크 주소를 적절히 전달하기만 하면 된다. 모든 애플리케이션은 UI 대시보드를 사용해 서비스에 쉽게 연결될 수 있다. 우선 서비스 메인 페이지로 이동한다. 다음 그림에서 보듯이 **BIND APP**을 클릭하고 표시된 목록에서 하나를 선택해 새로운 애플리케이션을 서비스에 연결하면 된다.

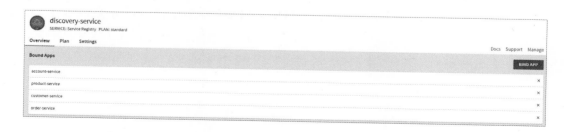

피보탈 웹 서비스에서 디스커버리 기능을 사용하려면 마켓플레이스에서 레지스트리 서비스를 활성화하고 애플리케이션에 연결하면 된다. 물론 필요하면 클라이언트 측에서 일부 컨피규레이션 설정을 재정의할 수 있다. 서비스의 메인 컨피규레이션 패널에 **Manage** 하위의 유레카 대시보드를 통해 등록된 애플리케이션의 전체 목록이 표시된다. 이전 섹션에서 확장을 했기 때문에 두 개의 실행 중인 account-service 인스턴스가 있다. 다음과 같이 다른 마이크로서비스는 한 개의 인스턴스만 실행 중이다.

디스커버리 서비스와는 대조적으로 컨피규레이션 서버는 추가 설정을 포함할 필요가 있다. 앞에서처럼 컨피규레이션 서버의 메인 패널로 이동해서 **Manage**를 선택하면 컨피규레이션 폼으로 이동할 것이다. 컨피규레이션 입력값은 JSON 객체로 제공돼야 한다. count 입력값은 프로비전이 필요한 노드의 수를 지정한다. upgrade는 인스턴스의 업그레이드가 가능한지에 대한 옵션이고 force는 인스턴스가 최신 버전이라도 강제로 업그레이드를 한다. 다른 컨피규레이션 입력값은 속성 소스를 저장하는 데 사용한 백엔드의 타입에 종속적이다. 5장 **스프링 클라우드 컨피그를 사용한 분산 컨피규레이션**에서 언급한 대로 스프링 클라우드 컨피그 서버를 위한 가장 인기 있는 솔루션은 깃 저장소다. 필요한 모든 소스가 저장된 깃허브에 예제 저장소를 생성했다. 다음은 피보탈 웹 서비스의 컨피그 서버에 제공해야 할 JSON 형식의 입력값이다.

```
{
    "count": 1,
    "git": {
        "password": "****",
```

```
        "uri":
  "https://github.com/piomin/sample-spring-cloud-pcf-config.git",
        "username": "piomin"
      }
  }
}
```

예제 애플리케이션에서 사용하는 마지막 브로커 서비스는 몽고디비의 인스턴스다. 이 서비스의 메인 패널에 있는 **Manage**로 이동하면 실제로 사용할 데이터베이스 노드가 있는 https://mlab.com/home으로 이동한다.

## 히로쿠(Heroku) 플랫폼

히로쿠는 PaaS(Platform as a Service) 모델로 생성된 오래된 클라우드 플랫폼 중 하나다. 피보탈 클라우드 파운드리와 비교할 때 히로쿠는 스프링 클라우드 애플리케이션을 플랫폼 수준에서 지원하지 않는다. 이것은 모델을 약간 복잡하게 만드는데, 서비스 디스커버리, 컨피규레이션 서버, 서킷 브레이커를 포함한 플랫폼이 제공하는 일반적인 마이크로서비스 구성 요소를 사용할 수 없기 때문이다. 그럼에도 불구하고 히로쿠는 피보탈 웹 서비스에서 제공하지 않는 몇 가지 흥미로운 기능을 제공한다.

## 배포 방법

CLI나 웹 콘솔, 전용 메이븐 플러그인을 사용해 애플리케이션을 관리할 수 있다. 히로쿠에서의 배포는 피보탈 플랫폼의 배포와 매우 비슷하다. 하지만 그 방법은 약간씩 다르다. 주요 방법은 로컬 깃 저장소 또는 깃허브에 저장된 소스코드로부터 빌드해 애플리케이션을 배포하는 것이다. 저장소의 브랜치에 변경이 있거나 선택된 브랜치에 새로운 버전의 코드로부터 요청이 있을 경우 자동으로 히로쿠 플랫폼에 의해 빌드가 실행된다. 애플리케이션을 배포하는 또 다른 흥미로운 방식은 도커 이미지를 히로쿠의 컨테이너 저장소에 올리는 것이다.

## CLI 사용하기

히로쿠 CLI(Command Line Interface)를 설치하는 것부터 시작한다(https://cli-assets.heroku.com/heroku-cli/channels/stable/heroku-cli-x64.exe — 윈도우용). 애플리케이션을 CLI를 사용해 히로쿠에 배포하려면 다음 절차를 수행해야 한다.

368 마스터링 스프링 클라우드

**01.** 설치 후 셸에서 히로쿠 명령을 사용할 수 있다. 우선 다음과 같이 자격 증명을 사용해 히로쿠에 로그인한다.

```
$ heroku login
Enter your Heroku credentials:
Email: piotr.minkowski@play.pl
Password: ********
Logged in as piotr.minkowski@play.pl
```

**02.** 다음으로, 애플리케이션의 루트 디렉터리로 가서 히로쿠상에 애플리케이션을 생성한다. 다음 명령을 실행하면 애플리케이션뿐만 아니라 heroku라는 원격 깃도 같이 생성된다. 이것은 다음에서 보듯이 로컬 깃 저장소와도 연결된다.

```
$ heroku create
Creating app... done, aqueous-retreat-66586
https://aqueous-retreat-66586.herokuapp.com/ ¦
https://git.heroku.com/aqueous-retreat-66586.git
Git remote heroku added
```

**03.** 이제 원격에 있는 히로쿠의 깃에 코드를 푸시해서 애플리케이션을 배포할 수 있다. 히로쿠가 다음과 같이 모든 일을 할 것이다.

```
$ git push heroku master
```

**04.** 애플리케이션이 성공적으로 시작되면 몇 가지 기본 명령을 사용할 수 있다. 다음에 제시된 주문에 따라 로그를 출력하고 실행 중인 dynos(다른 말로 애플리케이션 확장)의 수를 변경하고 새로운 애드온을 할당하고 활성화된 모든 애드온의 목록을 나열한다.

```
$ heroku logs --tail
$ heroku ps:scale web=2
$ heroku addons:create mongolab
$ heroku addons
```

## 깃허브 저장소 연결하기

개인적으로는 깃허브 저장소를 사용하는 프로젝트에 연결해 히로쿠에 애플리케이션을 배포하는 것을 선호한다. 이 배포 방법에는 수동과 자동의 두 가지가 있다. 다음 화면에서처럼 애플리케이션의 상태 패널에서 **Deploy** 탭으로 이동해 지정된 깃허브의 저장소에 연결한다. **Deploy Branch** 버튼을 클릭하면 즉시 지정된 깃 브랜치를 빌드해서 히로쿠에 배포하기 시작한다. 다른 방법은 **Enable Automatic Deploys**를 클릭해 선택된 브랜치를 자동으로 배포하는 것이다. 추가로 깃 저장소에 지속적인 통합이 활성화돼 있다면 빌드 결과를 기다리도록 히로쿠를 구성할 수 있다. 이것은 정말 도움이 되는 기능이다. 이것이 빌드 결과를 푸시하기 전에 프로젝트에 자동화된 테스트를 실행하고 통과하도록 해주기 때문이다.

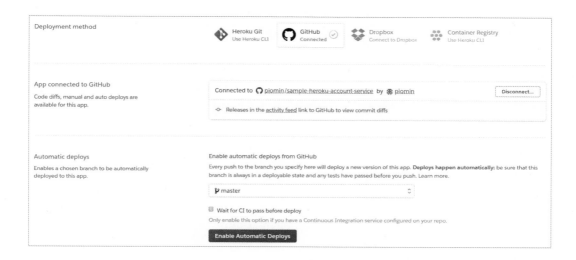

## 도커 컨테이너 저장소

새로운 경향에 발맞춰 히로쿠는 도커를 사용해 컨테이너화된 애플리케이션을 배포하도록 해준다. 이를 위해 도커와 히로쿠 CLI를 로컬 머신에 설치해야 한다.

**01.** 우선 `heroku login` 명령을 실행해서 히로쿠 클라우드에 로그인한다. 다음은 컨테이너 레지스트리에 로그인하는 것이다.

```
$heroku container:login
```

**02.** 다음으로 현재 디렉터리에 Dockerfile이 있어야 한다. 있다면 다음 명령을 실행해 이미지를 빌드하고 히로쿠의 컨테이너 저장소에 이미지를 저장할 수 있다.

```
$heroku container:push web
```

**03.** 이미 존재하는 빌드 이미지가 있다면 이미지를 태그하고 히로쿠에 올리고 싶을 것이다. 그러려면 다음 명령을 실행해 도커 커맨드 라인을 사용해야 한다(애플리케이션 이름이 piomin-order-service라고 가정).

```
$ docker tag piomin/order-service registry.heroku.app/piomin-order-service/web
$ docker push registry.heroku.app/piomin-order-service/web
```

이미지가 성공적으로 푸시되고 나면 새로운 애플리케이션이 히로쿠 대시보드에 보일 것이다.

## 애플리케이션 준비하기

스프링 클라우드 구성 요소 기반의 애플리케이션을 히로쿠에 배포할 때는 로컬에서 실행할 때 그랬던 것처럼 소스 코드를 변경하거나 추가 라이브러리를 포함하지 않아도 된다. 컨피규레이션 설정에서 유일한 다른 점은 서비스 디스커버리, 데이터베이스, 추가 애드온 등을 애플리케이션에 통합하기 위해 주소를 설정해야 한다는 것이다. 앞의 피보탈 배포에서 사용한 예제에서는 mLab 서비스를 애플리케이션에 할당해서 데이터를 몽고디비에 저장한다. 아울러 각 클라이언트가 piomin-discovery-service라는 이름으로 배포된 유레카 서버에 스스로 등록한다. 다음 그림은 히로쿠에 배포된 애플리케이션의 목록을 나타낸다.

앞의 예제를 깃허브 저장소에 연결해 히로쿠에 배포한다. 이렇게 하면 마이크로서비스마다 분리된 저장소를 생성해야 한다. 예를 들어 order-service 저장소는 https://github.com/piomin/sample-heroku-order-service.git이며 다른 마이크로서비스도 비슷한 주소가 될 것이다. 이런 마이크로서비스의 테스트를 위해 마이크로서비스를 포크해서 히로쿠 계정에 쉽게 배포한다.

예제 애플리케이션 중 하나인 account-service에 제공된 컨피규레이션 설정을 살펴보자. 우선 자동 컨피규레이션된 몽고디비의 주소를 히로쿠 플랫폼에서 제공하는 MONGODB_URI 환경 변수를 사용해 재정의해야 한다. 또한 유레카 서버의 올바른 주소를 제공하고 등록 과정에서 디스커버리 클라이언트가 제공할 호스트명과 포트를 재정의해야 한다. 기본적으로 각 애플리케이션이 다른 애플리케이션에서 사용할 수 없는 내부 주소를 사용해 등록하려고 하기 때문에 이런 조치가 필요하다. 이 값을 재정의하지 않으면 페인 클라이언트를 사용한 서비스 간 통신이 성공적이지 않을 것이다.

```
spring:
  application:
    name: account-service
  data:
    mongodb:
      uri: ${MONGODB_URI}
  eureka:
    instance:
      hostname: ${HEROKU_APP_NAME}.herokuapp.com
      nonSecurePort: 80
    client:
      serviceUrl:
        defaultZone: http://piomin-discovery-service.herokuapp.com/eureka
```

앞 코드의 HEROKU_APP_NAME 환경 변수는 히로쿠에 배포된 현재 애플리케이션의 이름이다. 이것은 기본
적으로 활성화되지 않는다. 그것을 활성화해서 customer-service와 같은 애플리케이션에서 변수를 사
용하려면 실험적인 애드온인 runtime-dyno-metadata와 함께 다음 명령을 실행해야 한다.

```
$ heroku labs:enable runtime-dyno-metadata -a piomin-customer-service
```

## 배포 테스트하기

배포 후 모든 애플리케이션은 이름과 플랫폼의 도메인 이름으로 구성된 주소에서 서비스된다. 예를
들면 http://piomin-order-service.herokuapp.com과 같다. URL http://piomin-discovery- service.
herokuapp.com/를 사용해 서비스하는 유레카 대시보드에서 예제 마이크로서비스가 등록됐는지 점검할
수 있다. 모든 것이 정확하게 동작한다면 다음 화면과 비슷한 결과를 보게 된다.

### Instances currently registered with Eureka

| Application | AMIs | Availability Zones | Status |
|---|---|---|---|
| ACCOUNT-SERVICE | n/a (1) | (1) | UP (1) - 4786503c-2d95-43d3-a7f0-111186aa0692.prvt.dyno.rt.heroku.com:account-service:19265 |
| CUSTOMER-SERVICE | n/a (1) | (1) | UP (1) - bb2db4a3-2923-4fc4-a4ce-407c2b7d36be.prvt.dyno.rt.heroku.com:customer-service:35135 |
| ORDER-SERVICE | n/a (1) | (1) | UP (1) - 770d1584-9fe4-4536-8835-5d376f365a28.prvt.dyno.rt.heroku.com:order-service:43145 |
| PRODUCT-SERVICE | n/a (1) | (1) | UP (1) - d529d914-9da9-45e0-9b40-c4a0ce4b6364.prvt.dyno.rt.heroku.com:product-service:17541 |

각 마이크로서비스는 Swagger2가 자동으로 생성한 API 문서를 노출하므로 /swagger-ui.html의
Swagger UI 대시보드에서 모든 종단점을 쉽게 테스트할 수 있다. 예를 들어 http://piomin-order-service.herokuapp.com/swagger-ui.html이라는 주소가 된다. order-service의 HTTP API 화면은 다음
과 같다.

각 마이크로서비스는 몽고디비에 데이터를 저장한다. 이 데이터베이스는 히로쿠에서 제공하는 애드
온 mLab 같은 것을 프로젝트에 추가해 사용할 수 있다. 여기서는 이미 애플리케이션에서 동일한 서
비스에 데이터를 저장하는 예제를 피보탈 플랫폼에 배포했다. 애드온은 각 애플리케이션 상세 패널의
**Resources** 탭에서 플랜을 선택하고 프로비저닝해서 애플리케이션에 제공하면 사용할 수 있다. 완료
되면 모든 플러그인을 간단히 클릭해 사용할 수 있다. mLab의 경우, mlab.com사이트로 이동하면 모든
컬렉션의 목록, 사용자, 생성된 통계를 볼 수 있다. 다음 화면은 예제의 mLab 대시보드를 설명한다.

## 요약

이렇게 해서 스프링 클라우드 마이크로서비스 여행의 종점에 도착했다. 처음에는 로컬 머신에 간단히 배포하는 것으로 시작했지만 마지막 장에서는 클라우드 벤더가 완전히 관리하는 환경에서 마이크로서 비스를 자동으로 빌드하고 지정된 도메인의 HTTP API에 노출했다. 인기 있는 대부분의 프로그래밍 언어와 데이터베이스, 메시지 브로커와 같은 서드파티 도구를 사용해 애플리케이션을 쉽게 실행하고 확장하고 외부로 데이터를 노출하는 것은 놀라운 일이다. 소프트웨어 설치를 걱정할 필요 없이 바로 운 영할 수 있는 애플리케이션을 지금 누구나 구현하고 실행할 수 있다.

이 장에서는 스프링 클라우드 마이크로서비스를 다양한 플랫폼에 얼마나 쉽게 실행할 수 있는지 보여 줬다. 제시된 예제를 통해 클라우드 네이티브 애플리케이션의 진정한 힘을 볼 수 있었다. 애플리케이 션을 랩톱의 도커 컨테이너 안에서 쿠버네티스를 사용해 실행하든, 히로쿠와 피보탈 웹 서비스와 같 은 온라인 클라우드 플랫폼에서 실행하든 상관없이 애플리케이션의 소스코드를 변경할 필요가 없다. 속성만 변경하면 된다(아키텍처에 컨피그 서버를 사용한다고 가정하면 이런 변경은 그다지 문제가 되 지 않는다).

마지막 두 장에서는 IT 세계의 최신 경향을 살펴봤다. CI, CD, 도커를 사용한 컨테이너화, 쿠버네티스 를 사용하는 오케스트레이션, 그리고 클라우드 플랫폼의 사용이 수많은 조직에서 증가하고 있다. 사실 이러한 솔루션들이 마이크로서비스의 인기 상승에 한몫을 하고 있다. 현재 이 프로그래밍 영역에서는 스프링 클라우드가 선두주자다. 스프링 클라우드만큼 수많은 기능 또는 마이크로서비스와 관련된 수많 은 패턴을 구현할 수 있는 자바 프레임워크는 없다. 마이크로서비스 기반 엔터프라이즈 시스템을 구축 하고 연마할 때 이 책이 스프링 클라우드 프레임워크를 효과적으로 사용하는 데 도움이 되기를 바란다.

## T – Z

## Y – Z